ŒUVRES POSTHUMES

ET

CORRESPONDANCES INÉDITES

Ridentem ferient Ruinae.

à Mon Ami Auguste Malassis,
le seul être dont le rire ait allégé
ma Tristesse en Belgique.

C. B

Phot. Quantin Edit

CHARLES BAUDELAIRE

ŒUVRES POSTHUMES

ET

CORRESPONDANCES INÉDITES

PRÉCÉDÉES

D'UNE ÉTUDE BIOGRAPHIQUE

PAR

EUGÈNE CRÉPET

Portrait et Fac-similé de CHARLES BAUDELAIRE

PARIS

MAISON QUANTIN

COMPAGNIE GÉNÉRALE D'IMPRESSION ET D'ÉDITION

7, RUE SAINT-BENOIT

1887

Pour apprécier l'importance et l'intérêt des œuvres et correspondances inédites de Charles Baudelaire qui composent le présent volume, il suffirait, à la rigueur, de parcourir des yeux la table des matières. Mais, malgré mon désir d'épargner le temps de mes lecteurs, je ne peux me dispenser de quelques explications sur la provenance des manuscrits du poète et des pièces authentiques, d'un haut intérêt, que l'étude biographique renferme.

Les principaux manuscrits de Baudelaire ont été achetés pour moi, à la vente après décès d'Auguste Poulet-Malassis qui, en sa triple qualité d'ami, d'éditeur et de créancier du poète, s'était fait donner par lui, ou, lui mort, par Mme Aupick, sa mère, la plupart de ses manuscrits littéraires.

Voici la liste des manuscrits de Baudelaire que j'ai acquis directement. Je conserve, en les abrégeant, les indications du catalogue publié par MM. Baure et Étienne Charavay (Paris, juillet 1878) :

« N° 8. — *Mon Cœur mis à nu*, 1 vol. in-f°. Notes, pensées et maximes diverses, réunies pour former un volume qui n'a jamais été publié.

« N° 9. — Pièces autographes avec ratures et corrections. Projets de préface pour les *Fleurs du mal* et page de vers inédits, ébauche d'une pièce en tercets sur Paris.

« N° 10. — *Fusées,* manuscrit autographe. Recueil de notes et de pensées sur divers sujets.

« N°21. — 141 lettres A. S., dont un certain nombre sont seule-ment signées de ses initiales (1850-1866). Cette correspondance, classée avec soin par M. Poulet-Malassis, est précieuse pour l'histoire littéraire et pour la biographie de Baudelaire. Nous avons cru qu'il serait fâcheux de démembrer un recueil si important et nous le livrons aux enchères, dans son intégrité. Cette correspondance pourrait faire l'objet d'une très intéressante publication. »

Ce noyau du présent volume se grossit, plus tard, de deux autres manuscrits achetés à des libraires, MM. Conquet et Voisin.

1° Le canevas d'un drame intitulé : *le Marquis du 1ᵉʳ houzards.* Pièce autographe, signée C. B. 12 pages in-folio. (N° 12 du catalogue de la vente Poulet-Malassis.)

2° *Livre sur la Belgique.* Ouvrage inachevé, dont le titre n'était pas définitif à l'époque où l'auteur fut frappé d'hémiplégie, mais dont la publication prochaine était annoncée. Manuscrit autographe de 312 feuillets, répartis en 33 liasses. In-4°. Il ne fut pas compris dans la vente après décès de Poulet-Malassis.

Quand j'eus réuni dans mes mains ce premier fonds, je songeai à faire une ample récolte de documents de toute sorte sur la vie de Charles Baudelaire. Je me mis en rapport avec quelques-uns des principaux collectionneurs d'autographes, et je ne puis assez les remercier de l'accueil si courtois et du concours si précieux que j'ai reçus de tous, sans exception.

Je citerai, en première ligne, le plus éclairé, le plus libéral des collectionneurs, M. le vicomte de Spœlberch de Lovenjoul, qui n'a cessé de me rendre les plus grands services, soit en me communiquant des pièces inédites du plus haut intérêt, qu'il a bien voulu m'autoriser à reproduire, soit en m'aidant à retrouver quelques articles de

Baudelaire perdus dans un de ces éphémères journaux littéraires, publiés de 1845 à 1850, qui sont devenus plus rares encore que les journaux politiques de la même période.

Les Lettres françaises sauront un jour tout ce qu'elles doivent à M. de Lovenjoul, dont le dévouement n'a reculé devant aucun labeur, aucun sacrifice de temps et d'argent pour disputer à la destruction les précieuses correspondances des plus illustres poètes et romanciers contemporains... Je m'arrête, par crainte d'offenser sa modestie qui, je le sais, égale son désintéressement.

Je dois encore une gratitude tout exceptionnelle à M. Gardet, l'ami intime et l'exécuteur testamentaire de Charles Asselineau. Cet érudit distingué, très connu de tous ceux qui s'occupent de travaux historiques, a bien voulu m'autoriser à faire de larges emprunts aux fort précieux volumes que lui a légués son ami, exemplaires interfoliés de lettres nombreuses de Baudelaire, de ses amis, et surtout de sa mère.

M. Gardet m'a, en outre, communiqué une longue correspondance de celle-ci avec Asselineau, et un manuscrit autographe de ce dernier, recueil d'anecdotes inédites, qui a pour titre : Baudelaire.

J'ai à remercier de leur extrême obligeance les autres collectionneurs d'élite auxquels je me suis adressé : M. Alfred Piat, qui a bien voulu m'autoriser à imprimer le curieux fragment du scénario de drame intitulé la Fin de Don Juan ; M. Parran, ingénieur en chef des mines, qui m'a permis de profiter de très intéressants documents émanant du poète des Fleurs du mal et relatifs soit à l'impression du livre, soit au procès célèbre, dont il fut l'objet ; M. Maurice Tourneux, le cri-

tique si justement estimé, qui n'a pas mis moins d'empressement à me communiquer nombre de pièces fort importantes, notamment sur le séjour du poète en Belgique et
sur sa maladie.

Enfin, je dois des remerciements à MM. Voisin et
Rouquette, libraires, qui m'ont très libéralement permis
de prendre communication de pièces importantes.

Mais, pour mon étude biographique, les documents
écrits ne me suffisaient pas. J'avais besoin de recueillir
sur Baudelaire la tradition encore vivante, de faire appel
aux souvenirs de ceux de ses contemporains qui ont le
plus vécu dans son milieu littéraire et dans son intimité.
Malheureusement, vingt ans nous séparent de l'époque où
une cruelle maladie le retrancha soudain du monde intellectuel, et j'avais tout lieu de m'attendre à des résultats
très peu satisfaisants. Mes craintes ont été démenties par
l'événement.

Un ami du poète, qui fut, pendant vingt-deux ans, son
conseil judiciaire et son confident, M. Ancelle, ancien
notaire et maire de Neuilly, a bien voulu me faire part
des réminiscences très vivaces que leurs longues relations
lui ont laissées. En sa qualité de zélé collectionneur, il
avait conservé un grand nombre de pièces originales de la
plus haute valeur pour mon livre, principalement des
lettres de Baudelaire écrites pendant son séjour en Belgique, — époque de sa vie très mal connue jusqu'ici. J'y
ai puisé de nombreuses citations.

Je n'ai pas été moins heureux avec les amis de jeunesse de Baudelaire, avec ceux qui l'ont le plus assidûment
fréquenté et le mieux connu pendant la période de dix-
neuf années qui s'est écoulée entre sa sortie du collège et
la publication des Fleurs du mal.

MM. Gustave Le Vavasseur, Ernest Prarond, Jules Buisson, Philippe de Chennevières, Auguste Dozon, Champfleury m'ont communiqué, avec la plus gracieuse obligeance, les souvenirs qu'ils ont gardés de leur ami, en des récits où la constance de leur affection n'a rien diminué de l'indépendance ni de la sincérité de leurs jugements. Quels renseignements pouvaient m'être plus précieux que ces témoignages authentiques sur la jeunesse de Baudelaire, période pour laquelle toute autre source d'informations faisait défaut? Écrites avec une verve toute juvénile, ces minutieuses et abondantes confidences retracent, avec une incomparable fidélité, le tableau de la vie si pleine d'activité et d'enthousiasme que menaient, de 1840 à 1848, Baudelaire et toute une pléiade de poètes de son âge. Aussi ne me suis-je fait aucun scrupule de multiplier mes emprunts à ces très intéressants récits.

Un autre ami de Baudelaire qui l'a connu vers la fin de son séjour à Paris (1861-1864), M. Jules Troubat, le secrétaire de Sainte-Beuve, a bien voulu me raconter quelques traits singuliers de l'auteur des Fleurs du mal *et me permettre de reproduire la lettre très importante où Poulet-Malassis lui donne des détails précis sur les attaques de paralysie dont Baudelaire fut frappé en mars 1866.*

Voilà les ressources vraiment inespérées que j'ai pu rassembler avant d'aborder la tâche difficile que je m'étais proposée. Je n'ai garde d'imaginer que j'en aie tiré le meilleur parti possible, mais je crois avoir le droit de dire qu'aucune publication sur la vie ou sur les œuvres de Baudelaire ne renferme autant de matériaux de cette qualité. Je serais même en mesure d'établir que presque aucun document du même ordre ne peut plus se pro-

duire. Toutes les principales sources d'information sont maintenant épuisées.

En finissant, je dois prévoir et réfuter le reproche que va m'attirer la publication de tant de documents du caractère le plus intime.

Plusieurs raisons me justifient, à tous égards.

Dans la famille de Charles Baudelaire, je n'ai plus à craindre de blesser aucune susceptibilité pieuse. Sa mère et son frère unique, mort lui-même sans postérité, l'ont suivi de près au tombeau. Les parents éloignés, dont le nom figure sur le billet de faire-part de ses obsèques, ont tous disparu.

Quant à la seconde famille du poète, les artistes et les hommes de lettres qui le réclament déjà comme un de leurs ancêtres, comment pourrait-elle incriminer mes révélations, sans méconnaître l'incontestable droit de la Postérité à ne rien ignorer de ce qui touche ses élus? Et qui oserait contester à la critique son devoir d'explorer sans réserve la vie d'un écrivain, au même titre que son œuvre?

J'ai moi-même beaucoup connu Baudelaire. A l'époque déjà lointaine (1858-1863), où je préparais et publiais l'anthologie intitulée les Poètes français, *il fut du groupe des critiques de grand talent dont j'obtins la collaboration. Nos relations, qui cessèrent après la publication du livre, n'ont jamais dépassé une familiarité respectueuse de ma part, discrète de la sienne. Mais ce n'est pas ici le lieu de raconter mes souvenirs personnels : la place me manque pour d'autres développements plus importants. Je me contente d'affirmer que, n'ayant jamais été son ami, au vrai sens du mot, j'ai conservé envers sa mémoire la liberté de jugement que j'avais maintenue envers sa personne.*

Toutefois, je me serais interdit de publier sur un poète, dont j'admire le grand talent, des documents diffamatoires. Tel n'est pas le caractère de ceux-ci.

J'ai la conviction qu'ils ne peuvent, au contraire, que servir sa renommée, en la dégageant, sous certains aspects, des ombres qui la couvraient.

C'est ce qu'un examen attentif de ces reliquiæ, *fragments d'œuvres inédites, correspondances, journaux intimes, démontrera amplement aux esprits impartiaux.*

J'aurais résumé les résultats et les conclusions qui ressortent de cette publication, dans un vaste travail de critique littéraire, s'il n'eût risqué de grossir démesurément ce volume déjà considérable. Je me borne, ici, à une étude biographique dont j'ai rassemblé les divers éléments, dispersés dans de très nombreuses pièces que je ne pouvais, pour des motifs de toute sorte, reproduire tout entières.

Les principales lignes de la vie de Baudelaire sont très simples, aussi ai-je eu à éviter un des défauts du genre, la sécheresse; c'est ce que m'ont permis l'abondance des citations et la variété des récits anecdotiques qui en composent la plus grande partie[1]. Seulement, j'ai fait avec grand soin un choix parmi tous ceux que j'ai trouvés dans les journaux ou qui m'ont été communiqués

---

1. Dans la *Vie* qu'il a publiée en 1869, Asselineau, son ami intime, a cru devoir, pour des raisons très plausibles, s'interdire l'anecdote. Il en avait d'autant plus le droit qu'il dédommageait en secret l'histoire littéraire de ce qu'il lui refusait ostensiblement. Car il écrivait, pour elle, dans le même temps, le très intéressant recueil qui est resté inédit jusqu'à ce jour, et auquel j'ai fait d'assez larges emprunts. Il explique, au début de son *Baudelaire*, ce silence qui, à première vue, paraît n'être qu'une fâcheuse omission : « Dans cette biographie, écrite, pour ainsi dire, au lendemain de sa mort, je voulais, autant que possible, donner le ton aux premiers articles et que ce fût celui du respect et de la discrétion. Je n'ai donc fait, ainsi que je l'ai dit, que la biographie d'un talent et d'un esprit. Parmi ces souvenirs familiers, il en est cependant qui aident à juger l'homme et qui projettent la lumière sur sa vie. C'est peut-être ici le lieu de les grouper. »

par les amis du poète. Car Baudelaire est, de tous les contemporains célèbres, celui dont la légende est le plus riche.

Sans vouloir tirer, quant à présent, aucune vue générale, ni aucune conclusion des documents jusqu'alors inédits, que l'on va lire, je me suis borné à les ranger sous le fait ou le détail biographique auxquels ils se rapportaient le plus directement. C'était le meilleur moyen de laisser se former librement, de tous ces traits épars, dans l'imagination du lecteur, une image fidèle du vrai Baudelaire trop longtemps mal connu ou travesti, même par ses admirateurs.

Les témoignages que renferme l'étude biographique ainsi que ceux qui résultent des œuvres ou des correspondances de Baudelaire sont, somme toute, favorables au poète et à l'homme. Ils montrent le dévouement de l'artiste à son art, sa poursuite ardente et obstinée du beau, son amour de la perfection. Ils montrent en même temps ses qualités privées : sa probité scrupuleuse, sa fidélité à ses amis, sa droiture native que la misère ne put corrompre, et surtout une sincérité extrême qui le faisait estimer et aimer de ceux mêmes qui avaient le droit de le juger le plus sévèrement. Voilà ce qui rachète tous ses travers et toutes les faiblesses. Et puisqu'une nature exceptionnelle est fatalement vouée à des souffrances et à des malheurs extraordinaires, l'indulgence n'est ici que justice. S'il se rencontre des censeurs assez rigides pour s'armer des aveux du poète contre lui, qu'ils craignent que leur conscience ne le venge en leur infligeant le vers célèbre des Fleurs du mal :

« Hypocrite lecteur, mon semblable, mon frère ! »

E. C.

ÉTUDE BIOGRAPHIQUE

I

Le poète, qui a donné, dans son œuvre, une si large place à la vie des grandes villes, était le petit-fils d'un paysan champenois.

Une copie de nombreux papiers de famille, que j'ai été admis à consulter, m'a fait découvrir les origines, jusqu'à ce jour inconnues, de ses ancêtres. Ils habitaient, sous le règne de Louis XV, la commune de la Neuville-au-Pont (canton de Sainte-Menehould, département de la Marne).

Les registres de la paroisse de ce bourg, dont la population excédait, à cette époque, le chiffre de quinze cents habitants, m'ont permis de remonter jusqu'aux grands-parents du poète.

D'après un extrait de leur acte de mariage, Marie-Charlotte Dieù, née, le 23 mai 1717, à la Neuville-au-Pont, épousa, en secondes noces, le 10 février 1758, Claude Beaudelaire (*sic*), domicilié dans la même commune.

La condition sociale des deux époux n'est pas indiquée sur cet acte de mariage; mais il existe encore, dans le pays, des ouvriers vignerons qui portent le nom patronymique de Baudelaire. Il est à croire que les ancêtres du poète étaient des tenanciers, ou plutôt de petits propriétaires jouissant de quelque aisance. Comment expliquer autrement l'éducation raffinée qu'ils firent donner à l'unique enfant qui leur naquit, le 8 juin 1759, Joseph-François Baudelaire[1]?

Élevé dans un collège de grande ville, ou peut-être dans un séminaire, car, d'après un propos tenu par son fils, il aùrait « porté la soutane avant de porter le bonnet rouge[2] », François Baudelaire, très jeune encore, entra, vers 1780, comme répétiteur, au collège Sainte-Barbe. Le proviseur, qui le patronnait, le plaça, en qualité de précepteur, chez le duc de Choiseul-Praslin, l'aïeul du pair de France qui, en 1847, assassina sa femme et n'échappa à l'échafaud que par le suicide.

A l'hôtel Praslin, le jeune précepteur prit, au contact de la meilleure compagnie, une courtoisie de manières, un savoir-vivre qui, plus tard, lui furent fort utiles dans ses relations avec le monde officiel. Mais, esprit très ouvert et très ardent, il professait en politique et en philosophie les doctrines nouvelles, et comptait d'anciens camarades dans le parti révolutionnaire. Ce fut ce qui lui permit de rendre, en 1793, les plus grands services au duc et à la duchesse de Praslin. Il fut assez heureux pour soustraire à la confiscation les biens de la famille dont il avait été le commensal, et dans le même temps, s'il faut en croire sa veuve, il aurait donné une grande marque de dévouement à Condorcet, l'illustre proscrit : il lui aurait procuré le poison qui le sauva de l'échafaud.

Il paraît constant que François Baudelaire montra un vrai courage dans la crise de la Terreur. Sa veuve le représente courant, jour et nuit, les tribunaux et les prisons et

---

1. Pour les antécédents de ce père du poète, nous n'avons qu'une source d'informations, mais la plus sûre qu'on puisse souhaiter, une lettre où sa mère, remariée au général Aupick, a donné des renseignements circonstanciés sur son premier mari. Voir plus loin (Appendice, p. 317-320), la lettre de Mme Aupick à Charles Asselineau. Dans sa *Vie de Baudelaire*, il s'est contenté d'indiquer cette curieuse figure dont je vais, en m'aidant de quelques documents nouveaux, esquisser les principales lignes.

2. Notes de M. Prarond.

bravant, pour son compte, la mort à laquelle il disputait avec acharnement les têtes menacées de ses amis.

Quand, sous le Directoire et le Consulat, ils eurent retrouvé leur ancien crédit, ses protégés en usèrent, à leur tour, pour le servir et lui obtenir une haute situation administrative[1].

François Baudelaire se maria une première fois en 1803. Sa femme, Mlle Janin, lui apporta en dot une petite fortune, composée de biens ruraux et de terrains situés aux Ternes et à Neuilly. De ce mariage naquit un seul enfant, un fils, qui fut appelé Claude. Il entra, jeune encore, dans la magistrature et mourut vers 1866. Les deux frères avaient les caractères les plus opposés et cessèrent à peu près de se voir, vers 1844.

Devenu veuf, en 1817, François Baudelaire se remaria, l'année suivante. Il avait rencontré chez M. Pérignon, un de ses intimes, une orpheline, pupille de son ami qui l'avait élevée parmi ses filles, Mlle Caroline Archimbaut-Dufays, « née de M. Charles Dufays, ancien officier militaire, et de dame Louise-Julie Foyot-Lacombe, son épouse, décédée sa veuve, demeurant à Paris, rue Saint-Hyacinthe-Saint-Honoré, n° 6[2] ».

1. Je dois les curieux détails qui suivent à l'extrême obligeance de M. Favre, l'archiviste actuel du Sénat. Ils rectifient des renseignements peu exacts donnés par Mme Aupick à Charles Asselineau. (Voyez Appendice, p. 319.) Voici le résumé des recherches de M. Favre : « François Baudelaire n'était ni conservateur du palais et des jardins, ni contrôleur, ni vérificateur, et n'avait pas à faire de commandes aux artistes. Tout ce qui concernait le palais et les jardins était administré, ordonné par une commission sénatoriale... Quelles étaient donc les fonctions de Baudelaire ? En fouillant et furetant les pièces de comptabilité du Sénat impérial (1804-1814), je trouve sur tous les états son nom ainsi mentionné : *Administration et police intérieure*, Beaudelaire (*sic*), chef de bureau, 10,000 francs par an... A partir de 1814, il disparaît, et ses fonctions elles-mêmes ne sont plus mentionnées. Elles étaient un rouage de l'administration impériale. » Le père de notre poète figure déjà dans l'*Almanach national* de l'an IX (1801) en qualité de secrétaire de la commission administrative et de contrôleur des dépenses du Sénat. Il n'est plus désigné, dans les almanachs de l'Empire, que sous le titre vague de chef des bureaux; son nom est constamment orthographié *Beaudelaire*.

2. Je transcris le texte même du contrat de mariage de François Baudelaire. Je n'ai pu découvrir rien de plus sur les ascendants maternels du

Mⁱˡᵉ Dufays, qui touchait à sa vingt-quatrième année, n'avait aucune fortune ; mais, sans être jolie, elle était fort gracieuse et d'une vivacité d'esprit qu'attestent ses lettres. Si sa pauvreté contribua peut-être à lui faire accepter un mari qui avait près de trois fois son âge, il est certain qu'elle céda aussi à d'autres raisons meilleures, notamment au prestige que le prétendant sexagénaire devait à ses manières d'une courtoisie aristocratique, et surtout à une originalité d'esprit qui, dans la famille Pérignon, le faisait « comparer à La Fontaine pour la naïveté et la bonhomie[1] ».

Pendant les huit ans que dura leur union, les deux époux semblent avoir été heureux[2].

Le 9 avril 1821[3], un fils leur naquit ; il fut baptisé, deux mois plus tard, à l'église Saint-Sulpice, leur paroisse[4].

poète. Ma curiosité, à leur sujet, avait été fort excitée par ces lignes du journal intime, *Fusées* : « Mes ancêtres, fous ou maniaques, dans des appartements solennels, morts tous victimes de leurs furieuses passions. » Cette allusion ne pouvant évidemment s'appliquer aux paysans de la branche paternelle, il m'était permis de conjecturer qu'à une époque plus ou moins lointaine, la famille Dufays dont le nom est identique ou, du moins, analogue à celui de plusieurs familles nobles d'Angleterre et de Normandie qui remontent jusqu'au temps de Guillaume le Conquérant, avait subi quelque déchéance, par suite de la folie, des manies, ou des furieuses passions de quelques-uns de ses membres. Leur dernier descendant eût été par suite poussé vers la carrière des armes toujours ouverte aux déclassés. Hypothèse justifiée par la pauvreté de Charles Dufays, qui ne laissa aux siens que de très faibles ressources : sa fille n'avait, d'après le contrat de mariage, qu'un trousseau fort modeste et n'apportait qu'une somme de mille francs à la communauté. Mais toutes mes recherches pour éclaircir les origines de la famille maternelle du poète n'ont abouti à aucun résultat.

1. Voy. Appendice, p. 321, lettre de Mᵐᵉ Aupick à Asselineau.

2. Quarante ans après son premier veuvage, Mᵐᵉ Aupick écrit à Asselineau : « M. Baudelaire dont j'ai conservé un bien doux souvenir.... »

3. Et non le 21 avril, comme Gautier l'a dit, par erreur, dans le très beau travail placé en tête des *OEuvres complètes de Baudelaire.*

4. A défaut de l'acte de naissance détruit dans les incendies de la Commune, en 1871, voici le texte de l'acte de baptême : « Le jeudi, 7 juin 1821, a été baptisé Charles-Pierre, né le 9 avril dernier, fils de Joseph-François Baudelaire, peintre, et de Caroline Dufays, son épouse, demeurant rue Hautefeuille, nᵒ 13. Le parrain, Pierre Pérignon, rue Saint-Augustin, nᵒ 8 ; la marraine, Louise Coredougnan, femme Pérignon, épouse du parrain, lesquels ont signé avec nous, le père présent. *Baudelaire, Pérignon, C. Pérignon, Couturier,* prêtre. » Le poète se trompait

L'enfant avait six ans lorsqu'il perdit son père, le 10 février 1827. Il lui garda, toute sa vie, un profond et pieux souvenir[1]. Ses amis l'ont entendu souvent raconter ses promenades d'enfant, au jardin du Luxembourg, avec son père qui lui montrait les statues. Cet enseignement prématuré rencontrait chez Charles une aptitude native, très marquée, qu'atteste cette note des *Fusées* : « Les images, ma grande, ma primitive passion. »

Ces premiers indices de son tempérament d'artiste se retrouvent dans cette ligne d'une esquisse d'autobiographie écrite par le poète : « ENFANCE. Vieux mobilier Louis XVI, antiques, Consulat, pastels, société xviiie siècle[2]. »

C'était un mobilier fort modeste, en somme, que celui de la maison paternelle, tel que les inventaires le décrivent. En dehors des gouaches, des pastels dus aux pinceaux et aux crayons de François Baudelaire et de sa première femme, il ne consistait guère qu'en quelques plâtres d'après l'antique et en quelques gravures d'après des tableaux de maîtres plus ou moins célèbres ; mais n'était-ce pas suffi-

---

donc quand il donnait à Poulet-Malassis le renseignement que celui-ci a consigné sur un feuillet de son exemplaire des *Fleurs du mal* (1re édition) : « Baudelaire nous a appris l'autre jour, en conversant, qu'il avait été tenu sur les fonts baptismaux par Naigeon (l'athée Naigeon) et Mme Ramey, la femme du sculpteur. » Du reste, l'erreur de Baudelaire s'explique. Il savait que les deux frères Naigeon, le conservateur et le conservateur adjoint de la galerie du Luxembourg, avaient été, comme Ramey, au nombre des amis de son père; ils figurent même parmi les membres du conseil de famille convoqué après la mort de François Baudelaire pour nommer à Charles un premier subrogé-tuteur, qui fut M. Pérignon.

Le titre de peintre, donné, dans cet acte de baptème, à l'ancien chef des bureaux du Sénat, indique qu'après avoir pris sa retraite, il se livra sans contrainte à son goût pour les beaux-arts. L'inventaire du mobilier, fait à sa mort, mentionne une vingtaine de pastels et de gouaches qui étaient en partie son œuvre, en partie celle de sa première femme.

1. Sur une liste d'objets déposés par Baudelaire chez des amis, se trouve cette mention : « Une gouache de mon père », et *Mon cœur mis à nu* contient ces deux lignes étranges : « Faire tous les matins ma prière à Dieu, réservoir de toute force et de toute justice, à mon père, à Mariette et à Poe, comme intercesseurs. » (Voir plus loin, p. 124.)

2. Ce précieux document, qui n'a que vingt-cinq lignes, a été imprimé *in extenso* dans la *Bibliographie* de MM. La Fizelière et Decaux, Paris, 1868. Je le citerai plus d'une fois.

sant pour éveiller chez un enfant précoce et si richement
doué le sentiment de la beauté plastique?

Dans l'année qui suivit la mort de son premier mari
(8 novembre 1828), la mère de Baudelaire épousait un officier promis à un brillant avenir, un lieutenant-colonel
d'état-major, M. Aupick, alors en garnison à Lyon. Il y
emmena sa femme et son beau-fils qui entra au collège.

La curiosité insatiable de ce jeune esprit, que de multiples aptitudes sollicitaient en tous sens, lui ôtait cette
force d'attention qui est la condition essentielle du succès
dans les études scolaires. Il fut donc élève médiocre; à
peine s'il obtint, en sixième, un modeste accessit[1].

Mais, à d'autres points de vue, cette période de son enfance est digne d'intérêt, ne serait-ce que pour ces deux
lignes de son autobiographie : « Après 1830, le collège de
Lyon, coups, batailles avec les professeurs et les camarades, lourdes mélancolies. »

Ainsi, l'indépendance et la singularité de son caractère
s'annonçaient par de profonds contrastes, souvent même
par une lutte ouverte avec ses condisciples. Un de ses journaux intimes, *Mon cœur mis à nu*, contient cette phrase :
« Sentiment de solitude, dès mon enfance, malgré la famille, et au milieu des camarades surtout, — sentiment de
destinée éternellement solitaire. Cependant goût très vif de
la vie et du plaisir. »

Ce n'est pas le seul trait où éclate l'originalité de sa
nature. Il a noté, dans *Mon cœur mis à nu,* le rêve qui han-
tait dès lors son esprit : être « tantôt pape, mais pape militaire, tantôt comédien ». Étrange association d'idées qui
s'explique par le prestige qu'eut, de tout temps, pour son
imagination, le côté plastique de la vie, sans préjudice de
son penchant au mysticisme.

En 1836, le colonel Aupick, appelé à l'état-major de la
place de Paris, mit Charles au collège Louis-le-Grand. Il

---

1. Je n'ai découvert rien de plus sur le passage de Baudelaire au collège de Lyon. Le proviseur actuel, à qui je m'étais adressé pour obtenir
quelques renseignements, m'a fait l'honneur de me répondre : « Nos archives sont loin de remonter à cette date. »

avait tant de confiance dans l'avenir de son beau-fils, qu'il dit au proviseur, en le lui présentant : « Monsieur, voici un cadeau que je viens vous faire ; voici un élève qui fera honneur à votre collège [1]. »

Baudelaire eut, en effet, quelques succès scolaires[2]. Mais la magie du nombre et du rythme avait déjà captivé son imagination, et, dès la rhétorique, ce fut à la poésie française qu'il se consacra. Un de ses anciens condisciples, M. Émile Deschanel, a donné sur des escapades littéraires, dont il était le complice, d'intéressants renseignements[3] :

« Pendant les classes de mathématiques, nous passions le temps à nous écrire des bouts-rimés au courant de la plume. J'ai encore dans la mémoire quelques-uns des vers de ce temps-là, qu'il a oubliés sans doute et qui ne ressemblent pas précisément à ceux qu'il a donnés au public sous le nom de *Fleurs du mal.* »

Après avoir cité avec force éloges une strophe très médiocre, pastiche flagrant d'André Chénier, le critique se montre bien rigoureux pour d'autres vers, visiblement imités, non, comme il le dit, de Byron, qui a un tout autre accent, mais plutôt de Sainte-Beuve que Baudelaire aimait avec passion, dès le collège [4] :

« On trouvait déjà, çà et là, certaines affectations byroniennes de corruption prématurée. Écoutez, par exemple, ceci :

« N'est-ce pas qu'il est doux, maintenant que nous sommes
Fatigués et flétris comme les autres hommes,
De chercher quelquefois, à l'Orient lointain,
Si nous voyons encor les rougeurs du matin,
Et, quand nous avançons dans la rude carrière,
D'écouter les échos qui chantent en arrière,
Et les chuchotements de ces jeunes amours
Que le Seigneur a mis au début de nos jours? »

1. Voir à l'Appendice, p. 317, la première lettre de Mme Aupick à Asselineau.
2. Voir Appendice, p. 317, note 2.
3. *Journal des Débats* (1863).
4. Voir plus loin, p. 233, sa première lettre à Sainte-Beuve.

Ce pastiche de *Joseph Delorme* serait fort innocent s'il n'était, avant tout, risible sous la plume d'un désespéré et d'un blasé de dix-sept ans.

Mais l'originalité du jeune poëte ne tarda pas à se dégager. Un autre de ses anciens camarades, le spirituel et véridique anonyme auquel nous devons le curieux récit placé en tête des citations du recueil : *Souvenirs, correspondances, bibliographie* (Paris, Pincebourde, 1872), nous a conservé une fort remarquable pièce de vers qui, d'après le paysage décrit, doit avoir été composée au retour d'un voyage que Charles fit, avec son beau-père, dans les Pyrénées, en 1837 ou 1838 [1]. Le titre abstrait de ce petit poëme : *Incompatibilité*, étonne et fait songer aux titres similaires de plusieurs *Fleurs du mal;* mais ce qui frappe surtout, c'est la hardiesse des images et l'accent profond, la sincérité des impressions énergiquement rendues :

> « Sur ces monts où le vent efface tout vestige,
> Ces glaciers pailletés qu'allume le soleil,
> Sur ces rochers altiers, où guette le vertige,
> Dans ce lac où le soir mire son teint vermeil,

> « Sous mes pieds, sur ma tête, et partout, le silence,
> *Le silence qui fait qu'on voudrait se sauver,*
> Le silence éternel et la montagne immense,
> Car l'air est immobile et tout semble rêver. »

Le vers souligné ne rend-t-il pas à merveille la nervosité si vive que l'on retrouve à chaque page des Fleurs du mal?

Baudelaire était sorti du collège en avril 1839, au milieu de l'année scolaire. Une ligne mystérieuse de l'esquisse d'autobiographie : « Jeunesse, *expulsion de Louis-le-Grand, histoire du baccalauréat.* » demanderait des éclaircissements. Sur le premier de ces faits, les archives du lycée

---

1. « Voyages avec mon beau-père dans les Pyrénées ». (Esquisse d'autobiographie.)

sont muettes[1]. Quant à l'histoire du baccalauréat, la tradition veut que Baudelaire ait dû son succès, dans cette banale épreuve, à ses intelligences avec la ménagère d'un des examinateurs.

II

M. Aupick, devenu maréchal de camp[2], était, plus que jamais, en mesure de seconder son beau-fils dans la carrière qu'il voudrait embrasser. Ici, il faut laisser la parole à sa veuve : « Quand sont arrivés les succès de collège à Louis-le-Grand et les études terminées, il a fait pour Charles des rêves dorés d'un brillant avenir. Il voulait le voir arriver à une haute position sociale, ce qui n'était pas irréalisable, étant l'ami du duc d'Orléans[3]. Mais quelle stupéfaction pour nous quand Charles s'est refusé à tout ce qu'on voulait faire pour lui, a voulu voler de ses propres ailes et être auteur! Quel désenchantement dans notre vie d'intérieur si heureuse jusque-là! Quel chagrin! »

En déclarant à ses parents qu'il entendait suivre sa vocation, le jeune poète s'engageait dans une lutte qui devait être plus douloureuse pour lui que pour tout autre. Le général lui était odieux par cela seul qu'il remplaçait son père, et son amour très profond pour sa mère était altéré par le grief qu'il se faisait contre elle de ce second mariage[4]. D'autre part, il ne rencontrait chez M. Aupick

---

1. M. Gidel, le proviseur actuel, m'a fait l'honneur de me répondre : « Je n'ai pas découvert pour quelle raison M. Baudelaire a quitté le lycée, le 21 avril 1839. »

2. Grade supprimé depuis, et qui équivalait à celui de général de brigade.

3. Voir la note de la p. 316. Les mots raturés font supposer que le général avait songé à faire entrer son beau-fils dans la diplomatie, carrière qui ne répondait assurément ni au caractère ni aux aptitudes de Charles.

4. « Baudelaire était une âme très délicate, très fine, originale et tendre, qui s'était fêlée au premier choc de la vie. Il y avait, dans son existence

b

ni la tendresse ni l'amour des lettres qui eussent inter-
cédé pour lui, dans le cœur de son père [1].

Cette crise de famille dura quatre ans, de 1838 à 1842.
Au sortir du collège, le poète s'était livré tout entier à la
flânerie si féconde qui, à cet âge, même chez les mieux
doués, prépare la période du travail. Il ne parle que vaguement de cette époque de sa jeunesse, dans une trop courte
note de son autobiographie : « Vie libre à Paris, premières
liaisons littéraires : Ourliac, Gérard, Balzac, Le Vavasseur,
Delatouche. » Heureusement, les spirituelles et précieuses
notes de M. Le Vavasseur jettent une vive lumière sur l'esprit, le caractère et la vie du jeune poète qui était devenu
son ami :

« Si ma vieille mémoire ne me trahit pas, c'était dans l'hiver
de 1838-1839 que je vis Baudelaire pour la première fois, à la
pension Bailly[2], dans la chambre d'un de mes compatriotes et bons
amis qui venait d'achever ses études au collège Louis-le-Grand,
Louis de la Gennevraye. Là aussi se trouvait Ernest Prarond, venu
d'Abbeville. Prarond faisait des vers, moi aussi ; nous nous liâmes
d'amitié tendre, surtout Baudelaire et moi. Cela devait être, ayant
les caractères les plus différents, les allures les plus dissembla-
bles et l'aspect extérieur le plus complètement opposé. Il était
brun, moi blond ; de taille moyenne, moi tout petit ; maigre
comme un ascète, moi gras comme un chanoine ; propre comme
une hermine, moi négligé comme un caniche ; mis comme un
secrétaire d'ambassade anglaise, moi comme un vendeur de contre-
marques ; réservé, moi bruyant ; libertin par curiosité, moi sage
par indolence ; païen par révolte, moi chrétien par obéissance ;

un événement qu'il n'avait pu supporter : le second mariage de sa mère.
Sur ce sujet, il était inépuisable, et sa terrible logique se résumait toujours ainsi : « Quand on a un fils comme moi, — comme moi était sous-
entendu — on ne se « remarie pas. » (Note de M. Buisson.)

1. « Si le père Baudelaire avait vu grandir son fils, il ne se serait certes
pas opposé à sa vocation d'homme de lettres, lui qui était passionné pour
la littérature et qui avait le goût si pur. » (Lettre de Mme Aupick. V. p. 321.)

2. C'était une sorte de pension bourgeoise, ou plutôt d'abbaye de Thé-
lème, où nombre de parents de province envoyaient, à cette date, leurs
fils. On y menait, sans scandale, la vie la plus joyeuse et la plus libre du
monde. Le maître de la maison rédigeait l'*Univers* avant que Louis Veuillot
prît la direction du journal (1842).

caustique, moi indulgent; se tourmentant l'esprit pour se moquer de son cœur, moi laissant tous les deux trottiner comme une attelée... »

Ils débutèrent tous deux par une collaboration au premier *Corsaire*, gazette littéraire qui justifiait son nom par l'âpreté de sa polémique. Laissons encore la parole à M. Le Vavasseur :

« Jetait, qui voulait, dans la boîte du journal, entrefilets, épigrammes et couplets. Nous avions dix-huit ans. Romantiques nous étions, c'était dans le sang, et, après Casimir Bonjour, le Casimir, dont nous faisions le plus volontiers de vieilles culottes, était Casimir Delavigne. Il venait, je crois, de donner aux *Français la Popularité*. Par quelle anomalie, par quelle inconséquence nous avisâmes-nous d'aller chercher dans Béranger un air pour le chansonner? Je n'en sais rien. Toujours est-il que nous lançâmes dans les jambes de l'auteur de *la Parisienne* une chanson en sept ou huit couplets, sur l'air du Roi d'Yvetot :

> Il fut toujours fort bien en cour,
> Même en cour citoyenne.
> On dit, le bruit fâcheux en court,
> Qu'il fit la Parisienne.
>
> Avec l'*École des Vieillards*,
> Il amassa quelques milliards
> **De liards,**
> Oh! oh! oh! oh! etc.

« Je retrouve ce fragment dans un coin de ma mémoire, où il est plus facile de l'aller chercher que dans le numéro de novembre ou décembre 1838, du *Corsaire,* où la chanson fut insérée tout au long (sans signature !). »

Non content de se lier avec les jeunes littérateurs de son âge, Baudelaire rechercha dès lors les écrivains célèbres. Parmi ceux qu'il nomme dans les lignes citées plus haut, Gérard, Ourliac et Delatouche n'ont eu sans doute, avec lui, que des relations fugitives, car elles n'ont

laissé presque aucune trace dans ses écrits, ni dans la mémoire de ses amis de jeunesse. En revanche, les notes de
M. Prarond racontent, avec des détails très caractéristiques, les premiers rapports du jeune poète inconnu et de
l'illustre auteur du *Père Goriot* :

« Baudelaire se présenta, sans intermédiaire, à Balzac. Lui-
même me l'a dit, le lendemain de la rencontre. Balzac et Baudelaire s'avançaient en sens contraire, sur un quai de la rive
gauche. Baudelaire s'arrêta devant Balzac et se mit à rire comme
s'il le connaissait depuis dix ans. Balzac s'arrêta de son côté et
répondit par un large rire, comme devant un ami retrouvé. Et
après s'être *reconnus* d'un coup d'œil et salués, les voici chemi-
nant ensemble, causant, discutant, s'enchantant, ne parvenant
pas à s'étonner l'un l'autre. »

Mais, à cette date, le jeune poète ne prétend pas seulement au talent littéraire ; il convoite, avec non moins d'ardeur, l'étrange supériorité du dandysme. Tous ceux qui
l'ont connu dans ce temps-là sont unanimes à attester
l'élégance de sa toilette et de sa tenue. L'occasion de décrire, d'après les crayons qu'ils en ont tracés, plusieurs des
costumes fashionables du poète, se rencontrera plus loin.
Voici le premier en date, que M. Prarond nous fournit :

« Je le vois encore descendre un escalier de la maison Bailly,
mince, le cou dégagé, un gilet très long, des manchettes intactes,
une légère canne à petite pomme d'or à la main, et d'un pas
souple, lent, presque rythmique. »

Malgré son culte pour la toilette, Baudelaire n'était
nullement mondain. C'était pour sa satisfaction personnelle qu'il avait ces habitudes d'élégance. Il ne fréquentait
guère que ses camarades, car il s'était voué courageuse-
ment à ce long apprentissage qui, pour la poésie comme
pour tout art ou métier, est la condition inévitable de la
maîtrise. Son originalité naissante affectait une forme
farouche et *truculente,* j'emprunte ce mot pittoresque, le
seul qui convienne ici, au vocabulaire romantique de Petrus

Borel, pour lequel Baudelaire avait une dévotion particulière et qu'il imite sensiblement dans le fort étrange poème, qu'on va lire, — unique spécimen que nous ayons d'une manière de transition qu'il ne tarda pas à répudier[1]. Aussi faut-il citer la pièce tout entière[2] :

Je n'ai pas pour maîtresse une lionne illustre.
La gueuse, de mon âme, emprunte tout son lustre.
Insensible aux regards de l'univers moqueur,
Sa beauté ne fleurit que dans mon triste cœur.

Pour avoir des souliers elle a vendu son âme.
Mais le bon Dieu rirait si, près de cette infâme,
Je tranchais du tartufe et singeais la hauteur,
Moi qui vends ma pensée et qui veux être auteur.

Vice beaucoup plus grave, elle porte perruque.
Tous ses beaux cheveux noirs ont fui sa blanche nuque,
Ce qui n'empêche pas les baisers amoureux
De pleuvoir sur son front plus pelé qu'un lépreux.

1. On peut pourtant, sous le rapport du caractère *bousingot* qui leur est commun, comparer les stances, qu'on va lire, à un autre poème de Baudelaire qui date de la même époque. Le texte de cette œuvre abracadabrante est, malheureusement, perdu ; il n'en subsiste que le plan, publié dans le recueil des *Souvenirs et Correspondances* (p. 11-12), par le très véridique anonyme, à qui nous devons de si piquantes révélations sur la première jeunesse de son ancien camarade de collège.

2. Ces stances n'ont paru que dans la revue *la Jeune France*, publication très intéressante, mais trop peu connue, qui est l'organe d'un groupe de jeunes poètes. Elles ont été imprimées d'après un manuscrit autographe de Baudelaire qui figure sur l'album de Max Buchon, un de ses amis de jeunesse. Les notes de M. Prarond font connaître la maîtresse éphémère qui est l'héroïne de ce poème. Parlant de Jeanne Duval, qui tint une si grande place dans la vie de Baudelaire, au retour de son voyage d'outre-mer (1842), il ajoute : «Avant l'Inde, il y avait eu la Juive, je ne sais plus son nom (Sarah, je crois). Baudelaire l'appelait *Louchette*. Elle demeurait rue Saint-Antoine. Un jour, Baudelaire m'avait emmené vers l'île Saint-Louis, sous prétexte de revoir un tableau de Delacroix. En chemin, nous demandâmes Mlle Sarah (?) à un concierge. Elle était absente. Baudelaire, assez féru d'elle lorsque nous le connûmes, n'en conserva pas un souvenir clément :

« Une nuit que j'étais près d'une 'affreuse Juive. »

(*Fleurs du Mal,* seconde édition, XXXIII.)

Elle louche, et l'effet de ce regard étrange,
Qu'ombragent des cils noirs plus longs que ceux d'un ange,
Est tel que tous les yeux, pour qui l'on s'est damné,
Ne valent pas pour moi son œil juif et cerné.

Elle n'a que vingt ans ; la gorge déjà basse
Pend de chaque côté, comme une calebasse,
Et pourtant, me traînant chaque nuit sur son corps,
Ainsi qu'un nouveau-né, je la tette et la mords ;

Et bien qu'elle n'ait pas souvent même une obole
Pour se frotter la chair et pour s'oindre l'épaule,
Je la lèche en silence, avec plus de ferveur
Que Madeleine en feu les deux pieds du Sauveur.

La pauvre créature, au plaisir essoufflée,
A de rauques hoquets la poitrine gonflée,
Et je devine, au bruit de son souffle brutal,
Qu'elle a souvent mordu le pain de l'hôpital.

Ses grands yeux inquiets, durant la nuit cruelle,
Croient voir deux autres yeux au fond de la ruelle,
Car, ayant trop ouvert son cœur à tous venants,
Elle a peur sans lumière et croit aux revenants.

Ce qui fait que, de suif, elle use plus de livres
Qu'un vieux savant couché jour et nuit sur ses livres,
Et redoute bien moins la faim et ses tourments
Que l'apparition de ses défunts amants.

Si vous la rencontrez, bizarrement parée,
Se faufilant, au coin d'une rue égarée,
Et la tête et l'œil bas, comme un pigeon blessé,
Traînant dans les ruisseaux un talon déchaussé,

Messieurs, ne crachez pas de jurons ni d'ordure
Au visage fardé de cette pauvre impure
Que déesse Famine a, par un soir d'hiver,
Contrainte à relever ses jupons en plein air.

Cette bohème-là, c'est mon tout, ma richesse,
Ma perle, mon bijou, ma reine, ma duchesse,
Celle qui m'a bercé sur son giron vainqueur,
Et qui dans ses deux mains a réchauffé mon cœur.

Quand on a lu ces strophes, on admet sans aucune difficulté que l'état d'esprit et les habitudes de vie, qu'elles attestent, étaient de nature à inquiéter les parents du poète. D'ailleurs, ils avaient de très sérieuses raisons de penser qu'en dehors de ses liaisons féminines, Charles fréquentait des bohèmes de la pire espèce, vers lesquels l'attirait sa curiosité des côtés mystérieux du Paris dépravé. Mme Aupick, qui recevait chez elle plusieurs des camarades de son fils, M. Le Vavasseur entre autres, frémissait à la pensée qu'il ne trouvait pas, chez ses amis de l'autre catégorie, ces principes d'honneur et de délicatesse qu'elle était heureuse de reconnaître chez ceux dont elle l'encourageait à s'entourer uniquement.

De plus, elle ne pouvait estimer à sa vraie valeur un travail intellectuel très réel, mais qui ne donnait pas encore de résultats palpables et n'en donnerait de longtemps, le jeune poète étant trop épris de la perfection pour consentir à livrer au public des essais qui n'étaient, à ses yeux, que d'informes ébauches, en comparaison des chefs-d'œuvre qu'il rêvait.

D'autre part, le général redoutait pour l'avenir de son beau-fils une oisiveté prolongée qu'un patrimoine modique rendait doublement dangereuse.

Or Charles avait vingt ans sonnés. Sa mère voulut mettre à profit le reste d'autorité légale qu'elle conservait sur lui, jusqu'à l'heure de sa majorité, pour l'éloigner quelque temps de Paris. Le conseil de famille, convoqué sur sa demande, autorisa un emprunt de cinq mille francs destiné à couvrir les frais d'un voyage. Et Charles, sans témoigner ni répugnance ni joie, alla s'embarquer à Bordeaux, sur un navire qui devait faire voile pour Calcutta [1].

---

1. Ce récit, qui résume une lettre de Mme Aupick à Ch. Asselineau (Voy. plus loin, p. 313), nous paraît être d'une authenticité incontestable. Pourtant il n'est pas impossible qu'elle ait altéré ou déguisé les faits par ménagement pour son fils, car, selon M. Maxime Du Camp, qui a consacré à Baudelaire quelques pages de ses *Souvenirs littéraires*, la résolution d'éloigner Baudelaire aurait été prise à la suite d'une scène terrible entre lui et son beau-père. Dans un grand dîner officiel donné par celui-ci,

L'ennui morne qui saisit Baudelaire, dès les premiers
temps de la traversée, abrégea son absence. Quand il eut
manifesté sa ferme intention de rentrer en France, le
capitaine de navire, à qui ses parents l'avaient confié,
consentit sans difficulté à son désir et aida lui-même à le
rapatrier. Son absence avait duré à peine dix mois (de la
fin de mai 1841 à février 1842) [1].

Ce voyage a marqué dans la vie de Baudelaire. Il a sans
nul doute contribué à développer sa sensibilité artistique,
car on peut découvrir çà et là, dans les *Fleurs du mal* et dans
les *Poèmes en prose*, quelques traces des impressions qu'il
avait reçues des pays lointains et des cieux inconnus con-
templés pendant son voyage. Mais il faut résolument renoncer à certaines légendes. Baudelaire a-t-il jamais fait des
fournitures de bétail à l'armée anglaise? Cette assertion de
M. Maxime Du Camp est probablement erronée : il semble
possible de le prouver. Sur les dix mois que dura son absence, le trajet par mer, aller et retour, en prenait neuf

---

Baudelaire aurait tenu quelque propos malséant ; puis, rudement rabroué
par son beau-père, il l'aurait menacé de l'étrangler et saisi à la gorge.
M. Du Camp ajoute : « Le colonel appliqua une paire de soufflets à Baudelaire, qui tomba en proie à un spasme nerveux. Des domestiques l'empor-
tèrent. Il fut enfermé dans sa chambre : arrêts forcés. La réclusion dura
quinze jours, au bout desquels Baudelaire fut mis en diligence, sous la
surveillance d'un officier qui le conduisit à Bordeaux. Là, il fut embarqué
sur un navire en partance pour les Indes : son passage était payé ; une
somme d'argent assez modique et une pacotille valant une vingtaine de
mille francs étaient mis à sa disposition. » La situation était si tendue
entre Charles et son beau-père qu'une rupture était tôt ou tard inévitable
J'admettrais volontiers le récit de M. Du Camp si d'évidentes inexactitudes
de détail, dans la partie que je n'ai que résumée, ne me faisaient douter
de la fidélité de sa mémoire. Au moment où il s'embarquait (mai 1841),
Baudelaire n'avait pas dix-sept ans, mais vingt ans ; M. Aupick n'était pas
colonel, mais maréchal de camp. Ce dîner n'a pu avoir lieu à Lyon, que
le général avait quitté depuis plus de six ans. Enfin, il y a impossibilité
de concilier ces deux faits contradictoires : l'emprunt de cinq mille francs
et la pacotille de vingt mille. M. Du Camp a, sans doute, été induit en
erreur par quelque racontar des amis de Baudelaire ou de Baudelaire lui-
même, qui ne se faisait nullement scrupule, comme nous le verrons plus
loin, à propos de ce même voyage, d'abuser de la crédulité de ses intimes.
Son goût pour la mystification est un trait de caractère que nous retrou-
verons sans cesse, au cours de cette biographie.
1. Voir plus loin la lettre de Mme Aupick à Asselineau, p. 314.

environ, la navigation à voiles ne permettant pas alors plus
de rapidité. Le temps même lui eût manqué pour entre-
prendre un tel négoce. Qu'il ait raconté l'avoir fait, cela
est croyable. — Un poète marchand de bœufs! ingénieuse
réminiscence d'Apollon gardien des troupeaux d'Admète!
L'antithèse l'aura tenté, et il n'aura pas résisté au plaisir
d'en amuser ses auditeurs. Puis, quel admirable grief il se
donnait par là contre son beau-père [1]!

Nous pouvons donner un autre exemple des audacieuses
mystifications de Baudelaire. Voici ce que M. Buisson lui
entendit raconter de l'existence qu'il prétendait avoir
menée sur le navire commandé par un capitaine qui était
l'ami de son beau-père et qui devint le sien, comme on
le voit par la lettre, déjà citée, de Mme Aupick :

« Baudelaire fut embarqué, comme pilotin, à bord d'un navire
marchand qui partait pour l'Inde. Il parlait avec horreur des
traitements qu'il avait subis. Et quand on songe à ce que devait
être cet adolescent élégant, frêle, presque une femme, et aux
mœurs des marins, il est plus que probable qu'il était dans le
vrai ; nous frémissions en l'entendant. »

Je crois le lecteur suffisamment édifié sur la véracité
des récits de Baudelaire à ses jeunes amis.

M. Prarond a été mieux renseigné :

« La vérité vraie est que Baudelaire, embarqué malgré lui,
brûla la politesse à l'Inde, peut-être même au navire qui l'empor-

---

1. La fin de ce récit de M. Maxime Du Camp est aussi pleine d'assertions inexactes que le commencement. La mère du poète lui aurait envoyé
secrètement quelque argent, « pendant qu'il se promenait sur des élé-
phants et faisait des vers ». Il aurait appris l'anglais pendant son voyage ;
enfin il aurait amené du Cap « une négresse (ou quarteronne) qui, durant
bien des années, a gravité autour de lui ». (Souvenirs littéraires, t. II, p. 81-82.)
On ne s'explique pas comment Mme Aupick aurait pu envoyer à
son fils un argent, qu'il ne pouvait, vu la rapidité de son voyage, se
faire adresser nulle part. Ce n'est ni pendant la traversée, ni pendant son
très court séjour dans l'Inde, que Baudelaire étudia l'anglais ; sa mère,
qui le savait, le lui avait appris. Quant à Jeanne Duval, que M. Du Camp
désigne dans cette dernière phrase, c'est à Paris que Baudelaire l'a connue ; on le verra plus loin.

tait, aussitôt qu'il le put. Dans tous les cas, il ne nous parlait jamais de ce voyage. A peine, à son retour, nous dit-il quelques mots d'une station dans l'île Maurice ou à l'île Bourbon. A-t-il poussé son voyage plus loin ? Je ne le crois pas[1]... Il est certain que la pièce *l'Albatros* lui fut suggérée par un incident de sa traversée[2]. Il nous la récita dès son retour. A part cette pièce et le souvenir d'une négresse qu'il avait vu fouetter, à l'île Maurice, tout ce journal de sa pénitence maritime semblait page blanche. »

III

Deux mois après son retour en France, Baudelaire était majeur. Son beau-père, que le conseil de famille lui avait donné pour subrogé-tuteur, lui rendit des comptes. L'héritage paternel était resté jusqu'alors indivis entre les deux frères. Charles préférant recevoir sa part en argent, on vendit une portion des terrains de Neuilly. Claude garda la sienne et fit sagement; car, en 1852, ils acquirent une plus-value considérable, dont leur propriétaire en profita.

Riche d'un capital de 75,000 francs environ, libre, par suite, de vivre désormais à sa guise, « Charles alla s'installer dès le mois de juin 1842, quai de Béthune, n° 10, dans un rez-de-chaussée composé d'une chambre unique, très

---

1. Ce doute est levé par un passage d'une lettre de Baudelaire à M. Ancelle. Lui écrivant de Bruxelles et se plaignant du climat maussade qu'il y subit, le poète poursuit : « Jugez ce que j'endure, moi qui trouve le Havre un port noir et américain, — moi qui ai commencé à faire connaissance avec l'eau et le ciel à Bordeaux, à Bourbon et à Calcutta, jugez ce que j'endure dans un pays où les astres sont noirs et où les fleurs n'ont aucun parfum. »

2. Il est à remarquer que ce beau sonnet, *l'Albatros*, ne figure pas dans la première édition des *Fleurs du mal* qu'il n'eût pourtant pas déparée, et que le poète ne semble en avoir fait part à ses amis de la seconde époque, Poulet-Malassis et Asselineau, que deux ans plus tard; mais Baudelaire retouchait ses vers jusqu'au moment de l'impression. Ainsi, pour ce sonnet, le texte, que nous donne la seconde édition des *Fleurs du mal*, diffère du texte communiqué à Asselineau.

haute[1] ». Le calme et la solitude du quartier, favorables au travail, l'avaient séduit. Ses amis, qu'il avait retrouvés avec une joie cordialement partagée[2], s'effrayèrent, pour lui et pour eux, de le voir s'isoler ainsi.

« L'île Saint-Louis nous paraissait un pays bien plus perdu que l'île Maurice. Vous vous ennuierez si loin, lui disais-je. Non, répondait-il, le renard aime son terrier[3]. »

Mais le poète ne tarda pas à se dégoûter de son quartier lointain. Il habita, quelques mois à peine, au cœur du faubourg Saint-Germain, rue Vanneau, et finit par aller s'installer dans le voisinage de son premier domicile, quai d'Anjou, à l'hôtel Pimodan, où il séjourna plus longtemps, deux ans peut-être.

M. de Banville, dans ses *Souvenirs*, a fait une très intéressante description de ce logis. Asselineau (*Vie de Baudelaire*, p. 7-8) en a parlé aussi, dans des termes qui donnent une idée plus modeste du « luxe » de son ami, à cette date. L'appartement, rempli de meubles gigantesques et somptueux, était situé sous les combles, et se composait de deux chambres et d'un cabinet. Le loyer ne dépassait pas trois cent cinquante francs.

Les notes de M. Prarond ajoutent à ces renseignements un détail qui a son prix, car il nous montre le futur critique d'art faisant son éducation à ses dépens. Passionné alors pour les vieux maîtres, Baudelaire croyait avoir découvert des Bassan, et quand il l'allait voir, son ami le

1. Notes de M. Prarond.
2. « Baudelaire s'épanouissait avec *l'école normande*. Pensez donc ! Deux Normands, un Picard, un Languedocien que la Providence avait réunis pour la plus grande gloire de l'amitié, qui vivaient en parlant tout haut leur pensée, tous amoureux de l'amitié et la pratiquant avec une simplicité et une sincérité telles que pour eux encore, à l'heure qu'il est, 1845, c'est hier, c'est aujourd'hui ! C'est cette simplicité et cette sincérité qui attiraient et retenaient Baudelaire, parce qu'il savait, mieux que personne, ce qui lui manquait de ce côté et se compensait chez nous. » (Notes de M. Jules Buisson.)
3. Notes de M. Prarond.

trouvait mainte fois en contemplation devant des toiles de l'école italienne [1].

De 1842 à 1845, Baudelaire mena une vie heureuse, remplie par l'amitié et l'étude.

Les notes de MM. Prarond et Buisson font une description très pittoresque et très piquante de ces parties quotidiennes où les après-midi passées dans la société de ses amis délassaient le poète du labeur de la matinée [2].

« Nous vagabondions beaucoup ensemble, allant dîner chez le marchand de vin Duval, au coin de la rue Voltaire et de la place de l'Odéon, tantôt à *la Tour d'argent*, non loin du pont qui mène au quai de Béthune, très souvent hors barrière, du côté de Plaisance ou plus loin, dans un bon cabaret, bien au delà du faubourg Saint-Jacques, au moulin de Montsouris, dans des terrains alors presque vagues, plantés depuis, creusés, arrosés en parc. Nous avions là, autour de nous, un gazon maigre, un bout de

1. M. Le Vavasseur complète ce récit par un curieux commentaire : « Les Bassan et les meubles étranges, qui ornaient le logis de Baudelaire, provenaient, je crois, d'une source indiquée par Molière dans *l'Avare* et qui, dès ce temps, alimentait les fils de famille à court d'argent. » Le jeune poète était, en effet, la proie d'un brocanteur dont le magasin se trouvait au rez-de-chaussée de l'hôtel Pimodan. Cet homme abusa de l'inexpérience de son client pour lui faire prendre des engagements très onéreux qui pesèrent sur toute sa vie. Les embarras et les poursuites judiciaires, qu'ils entraînèrent, furent au nombre des causes qui lui firent quitter Paris pour Bruxelles, en 1864. Le 2 septembre de cette année-là, il écrivait à M. Ancelle : « Vous connaissez par cœur l'affaire A... Je crois sérieusement que j'ai reçu de lui quatre mille francs. Je lui ai souscrit, dans ma jeunesse, des effets pour quinze mille francs. » Après la mort de son fils, Mme Aupick, sur le conseil de M. Ancelle, contesta la légitimité de cette créance qui fut réduite de plus de moitié, par arrêt du tribunal de la Seine. Dans une lettre à la mère de son ami, Asselineau la félicite de cet heureux dénouement de son procès.

2. M. Buisson confirme le témoignage de MM. Le Vavasseur et Prarond qui nous révèle un Baudelaire souvent gai, dans sa première jeunesse, ou, du moins, encore exempt de ces noires mélancolies qui firent plus tard son génie et son malheur :

« On est en train de grossir Baudelaire et de le gourmer à la mode pessimiste. Ah ! je vous assure qu'en 1843, attablés à la *Tour d'argent*, dans l'île Saint-Louis ou ailleurs, nous trouvions, l'Ecole normande et Baudelaire, que la vie valait la peine d'être vécue. Ne l'affublez pas trop en précurseur bien qu'il y ait eu, par le fait, un peu de cela en lui. Une nature poétique, rare, tant que vous voudrez, mais du précurseur, avec discrétion. »

haie, quelques arbres ; puis d'un côté. la vue jusqu'au fort de
Charenton ; de l'autre, la vue de tout Paris. Un bon coin pour
philosopher. Ainsi, sur les cinq heures en été, nous nous met-
tions en quête d'un endroit méprisé des bourgeois et commode
aux entretiens de haute et fine graisse, littéraire ou artistique,
morale même. La chaussée du Maine et la rue de la Tombe-
Issoire ont entendu, certains jours, des propositions, des déclarations à faire crouler l'Institut. »

Pour ce petit groupe d'amis, qui festoyaient et devisaient
si joyeusement, le plaisir n'excluait pas le travail. Les deux
intimes, MM. Prarond et Le Vavasseur, doués de la verve la
plus facile, avaient un volume tout prêt à paraître. Dans
la ferveur de leur amitié pour Baudelaire, ils eurent l'idée
de lui proposer de contribuer, pour un tiers, au livre de
poésies qu'ils allaient éditer, à frais communs, et publier
sous ce titre vague : *Vers* (Paris, 1843).

Baudelaire accepta d'abord, et leur demanda même de
s'adjoindre un de ses amis, M. Auguste Dozon, poète de
talent, qui, en effet, figure dans le recueil, sous la signature : d'Argonne, empruntée au nom de son pays natal.
Mais, au dernier moment, Baudelaire se retira ; une note de
M. Le Vavasseur explique pour quel motif :

« Il m'avait remis ses manuscrits. C'était l'*ébauche* de quelques
pièces insérées depuis dans les *Fleurs du mal* (*Spleen et Idéal*).
Sans faire la grimace, je fis mes observations. Je voulus même,
imprudent et indiscret ami, corriger le poète. Baudelaire ne dit
rien, ne se fâcha point et retira sa part de collaborateur[1]. Il fit
bien. Son étoffe était d'une autre trame que notre calicot, et
nous parûmes seuls[1]. »

Baudelaire ne voulait encore rien publier ; mais d'après

1. C'est à cette collaboration manquée que M. Le Vavasseur, s'adressant
à son ami Prarond, dans le petit poème *la Rime*, fait l'allusion que voici :

« Nous aimions follement la rime ; Baudelaire
Cherchait à l'étonner plus encor qu'à lui plaire,
Avait-il peur de voir, par un souci puéril,
L'originalité de sa muse en péril?
Et son indépendance était-elle effrayée
De suivre, en cet amour, une route frayée?
Peut-être, parmi ceux d'hier et d'aujourd'hui,
Nul ne fut moins banal ni moins naïf que lui. »

les échantillons qu'ils en connaissaient, ses amis avaient déjà pris une très haute opinion de son talent poétique. De tout temps, il avait aimé déclamer des vers, habitude qui lui avait fait, au collège, un renom de cerveau exalté. Avec ses amis, c'était un de ses plus vifs plaisirs. M. Prarond se souvient de lui avoir entendu réciter, « d'un ton tragique », le début de la première satire de Boileau : *Damon, ce grand auteur*, etc.

Quand il composa lui-même des poésies, il les lut dans les divers cénacles de ses amis. Un d'eux, qui faisait partie d'un autre groupe que MM. Le Vavasseur, Prarond et Buisson, décrit ces récitations : « Après s'être fait quelque peu prier, il nous disait, ou plutôt nous psalmodiait ses vers d'une voix monotone, mais impérieuse, et qui forçait l'attention des profanes[1]. »

Le même camarade de collège parle de certaines pièces, du genre des *Juvenilia*, qu'il avait entendues, et qu'il n'a pas retrouvées dans le recueil de 1857. Asselineau raconte avoir vu chez Baudelaire, en 1850, le manuscrit du livre qui devait s'appeler les *Fleurs du mal*, « deux volumes in-4°, cartonnés et dorés[2] », et M. Champfleury affirme qu'à l'époque où ils entrèrent en relations (1845), on prétendait que le poète « avait déjà un volume de vers tout prêt pour l'impression ».

M. Prarond est encore plus affirmatif et plus précis :

« Voici, et sans nul doute, les titres des pièces dites par lui, vers ce temps (1843), entendues par nous, par moi :

« L'*Albatros*, la seule pièce bien certainement rapportée de son voyage, c'est-à-dire composée pendant le voyage ; *Don Juan aux enfers, la Géante*; la pièce XXV[3], *Je t'adore à l'égal de la voûte nocturne*, écrite après la connaissance de Jeanne[4].

---

1. CHARLES BAUDELAIRE. *Souvenirs, correspondances*, etc., p. 8. — M. de Banville parle aussi de la « voix ferme, pure et musicale » de son ami. (*Mes Souvenirs*, p. 83.)

2. *Vie de Baudelaire*, p. 37.

3. Toutes les indications de numéros, qui suivent, sont prises, par M. Prarond, de l'édition des *OEuvres complètes*.

4. Jeanne Duval, la maîtresse qui a suggéré au poète nombre de pièces des *Fleurs du mal*. (Voir plus loin, p. XXXVIII.)

à *Une charogne* ; XXXIII. *Une nuit que j'étais près d'une affreuse juive,* une des plus anciennes pièces de Baudelaire, puisque c'est, avec *Don Juan aux enfers,* une des premières que je lui ai entendu réciter ; *A une Malabaraise ; le Rebelle ; les Yeux de mon enfant;* CXXIII. *Je n'ai pas oublié, voisine de la ville,* une des plus anciennes; CXXIV. *La Servante au grand cœur,* une des plus anciennes aussi; CXXVII. *La diane chantait dans la cour des casernes,* déjà parfaite et arrêtée. Cette pièce doit se rapporter à un temps où, demeurant avec sa mère et son beau-père le général, il entendait en effet la trompette matinale; *l'Ame du vin; le Vin du chiffonnier ; le Vin de l'assassin.* (Allégorie. Je me rappelle bien, du moins, les deux premiers vers.)

« Je suis certain que toutes ces pièces étaient composées avant la fin de 1843.

« Baudelaire, ma mémoire m'en convainc, a toujours beaucoup remanié et corrigé ses vers, jusqu'au jour où il les a publiés dans des revues, dans des journaux, dans la *Revue des Deux Mondes,* et enfin en librairie, sous le nom de *Fleurs du mal.* »

La poésie de Baudelaire était personnelle au premier chef, originale dans le fond comme dans la forme. Mais une forte dose d'imitation entrait dans son dandysme. Familier de très bonne heure avec la littérature anglaise[1], il y avait connu et admiré ce type dont elle a toujours fait, du Lovelace de Richardson au Pelham de Bulwer, un de ses thèmes favoris.

Ce que Baudelaire aime et admire le plus dans le dandysme, c'est le constant sacrifice de la nature à l'art. Plusieurs passages de ses journaux intimes révèlent sur ce point sa pensée entière. On lit dans *Mon cœur mis à nu :*

---

1. Sa mère lui avait certainement appris la langue de Shakespeare. Champfleury (*Souvenirs de jeunesse*) cite parmi les écrivains les plus aimés de son ami : « Maturin, l'auteur de *Bertram;* Lewis, l'auteur du *Moine;* Mathews, l'auteur de *Melmoth.* » Ils lui étaient chers pour le caractère satanique de leur talent. On le verra plus loin exprimer, dans une lettre à Sainte-Beuve, un véritable enthousiasme pour Shelley, et, dans son projet de lettre à Jules Janin, admirer le génie *salamandrin* de Byron. Les *Paradis artificiels* sont, en grande partie, un résumé du livre célèbre de Thomas de Quincey : *the Confessions of an English opium's eater,* et ses traductions d'Edgar Poe forment la portion la plus considérable de son œuvre.

« La femme est le contraire du dandy. Donc, elle doit faire horreur. La femme est naturelle, c'est-à-dire abominable. Aussi est-elle toujours vulgaire, c'est-à-dire le contraire du dandy. »

Du dandy, Baudelaire se donna, de très bonne heure, les dehors impassibles, la froide et ironique politesse, ainsi que la toilette fashionable. L'auteur de la notice biographique du recueil des *Souvenirs et Correspondances* décrit ainsi le costume original et immuable que son ami portait, vers 1840 :

« Pas un pli de son habit qui ne fût raisonné. Aussi quelle merveille que ce costume noir, toujours le même, à toute heure, en toute saison, ce froc d'une ampleur si gracieuse, dont une main cultivée taquinait les revers ; cette cravate si joliment nouée, ce gilet long, fermant très haut le premier de ses douze boutons et négligemment entr'ouvert sur une chemise si fine, aux manchettes plissées, ce pantalon « tirebouchonnant » sur des souliers d'un lustre irréprochable ! »

Voici, d'après le témoignage de M. Le Vavasseur, un autre costume de Baudelaire, celui qu'il adopta en 1842, quand il voulut s'habiller d'une façon qui répondît à son humeur de plus en plus grave :

« Baudelaire s'était composé une tenue à la fois anglaise et romantique. Byron habillé par Brummel. Chapeau haute forme, habit noir très ample, « boutonnable », quoique flottant, manches larges, basques assez carrées pour draper, assez ajustées pour garder le caractère laïque, gilet de casimir noir, demi-droit, demi-montant, aisé, cravate noire à larges bouts, très bien nouée sans raideur, plus près du foulard que du carcan. Pantalon de casimir ou de drap fin, non collant. Souliers lacés ou escarpins bas, noirs en hiver et blancs en été. Au demeurant, le déshabillé le plus habillé et l'habillé le plus déshabillé du monde. Complet invariable et de toute saison[1]. »

---

1. A propos de ce costume, M. Buisson fait la remarque suivante : « Baudelaire n'était dandy que pour la bohème du temps des *Cariatides* et les poètes du quartier latin. On ne retrouverait le large habit noir habituel,

De cette toilette, empreinte de *britannisme*, et qui visait à l'excentricité, M. Buisson donne une explication très judicieuse :

« Baudelaire n'aimait ni la mauvaise tenue ni le mauvais goût, et il réagissait contre le débraillement prétendu romantique. Son habit noir, d'ailleurs pratique à l'état d'uniforme, était une pose. »

La gêne croissante du poète lui interdit bientôt cette dispendieuse originalité. Dès 1846, il avait extrêmement simplifié sa toilette. Le matin, dans les rues désertes du faubourg Saint-Germain, il sortait en blouse. M. Champfleury, à qui je dois ce détail, le commente ainsi :

« C'était une forme nouvelle de dandysme. Notez que sous la blouse passait un pantalon noir à pieds (mode des écrivains à cette époque, Balzac, etc.) et que les pieds de ce pantalon de chambre étaient insérés dans d'élégants souliers *à la Molière,* que Baudelaire tenait à voir très reluisants toujours[1]. »

boutonné jusqu'au-dessus des hanches, que dans une eau-forte d'après Courbet très jeune, gravée par Masson pour le volume de Théophile Silvestre. »

C'est à cette période d'élégance que se rattache l'anecdote contée par M. Champfleury (*Souvenirs et portraits de jeunesse*, p. 336) : « Baudelaire fit mander, une fois, un tailleur. Il voulait un habit bleu, à boutons de métal, pareil à celui de Gœthe, qu'on voit sur les pipes de porcelaine, en Allemagne. Plusieurs rendez-vous furent pris avec le tailleur. Baudelaire n'était jamais content : les manches ne faisaient pas assez de plis, les basques étaient trop courtes, le collet ne montait pas assez haut. Baudelaire demandait un collet dans lequel il pût rentrer sa tête, les jours d'orage, comme un colimaçon dans sa coquille ; lui et le tailleur passèrent huit jours à promener la craie sur cet habit bleu. Enfin, on arriva à un résultat à peu près satisfaisant. Baudelaire se logea dans l'habit, s'examina, marcha ; après quoi, se tournant d'un air aimable vers le tailleur : Faites-m'en douze comme celui-là, lui dit-il. »

1. La blouse étant de mise pendant la période où Baudelaire afficha des sympathies démocratiques, de 1848 à 1851, il la porta souvent, au cours de ces trois ans. Plus tard, sa toilette fut moins excentrique, mais resta bizarre. La première fois que je le rencontrai, en juin 1854, il était vêtu d'un paletot d'hiver, et son cou disparaissait dans un vaste foulard jaune et rouge, à dessins éclatants.

Dans les deux dernières années qu'il passa à Paris (1862-1864), Baude-

... Baudelaire fut obligé d'abdiquer de bonne heure ses prétentions à l'élégance fashionable. Son revenu ne lui suffisait pas, et voulant dépenser beaucoup, il aurait dû produire beaucoup. Mais s'il aimait le travail, il faisait de vains efforts pour s'y assujettir ; — maint passage de *Mon cœur mis à nu* et de ses correspondances l'atteste. C'est qu'il lui manquait la force de renoncer aux habitudes de flânerie, que sa vive imagination lui imposait despotiquement[1].

laire porta sans vergogne des habits râpés. Il n'avait plus qu'un luxe, le linge blanc. Même en Belgique, sa toilette se faisait remarquer par une propreté minutieuse.

1. Voir surtout dans *Mon cœur mis à nu*, passim, p. 98 et de 119 à 122. Ailleurs, il parle de son vagabondage et de sa vie nomade. Le 3 novembre 1858, il écrivait à Poulet-Malassis : « Je prépare toujours ma double installation nouvelle, car alors je réparerai seize ans de fainéantise. » Pour montrer que Baudelaire n'exagérait pas, voici la liste approximative mais incomplète de ses changements de domicile pendant ces seize années, c'est-à-dire depuis son retour de l'Inde (février 1842) jusqu'à la date de la lettre qui contient cet aveu si expressif : Quai de Béthune, 10. — Rue Vanneau. — Quai d'Anjou, 17, hôtel Pimodan. — Hôtel Corneille. — Hôtel Folkestone, rue Laffitte. — Avenue de la République, 95. — Rue des Marais-du-Temple, 25. — Rue Mazarine. — Rue de Seine, 57. — Rue Pigalle, 61. — Hôtel Voltaire, quai Voltaire. — Rue Beautreillis, 22, sans compter plusieurs domiciles de passage qui ne sont pas mentionnés dans sa correspondance et ses fréquents séjours chez sa mère, à Honfleur.

Sur le travail capricieux du poète, Asselineau donne, dans son recueil inédit d'anecdotes, de très curieux détails : « Il eut longtemps l'habitude d'aller demander l'hospitalité à ses amis pour une nuit, un jour ou deux, plus ou moins. Cela tenait à deux causes : d'abord l'horreur de son domicile souvent insuffisant et incommode, les désagréments qu'il avait parfois dans son intérieur quand il était partagé, les vexations des créanciers, etc., et puis le besoin incessant de conversation. Que de fois je l'ai vu arriver chez moi, vers les 4 ou 5 heures, d'un air affairé : « Mon cher, je viens vous demander un service qui va bien vous ennuyer, car je sais que vous n'aimez pas cela, mais il le faut absolument ! J'ai promis de livrer demain, à midi, une feuille d'impression à la *Revue de Paris*. Vous comprenez que ce n'est pas cela qui m'embarrasse. Vous connaissez mon horrible rapidité de travail. (Il travaillait, au contraire très lentement, comme tous les hommes soigneux.) Une feuille à écrire en seize heures ! Ce n'est rien pour moi ! Mais à cause de tracas, d'ennuis, il m'est impossible de travailler chez moi. Il faut donc — absolument — que vous m'accordiez l'hospitalité jusqu'à demain, midi. Je ne vous dérangerai pas, je ne ferai pas de bruit. Vous me mettrez où vous voudrez. Je serai sage comme un petit enfant... — Mais c'est très bien, mon ami, cela tombe d'ailleurs à merveille : je suis obligé de sortir et ne rentrerai que pour me coucher. Vous serez donc complètement chez vous. — Oh ! quand vous rentrerez, la besogne sera bien avancée. Voyons, il est cinq heures. Vais-je d'abord aller

Pour cette époque de sa vie, nous avons un portrait précieux du poète, celui que fit son ami Deroy, peintre

dîner, ou bien ne dînerai-je que quand tout sera fini ? — Cela vous regarde. Je vais toujours vous faire faire un lit. — Oh! un lit! Après cela, oui! Je dormirai bien une ou deux heures, cette nuit, pour me reposer.

« Je rentrais vers minuit, m'attendant (les premières fois, s'entend) à trouver mon Baudelaire en plein travail. « Monsieur ne prend pas sa clef? me disait le portier. — Est-ce que ce monsieur de tantôt ne l'a pas prise? — Mais, monsieur, il n'est pas revenu. » Je trouvais en effet la chambre déserte, sur ma table le petit paquet déposé par Baudelaire, le dictionnaire anglais, le volume de Poe, le rouleau de papier et les plumes neuves achetées chez l'épicier. Je me mettais au lit. Vers une heure, on sonnait. C'était Baudelaire. « Sacré Saint-Ciboire! disait-il, les dents serrées et se frottant les mains. — Qu'y a-t-il ? — Il y a, il y a, parbleu! que je suis allé dîner, comme je vous l'avais dit. Seulement, pour me ménager un peu d'exercice en sortant de table, j'ai eu l'idée d'aller jusqu'au boulevard, et là, j'ai rencontré ce S...., cet indiscret, ce bavard, ce désœuvré, qui m'a fait bavarder jusqu'à minuit. Il a fallu aller prendre de la bière. Est-ce que je sais? Mais enfin, c'est égal, je pensais à mon affaire à travers les bavardages de S...., et tout est écrit dans ma tête. Il ne me faut plus que le temps matériel de me le dicter. (Il regardait la pendule.) Une heure ! J'ai onze heures devant moi! A quatre pages par heure, quatre heures suffiraient. J'ai trois fois plus de temps qu'il ne m'en faut! Ah! vous m'avez fait faire un lit. Il ne servira guère... Pourtant, si j'essayais de dormir, une heure ou deux, pour me reposer du bruit de la platine de S....? — Prenez garde! — Ah! bon, vous croyez donc que je suis un voluptueux comme vous? Vous ne savez donc pas que je suis capable de m'éveiller quand il me plaît, au bout d'une demi-heure, si je veux? Oui, c'est cela, je vais m'étendre d'abord, une petite heure, afin d'être mieux disposé, et je finirai ma nuit sur quatre heures du matin. — Alors, bonsoir!

« En m'éveillant, le lendemain, vers huit heures, j'apercevais mon Baudelaire roulé dans les couvertures et le nez dans la ruelle. « Je vous vois, me disait-il, au bout d'un moment, de sa voix claire, je vous vois. Je suis réveillé depuis longtemps.

« Sur la table, le papier n'était pas déroulé, les livres n'étaient pas ouverts. « Eh bien, disais-je, et cette feuille d'impression? Et ce travail à fond de train? — Farceur! toujours vos farces! — Mais enfin, vous n'avez pas écrit une ligne. — Eh bien, quoi! j'ai cédé à la paresse. — Mais que dira-t-on à la *Revue?* — Je m'expliquerai. — Après tout, il n'est que huit heures, ça vous fait quatre heures. Vous avez encore le temps. — Hum! farceur, éternellement farceur! » Bien entendu, Baudelaire n'allait seulement pas à la *Revue.* Il déjeunait avec moi, et nous causions pendant toute l'après-midi.

« Cette scène s'est renouvelée bien des fois, toujours avec la prétention de tout tuer, d'abattre page sur page et de donner aux autres des leçons de travail par son exemple, et jamais sans plus de succès. Il allait ainsi percher chez Nadar, chez Lespès, chez Dupont. Il coucha, une fois, six semaines de suite, sur le canapé d'un ami, cité Trévise. »

de grand talent qui mourut jeune, et fut pleuré par quelques-uns des plus célèbres littérateurs de sa génération.

Nous ne pouvons que renvoyer à la description minutieuse de ce portrait par Asselineau[1].

Mais ce n'était pas seulement l'excentricité de sa toilette, c'était surtout sa physionomie si caractéristique qui attirait et retenait les regards pendant que sa conversation pleine d'originalité achevait de lui conquérir l'attention de tous ceux dont il souhaitait l'estime.

Il était dès lors lié avec Théophile Gautier et s'était fait présenter à Victor Hugo[2].

IV

Dans le cœur d'un jeune homme, l'amitié est, de tous les instincts de tendresse, le premier en date; ce n'est pas

1. Un trait à relever dans ce portrait, comme dans les notes de ses amis de jeunesse, c'est sa tournure svelte et l'air délicat qu'il perdit promptement. C'est aussi le seul portrait où Baudelaire soit représenté avec ce célèbre habit noir, en queue de sifflet, qui fut un moment son costume favori. (Voy. *Vie de Baudelaire*, p. 8-11.)

2. Voir le récit que Gautier, dans la préface des OEuvres complètes, fait de sa première rencontre avec Baudelaire. — « Il affectait déjà de détester Lamartine et parlait d'Hugo avec une retenue déférente, mais sans passion enthousiaste. Lui, qui récitait beaucoup, disait peu de vers d'Hugo. Il s'était fait introduire cependant à la place Royale. Hugo, très habile d'ordinaire à renvoyer tous ses visiteurs contents, n'avait pas compris le caractère concentré et tout parisien de Baudelaire. Il lui avait conseillé un séjour à la campagne, le travail dans la solitude, une sorte de retraite. Baudelaire allait, mais fort rarement, je crois, visiter Victor Hugo, de 1842 à 1846. Il lui dédia successivement plusieurs *Fleurs du mal*. » (Notes de M. Prarond.)

Les journaux intimes de Baudelaire et sa correspondance contiennent de curieux passages qui prouvent que l'amitié, qui n'a cessé d'unir officiellement les deux poètes, recouvrait de sourdes dissidences et, vers la fin, une antipathie profonde. Je me réserve de publier ailleurs ces documents instructifs et complètement ignorés.

le plus puissant ni le plus impérieux. Il en survient vite un autre, qui le relègue au second rang.

Baudelaire a aimé, lui aussi, sans aucun doute, mais à sa manière. De peur d'être tyrannisé par la passion, il se traça une règle de conduite, dont il ne se départit jamais. Il fit à l'amour une large part dans sa vie, mais il ne lui laissa jamais subjuguer ni son cœur, ni sa pensée. Jamais une maîtresse n'a pu obtenir qu'il lui sacrifiât sa rivale, la Muse.

Une des premières, en date, paraît avoir été cette Sarah, dont une note de M. Prarond a révélé l'existence[1], mais qui ne mériterait pas une mention, si Baudelaire n'avait pas écrit, à propos d'elle, le célèbre sonnet où il exprime la froide horreur dont le cœur de marbre d'une courtisane frappe l'amant le plus ardent[2].

Les liaisons éphémères, que le poète noua et dénoua vers le même temps, dans le milieu de la bohème joyeuse de 1840, où l'avait introduit un ami, Privat d'Anglemont, ne purent avoir sur son cœur qu'une influence peu profonde. D'ailleurs, elles furent promptement interrompues par son voyage au long cours.

Pendant les dix mois que dura son absence, il toucha terre en divers pays; et quoiqu'il n'ait guère eu le temps de séjourner nulle part, il eut sur sa route quelques aventures galantes.

Dans le très intéressant et spirituel volume qu'il a intitulé : *Mes souvenirs*, M. de Banville nous a conservé un fort pittoresque récit, que Baudelaire lui fit, dès leur première rencontre, de ses rapides amours,

Au pays parfumé que le soleil caresse[3].

1.-Voy. plus haut. p. xxi, note 2.

2. Voir les *Fleurs du mal*, édition des *OEuvres complètes*, XXXIII.

3. « Dans je ne sais plus quel pays d'Afrique, logé chez une famille à qui ses parents l'avaient adressé, il n'avait pas tardé à être ennuyé par l'esprit banal de ses hôtes, et il s'en était allé vivre seul sur une mon-

Quoi qu'il en soit de cette histoire, il est incontestable que le poète rapporta de son voyage le culte de la Vénus noire. Théophile Gautier, qui avait reçu, lui aussi, les confidences de son ami, était pleinement fondé à l'affirmer [1].

A peine de retour à Paris, il prit une maîtresse qui n'avait guère d'autre titre à son attention que d'être une fille de couleur. Jeanne Duval, figurante dans un de ces petits théâtres qui, dès 1840, annonçaient les cafés-concerts, n'avait, à part sa race, rien de remarquable : ni le talent, ni la beauté, ni l'esprit, ni le cœur.

M. de Banville, lui-même, si porté d'habitude à louer, avec un enthousiasme tout lyrique, ses amis et camarades de jeunesse, ne parle de cette « belle ignorante » qu'en termes assez vagues et légèrement ironiques. D'autres amis du poète sont encore moins élogieux [2].

Pourtant, ce fut la maîtresse favorite de Baudelaire qui, bien que trompé par elle de toutes les façons, lui resta toujours attaché, d'une profonde affection.

En dépit de ses fantaisies amoureuses, il revenait toujours à elle. On trouvera, dans la correspondance du poète avec Poulet-Malassis, de très curieux passages qui se rapportent à un caractéristique épisode de ses relations avec cette étrange maîtresse [3]. Jeanne, qui avait, comme

---

tagne, avec une toute jeune et grande fille de couleur qui ne savait pas le français, et qui lui cuisait des ragoûts étrangement pimentés dans un grand chaudron de cuivre poli, autour duquel hurlaient et dansaient des petits négrillons nus. » (M. de Banville, *Mes souvenirs*). Voilà un récit si fortement empreint de couleur locale, qu'on est fort tenté de n'y voir qu'une de ces mystifications où Baudelaire se complaisait, uniquement pour jouir de l'étonnement de son auditeur.

1. *OEuvres complètes de Baudelaire*, t. I, p. 14.

2. « Avez-vous connu Jeanne Duval ? — Oui, j'ai connu Jeanne. Elle venait au logis du quai de Béthune, se casait dans un fauteuil bas, près de la cheminée. Elle me faisait l'effet d'une fille très passive. Je la traitais avec beaucoup d'égards, et j'étais, me disait Baudelaire, le seul de ses amis qu'elle pût souffrir... Voici, dans mes souvenirs, le portrait de Jeanne : mulâtresse, pas très noire, pas très belle, cheveux noirs peu crépus, poitrine assez plate, de taille assez grande, marchant mal. Baudelaire lui dictait quelquefois ses vers. » (Notes de M. Prarond.)

3. Voir plus loin, p. 183-188.

beaucoup de femmes de sa race, la passion des liqueurs fortes, s'y était livrée, dès sa jeunesse, avec tant d'emportement qu'elle fut, jeune encore, frappée de paralysie. Baudelaire la fit entrer, à ses frais, à l'hospice Dubois, et se trouva, comme toujours, victime des mensonges et des ruses, dont cette malheureuse fille se servait pour lui soutirer de l'argent. Sans se laisser rebuter par l'ingratitude et la perversité de sa maîtresse, Baudelaire continua de subvenir à ses besoins, et lorsque, prenant en horreur la maison de santé, dont le régime entravait ses habitudes d'intempérance, elle voulut en sortir avant la guérison, le poète, loin de l'abandonner, vint habiter avec elle.

Cette vie d'intimité complète ne pouvait être, pour lui, que douloureuse. Il faut lire, dans ses lettres à Poulet-Malassis, quelle étrange complication vint encore aggraver, pour lui, les ennuis de ce faux ménage, et gâter le seul plaisir qu'il en espérait, celui de « causer avec une femme vieille et infirme[1] ».

Après cette dernière déception, qui mit fin, pour toujours, à l'existence commune, les relations qu'il garda, jusqu'à la fin de sa vie, avec Jeanne, n'ont pas laissé de traces dans la correspondance du poète; mais on doit croire qu'il ne cessa de lui venir en aide, même après qu'il eut fixé sa résidence en Belgique, malgré l'extrême gêne à laquelle il était lui-même réduit. Il y avait là, pour lui, une sorte de point d'honneur, auquel Baudelaire ne faillit point. En arrivant à Bruxelles, auprès de son fils, brusquement frappé de paralysie, Mme Aupick trouva une lettre où Jeanne sollicitait un envoi d'argent[2].

Que devint la malheureuse, quand elle eut perdu l'ami dont le dévouement était sans doute sa meilleure ressource? Sur ce point, tout renseignement précis fait défaut. Victime de son intempérance, elle serait tombée, m'a-t-on dit, dans la plus noire misère et serait rentrée à l'hôpital pour y mourir, quelques années après le décès du poète.

1. Voir plus loin, p. 217.
2. Voir plus loin, p. 322.

Cette femme est la seule maîtresse en titre que ses amis aient connue à Baudelaire, qui fut toujours, même avec ses intimes, d'une extrême réserve sur ces côtés secrets de sa vie. Elle eut, sans nul doute, une influence funeste sur la vie de son amant, par les soucis constants et de toute sorte qu'elle lui donna, par les empêchements incessants qu'elle mit à son travail régulier, dans un temps où il était en pleine veine de production.

Toutefois cette influence fut moins désastreuse qu'elle ne l'eût été sur un cœur plus vulnérable aux douleurs de l'amour et aux déceptions de la vie.

Au fond de son âme, Baudelaire méprisait les femmes. Comme dandy, il les abominait, nous l'avons dit plus haut. Comme catholique, il voyait en elles « une des formes séduisantes du diable ». Aussi s'étonnait-il qu'on les admît dans les églises[1].

Ayant fort peu vu le vrai monde, et renoncé, sans les avoir fréquentés, aux salons de la bonne compagnie où la franchise d'un langage audacieux jusqu'au cynisme l'avait fait mal accueillir[2], il n'avait plus vécu que dans des sociétés qui ne pouvaient lui donner qu'une idée très imparfaite et très fausse des qualités et des vertus des femmes.

Ce qu'il appelle quelque part « leur éternelle niaiserie » l'indignait profondément. La frivolité d'esprit, l'ignorance, les bavardages des maîtresses de ses amis le faisaient fuir, et il étendait à tout leur sexe ses aveugles et inflexibles préventions[3].

---

1. Voir plus loin, p. 107, *Mon cœur mis à nu*. XXXIX.
2. Voir *Souvenirs littéraires* de M. Maxime Du Camp, t. II, p. 82.
3. « Il condamnait les maîtresses de ses amis au régime du vin et du tabac, afin d'assoupir leur langue et il ne pouvait supporter les propos des femmes qui viennent se jeter à travers les conversations d'artistes. » (M. Champfleury, *Aventures de mademoiselle Mariette*. Portrait de Gérard, un des personnages du roman, pour lequel Baudelaire a certainement posé, dans l'intention de l'auteur.)

« Il prisait peu la causerie féminine, et à un de ses amis, récemment marié, qu'il visitait quelquefois le soir, il disait, vers neuf heures : — Il est tard, envoyez donc coucher votre petite femme; on ne peut causer avec ces

De parti pris, il n'a voulu voir chez les femmes qu'il a aimées, ne fût-ce qu'un jour, que leur grâce et leur beauté, sans souci de leur intelligence, ni même de leur moralité. C'est ce qui explique ces vers célèbres des *Fleurs du mal :*

> Maudit soit à jamais le rêveur inutile
> Qui voulut le premier, dans sa stupidité,
> S'éprenant d'un problème insoluble et stérile,
> Aux choses de l'amour mêler l'honnêteté [1] !

C'est encore en vertu de cette indifférence morale, dont il s'était fait une règle de conduite, que, dans le poème intitulé *Madrigal triste,* il dit à une maîtresse :

> Que m'importe que tu sois sage?
> Sois belle et sois triste [2]!. .

Il faut voir une véritable profession de foi dans ces vers d'une si réelle et si étrange poésie :

> Que tu viennes du ciel ou de l'enfer, qu'importe,
> O Beauté! monstre énorme, effrayant, ingénu!
> Si ton œil, ton souris, ton pied m'ouvrent la porte
> D'un Infini que j'aime et n'ai jamais connu?
>
> De Satan ou de Dieu, qu'importe? Ange ou Sirène,
> Qu'importe, si tu rends, — fée aux yeux de velours,
> Rhythme, parfum, lueur, ô mon unique reine!
> L'univers moins hideux et les instants moins lourds [3]?

Il s'était habitué à ne chercher dans l'amour que des

---

gentils oiseaux-là. » (*Le Gaulois*, 30 septembre 1885, article signée ANGE-BÉNIGNE.)

1. *Les Fleurs du mal*, première édition, p. 194. (*Femmes damnées.*)
2. *Ibidem*, édition des Œuvres complètes, p. 220.
3. *Ibidem*, p. 117.

joies fugitives et des suggestions poétiques. Peu lui importait de ne les devoir qu'à des illusions.

Son goût des jouissances rares et des condiments de la passion devait entraîner le poète à des fantaisies étranges, que ceux ou celles qui l'ont connu, dans l'intimité, ont pu noter [1].

La raison principale qui rendait le commerce des femmes douloureux pour Baudelaire, c'était son opinion bien arrêtée sur l'impossibilité où sont deux créatures humaines de confondre leurs pensées et leurs sentiments, même dans la communion de l'amour [2].

Une seule chose compensa son pessimisme et l'empêcha d'être malheureux dans ses liaisons galantes, la puissance qu'a tout grand poète de se consoler de la réalité

---

1. « Ses amours ont eu pour objet des femmes phénomènes. Il passait de la naine à la géante, et reprochait à la Providence de refuser souvent la santé à ces êtres privilégiés. Il avait perdu quelques géantes de la phtisie et deux naines de la gastrite. Il soupirait, en le racontant, tombait dans de profonds silences et terminait par : « Une des naines avait soixante-douze centimètres seulement. On ne peut tout avoir en ce monde, murmurait-il alors, philosophiquement. » (Le Gaulois, article cité, page précédente.) Je ne cite ce propos de Baudelaire que comme un exemple typique des mystifications à outrance dont il aimait à se divertir.

Parfois, même, il affectait de mêler à ses caprices érotiques une pointe de fantaisie sadique :

« Un soir, nous nous trouvions dans je ne sais plus quelle brasserie, et le poète des Fleurs du mal racontait je ne sais quoi... d'énorme. Une femme blonde, assise à notre table, écoutait tout cela, les yeux écarquillés et la bouche ouverte. Tout à coup, le narrateur, s'interrompant, lui dit : « Mademoiselle, vous que les épis d'or couronnent et qui, si superbement blonde, m'écoutez avec de si jolies dents, je voudrais mordre dans vous, et, si vous daignez me le permettre, je vais vous dire comment je désirerais vous aimer. — Au reste, vous adorer autrement me semblerait, je vous l'avoue, assez banal. — Je voudrais vous lier les mains et vous pendre, par les poignets, au plafond de ma chambre; alors je me mettrais à genoux et je baiserais vos pieds nus. » Frappée de terreur, la blonde s'enfuit.

« Le poète était très sincère. Il ne l'avait rêvée, pendant un moment, que pendue; il nous en parla jusqu'à minuit.

« — Petite sotte, dit-il en s'en allant, cela m'eût été fort agréable ! » (Le Figaro, article du 15 août 1880, signé du pseudonyme : Pierre Quiroul. L'auteur a connu Baudelaire, dans l'intimité.)

2. Voir dans Mon cœur mis à nu le paragraphe XLIV, et le Poème en prose XXVI : les Yeux des Pauvres (Œuvres complètes, t. IV, p. 75).

par la constante vision de l'idéal, et de tirer de ses plus tristes expériences la matière de quelques-unes de ses plus belles œuvres.

V

Le moment était venu pour le jeune écrivain de faire ses premiers pas dans la carrière. La précocité de son talent le rendait mûr pour un début. D'ailleurs, il y avait urgence. Son petit patrimoine, à peine suffisant pour lui assurer l'indépendance, se trouvait réduit de moitié par les dépenses de toute sorte qu'avaient entraînées, en deux ans, son initiation à la vie mondaine et ses études artistiques. Sa mère et son beau-père, alarmés, demandèrent et obtinrent qu'un conseil judiciaire lui fût donné (septembre 1844).

Le choix du tribunal se porta sur un ami de la famille, M. Ancelle, notaire, homme excellent, d'un esprit cultivé, qui aimait les lettres et qui devint, par la suite, l'ami le plus sûr du jeune dissipateur qu'il était chargé de morigéner. Dans leurs longues relations qui durèrent vingt-trois ans, — jusqu'à la mort de Baudelaire, — M. Ancelle sut concilier ses devoirs de mentor avec la profonde sympathie que lui inspirait son pupille, et, par son administration prudente, le petit capital, dont il avait le dépôt, assura au poète la subsistance quotidienne.

Pour se faire plus vite un nom, Baudelaire eût pu commencer par publier un certain nombre de poésies dès lors composées. Mais ce fut par un travail de critique d'art qu'il débuta.

Enfant, il annonçait déjà, on l'a vu plus haut, une prédilection singulière pour les « images. » Il avait connu, de tout temps, quelques artistes amis de son père, tels que Ramey et les deux Naigeon. Plus tard, à l'hôtel Pimodan, il s'était trouvé avoir pour voisin et bientôt pour intime

Fernand Boissard, peintre, poète, musicien, dilettante
accompli. Chez Boissard, il avait connu Théophile Gautier.
A la même époque, son ami Deroy l'avait introduit dans
des ateliers de peintres et de sculpteurs, où sa conversation, qui reflétait un esprit libre et puissant, lui avait
valu le meilleur accueil. Enfin, la fréquentation assidue
des cafés du quartier latin avait achevé d'initier Baudelaire
à la connaissance du milieu artistique le plus vivant qu'il y
eût à Paris. Au café Tabourey, notamment, il avait rencontré des critiques qui faisaient autorité, et, avec eux,
il avait étudié les doctrines des diverses écoles et les principes techniques des arts plastiques. M. Prarond insiste sur
ce côté très important de la vie intellectuelle du poète :

« Dès ce temps-là (1842-1845), Baudelaire se préoccupait
autant de peinture que de poésie. Je l'ai suivi quelquefois au
Louvre devant lequel il passait rarement sans entrer. Il s'arrêtait alors, de préférence, dans la salle des Espagnols[1]. Il avait des
toquades, était très attiré par un Tococopuli, entrait pour deux
ou trois tableaux, et s'en allait. Il commençait à discuter les modernes. Je n'ai pas besoin de dire son admiration pour Delacroix.
Parmi les dessinateurs, comme il était parfois de parti pris violent, il adorait Daumier et abominait Gavarni. »

Baudelaire était donc dans les meilleures conditions
pour aborder la critique d'art, quand il débuta par le Salon
de 1845 [2].
Ce brillant essai d'une critique aussi hardie que judicieuse, et dont le style étonnait par sa pittoresque énergie,
fut très remarqué de tous les bons juges et lui ouvrit les

1. Le musée Standish. La couleur vigoureuse et sombre des maîtres
espagnols, surtout les scènes de torture et de martyre, qui répondaient à
certains côtés de son imagination, avaient pour Baudelaire un certain
attrait.
2. « Nous connaissions peu l'usage des tables pour travailler, penser, composer. Cette plaquette, si remarquable d'ailleurs, nous renversa, comme
somme de travail. Pour ma part, je le voyais bien arrêtant au vol des vers
le long des rues ; je ne le voyais pas assis devant une main de papier. »
(Notes de M. Prarond.)

colonnes du *Corsaire-Satan*, journal littéraire qui avait
succédé au *Corsaire*. Le rédacteur en chef y avait groupé
plusieurs jeunes écrivains de grand avenir, et parmi eux,
plusieurs des amis de Baudelaire, notamment MM. Prarond et Le Vavasseur, que leur volume de poésies avait mis
en pleine lumière, M. le marquis de Chennevières, l'auteur
des *Contes de Jean de Falaise*, M. Champfleury, dont le
succès légitime de *Chien-Caillou* commençait la réputation,
M. Auguste Vitu, déjà très goûté des lettrés [1].

Dans le *Corsaire-Satan*, Baudelaire aborda un nouveau
genre, la critique littéraire, par des articles courts, mais
substantiels et pleins d'idées originales. Ce furent d'abord
de simples comptes rendus des œuvres de ses amis tels
que : les *Contes normands de Jean de Falaise*, 4 novembre 1845 ; *Romans, Contes et Voyages* de M. Arsène Houssaye
(janvier 1846), *Prométhée délivré*, de N. de Senneville (pseudonyme de M. Louis Ménard, un de ses camarades de collège).

Il était en pleine veine de travail, et l'année 1846 fut
une des plus fécondes de sa carrière, car il y publia successivement, outre l'étude sur le *Prométhée délivré*, deux articles de critique d'art : le *Musée classique du bazar Bonne-Nou-
velle* (*Corsaire-Satan*, 21 janvier 1846) ; le *Salon de 1846* (in-12
de six feuilles) ; et une nouvelle, le *Jeune Enchanteur* (feuilletons des 20, 21 et 22 février 1846), sans parler de deux fantaisies humoristiques, dans le goût des Essais anglais, intitulées : *Choix de maximes consolantes sur l'amour* (*Corsaire-
Satan*, 3 mars 1846) et *Conseils aux jeunes littérateurs* (*Esprit
public*, 15 avril 1846). Enfin, dans les derniers mois de la
même année, il donnait à l'*Artiste* l'*Impénitent*, stances réimprimées dans les *Fleurs du mal*, sous le titre de *Don Juan
aux enfers*, et *A une Indienne*, poésie réimprimée dans la
seconde édition des *Fleurs du mal*, avec ce titre nouveau :
A une Malabaraise.

---

1. Les rédacteurs du *Corsaire-Satan* n'écrivaient guère que pour la
gloire. Une note de M. Prarond dit expressément que leurs articles étaient
payés un sou et six liards la ligne. — Voy. plus loin, p. ci, sur une collaboration de MM. de Banville et Vitu avec Baudelaire et Pierre Dupont.

En étudiant de près ces productions variées d'un débu-
tant qui avait à peine vingt-cinq ans, on est étonné d'y
trouver déjà les germes épanouis de tout son talent.

Le critique d'art, qui s'était révélé dans la brillante
esquisse du *Salon de* 1845, s'affirme avec autorité dans le
Salon de 1846, œuvre plus considérable et plus littéraire,
qui le mettait au premier rang de ses confrères de la presse
artistique.

Mais il parut, vers cette date, vouloir s'adonner surtout
à la critique littéraire qui lui fournissait l'occasion d'exercer et sa verve satirique et son indépendance d'esprit. Sous
ce rapport, un très curieux article intitulé : *Comment on
paye ses dettes quand on a du génie*, a une exceptionnelle importance. Publié dans un petit journal littéraire de l'époque,
qui a peu vécu, l'*Écho des théâtres* (n° du 23 août 1846),
il fut retrouvé, depuis l'édition des *Œuvres complètes de Baudelaire*, par M. de Lovenjoul, qui l'a compris dans son fort
intéressant opuscule : *Un dernier chapitre de l'histoire des
Œuvres de H. de Balzac.* (Paris, Dentu, 1880[1].)

Cependant ces diverses études de critique littéraire ne
lui suffisaient pas. Son imagination avait besoin de s'exercer. Il revint au genre de compositions où il venait d'obtenir, l'année précédente, un premier succès. *La Fanfarlo*
parut en janvier 1847.

---

1. Cette diatribe étrange du poète est en contradiction flagrante avec
tout ce qu'on sait de son amitié respectueuse et dévouée pour Balzac,
Gautier, Ourliac, Gérard de Nerval, qu'il y raille avec virulence. La seule
explication plausible, c'est que Baudelaire, qui eut toujours, et au plus
haut degré, le respect de son art, ne put résister à son indignation en
présence des œuvres de qualité inférieure que l'ambition de faire fortune
poussait Balzac à produire, et pour lesquelles il demanda et obtint quelquefois la collaboration des écrivains que Baudelaire crible des mêmes
sarcasmes.

VI

Tout à coup, l'habitude du travail régulier, qu'il semblait avoir prise, s'interrompit. Sa pensée fut distraite de la littérature par la politique, à laquelle il était resté jusqu'alors étranger[1].

Il fut entraîné irrésistiblement dans le mouvement qui allait aboutir à la révolution de Février 1848. Vivant en plein quartier des Écoles, fréquentant les cafés de la rive gauche, très lié avec quelques écrivains et quelques poètes du parti socialiste, le jeune poète professa, pendant quelque temps, les idées humanitaires[2].

Pourtant, dans son *Salon de* 1846, il avait témoigné le plus aristocratique mépris pour le parti républicain, « l'ennemi acharné du luxe, des beaux-arts et des belles-lettres[3] ».

Cette contradiction apparente s'explique. Baudelaire avait l'esprit assez large pour embrasser, dans la même question, les points de vue les plus opposés.

Mais, en février 1848, la contagion révolutionnaire gagna son cerveau. Sur ce point, qu'Asselineau a laissé dans l'ombre, le témoignage formel d'autres amis du poète ne permet aucun doute. Voici une anecdote des plus intéressantes :

---

1. « Au temps où nous errions, ne demandant au verbe que des formes et des couleurs, Baudelaire ne dédaignait pas seulement la politique, il la méprisait ; et nous n'avions, comme lui, que pitié pour l'art inférieur de conduire les hommes. Aussi l'exaltation de notre ami nous surprit-elle beaucoup. » (Notes de M. Prarond.)

2. Voir *passim* la préface écrite pour l'édition des *Chansons* de Pierre-Dupont (Paris, Houssiaux, 1849), et réimprimée dans les *Œuvres complètes de Baudelaire*, t. III, p. 191.

3. Voir *Œuvres complètes de Baudelaire*, t. II, p. 189.

« En 1848, le 24 février au soir, je le rencontrai au carrefour
de Buci, au milieu d'une foule qui venait de piller une boutique
d'armurier. Il portait un beau fusil à deux coups luisant et
vierge, et une superbe cartouchière de cuir jaune tout aussi
immaculée ; je le hélai ; il vint à moi, simulant une grande ani-
mation. « Je viens de faire le coup de fusil », me dit-il. Et
comme je souriais, regardant son artillerie tout battant neuve :
« Pas pour la république, par exemple ! » — Il ne me répondait
pas, criait beaucoup, et toujours son refrain : « Il faut aller fu-
« siller le général Aupick ! » Jamais je n'avais été aussi pénible-
ment frappé de ce qui manquait de caractère à cette nature si
fine et si originale. » *(Notes de M. Buisson.)*

Le lendemain, Baudelaire fondait un journal avec deux
de ses amis, M. Champfleury, et M. Toubin qui devait disparaître, sans laisser d'autres traces dans la littérature.

Le Salut public, faute d'argent, n'eut que deux numéros
(27 et 28 février). Les articles n'étant pas signés, il est impossible de faire avec certitude la part de chacun des trois
collaborateurs dans les divers articles que contiennent ces
huit pages in-4°. Toutefois, ses amis ont attribué à Baudelaire un article d'une cinquantaine de lignes, intitulé : *les
Châtiments de Dieu*, qu'on trouve, cité sous son nom, dans la
Revue critique des journaux de 1848, de Jean Wallon. La page
est d'une grande violence qui s'explique par les circonstances ; mais ce qu'elle a de plus remarquable, c'est une
imitation flagrante du style des *Paroles d'un croyant*. Louis-
Philippe, « le Juif errant de la royauté, va de peuple en
peuple, de ville en ville ; il fuit devant la République, qui
partout le devance... Toujours, et toujours, vive la République ! vive la liberté ! des hymnes, des cris, des pleurs
de joie !... Il marchera longtemps encore, c'est là son châtiment. Il faut qu'il visite le monde, le monde républicain,
qui n'a pas le temps de penser à lui. » Le galimatias emphatique de quelques autres articles est tel qu'on ne peut
y reconnaître le style de Baudelaire. On répugne à croire
qu'il ait écrit des phrases du goût de celle-ci : « Un homme
libre, quel qu'il soit, est plus beau que le marbre, et il n'y

a pas de nain qui ne vaille un géant, quand il porte le front haut et qu'il a le sentiment de ses droits de citoyen dans le cœur. »

En revanche, il est difficile de ne pas lui attribuer ces lignes : « Les intelligences ont grandi. Plus de tragédies, plus d'histoire romaine. Ne sommes-nous pas plus grands aujourd'hui que Brutus...? » C'est exactement la thèse qu'il avait développée dans le chapitre final du *Salon de 1846* : *De l'héroïsme moderne*. On peut encore lui imputer, avec vraisemblance, ce féroce et bizarre entrefilet :

« Que les citoyens ne croient pas aux dames Hermance Lesguilon, aux sieurs Barthélemy, Jean Journet et autres qui chantent la République en vers exécrables. L'empereur Néron avait la louable habitude de faire rassembler dans un cirque tous les mauvais poètes et de les faire fouetter cruellement. »

Après ce court noviciat de journaliste, Baudelaire dut comprendre que l'improvisation quotidienne, avec la banalité de pensée et de style qui en est inséparable, n'était nullement le fait d'un poète amoureux de la perfection ; mais il ressentit toutes les secousses de cette crise politique. Il s'en est expliqué dans ces lignes de son journal, *Mon cœur mis à nu* : « Mon ivresse de 1848. De quelle nature était cette ivresse? Goût de la vengeance ; plaisir naturel de la démolition. — Ivresse littéraire ; souvenir des lectures. »

Il avait accepté, dans leurs extrêmes conséquences, les doctrines révolutionnaires. Je ne puis récuser le témoignage explicite de M. Le Vavasseur, quoique le fait suivant n'ait jamais été imprimé nulle part, et qu'Asselineau lui-même semble l'avoir ignoré :

« Baudelaire prit part, comme insurgé, aux journées de juin 1848. Nous étions restés, Chennevières et moi, à la garde du Louvre,

1. M. Philippe de Chennevières, l'auteur des *Contes normands de Jean de Falaise* et le futur directeur des Beaux-Arts.

pendant les journées de juin. Aussitôt après la reddition du faubourg Saint-Antoine, nous sortîmes, allant à la découverte et
aux informations. Nous rencontrâmes, dans le jardin du Palais-
Royal, un garde national de notre pays et nous l'emmenâmes
boire un coup. Dans la diagonale que nous suivions pour gagner
le café de Foy, nous vîmes venir à nous deux personnages de
différent aspect : l'un nerveux, excité, fébrile, agité ; l'autre
calme, presque insouciant. C'étaient Baudelaire et Pierre Dupont.
Nous entrâmes au café. Je n'avais jamais vu Baudelaire en cet
état. Il pérorait, déclamait, se vantait, se démenait pour courir
au martyre : « On vient d'arrêter de Flotte[1], disait-il, est-ce
« parce que ses mains sentaient la poudre ? Sentez les miennes! »
Puis des fusées socialistes, l'apothéose de la banqueroute sociale *et cœtera*. Dupont n'y pouvait rien. Comment nos prudences
normandes tirèrent-elles notre ami de ce mauvais pas? Je ne
m'en souviens guère. Mais je pense que la cocarde de mon ami
le garde national joua un rôle muet, apparent et salutaire dans
la petite comédie du sauvetage.

« Quoi qu'on ait pensé du courage de Baudelaire, ce jour-là, il
était brave et se serait fait tuer. »

A la fin de 1851, les velléités politiques du poète persis-
sistent encore. Il figure, comme tout un groupe de poètes,
ses amis, Paul Dupont, La Chambeaudie, Gustave Mathieu,
parmi les collaborateurs de *la* RÉPUBLIQUE DU PEUPLE, *almanach
démocratique*, publié au bureau du *National*, et qui est
inscrit au *Journal de la Librairie*, avec cette mention :
« Baudelaire, gérant. » Mais sa signature ne s'y trouve
qu'au bas d'un petit poème, l'*Âme du vin*, et sa collaboration à cet opuscule politique a un caractère exclusivement
littéraire[2]. Toutes ses sympathies appartenaient non à une

---

1. Ce personnage eut son heure de célébrité et par certains côtés de
son caractère, surtout par son dévouement à ses convictions, il avait
droit aux sympathies du poète. — « De Flotte peut être rangé avec
Wronski, Blanqui, Swedenborg, etc., dans le Panthéon, quelque peu
bizarre, qu'élevait Baudelaire, suivant ses lectures, les événements du
jour et la notoriété conquise tout à coup par certaines figures. » (Notes
de M. Champfleury.)

2. La bibliographie La Fizelière et Decaux lui attribue un article non

fraction du parti démocratique, mais aux idées humanitaires, en prenant le mot dans son sens le plus général ; car
il ne s'affilia jamais à aucune secte socialiste [1].

Vers cette époque, pourtant, Baudelaire paraît avoir eu
la velléité de rentrer dans le journalisme politique. Un de
ses amis, Arthur Ponroy, lui proposa de collaborer à
un journal quotidien que son père, avoué dans l'Indre,
voulait fonder à Châteauroux pour la défense des intérêts
conservateurs. Un spirituel article du *Figaro* (n° du 19 janvier 1887), signé Simon Brugal, pseudonyme d'un écrivain
de talent, qui a connu Baudelaire et qu'il faut croire parfaitement renseigné, puisqu'il tenait les faits d'Arthur Ponroy lui-même, a raconté cette étrange et amusante incartade du poète, une de ses plus audacieuses mystifications.
Voici tout le passage de l'article qui concerne cet épisode,
jusqu'alors ignoré même de ses amis intimes [2] :

« La place de rédacteur en chef était à prendre ; Ponroy la
proposa à Baudelaire qui accepta et partit.

« Dès son arrivée, un grand repas fut donné en l'honneur du
rédacteur en chef. Il y avait les principaux actionnaires du journal : de riches et bons bourgeois, un peu prudhommesques.
Baudelaire ne desserra pas les dents. Au dessert, un convive
s'étonna de ce mutisme :

---

signé qui a pour titre : *Biographie des excentriques*. Il est certain que le
style, clair et ferme, n'est pas indigne du poète, que le sujet est de ceux
qui avaient pour lui un très vif intérêt et que sa connaissance de la langue
anglaise lui avait permis de faire les lectures nécessaires pour écrire cet
article. Mais ces diverses raisons ne suffisent qu'à rendre plausible une
conjecture qu'il est aujourd'hui impossible de vérifier.

1. Asselineau a cité, dans sa *Vie de Baudelaire* (p. 32-33), quelques
passages très caractéristiques de la préface écrite par son ami pour les
Chansons de Pierre Dupont. Il y a là un accent attendri, un amour des
souffrants et des déshérités, dont on retrouve d'ailleurs, çà et là, quelques exemples dans le reste de son œuvre. (Voir notamment le poème en
prose, *les Yeux des pauvres*.)

2. On savait que Baudelaire avait dirigé, très peu de temps, un journal politique dans une ville de province ; mais Asselineau s'était trompé
en nommant Dijon (*Vie de Baudelaire*, p. 36). Les renseignements si
précis que donne M. Simon Brugal tranchent la question.

« — Mais, monsieur Baudelaire, vous ne dites rien ?

« Le mystificateur répondit :

« — Messieurs, je n'ai rien à dire. Ne suis-je pas venu ici pour être le domestique de vos intelligences ?

« Le lendemain, il épouvanta l'imprimeuse du journal, une vieille veuve, en lui demandant où était « l'eau-de-vie de la rédaction ».

« Il épouvanta bien davantage, le surlendemain, les braves abonnés du *Journal de Châteauroux*. Son premier article commençait ainsi : « Lorsque Marat, cet homme doux, et Robespierre, cet homme propre, demandaient, celui-là trois cent mille têtes, celui-ci la permanence de la guillotine, ils obéissaient à l'inéluctable logique de leur système. » Bien que la conclusion fût d'un autoritarisme à la Joseph de Maistre, tout le monde se montra scandalisé, — et le pauvre Baudelaire ne fit pas long feu à Châteauroux.

« D'autre part, sa vie irrégulière n'était pas pour lui attirer la sympathie des pères de famille qui présidaient aux destinées du journal. Il avait amené de Paris une actrice qu'il fit passer pour sa femme.

« Le secret fut découvert, et, lorsqu'on lui donna congé, le président du conseil d'administration de son journal, un notaire qui avait lu Casimir Delavigne, lui lança cette mercuriale :

« — Monsieur, vous nous avez trompés. Mᵐᵉ Baudelaire n'est pas votre femme; c'est votre « favorite ».

« A quoi Baudelaire riposta :

« — Monsieur, la « favorite » d'un poète peut quelquefois valoir la femme d'un notaire.

« Ce fut sa flèche du Parthe. Le soir même, il repartait pour Paris. »

Dès lors, les préoccupations politiques ne tinrent plus qu'une très petite place dans la vie intellectuelle de Baudelaire; ainsi, à partir de 1852, il n'en écrit pas un seul mot à Poulet-Malassis, son correspondant habituel.

Ses journaux intimes témoignent de son horreur croissante pour les doctrines du parti démocratique[1].

---

1. Voir un curieux passage, où il réprouve formellement les mouvements insurrectionnels auxquels il avait pris part. A la suite de la phrase citée

Peu s'en fallait que, fidèle à la doctrine catholique qu'il professait de plus en plus, le poète des *Fleurs du mal* ne vît dans toutes les revendications de la libre-pensée des suggestions du démon.

C'est la conséquence logique qu'on serait en droit de tirer d'une curieuse note qui fait partie de son livre inachevé sur la Belgique.

Il y traite fort outrageusement les « exilés volontaires », c'est-à-dire les proscrits du 2 Décembre qui avaient refusé l'amnistie promulguée, en 1859, par le gouvernement impérial ; il les appelle « pères Loriquet de la démocratie, vieilles bêtes, vieux La Palisse, propres à rien, fruits secs, élèves de Béranger », et il ajoute :

« Quand on parle révolution *pour de bon,* on les épouvante. Vieilles rosières ! Moi, quand je consens à être républicain, *je fais le mal, le sachant.* Oui ! vive la Révolution ! toujours ! quand même ! Mais moi je ne suis pas dupe ! je n'ai jamais été dupe ! Je dis : Vive la Révolution ! comme je dirais : Vive la Destruction ! vive l'Expiation ! vive le Châtiment ! vive la Mort ! Nous avons tous l'esprit républicain dans les veines comme la v..... dans les os. Nous sommes démocratisés et syphilisés. »

C'est ainsi que devaient finir les excursions du poète dans le domaine politique. Il n'avait aucune des qualités ni aucun des défauts qui font le journaliste ou l'homme d'action. On doit encore lui savoir gré des mouvements généreux qui l'entraînèrent, aux heures de crise révolutionnaire, à sortir de sa rêverie et de son travail d'artiste pour s'occuper de questions d'intérêt général.

plus haut, page XLIX : « Mon ivresse de 1848, etc. », on lit : « Les horreurs de juin. Folie du peuple et folie de la bourgeoisie. Amour naturel du crime. Ma fureur au coup d'État. Combien j'ai essuyé de coups de fusil ! Encore un Bonaparte ! Quelle honte ! Et cependant tout s'est pacifié.

« Le président n'a-t-il pas un droit à invoquer ? Ce qu'est l'empereur Napoléon, ce qu'il vaut. Trouver l'explication de sa nature et sa providentialité. » (*Mon cœur mis à nu,* p. 94.)

Malheureusement les paradoxes de Joseph de Maistre, dont il aimait à se proclamer le disciple, troublaient la lucidité de son esprit. D'ailleurs, dominé par son humeur pessimiste et sa sombre imagination, il ne devait éprouver que horreur et dégoût pour les tragédies lamentables ou les burlesques comédies dont fourmille l'histoire contemporaine.

VII

Au commencement de 1852, quand le coup d'État eut entièrement détaché Baudelaire de la politique, il voulut retourner encore au journalisme, mais en se bornant à la littérature, où le nouveau régime confinait d'ailleurs tous les écrivains d'un esprit et d'un caractère indépendants.

On le voit, par une lettre à Poulet-Malassis, en date du 20 mars 1852, donner deux pièces de vers à une feuille intitulée la *Semaine théâtrale*, que publiait alors la librairie Dagneau et Giraud[1]. Il y avait pour collaborateurs Champfleury et d'autres jeunes écrivains de talent. Le journal, auquel manquait le nerf de la guerre, cessa brusquement de paraître. « *La Semaine théâtrale* est morte sous nous », écrit-il, dans cette même lettre. Alors, il essaya d'en fonder un autre, avec la collaboration de son ami Champfleury, d'André Thomas et d'Armand Baschet, sans parler du concours obligé d'un bailleur de fonds, qui se déroba.

Les plans et le programme de ce journal ont été conservés par M. Champfleury. La revue *le Livre* (nº du 10 septembre 1884) en contient quelques intéressants extraits, sous la signature de M. Octave Uzanne[2].

---

1. Ce journal étant devenu introuvable, il m'est impossible d'indiquer avec certitude les titres de ces pièces.

2. En voici le passage le plus saillant, qui montre comment Baudelaire

La même raison qui avait tué *la Semaine théâtrale* fit avorter le projet de journal caressé par Baudelaire. Pendant deux ans (1853-1855), il ne publia, en fait d'œuvres originales, que deux opuscules : Morale du joujou (*Monde littéraire*, n° 3, avril 1853) et De l'essence du rire.[1]

Mais il fut, à cette époque, enlevé à ses travaux de critique et même à ses compositions poétiques par sa violente passion littéraire pour Edgar Poe, — passion qui devait remplir tout le reste de sa vie.

Dès 1846, il avait lu les premières traductions des nouvelles du conteur américain, à mesure qu'elles paraissaient dans des journaux français[2], et il avait été pénétré non

comprenait sa tâche de critique littéraire. « Articles a faire : Appréciation générale des ouvrages de Th. Gautier, de Sainte-Beuve. Appréciation de la direction et des tendances de la *Revue des Deux Mondes*, *Balzac auteur dramatique*, la *Vie des coulisses*, *l'Esprit d'atelier*, — *Gustave Planche*; Éreintage radical, nullité et cruauté de l'impuissance; style d'imbécile et de magistrat. — *Jules Janin*, éreintage absolu : ni savoir, ni style, ni bons sentiments. *Alexandre Dumas*, à confier à Monselet; nature de farceur : relever tous les démentis donnés par lui à l'histoire et à la nature, style de boniment. *Eugène Sue* : talent bête et contrefait. *Paul Féval* : idiot. — Faire, à nous cinq, un grand article : *La vente des vieux mots aux enchères*, de *l'École classique*, de *l'École galante*, de *l'École romantique naissante*, de *l'École lunatique*, de *l'École lame de Tolède*, de *l'École olympienne* (V. Hugo), de *l'École païenne* (Banville), de *l'École poitrinaire*, de *l'École du bon sens*, de *l'École mélancolico-farceuse* (Alfred de Musset). »

1. Étude citée dans la bibliographie Deraux, sans indication du journal où elle parut pour la première fois. Elle a été reprise, en 1857, dans le numéro du *Présent* du 1er septembre, avec des augmentations et sous ce nouveau titre : De l'essence du rire et du comique dans les arts plastiques. Elle figure dans les Œuvres complètes, t. II.

2. J'emprunte au très intéressant *Memoir* de John-H. Ingram placé en tête d'une excellente édition de *The Work of Edgar Allan Poe* donnée par *Adam and Charles Black, Edinburgh*, 1874, des détails, soit inconnus, soit oubliés du public français, sur la façon dont ces œuvres ont été, dans le principe, introduites en France : « En avril 1841, Edgar Poe publia dans le *Graham's magazine* le conte : *les Meurtres de la rue Morgue*... Cette nouvelle fut la première qui présenta son nom au public français. Elle fut traduite et publiée par *le Commerce* comme une œuvre originale, sous ce titre : *l'Orang-Outang*. Traduit de nouveau dans *la Quotidienne*, ce conte devint l'objet d'un procès qui fit découvrir la vérité. Une dame Meunier s'autorisa de l'intérêt qu'avait excité ce procès pour donner à des journaux français quelques traductions des contes de Poe pendant que la *Revue des Deux Mondes*, la *Revue Française* et autres publications influentes parlaient, dans des termes hautement flatteurs, des productions

seulement d'une admiration profonde, mais d'une ardente sympathie pour le puissant et original écrivain qui venait de lui être révélé. Charles Asselineau lié intimement, dès 1845, avec Baudelaire, a décrit, en quelques pages qui sont peut-être les plus intéressantes de son livre, l'enthousiasme et le labeur de son ami.

Ce fut une véritable « possession ». Et dès lors le futur traducteur d'Edgar Poe n'épargna ni son temps ni ses peines pour que sa copie fût digne du modèle. Aucune démarche, aucune recherche ne lui coûta... Mais il faut lire tout le récit d'Asselineau[1].

Quelques lignes d'une lettre de Baudelaire, adressée à M. Armand Fraisse, rédacteur du *Salut Public*, de Lyon, qui les a citées dans une étude biographique sur notre poète (août 1869), révèlent une des principales raisons de ce dévouement extraordinaire chez un traducteur :

« ...Je puis vous marquer quelque chose de plus singulier et de presque incroyable. En 1846 ou 1847, j'eus connaissance de quelques fragments d'Edgar Poe : j'éprouvai une commotion singulière. Ses œuvres complètes n'ayant été rassemblées qu'après sa mort, en une édition unique, j'eus la patience de me lier avec des Américains vivant à Paris, pour leur emprunter des collections de journaux qui avaient été dirigés par Edgar Poe. Et alors, je trouvai, croyez-moi si vous voulez, des poèmes, et des nouvelles, dont j'avais eu la pensée, mais vague et confuse, mal ordonnée, et que Poe avait su combiner et mener à la perfection. »

On voit avec quelle franchise et quelle modestie le poète

du jeune auteur étranger. C'est ainsi que sa réputation prit l'essor en France et atteignit au point culminant, grâce aux traductions si fidèlement ressemblantes de Baudelaire, qui employa plusieurs années de sa vie en efforts pour identifier son esprit avec celui de Poe, son idole, et reproduisit nombre de ses nouvelles en ne leur faisant perdre que peu de leur vigueur et de leur originalité. C'est aux efforts et au génie de Baudelaire qu'est dû surtout ce fait que les contes d'Edgar Poe sont devenus, en France, des modèles classiques. Edgar Poe est (chose à noter) le seul écrivain américain réellement connu et populaire en France. »

1. *Vie de Baudelaire*, p. 32-53.

avoue ses tentatives avortées de romancier. Quant à cette affinité de nature et d'idées avec Poe, dont il cite une preuve si frappante, elle explique la valeur exceptionnelle de sa traduction. Son imagination l'ayant initié, par avance, à l'intelligence de son auteur, il put atteindre à cette perfection que les maîtres de la critique ont unanimement reconnue.

Le premier morceau qu'il traduisit, *Révélation magnétique*, parut dans *la Liberté de penser* (numéro de juillet 1848) au lendemain des journées de juin. Aucun obstacle, ni les préoccupations politiques, ni la pauvreté, ne l'a jamais empêché de vaquer à ses travaux littéraires.

La publication de ses diverses traductions d'Edgar Poe ne s'arrêta qu'en 1865, au bout de dix-sept ans. Et il est bien à croire que, sans l'attaque de paralysie qui le frappa, Baudelaire eût voulu accomplir jusqu'au bout sa tâche. Il avait négligé quelques contes et quelques poésies, qui ont été plus tard traduits par M. William Hughes, et les éditions des œuvres de Poe, publiées, soit en Amérique, soit en Angleterre, contiennent des opuscules, des articles de critique, des *marginalia*, — notes sur tous sujets, morale, philosophie, littérature, — dont le poète français a signalé l'intérêt et l'importance.

Outre ces traductions, Baudelaire a écrit sur Edgar Poe deux grandes études biographiques et littéraires, pleines d'aperçus ingénieux et de thèses aussi neuves que sensées[1].

L'année 1855 fut, pour Baudelaire, une période d'activité nouvelle et de fécondité inaccoutumée. Il revint à ses études de critique et publia dans *le Pays* (mai-juin 1855) une série d'articles sous ce titre : « EXPOSITION UNIVERSELLE : Beaux-arts. — Méthode de critique. — De l'idée moderne du progrès appliqué aux beaux-arts. Déplacement de la vitalité[2]. »

---

1. EDGAR ALLAN POE, *Sa vie et ses ouvrages*, et *Notes nouvelles sur Edgar Poe*. Ces deux études font partie des tomes V et VI des *Œuvres complètes*.

2. Ils sont réimprimés dans le tome II des *Œuvres complètes*.

C'est là le travail le plus étendu, le plus remarquable à tous égards, où Baudelaire ait exposé ses doctrines de critique d'art. Il y traite surtout, avec compétence et originalité, les questions éternelles de la ligne et de la couleur. Si son enthousiasme pour Delacroix peut être taxé d'engouement, les passages où il discute magistralement les hautes qualités et les défauts incontestables du talent d'Ingres doivent être comptés parmi les meilleures pages que la critique d'art contemporaine ait à citer.

Dans le même temps que cette belle étude accréditait son nom auprès du public, Baudelaire se voyait ouvrir l'accès de la *Revue des Deux Mondes*. La direction, dérogeant en faveur du poète à la règle qu'elle s'était faite de n'offrir à ses lecteurs que des vers signés de noms déjà illustres, publiait dix-huit poèmes choisis dans le recueil des *Fleurs du mal* déjà prêt pour l'impression [1].

Par l'audace de la pensée et le choix des thèmes traités, ces poèmes firent scandale, mais fondèrent la réputation de l'auteur. Le public compétent, les littérateurs et les artistes proclamèrent qu'un poète original et puissant venait de surgir.

Quelques mois plus tard, Baudelaire trouvait enfin un

---

1. Voici la liste de ces poèmes : *Au lecteur, Réversibilité, le Tonneau de la haine, Confession, l'Aube spirituelle, la Volupté, Voyage à Cythère, A la Belle aux cheveux d'or* (*l'Irréparable*), *l'Invitation au voyage, Mœsta et errabunda, la Cloche, l'Ennemi, la Vie antérieure, le Spleen, Remords posthume, le Guignon, la Béatrice, l'Amour et le Crâne.*

La direction de la *Revue*, redoutant l'étonnement dont cette poésie, d'un caractère si nouveau, devait frapper ses lecteurs, mit en tête des citations cette note timorée :

« En publiant les vers qu'on va lire, nous croyons montrer une fois de plus combien l'esprit qui nous anime est favorable aux essais, aux tentatives, dans les sens les plus divers. Ce qui nous paraît ici mériter l'intérêt, c'est l'expansion vive et curieuse, même dans sa violence, de quelques défaillances, de quelques douleurs morales que, sans les partager ni les discuter, on doit tenir à connaître, comme un des signes de notre temps. Il nous semble d'ailleurs qu'il est des cas où la publicité n'est pas seulement un encouragement, où elle peut avoir l'influence d'un conseil utile et appeler le vrai talent à se dégager, à se fortifier, en élargissant ses voies, en étendant son horizon. »

éditeur pour son volume de poésies vainement offert à plusieurs libraires de Paris.

Il ne fut apprécié à sa valeur que par un ami aventureux de caractère et confiant dans sa fortune, Auguste Poulet-Malassis, fils d'un imprimeur d'Alençon, qui avait longtemps cherché sa voie. Cet élève de l'École des chartes avait, en la quittant, négligé la paisible étude du passé pour se livrer aux passions politiques du jour. Insurgé de juin 1848, condamné à la déportation, puis gracié, à quelques mois de là, il était revenu à Paris pour y vivre dans le milieu qu'il aimait[1].

Rappelé à Alençon par la mort de son père, il lui avait succédé, et comme l'impression du journal de la préfecture ne pouvait suffire à son activité, il voulut donner satisfaction à ses goûts et à ses aptitudes littéraires en éditant quelques ouvrages de ses jeunes amis parisiens. Après s'être adressé à M. de Banville, qui lui donna les *Odes funambulesques*, il offrit à Baudelaire d'éditer les *Fleurs du mal*.

Le poète se hâta d'accepter. Il ne recevrait pour son travail qu'une rétribution des plus modiques (vingt-cinq centimes par exemplaire), mais il aurait la joie de se voir imprimer en jolis caractères, sur beau papier, et avec un soin typographique auquel il n'était pas accoutumé[2].

L'impression du volume avança très lentement et non sans soulever de fréquentes querelles entre l'auteur et l'éditeur; les lettres de Baudelaire en contiennent de nombreuses traces. Toutefois, leur amitié sortit intacte de ces brouilles passagères[3].

1. Lire, sur Poulet-Malassis, l'intéressante étude biographique de M. le comte G. de Contades (*le Livre*, nº du 10 mars 1884).

2. Sur les conditions du traité conclu avec Poulet-Malassis et sur tous les incidents de l'impression des *Fleurs du mal*, qui dura cinq mois, voir pages 136-162 du présent volume.

3. Nous n'avons pas la contre-partie de cette correspondance, les lettres de Poulet-Malassis; mais l'exemplaire d'épreuves des *Fleurs du mal*, qu'il avait conservé et qui appartient actuellement à M. Parran, porte, sur un feuillet de garde, cette curieuse note, écrite par Poulet-Malassis : « On trouvera dans ma bibliothèque un exemplaire d'épreuves des *Fleurs du mal*,

Les épreuves conservées par Poulet-Malassis ne contiennent qu'un petit nombre de variantes, car le texte du manuscrit, que le poète livrait à l'impression, était arrêté depuis longtemps. La dédicace à Théophile Gautier est le seul passage important qui ait subi plusieurs rédactions.

En voici la première version, encore inédite :

A mon très cher et vénéré maître et ami, Théophile Gautier.

« Bien que je te prie de servir de parrain aux *Fleurs du mal*, ne crois pas que je sois assez perdu, assez indigne du nom de poète, pour m'imaginer que ces fleurs maladives méritent ton noble patronage. Je sais que, dans les régions éthérées de la véritable POÉSIE, le MAL n'est pas, non plus que le BIEN, et que ce misérable dictionnaire de mélancolie et de crime peut légitimer les réactions de la morale, comme le blasphémateur confirme la religion. Mais j'ai voulu, autant qu'il était en moi, en espérant mieux peut-être, rendre un hommage profond à l'auteur [de] l'*Albertus*, de *la Comédie de la Mort* et d'*Espana,* au poète impeccable, au magicien ès langue française, dont je me déclare, avec autant d'orgueil que d'humilité, le plus dévoué, le plus respectueux et le plus jaloux des disciples.

« CHARLES BAUDELAIRE. »

On lit, sur cette épreuve, trois lignes qui ne paraissent pas être de la main de Poulet-Malassis : « Dédicace des

qui fera connaître le désir de perfection et les scrupules de l'auteur, et donnera une bonne idée de la patience de l'imprimeur. » Toutefois, sur une épreuve, on lit ces lignes de la même main : « Je crois de plus en plus, mon cher Baudelaire, que vous vous f.... de moi, ce que je n'ai mérité en aucune façon. » D'autre part, les nombreux passages des lettres et des épreuves où le poète relève, avec colère et sarcasmes, des négligences de toute sorte et de grossières fautes d'impression, démontrent qu'il était en droit d'incriminer l'impéritie des compositeurs et des correcteurs, parfois même l'incurie de l'imprimeur lui-même. Baudelaire attachait avec raison la plus grande importance à la pureté de son texte. Asselineau a donné sur ce point de minutieux et intéressants détails. (*Vie de Baudelaire,* p. 50-52.)

Fleurs du mal[1] à Théophile Gautier qui la fit supprimer, *parce qu'une dédicace ne doit pas être une profession de foi.* »

Le succès, mêlé de scandale, que le livre obtint au lendemain de son apparition[1], devait attirer l'attention du parquet qui, pour contre-balancer l'effet produit sur le public par ses rigoureuses poursuites contre la presse politique, déployait un zèle outré dans la répression de toute attaque réelle ou apparente à la morale et aux bonnes mœurs. Baudelaire fut donc assimilé aux chansonniers obscènes et traduit en police correctionnelle ainsi que ses imprimeurs et éditeurs. C'était la première fois, depuis la Restauration, qu'un volume de vers, ayant un caractère hautement littéraire, était poursuivi par la justice ; encore peut-on dire que si Béranger fut accusé et condamné, c'est qu'on voulait frapper en lui non le poète, mais l'adversaire politique[2].

Asselineau racontant, dans la *Vie de Baudelaire*, l'audience où le poète s'entendit condamner, proteste avec indignation contre l'arrêt du tribunal. Une note marginale de l'exemplaire des *Fleurs du mal*, qui appartint à Poulet-

---

1. Les *Fleurs du mal* sont annoncées, au *Journal de la Librairie,* dans le numéro du 11 juillet 1857. L'exemplaire de cette première édition, qui a appartenu à Poulet-Malassis et que M. Parran a bien voulu me communiquer, porte, sur un feuillet de garde, cette note autographe de son premier possesseur : « Tiré à 1,300 exemplaires, papier vélin, et 20 vergés. Les exemplaires vergés furent, presque tous, distribués par Baudelaire. Deux ou trois furent vendus à des libraires et trouvèrent amateur, en 1857 et 1858, à vingt, trente et même quarante francs. »

2. Voir à l'Appendice, p. 292, la lettre de Flaubert à Baudelaire, en date du 23 août 1857. Sur les incidents de la poursuite judiciaire, lire, p. 246, le récit de la démarche faite par Baudelaire auprès de Sainte-Beuve, et le canevas de plaidoirie que le critique écrivit pour le poète. Ajoutons-y un billet du prévenu à son avocat, Mᵉ Chaix d'Est-Ange fils. Ce curieux document, qui nous a été signalé trop tard pour être compris dans le corps de ce volume, prouve que Baudelaire désirait vivement voir suivre par son défenseur la tactique d'apologie que lui conseillaient ses amis, et qu'il avait adoptée dans son projet de réponse au juge d'instruction. (Voir plus loin, p. 288) : « Je vous supplie, cher monsieur, de ne pas négliger les monstruosités de la *Chute d'un ange.* Si vous voulez, je chercherai avec vous les passages.

« Décidément, citez (avec dégoût et horreur) les bonnes ordures de Béranger : *le bon Dieu, Margot, Jeanneton* (ou Jeannette). Tout à vous. »

Malassis, complète le récit d'Asselineau et nous donne
l'appréciation de cet éditeur, très philosophe d'opinion et
de tempérament, toujours prompt, par suite, à se résigner
aux désagréments plus ou moins graves que lui attiraient
son esprit d'aventure ou les épreuves inséparables de sa
profession :

« L'auteur et les éditeurs et imprimeurs des *Fleurs du mal*
furent prévenus d'offense à la morale politique et religieuse. On
écarta le délit d'offense à la morale publique et aux bonnes
mœurs. Baudelaire fut condamné à trois cents francs d'amende,
et moi et mon beau-frère, chacun à cent francs et à la suppression des pièces portant les numéros XX, XXX, XXXIX, LXXX,
LXXXI et LXXXVII. Les considérants du jugement furent d'ailleurs flatteurs pour Baudelaire, et le ministère public, par l'organe de M. Pinard, conclut à la modération de la peine. »

Poulet-Malassis se contente certes de peu, quand il qua-
lifie de « flatteurs » les considérants du jugement ; on ne
peut être de son avis quand on en lit le texte, tel qu'il a été
imprimé dans les journaux du temps et reproduit par *le
Livre* (livraison du 10 mars 1881). Le voici, intégralement :

« En ce qui touche le délit d'offense à la morale religieuse :
« Attendu que la prévention n'est pas établie, renvoie les
prévenus des fins des poursuites ;
« En ce qui concerne la prévention d'offenses à la morale publique et aux bonnes mœurs :
« Attendu que l'intention du poète, dans le but qu'il voulait
atteindre et dans la route qu'il a suivie, quelque effort de style
qu'il ait pu faire, quel que soit le blâme qui précède ou qui
suit ses peintures, ne saurait détruire l'effet funeste des
tableaux qu'il présente au lecteur, et qui, dans les pièces incriminées, conduisent nécessairement à l'excitation des sens par
un réalisme grossier et offensant pour la pudeur ;
« Attendu que Baudelaire, Poulet-Malassis et de Broise ont
commis le délit d'outrage à la morale publique et aux bonnes
mœurs, savoir : Baudelaire, en publiant, Poulet-Malassis et de
Broise, en publiant, vendant et mettant en vente, à Paris et à

Alençon, l'ouvrage intitulé : *les Fleurs du mal,* lequel contient
des passages et expressions obscènes et immorales (*sic*) ;

« Que lesdits passages sont contenus dans les pièces portant
les numéros 20, 30, 39, 80, 81 et 87 du recueil [1] ;

« Vu l'art. 8 de la loi du 17 mai 1819, l'art. 26 de la loi du
26 mai 1819 ;

« Vu également l'art. 463 du Code pénal ;

« Condamne Baudelaire à 300 francs d'amende ;

« Poulet-Malassis et de Broise, chacun à 100 francs d'amende ;

« Ordonne la suppression des pièces portant les numéros 20,
30, 39, 80, 81 et 87 du recueil ;

« Et condamne les prévenus solidairement aux frais. »

Baudelaire n'a cessé de protester contre cet arrêt [2]. Dans
la seconde des préfaces écrites en projet pour la deuxième
édition des *Fleurs du mal*, et que l'on trouvera plus loin, il
résume, en quelques phrases, les vicissitudes qu'avait subies
« ce petit livre... poursuivi et mutilé par un malentendu
fort bizarre ». Et dans *Mon cœur mis à nu*, au nombre de
divers opuscules qu'il se réservait d'écrire plus tard, il
mentionne celui-ci : « Histoire de ma traduction d'Edgar
Poe. Histoire des *Fleurs du mal*. Humiliation par le malentendu, et mon procès [3]. »

Le malentendu, c'est la prétention des juges de rendre un
écrivain responsable de ses innocentes fictions. Selon une
thèse exposée dans une note célèbre du *Reniement de Saint-
Pierre*, le poète a le droit absolu, il a même le devoir de
« façonner, en parfait comédien, son esprit à tous les sophis-
mes et à toutes les corruptions ». D'où cette conclusion
logique, que la condamnation du poète, en ce cas, est

1. Voici les titres des six pièces condamnées : *Lesbos, Femmes damnées,*
(*Hippolyte et Delphine*), *le Léthé, A celle qui est trop gaie, les Bijoux* et
les Métamorphoses du Vampire. Elles furent réimprimées par Poulet-Malassis dans le recueil intitulé : *les Epaves* (Bruxelles, 1865).

2. « En sortant de cette audience, je demandai à Baudelaire, étourdi de
sa condamnation : « Vous vous attendiez à être acquitté ?

« — Acquitté ! me dit-il, j'attendais qu'on me ferait réparation d'honneur ! » (Asselineau, *Vie de Baudelaire,* p. 68.)

3. Voy. plus loin p. 100.

aussi injuste que serait celle d'un acteur qui, rentré dans la coulisse, se verrait mettre en jugement pour les crimes du personnage qu'il a représenté.

Mais cette thèse est en contradiction flagrante avec un passage capital d'une lettre, écrite neuf ans plus tard, à son ami et confident, M. Ancelle (28 février 1866). Parlant de « l'horreur que la France a de la poésie, de la vrai poésie », il en vient aux *Fleurs du mal*, et tout à coup sa pensée intime, son secret, lui échappe :

« Faut-il vous dire à vous, qui ne l'avez pas plus deviné que les autres, que, dans ce livre atroce, j'ai mis toute ma pensée, tout mon cœur, toute ma religion (travestie), toute ma haine ? Il est vrai que j'écrirai le contraire, que je jurerai mes grands dieux que c'est un livre d'art pur, de singerie, de jonglerie ; et je mentirai comme un arracheur de dents. »

Si Baudelaire n'a pas tenu à ses juges le même langage, c'est uniquement par respect humain et par prudence.

Le public répondit à la sentence, qui frappait le poète, par un redoublement de curiosité envers sa personne et son œuvre. Quant aux littérateurs, aux artistes, à tous ceux dont Baudelaire s'honorait d'être l'ami, leur protestation fut unanime[1]. Victor Hugo lui écrivit :

---

1. Un écrivain de talent, trop oublié aujourd'hui, le marquis de Custine, que Baudelaire estimait fort non seulement comme romancier, mais aussi comme dandy et comme catholique, l'avait remercié de l'hommage d'un exemplaire de son livre par une lettre que le recueil des *Souvenirs, Correspondances*, etc., a publiée. En apprenant le dénouement du procès des *Fleurs du mal*, il écrivit à M. Barbey d'Aurevilly :

« Je partage également votre opinion sur le poète condamné, mais non jugé par notre police morale..... Nos puritains en robe noire s'obstinent à vouloir faire de ce monde un couvent consacré à l'éducation des jeunes filles. Là, on pourrait faire ignorer le mal ; ici, on ne peut que le faire craindre et haïr. Si l'on exclut de la littérature la peinture du vice, il faut renoncer non seulement à l'art, mais à la religion, et commencer par saisir la Bible pour en ôter la moitié des chapitres, le *Cantique des cantiques* et beaucoup de versets de l'*Epître de saint Paul aux Romains*, où le vice est affreusement caractérisé, avec une crudité qui révolterait la correctionnelle, si elle trouvait ce style-là chez un moderne.... »

« Hauteville-House, 30 août 1857.

« J'ai reçu, monsieur, votre noble lettre et votre beau livre. L'art est comme l'azur, c'est le champ infini : vous venez de le prouver. Vos *Fleurs du mal* rayonnent et éblouissent comme des étoiles. Continuez. Je crie bravo ! de toutes mes forces, à votre vigoureux esprit. Permettez-moi de finir ces quelques lignes par une félicitation. Une des rares décorations que le régime actuel peut accorder, vous venez de la recevoir. Ce qu'il appelle sa justice vous a condamné au nom de ce qu'il appelle sa morale ; c'est là une couronne de plus. Je vous serre la main, poète.

« VICTOR HUGO. »

VIII

L'accueil fait aux *Fleurs du mal* par le public lettré semblait ouvrir à Baudelaire une carrière nouvelle. Les directeurs de revues et les éditeurs allaient se disputer ses manuscrits, le solliciter de produire avec un redoublement d'activité.

Quelques jours après son procès, *le Présent*, auquel il avait donné précédemment plusieurs poésies, publiait, sous ce titre, Poèmes nocturnes [1], six morceaux de prose : *le Crépuscule du soir*, *la Solitude*, *les Projets*, *l'Horloge*, *l'Invitation au voyage*.

Ces poèmes en prose, d'une conception toujours originale et d'une forme souvent exquise, sont, assurément, après les *Fleurs du mal*, la plus précieuse partie de son œuvre. Il y a, par endroits, atteint à la perfection, et Sainte-Beuve

---

1. Deux ans plus tôt, les deux premiers spécimens de cette série nouvelle avaient paru dans un petit livre intitulé : *Fontainebleau, paysages, légendes, fantaisies*. Paris, Hachette, 1855. La publication de cette série se poursuivit, à des intervalles irréguliers, de 1857 jusqu'en 1867, dans *le Présent*, *l'Artiste*, *la Presse*, *la Revue de Paris*, *le Figaro*, *le Boulevard*, *l'Indépendance belge*, *la Revue nationale*. (Voir le détail des dates dans la bibliographie La Fizelière et Decaux.)

ne leur a pas marchandé des éloges qu'il n'avait pas osé accorder publiquement aux poésies.

Dans le dernier semestre de cette même année 1857, Baudelaire écrivit plusieurs opuscules d'ingénieuse critique : *Quelques caricaturistes français* et *Quelques caricaturistes étrangers* (*le Présent*, octobre 1857), sans parler de poésies nouvelles qui parurent dans la même revue et d'une étude intitulée : *Gustave Flaubert* (*l'Artiste*, 18 octobre 1857).

Si l'on se rappelle que, dans les premiers mois de la même année, les *Nouvelles histoires extraordinaires* et les *Fleurs du mal* avaient déjà paru, on reconnaîtra que ce moment a été le plus brillant de toute la carrière littéraire de Baudelaire.

Son activité à produire et à publier se soutint pendant les quatre années suivantes. En 1858, parurent un nouveau volume de la traduction d'Edgar Poe, les *Aventures d'Arthur Gordon Pym*, et la première partie d'un ouvrage qui occupa le poète pendant plusieurs années : LES PARADIS ARTIFICIELS — DE L'IDÉAL ARTIFICIEL, LE HASCHICH (*Revue contemporaine*, septembre 1858).

Tandis qu'il publiait les traductions partielles d'Edgar Poe, quelques poésies qu'il donnait à plusieurs revues, entre autres, *la Chevelure*, *les Petites vieilles* et surtout *le Voyage*, accroissaient encore sa réputation.

En mai 1859, parut, dans *l'Artiste*, la belle étude intitulée : *Théophile Gautier*.

Baudelaire était arrivé au faîte de sa renommée. La jeune génération des littérateurs et des artistes le proclamait un de ses maîtres. Son éditeur, Poulet-Malassis, lui écrivait, sur le ton enjoué dont il avait l'habitude :

« Nous avons fait hier *un dîner du baron d'Holbach* avec Saint-Albin, Leconte, Chennevières, Dussieux..., et où il n'a été question que de Dieu, du pape, de Mirabeau et de vous, homme glorieux... Je vous serre la main parce que

« L'amitié d'un grand homme est un bienfait des Dieux[1]. »

----

1. Lettre inédite, 27 septembre 1859.

Cette production active, sa collaboration à la *Revue contemporaine* et à la *Revue française* avaient amélioré la situation pécuniaire du poète. Il y eut, à cette date, une courte
trêve aux difficultés que sa pauvreté lui suscitait sans
relâche. Déjà, le 3 novembre 1858, il avait pu écrire à
Poulet-Malassis :

« Je prépare toujours ma double installation nouvelle; car,
alors, je réparerai seize ans de fainéantise. La rue Beautreillis et
Honfleur. Je suis allé voir le local. Il est perché au-dessus de la
mer, et le jardin lui-même est un petit décor. Tout cela est fait
pour l'étonnement des yeux. C'est ce qu'il me faut[1].

Dans l'appartement de la rue Beautreillis, Baudelaire
habitait avec sa maîtresse, Jeanne Duval. Il ne tarda pas à
le quitter, pour aller occuper, à Neuilly, un domicile dont
l'indication précise ne se trouve pas dans sa correspondance. Il n'y resta que peu de temps; une lettre à Poulet-
Malassis (16 janvier 1861) explique quel triste motif
l'obligea d'y renoncer[2]. On ne peut trop louer, en cette

---

1. La maison de Mme Aupick à Honfleur. Une lettre, écrite par
elle à Asselineau, en 1868 ou 1869 (sa correspondance porte rarement
l'indication du millésime), contient sur ce logis quelques détails intéressants : « Il faut que vous connaissiez ces lieux que Charles a habités,
qu'il aimait et qu'il appelait la *maison-joujou*, tant c'est petit! Le général
avait fait bâtir ceci simplement comme un pied-à-terre, où nous ne devions
passer que trois mois de l'année. Je n'ai que trois chambres à coucher : celle
du général, la mienne, celle de Charles. Dans la solitude absolue où je vis,
je n'ai aucun plaisir à vous offrir, mes amis; mais vous aurez sous les yeux
une vue splendide. La position de ma chaumière est admirable. Je ne crains
pas de vous la vanter à l'avance; c'est une vue exceptionnelle. » Mme Aupick a vécu heureuse dans cette paisible retraite, pendant de longues années.
Grâce à la simplicité de ses goûts, elle put se résigner au train de vie fort
modeste qui succédait à la large existence qu'elle avait menée jusqu'en
1857 (époque de la mort de son mari), comme femme d'un général de division et d'un ambassadeur. Avec des ressources exiguës, — cinq mille
francs de rente au plus, — une rigoureuse économie lui permettait de payer
parfois les dettes de son fils, quand le sacrifice devenait inévitable, et de
bien recevoir les amis qui venaient la visiter dans sa « chaumière ».
2. Voy. plus loin, p. 217-220.

circonstance comme en beaucoup d'autres, le sentiment
de dignité que le poète gardait au milieu des cruelles
gênes de sa vie.

C'est en quittant Neuilly qu'il vint se loger à l'hôtel de
Dieppe, rue d'Amsterdam, 22. Il y occupait une chambre
des plus modestes qu'il garda jusqu'à son départ pour la
Belgique. Le tapage incessant de la rue d'Amsterdam est de
nature à troubler le recueillement du travailleur le plus
acharné, mais Baudelaire n'écrivait guère dans sa chambre,
et la proximité de la gare de l'Ouest lui était fort commode,
quand il voulait partir pour Honfleur.

Dès que le cruel tracas de ses dettes lui laissait quelque
répit, le poète fuyait la grande ville qui lui était tantôt si
chère, tantôt si odieuse. Il allait à Honfleur, en toute saison, même au cœur de l'hiver, jouir d'un repos favorable
au travail et surtout de la tendresse de sa mère qu'il n'avait
jamais cessé de chérir, du fond de l'âme[1]. Quand elle l'eut
perdu, Mme Aupick se reportait avec attendrissement au
temps où elle le possédait. Ce souvenir était le seul bonheur qui lui restât. Elle écrivait à son confident habituel,
Asselineau :

« Je pense bien souvent à *Mon cœur mis à nu* et au moment
où je rentrerai en possession de ces pages où je vivais avec lui,
en le lisant. Mais nous sommes bien plus ensemble ici, dans cette
solitude, qu'à Paris. Comme je l'aime et le regrette ici, tout à
mon aise ! Je vous montrerai la place où, en étendant les bras
devant le ciel et la mer, il m'a dit maintes et maintes fois : Oh !
si je n'avais pas de dettes, comme je serais heureux ici ! »

Les dettes ! C'était là, en effet, la triste raison qui retenait ou rappelait son fils à Paris.

Il était entré dans la vie littéraire avec un passif de
trente mille francs, mais ce chiffre s'était grossi sans cesse,

1. Voy. plus loin, p. cii, plusieurs passages de lettres écrites, pendant
son exil de Belgique, à M. Ancelle.

chose inévitable puisqu'il n'avait gardé de son patrimoine qu'un revenu à peine suffisant pour sa subsistance, et que ses livres, en raison même de leur caractère littéraire, ne pouvaient se vendre à grand nombre. Dès 1858, il s'était fait faire par Poulet-Malassis des avances relativement considérables; aussi ne put-il lui refuser sa signature le jour où son ami, dont les affaires n'avaient jamais été prospères et qui ne disposait que d'un capital très restreint, se vit obligé de la lui demander.

Bientôt, engagé dans de nombreuses opérations de librairie qui ne lui donnaient pas les bénéfices immédiats qu'il en attendait, Poulet-Malassis fut menacé de la faillite. Il tomba dans un découragement que le poète s'efforçait de combattre[1], quoiqu'il lui fût difficile de se préserver lui-même, car ses dettes personnelles s'accroissaient toujours. La solidarité d'intérêts, qui le liait à son éditeur, lui faisait doublement redouter une catastrophe. Il lui écrivait, quelques mois plus tard : « Quelle belle époque que celle où il n'y aura plus de navette! Croiriez-vous que, malgré votre promesse, je suis inquiet? car mon impuissance à payer serait absolue[2]. » Pourtant, il avait la prétention de régler sagement sa dépense, et Poulet-Malassis ayant fait part à un ami commun du souci que lui donnaient l'imprévoyance du poète et « son désordre dans ses affaires », celui-ci s'en plaignit par cette fière protestation[3]:

« Quand vous aurez trouvé un homme qui, libre à dix-sept ans, avec un goût excessif des plaisirs, toujours sans famille, entre dans la vie littéraire avec 30,000 francs de dettes, et, au bout de vingt ans, ne les a augmentés que de 10,000, et, de plus, est fort loin de se croire abruti, vous me le présenterez et je saluerai en lui mon égal. »

Mais quelle que fût sa fermeté, le poète ne cachait pas

1. Voy. plus loin un passage de l'avant-propos qui précède les lettres de Baudelaire à Poulet-Malassis, p. 128.
2. Voy. plus loin, p. 180, lettre du 13 juin 1859.
3. Voy. plus loin, p. 211, lettre du 27 septembre 1860.

combien ces odieux tracas d'affaires gâtaient sa vie, entravaient son travail. «·Aujourd'hui. encore, écrit-il un an et demi plus tard, journée terrible, passée dans les rues, billets protestés [1]. »

Le nœud coulant, qui les étreignait tous deux, se resserrait de plus en plus. Un moment vint, où Baudelaire, resté à Paris pour veiller aux intérêts communs, pendant que son ami était retenu à Alençon par les affaires de l'imprimerie, dut lui avouer sa détresse personnelle : « Je suis désolé de vous affliger, mais, malgré le terrible mot répété si souvent, *nous sombrerions*, je suis contraint de vous demander peut-être l'impossible, enfin un grand acte de dévouement. » Il s'agissait sans· doute de quelque engagement onéreux à prendre, sacrifice convenu d'avance entre eux, car la lettre ne fournit à ce sujet aucune explication.

Sa pénurie est devenue si douloureuse, qu'il est tenté de s'y dérober, même par la mort : « Depuis assez longtemps je suis au bord du suicide[2]... »

Cette existence intolérable pour un homme de l▓▓s à qui la sécurité d'esprit est nécessaire, ce supplice incessant de mêler des préoccupations pécuniaires au travail littéraire, désintéressé entre tous, se prolongea jusqu'aux derniers mois de 1861, époque de la faillite de Poulet-Malassis.

Libéré du souci périodique qui entravait sa vie, le poète restait grevé d'une dette considérable envers son éditeur, et sa délicatesse le faisait souffrir de l'impossibilité où il se trouvait de remplir les engagements pris envers un ami malheureux.

Il est vrai que celui-ci avait entre les mains, comme éditeur et aux termes de leurs traités, un gage qui lui répondait très largement de sa créance. Au premier avis de la catastrophe inévitable et prochaine, Baudelaire s'était empressé de lui proposer cette ressource extrême : « Dans

---

1. Lettre inédite du 5 décembre 1860.
2. Il faut lire tout le passage : « Je veux ajouter quelques mots, etc. » (Voy. plus loin p. 215.)

le cas de désastre, pensez aux *Fleurs* et aux *Paradis*, auxquels j'attache de l'importance [1]. »

Le poëte n'aurait eu qu'un moyen immédiat de venir au secours de son ami, ç'eût été de gagner avec de nouvelles œuvres assez d'argent pour rembourser les avances qu'il avait reçues. Il s'était promis ce résultat du succès de mélodrames dont il avait essayé de faire accepter les plans par Hostein, le directeur de la Gaîté; mais, à partir de juin 1861, tout espoir, de ce côté, fut perdu. Il n'en continuait pas moins de travailler avec courage. Par malheur, il ne produisait que très peu et à de grands intervalles.

En février 1861, la seconde édition des *Fleurs du mal* avait paru. Parmi les trente-cinq poèmes nouveaux, quelques-uns, l'*Albatros*, l'*Horloge*, les *Petites Vieilles*, le *Voyage*, plusieurs autres encore, sont au nombre des plus beaux qu'il ait composés.

L'opuscule intitulé *Richard Wagner et Tannhauser* (*Revue européenne*, avril 1861) acheva de démontrer au public compétent que Baudelaire comprenait la question du grand style, dans tous les arts; mais il ne lui valut guère — à part le modique salaire qu'il en retira — d'autre satisfaction réelle qu'une lettre de Richard Wagner [2].

Vers le même temps, Baudelaire donna aussi à une an-

---

1. Voy. plus loin, p. 218, lettre du 16 janvier 1861.
2. Nous ne donnons cette lettre, probablement inédite, que pour montrer, par un exemple curieux, comment cet ennemi de la France, qui a longtemps vécu à Paris, écrivait notre langue :
« Paris, 15 avril 1861. — Mon cher monsieur Baudelaire, j'étais plusieurs fois chez vous sans vous trouver. Vous croyez bien combien je suis désireux de vous dire quelle immense satisfaction vous m'avez préparée par votre article qui m'honore et qui m'encourage plus que tout ce qu'on a jamais dit sur mon pauvre talent. Ne serait-il pas possible de vous dire bientôt, à haute voix, comment je m'ai senti enivré en lisant ces belles pages qui me racontaient — comme le fait le meilleur poème —les impressions que je me dois vanter d'avoir produites sur une organisation si supérieure que la vôtre?
« Soyez mille fois remercié de ce bienfait que vous m'avez procuré, et croyez-moi bien fier de vous pouvoir nommer ami.
« A bientôt, n'est-ce pas? Tout à vous,

« RICHARD WAGNER. »

thologie, qui allait paraître, *les Poètes français*, quelques études remarquables, surtout par une habileté très rare à présenter, sous des aspects nouveaux, les caractères essentiels du génie ou du talent de chaque poète [1].

Mais le principal travail de Baudelaire, pendant ces dernières années de production active, fut de continuer deux séries d'œuvres déjà commencées, sa traduction d'Edgar Poe et les Poèmes en prose.

Après avoir choisi, au début, dans les nouvelles du grand romancier américain, celles qui lui avaient paru les plus belles, il fit connaître successivement au public français les *Aventures d'Arthur Gordon Pym* (1858), *la Genèse d'un poème, Eureka* (1864), *Histoires grotesques et sérieuses* (1865).

Entre temps, Baudelaire publia, de 1861 à 1864, quelques poésies nouvelles, dont plusieurs étaient dignes de prendre rang parmi les plus célèbres, notamment *Madrigal triste* et *la Plainte d'un Icare.*

---

1. Ces notices ont été réimprimées dans le tome II des œuvres complètes de Baudelaire, *les Curiosités esthétiques*, sous cette rubrique : *Réflexions sur quelques-uns de mes contemporains.* Elles sont au nombre de sept, intitulées : *Victor Hugo, Marceline Desbordes-Valmore, Théophile Gautier, Gustave Le Vavasseur, Théodore de Banville, Pierre Dupont, Leconte de Lisle.* On peut dire que c'est le travail de critique où il a le mieux montré la sûreté de son jugement dans les questions littéraires. Baudelaire avait, non sans raison, une très grande confiance dans sa sagacité de critique. A l'occasion de son étude sur Daumier, il écrivait à un directeur de *Revue* trop prudent qui lui exprimait le regret de ne pouvoir, par crainte de la censure officielle, publier intégralement le manuscrit : « Croyez que j'ai pour vous un sincère dévouement, mais je ne peux pas me soumettre à des circonstances. J'ai pris l'habitude, depuis mon enfance, de me considérer comme infaillible. » Asselineau a constaté, chez son ami, le même trait de caractère, dans cette anecdote inédite : « Sa foi naïve dans son infaillibilité s'exprimait parfois de la façon la plus comique. C'est au bois de Boulogne, au milieu d'une vive discussion sur la nécessité d'un plan dans l'art d'écrire, qu'il me dit un jour, d'un ton d'autorité : « Voyons, voyons, voyons! Je vous ai dit ceci. Vous m'avez répondu cela. Et je vous ai répliqué *avec beaucoup de justesse!!!* » Je faillis tomber à la renverse, en éclatant de rire; lui, il était sérieux comme un brahme, rouge et superbe d'indignation : « Eh bien, quoi ? reprit-il, après que nous eûmes fait quelques pas, *il faut bien que je le dise, puisque vous ne le dites pas.* »

Le jugement qui l'avait condamné naguère pesait encore sur sa réputation. Des directeurs de journaux, qui n'exerçaient certes pas, d'habitude, sur les articles qu'on leur apportait, un contrôle bien rigoureux au point de vue de la pruderie, s'effarouchaient. — quand elles leur étaient offertes par Baudelaire. — de peintures de mœurs qui, signées de tout autre nom, auraient passé sans objection [1].

Mais rien n'a jamais pu détourner Baudelaire de sa voie, et, quand il publia dans le *Figaro* (numéros des 26, 28, novembre et 3 décembre 1863), *le Peintre de la vie moderne*, il loua son ami, M. Constantin Guys, avec une audacieuse franchise, sans nul souci de scandaliser le lecteur ou les rivaux du maître anglais.

Cependant sa santé s'altérait. Dès le commencement de 1862, il écrivait, dans son journal intime, *Mon cœur mis à nu*, ces lignes douloureuses et sinistres :

« J'ai cultivé mon hystérie avec jouissance et terreur. Maintenant, j'ai toujours le vertige, et aujourd'hui, 23 janvier 1862, j'ai subi un singulier avertissement, j'ai senti passer sur moi le vent de l'aile de l'imbécillité. »

A la fin de la même année, il écrivait avec mélancolie à Poulet-Malassis : « ... Pour moi, je me porte fort mal et toutes mes infirmités, physiques et morales, augmentent d'une façon alarmante. » Rien de plus à ce sujet, dans sa correspondance, jusqu'à la date de son départ pour la Belgique (avril 1864) ; mais son état ne s'était pas amélioré. Plus tard, à propos de graves symptômes, précurseurs de la crise qui lui fut fatale, il écrira à M. Ancelle : « Je suis persuadé que j'étais malade en quittant Paris. »

---

1. Je me souviens d'avoir entendu Baudelaire se plaindre à Gustave Flaubert des sévérités du directeur littéraire d'un journal de la presse politique. On exigeait de lui des suppressions, dans le poème en prose intitulé *les Vocations*. Il refusa de se soumettre à cette censure excessive, et ce très beau morceau ne parut que dix-huit mois plus tard, dans *le Figaro* du 14 février 1864.

On le rencontrait, dans les rues, vêtu d'habits râpés et l'air de plus en plus sombre. Il n'écrivait presque plus et avec une obstination désespérée, il menait le train de vie qui répondait le mieux à sa conception pessimiste de la vie et de la nature humaine. Un de ceux qui le voyaient le plus intimement, pendant cette triste période, a bien voulu me communiquer ce curieux souvenir :

« Fréquentant les endroits où l'on s'amusait, tels que le Casino de la rue Cadet, j'y rencontrais, de temps en temps, Baudelaire qui errait, avec une mine sinistre, au milieu des filles qu'il effarouchait... Il se promenait à l'écart, en solitaire... Un soir, il me parla d'une fille à qui il avait demandé, sans se nommer, si elle connaissait ses œuvres. Elle répondit qu'elle ne connaissait que Musset! Vous voyez la colère de Baudelaire. »

Ce poète qui avait tout aimé de Paris, non seulement ses verrues, comme Montaigne, mais ses plaies, finit par le prendre en dégoût. Il voulut s'expatrier. Mais où aller? Un renseignement inexact, qui lui fut donné à la légère, lui suggéra le faux espoir de gagner de grosses sommes en faisant, à Bruxelles, des lectures publiques et des conférences, dans les Cercles. Il accueillit cette idée avec d'autant plus d'empressement qu'il espérait vendre une édition de ses œuvres complètes à la maison Lacroix et Verbroeckoven. Il quitta Paris au printemps de 1864 et, dans la dernière quinzaine d'avril, sa résidence fut fixée à Bruxelles [1].

---

1. Le 16 avril, d'après la bibliographie La Fizelière et Decaux. Ce renseignement fut fourni sans doute comme beaucoup d'autres, qu'on y trouve, par Poulet-Malassis.

IX

Il put croire un instant à l'accomplissement de ses espérances. Trois conférences, qu'il donna au Cercle des Arts, eurent du succès. Un des critiques les plus autorisés de la Belgique, le rédacteur chargé des Beaux-Arts à *l'Indépendance Belge*, M. Fréderix, en avait fait, avec une hospitalière obligeance, un compte rendu des plus favorables[1].

Mais les mécomptes ne se firent guère attendre.

Le 27 mai, il écrit à M. Ancelle :

« Je n'ai pas encore attaqué *la grande affaire;* mais je doute de tout. Jugez vous-même si je n'en ai pas le droit. Après cinq conférences (grand succès), j'ai désiré *régler.* Au lieu de 500 fr., on m'a apporté 100 fr. avec une lettre d'excuses alléguant que, les fonds étant épuisés, on avait compté deux séances seulement à 50 fr., et que pour les trois dernières, comme elles avaient été données après l'époque où s'arrête la saison des cours publics, on les avait considérées comme un acte de générosité de ma part. Quel peuple ! Quel monde! *Je n'avais pas de traité écrit.* J'avais traité verbalement pour 100 francs par conférence. J'ai eu envie de faire don des 100 francs aux pauvres. Quel horrible monde !

1. « Il paraît que j'ai eu ici un succès inconnu jusqu'alors ; je n'ai donné qu'une seule conférence. La saison étant très avancée, ma spéculation de lectures est presque manquée. Ici tout va très lentement, et je n'ai pas encore de réponse d'Anvers, de Bruges, de Liège ni de Gand. Mais vous savez que le vrai but de mon voyage est de vendre, aussi cher que possible, la collection de mes articles critiques à la maison Lacroix... Mais réussirai-je? J'y suis si peu accoutumé.

« Bien à vous, ne m'oubliez pas. C. B.

« La première était sur Delacroix, la seconde sera sur Théophile Gautier. » (Lettre à M. Ancelle, en date du 7 mai 1864.)

« Je n'ose pas écrire toute cette mésaventure à ma mère, de peur de la désoler.

« Dans quelques jours, je traiterai, si je peux, ma grosse affaire, mais je suis exaspéré et découragé. »

Le 14 juillet suivant, il annonce l'avortement complet de ses projets :

« Tout a échoué. Un *mouchard* ne peut pas réussir dans une ville aussi défiante. J'ai été malade pendant *deux mois et demi*... Le joli voyage ! Cependant je veux qu'il me serve à quelque chose, et je fais un livre sur la Belgique, dont les fragments paraîtront au *Figaro*. La question des mœurs (mœurs politiques, clergé, libres-penseurs) est déjà rédigée. Maintenant, il faut voir Anvers, Bruges, Namur, Liège, Gand, etc. En somme, je saurai faire un livre amusant, tout en m'ennuyant beaucoup. Ici, tout a été contre moi, tout m'a nui, surtout ma sympathie visible pour les jésuites. Vous savez probablement dans quelle situation extraordinaire se trouvent la Chambre et le ministère. J'espérais des coups de fusil et des barricades. Mais ce peuple est trop bête pour se battre pour des idées. S'il s'agissait du renchérissement de la bière, ce serait différent... Quel peuple inepte et lourd ! Ici les jésuites ont tout fait, et tout le monde est ingrat pour eux. »

Il poursuit la tâche commencée, mais sans entrain. Au bout de cinq mois de séjour à Bruxelles, il écrit à M. Ancelle :

2 septembre 1864.

« Je suis content de mon livre. Tout ce qui est mœurs, culte, art et politique est fait. Il manque la rédaction de mes excursions en province. Je ferai cela à Honfleur. J'écris à M. de Villemessant de ne rien publier avant mon retour en France. Vous devinez pourquoi. Je suis très mal vu ici. D'ailleurs, je ne me suis pas gêné pour crier tout haut ce que je pensais. Et puis on sait que je prends des notes partout. »

Le 13 octobre, plaintes nouvelles et très vives :

« ...Figurez-vous, mon cher, ce que j'endure. L'hiver est venu brusquement. Ici on ne voit pas le feu, puisque le feu est dans un poêle. Je travaille en bâillant, quand je travaille. Jugez ce que j'endure, moi qui trouve le Havre un port noir et américain, moi qui ai commencé à faire connaissance avec l'eau et le ciel à Bordeaux, à Bourbon, à Maurice, à Calcutta. Jugez ce que j'endure dans un pays où les arbres sont noirs et *où les fleurs n'ont aucun parfum.* Quant à la cuisine, vous verrez, je lui ai consacré quelques-unes des pages de mon petit livre... Quant à la conversation, ce grand, cet unique plaisir d'un être spirituel, vous pourriez parcourir la Belgique en tout sens, sans trouver une âme qui *parle.* Beaucoup de gens se sont pressés, avec une curiosité de badauds, autour de l'auteur des *Fleurs du mal.* L'auteur des fleurs en question ne pouvait être qu'un monstrueux excentrique. Toutes ces canailles-là m'ont pris pour un monstre, et quand ils ont vu que j'étais froid, modéré et poli, — et que j'avais horreur des libres-penseurs, du progrès et de toute la sottise moderne, ils ont décrété (je le suppose) que je n'étais pas *l'auteur de mon livre.*

« Quelle confusion comique entre l'auteur et le sujet ! Ce maudit livre (dont je suis très fier) est donc bien obscur, bien inintelligible ! Je porterai longtemps la peine d'avoir osé peindre le mal avec quelque talent.

« Du reste, je dois avouer que, depuis deux ou trois mois, j'ai lâché la bride à mon caractère, que j'ai pris une jouissance particulière à blesser, à me montrer *impertinent,* talent où j'excelle, quand je veux. Mais ici, cela ne suffit pas, il faut être grossier, pour être compris.

« Quel tas de canailles ! Et moi qui croyais que la France était un pays absolument barbare, me voici contraint de reconnaître qu'il y a un pays plus barbare que la France ! Enfin, que je sois contraint de rester ici avec des dettes, ou que je me sauve à Honfleur, je finirai ce petit livre qui, en somme, m'a contraint à aiguiser mes griffes. Je m'en servirai plus tard contre la France. C'est la première fois que je suis contraint d'écrire un livre absolument humoristique, à la fois bouffon et sérieux, et où il me faut parler de tout. C'est ma séparation d'avec la bêtise moderne. On me comprendra peut-être, enfin !

« Oui, j'ai besoin de retourner à Honfleur. J'ai besoin de ma mère, de ma chambre et de mes collections. D'ailleurs, ma mère m'écrit des lettres funèbres et s'abstient, avec une modération qui me fait mal, de me faire des reproches, comme si elle craignait d'abuser de son autorité, dans ses dernières années, de peur de me laisser un souvenir amer. — Cela serre le cœur... »

Baudelaire avait deviné juste. Une lettre de Mme Aupick à M. Ancelle la montre désolée des échecs de son fils, mais ne voulant pas aggraver, par ses reproches ou par ses plaintes, le chagrin dont tant de déceptions abreuvaient le pauvre poète [1].

Le guignon constant qui le poursuivait lui avait fait choisir, pour refuge, le pays du monde qui devait blesser le plus vivement sa foi de catholique, ses doctrines d'absolu-tiste, ses goûts d'artiste. Les lettres à M. Ancelle ne tarissent pas en plaintes à ce sujet [2]. Tout lui déplaît, tout lui est odieux. La délicatesse de ses sens est froissée, révoltée par tout ce qu'il voit, par tout ce qu'il entend. Il ne peut sortir dans la rue sans remarquer la laideur de la population.

---

1. « .... Je devrais m'accoutumer à cette vie si bizarre, et en dehors de toutes les idées reçues, et me résigner. Mais je ne le puis, m'attachant sottement, avec acharnement, à cette pensée qu'il me faut absolument, avant ma mort, un peu de contentement par lui. Et voilà que cela presse, je deviens bien vieille et assez faible. Il lui reste bien peu de temps pour ce contentement auquel j'aspire. Je ne l'aurai jamais. J'aurais pu me con-soler dans de grands succès littéraires (trouvant en lui l'étoffe qu'il fallait pour cela), mais là encore, de cruelles déceptions (Charles ayant adopté un genre bizarre et absurde comme lui, qui lui fait peu de partisans)! Il est vrai qu'il a pour lui son *originalité*, c'est quelque chose. Il n'écrira jamais rien de banal! Il n'empruntera jamais les idées des autres, tant il est riche de son propre fonds.

« Je vous dirai qu'il voudrait vous voir attacher plus d'importance (ceci entre nous) à ses affaires littéraires : il prétend que tout en marchant len-tement, et même mal, elles marchent néanmoins un peu. » (Lettre du 14 novembre 1864.)

Rien de plus humain ni de plus touchant que ces plaintes maternelles qui se terminent par un orgueilleux éloge des beaux côtés de ce fils dont elle vient de déplorer les défauts.

2. La place me manque pour transcrire ici les passages caractéristiques qui, dans le livre inachevé sur la Belgique, confirment, en les répétant sous une autre forme, les plaintes exprimées dans sa correspondance. As-selineau en a donné un résumé fidèle, bien qu'incomplet (p. 89-90); mais il a, comme éditeur du poète, déclaré « ces notes inimprimables à cause de leur concision rudimentaire et de la fréquente crudité d'expression ». Il s'est contenté de citer l'intitulé des chapitres du manuscrit. Je n'en donne moi-même qu'un fragment relatif aux impressions artistiques du poète, et j'ai choisi une rubrique anodine entre tous les titres injurieux que Baudelaire a répétés sur plusieurs feuilles volantes, sans que son choix se soit arrêté sur aucun. Asselineau en a donné l'énumération complète : *Pauvre Belgique!* la *Grotesque Belgique*, la *Belgique toute nue*, la *Belgique déshabillée*, *Une capitale pour rire*, la *Capitale des singes*, *Une capitale de singes*.

Son odorat dont il a constaté la sensibilité par ces lignes célèbres d'un de ses poèmes en prose : *Mon âme voltige sur les parfums, comme l'âme des autres hommes voltige sur la musique*, endure un réel supplice dans une ville dont il ne cesse d'accuser « la puanteur ». C'est là un de ses griefs capitaux contre Bruxelles. La propreté flamande, si fameuse, ne serait, selon lui, qu'illusoire et mensongère.

Son dégoût va jusqu'à la colère, et sa colère jusqu'à l'exaspération. D'autre part, sa santé empire sans relâche. Au bout de dix mois de séjour en Belgique, des symptômes graves commencent à se produire :

« Je vous écris dans le répit que me laisse une de mes crises, qui sont si violentes quelquefois, que, ce matin, il m'a fallu plus d'une heure pour déchiffrer votre lettre... Vous me félicitez sur ma santé! Depuis huit jours, je souffre en diable. J'ai eu alternativement les deux yeux bouchés par le rhume, la névralgie ou le rhumatisme. J'avais débuté, comme vous savez, par quatre mois de dérangements d'estomac et d'intestins. En août et en septembre, il y a eu ici un petit peu 'de lumière et de chaleur. Alors, je me suis bien porté. Mais depuis deux mois, je suis pris généralement à minuit par la fièvre. Les longues heures s'écoulent dans un tressaillement et un froid continus; enfin le matin, je m'endors de fatigue, n'ayant pas pu profiter de mon insomnie pour travailler, et je me réveille tard, dans une affreuse transpiration, très fatigué d'avoir dormi. Depuis huit jours surtout, il y a eu surcroît de douleur. Et vous savez qu'il n'y a pas de bravoure possible, si ce n'est la passive, dans la douleur. C'est une parfaite abdication de la volonté. » (Lettre du 8 février 1865, à M. Ancelle.)

Sous l'action de la maladie, son esprit, si enclin à la mélancolie, s'assombrit de plus en plus. Quelques jours plus tard, il écrit à son confident : « Je m'ennuie mortellement. Il n'y a ici qu'une seule personne que je puisse voir avec plaisir, et elle demeure au diable, à l'extrémité d'un faubourg[1]! »

---

1. Cette dernière phrase désigne clairement Poulet-Malassis qui habitait à Bruxelles, rue de Mercélis, **35** *bis*, faubourg d'Ixelles.

En effet, Baudelaire ne fréquentait guère que Poulet-Malassis. Dans l'exil, leur intimité s'était encore resserrée. Les lettres du poète à Sainte-Beuve donnent d'intéressants détails sur leurs conversations [1].

Poulet-Malassis, réduit aux expédients pour vivre largement, comme il en avait l'habitude, s'était fait un gagne-pain de la publication de livres obscènes et galants, qui inspiraient une profonde répugnance au poète, ce Parisien si raffiné [2]. Mais s'il répudiait, sur ce point, toute solidarité avec son éditeur, il restait fidèle à l'aimable compagnon qui lui avait naguère rendu de grands services et dont le commerce le consolait de sa solitude intellectuelle, à Bruxelles.

Baudelaire s'était lié aussi d'une amitié profonde avec M. Félicien Rops, le célèbre graveur à l'eau-forte.

D'ailleurs, il vivait très retiré. Mais son travail, contrarié par les soucis d'argent et surtout par sa mauvaise santé, n'aboutissait qu'à des résultats qui ne le contentaient guère [3].

Pourtant l'ouvrage commencé l'occupait sans cesse. Les notes s'amoncelaient sur sa table. Mais l'énergie lui manquait pour mettre en œuvre tous ces matériaux confus. D'ailleurs ce livre, qui renfermait une si âpre satire des mœurs et des habitants du pays, ne pouvait paraître tant que l'auteur résiderait à Bruxelles.

Aussi était-il surtout inquiet du succès des négociations entamées pour une édition de ses œuvres complètes. Il avait laissé, en partant de France, des instructions très précises à un homme d'affaires, un vieux camarade qui protestait de son dévouement à le servir, mais semblait mettre peu d'activité dans ses démarches auprès des libraires. L'attente d'une solution torturait sans relâche le poète : toutefois, avec sa ténacité habituelle, il s'obstinait à rester en Belgique. Il écrivait à M. Ancelle :

1. Voy. p. 265-266.
2. Voy. p. 270.
3. Voy. p. 271, lettre à Sainte-Beuve.

« Je souffre et je m'ennuie, et cependant j'aurais beaucoup d'argent que *je ne partirais pas. Je suis en pénitence et j'y res-terai,* jusqu'à ce que les causes de la pénitence disparaissent. Il s'agit non seulement d'argent, mais de livres à finir, et de livres à vendre, qui m'assurent en France une tranquillité de quelques mois... »

Il était parfaitement sincère. Le mois précédent, M. Ancelle, l'ayant pressé de quitter un pays où il se trouvait malheureux, avait déjà reçu de lui cette courageuse réponse : « Je ne veux rentrer en France que *glorieusement,* et certains devoirs accomplis. »

Le poète n'avait même pas hésité à demander à son ami de nouvelles avances pour explorer les provinces belges, — voyage nécessité par le chapitre réservé aux Beaux-Arts, dans son livre. Sur sa demande, M. Ancelle lui avait envoyé quelque argent, et Baudelaire, en lui accusant réception de la petite somme, ajoute : « J'ai honte de me servir de votre billet ; mais la littérature doit passer avant tout, avant mon plaisir, avant ma mère. »

Pourtant sa tendresse et sa reconnaissance pour sa mère n'ont jamais été plus expansives. Nous n'avons point, par malheur, les lettres de celle-ci ; mais en écrivant à M. Ancelle, il y fait de fréquentes allusions :

« Ma mère m'a écrit une lettre charmante et pleine de sagesse. Quelle patience ! Et quelle confiance en moi ! Savez-vous qu'elle a été malade et subitement restaurée ? Par bonheur pour moi, j'ai su les deux nouvelles, la bonne et la mauvaise, à la fois ! » (15 février 1865.)

« Ah ! mon cher ami, j'ai quelquefois le cerveau plein de noir. Conserverai-je ma mère aussi longtemps que vous avez conservé la vôtre ? (25 octobre 1865.) — Ma mère m'écrit de temps en temps des lettres courtes, et où je trouve un ton de tristesse (je n'ose pas dire d'affaiblissement) qui m'inquiète. Que savez-vous de sa santé ? Car il se pourrait que, par crainte de me tourmenter, elle me cachât quelque chose. » (13 octobre 1865.)

f

Ce qu'elle lui cache pour ne pas l'affliger, ce sont les inquiétudes et le chagrin qu'il lui donne. Mais quand M. Ancelle fait à son pupille quelques avances, c'est toujours avec le consentement tacite de Mme Aupick, qui a soin de lui recommander le secret, de peur que son fils n'abuse de son indulgence. Ces avances sont du reste indispensables. Le petit revenu qui reste au poète ne suffit même pas à couvrir ses dépenses d'hôtel [1].

Ce pénible dénuement ne lui ôte rien de sa prudence ni de sa fermeté. En renseignant M. Ancelle sur la façon dont il entend traiter avec les libraires, il lui écrit très judicieusement :

« Personne ne consentirait à me donner une somme assez forte pour l'exploitation, pendant toute ma vie et les trente ans qui suivront ma mort, de ces cinq volumes. Puisque je n'ai aucune fortune, il faut que mes livres me fassent une petite rente, et j'aimerais mieux, croyant franchement au succès, recevoir une série indéterminée de petites sommes »

L'échec même des négociations entamées avec plusieurs libraires ne le décourage pas. Lorsque M. Ancelle, qui a bien voulu s'en mêler pour arriver à une solution, lui transmet le refus de l'un d'eux, il répond en lui envoyant une liste d'autres éditeurs auprès desquels les mêmes démarches pourraient être tentées avec plus de succès.

Il a fait appel à l'obligeance de Sainte-Beuve, pour le prier de peser du poids de ses conseils sur la décision d'un libraire avec lequel des pourparlers sont engagés.

Aussi remercie-t-il avec vivacité M. Troubat, le secré-

---

1. « Il y a une foule de petites dépenses, en dehors de l'hôtel, auxquelles je ne peux satisfaire, depuis deux mois, sans des ruses ridicules : tabac, papier, timbres-poste, raccommodage, etc. Par exemple, le rêve de posséder du vin de quinquina est devenu dans mon cerveau aussi obsédant que l'idée d'une baignoire pleine d'eau dans l'imagination d'un galeux. » (Lettre du 8 février 1865.)

taire de Sainte-Beuve, qui, avec son obligeance habituelle, s'est empressé de le servir dans cette circonstance[1].

En dépit de déceptions multipliées, il n'a pas perdu l'espoir de placer ses ouvrages dans diverses maisons de librairie :

« Il me faut un éditeur pour la collection de mes articles *variétés,* trois volumes, un éditeur pour les *Fleurs du mal,* très augmentées, et le *Spleen* de Paris[2] (poèmes en prose) (je fais les dernières pages), deux volumes, et un éditeur pour la *Belgique déshabillée,* un volume. »

Mais, de quelque façon que le poète leur présente l'affaire, les éditeurs n'en veulent pas, ou font des propositions inacceptables. Baudelaire montre un étonnement légitime de leur aveuglement, et il énumère les raisons qui auraient dû leur donner plus de confiance dans les avantages du marché qu'il propose :

« — Les *Paradis* ont eu un très grand succès *littéraire.* Peu de livres ont obtenu autant de comptes rendus. La dégringolade de Malassis, seule, a empêché la diffusion et le succès d'argent. *Les Contemporains* sont *absolument inconnus.* Plusieurs fragments ont paru, mais dans des journaux inconnus, *archi-ignorés.* — Les *Fleurs du mal,* livre oublié! Ceci est trop bête. On les demande toujours. On commencera peut-être à les comprendre dans quelques années. » (Janvier 1866.)

Énervé, irrité par l'attente du résultat incertain de ces démarches qui devaient durer près de deux ans, le poète

1. « Mon cher Troubat, je suis, je vous l'assure, très sensible à la preuve d'amitié que vous me donnez ce matin. Vous savez que je ne suis pas un enfant gâté de la vie. » (Lettre inédite, 19 février 1866.)

2. Il est intéressant de noter, en passant, les jugements légèrement contradictoires de Baudelaire sur cette partie de son œuvre. Dans cette lettre à M. Troubat, il écrit : « Je suis assez content de mon *Spleen.* En somme, c'est encore les *Fleurs du mal,* mais avec beaucoup plus de liberté de détail et de raillerie. » Dans une autre lettre, en date du 5 mars suivant, on lit ces lignes : « Ah ! ce *Spleen,* quelles colères et quel labeur il m'a causé ! Et je reste mécontent de certaines parties. »

est entré en défiance, non de son talent, mais de la fortune.
Il y a un an déjà que, cédant à son douloureux besoin
de sincérité, il a livré le secret de sa détresse morale à
M. Ancelle, dans cet aveu précieux :

« Je reçois de fort loin, et de gens que je ne connais, des
témoignages de sympathie qui me touchent beaucoup, mais qui
ne me consolent pas de ma détestable misère, de mon humiliante
situation et surtout de mes vices. » (Lettre du 8 février 1865.).

Baudelaire se calomnie. La paresse, dont il s'accuse parfois dans ses lettres, avait une très valable excuse dans les
empêchements de la maladie ; mais sa conscience avait
toujours eu de ces retours de sévérité. Maintenant, elle
était d'une exigence étrange. L'idéal du dandysme s'était
évanoui, l'âge et la pauvreté aidant ; il réprouvait toute
ambition mondaine comme frivole ; l'admiration d'autrui
ne lui semblait plus enviable. Mais un idéal nouveau, plus
inaccessible encore, la perfection morale, l'attirait. Ses
journaux intimes renferment cette sentence répétée sous
plusieurs formes : « Il n'y a qu'une chose importante, être
un héros et un saint pour soi-même. »

Ainsi, plus la force de volonté, nécessaire au succès des
grandes résolutions, diminuait chez le pauvre poète, plus
son aspiration aux grandeurs sublimes de l'âme et de la
vie devenait énergique, plus son ambition grandissait.

En même temps, et par une conséquence toute logique,
son horreur de toute médiocrité s'exaspérait. Ses convictions politiques et littéraires n'ont jamais été plus tran-
chées, plus exclusives ; elles ne se sont jamais exprimées
avec une plus violente franchise que dans ce très intéressant passage d'une lettre à M. Ancelle (18 février 1866) [1] :

« Et vous avez été assez ENFANT pour aller écouter ce petit
bêta de X ! professeur pour demoiselles ! démocrate qui ne croit

---

1. On trouvera plus loin, p. 56 et suiv., dans la *Lettre à Jules Janin*,
une autre déclaration, non moins véhémente de ses doctrines littéraires.

pas aux miracles, et ne croit qu'au BON SENS ! parfait représentant de la petite littérature ! petit vulgarisateur de choses vulgaires ! etc., etc. Et vous avez été assez ENFANT pour oublier que la *France* a HORREUR de la poésie, de la *vraie* poésie ; qu'elle n'aime que les saligauds comme Béranger et de Musset ; que quiconque s'applique à mettre l'orthographe *passe pour un homme sans cœur* (ce qui est d'ailleurs assez logique puisque la passion s'exprime toujours mal) ; enfin, qu'une poésie profonde, mais compliquée, amère, froidement diabolique en apparence, était moins faite que toute autre pour la frivolité éternelle... !

« Faut-il donc vous dire, à vous, qui ne l'avez pas plus deviné que les autres, que dans ce livre atroce, j'ai mis tout mon cœur, toute *ma tendresse,* toute ma religion (travestie), toute ma haine) ? Il est vrai que j'écrirai le contraire, que je jurerai mes grands dieux que c'est un livre d'art pur, de singerie, de jonglerie ; et je mentirai comme un arracheur de dents.

« Et, à propos ! Qu'est-ce que c'est donc que la poésie fantaisiste ? Je ne pourrai jamais le deviner. Je défie de l'expliquer, comme je défie un journaliste ou un professeur quelconque *d'expliquer le sens d'un seul des mots dont il se sert.* Il y a donc une poésie *qui ne l'est pas.* Qu'est-ce que c'est que celle-là, qui n'est pas basée sur la fantaisie de l'artiste, du poète, c'est-à-dire sur sa manière de sentir ?

« A propos du sentiment, du cœur, et autres saloperies féminines, souvenez-vous du mot profond de N*** : « Tous les élégiaques sont des canailles. »

« Assez, n'est-ce pas ? Et vous me pardonnez ma diatribe. Ne me privez pas du seul ami à qui je puisse dire des injures. Mais comprend-t-on une pareille idée ? Aller à une conférence de X !

« Vos lignes sur ce joli pédant m'ont mis en fureur. Songez donc qu'en général, l'erreur me cause des crises nerveuses, excepté quand je cultive volontairement la sottise, comme j'ai fait, pendant vingt ans, pour le *Siècle,* pour en extraire la quintessence.

« Excepté Chateaubriand, Balzac, Stendhal, Mérimée, de Vigny, Flaubert, Banville, Gautier, Leconte de Lisle, toute la racaille moderne me fait horreur, vos académiciens, horreur, vos libéraux, horreur, la vertu, horreur, le vice, horreur, le style coulant, horreur, le progrès, horreur. Ne me parlez jamais des diseurs de riens. »

X

Il est difficile de ne pas attribuer à la maladie une part notable dans cette exaltation de langage qui fait un si grand contraste avec la froideur concentrée, le calme ironique que le poète s'imposait naguère. Depuis les deux derniers mois de 1865, sa santé traversait, en effet, des crises de plus en plus graves, dont on peut suivre l'effrayante progression dans les lettres fréquentes que le poète écrivait régulièrement à M. Ancelle :

(26 novembre 1865.) « Ma santé? dites-vous. Comment, diable voulez-vous qu'elle soit bonne, avec tant de colères et de soucis?... Ce qui m'irrite plus que tout, plus que la misère, plus que la bêtise dont je suis environné, c'est un certain état soporeux qui me fait douter de mes facultés. Au bout de trois ou quatre heures de travail, je ne suis plus bon à rien. Il y a quelques années, je travaillais quelquefois douze heures, et avec plaisir. »

(30 novembre 1865.) « Je m'ennuie et je souffre le martyre... Je suis très inquiet de la santé de ma mère. Quant à moi, je ne peux plus fumer sans dégoût. Pour un fumeur, c'est un vrai signe de dérangement. Tout à l'heure, j'ai été obligé d'interrompre cette lettre pour me jeter sur mon lit, et c'est un grand travail, car je crains toujours d'entraîner avec moi les meubles auxquels je m'accroche. Avec ça, les idées noires; il me vient quelquefois à l'esprit que je ne verrai plus ma mère. »

(21 décembre 1865.) « Il y a bien longtemps que j'aurais dû vous répondre; mais j'ai été saisi par une névralgie à la tête qui dure depuis plus de quinze jours; vous savez que cela rend bête et fou, et pour pouvoir écrire aujourd'hui à vous, à L*** [1],

---

1. L'homme d'affaires chargé des négociations avec les libraires

et à ma mère, j'ai été obligé de m'emmailloter la tête dans un bourrelet que j'imbibe, d'heure en heure, d'eau sédative. Les crises sont moins violentes que l'an passé, mais le mal dure bien plus longtemps. »

(26 décembre 1865.) « J'ai eu un peu de vague dans la tête, du brouillard et de la distraction. Cela tient à cette longue série de crises, et aussi à l'usage de l'opium, de la digitale, de la belladone et de la quinine. Un médecin, que j'ai fait venir, ignorait que j'avais fait autrefois un long usage de l'opium. C'est pourquoi il m'a ménagé, et c'est pourquoi j'ai été obligé de doubler et de quadrupler les doses. Je suis parvenu à déplacer les heures de crise; c'est beaucoup. Mais je suis très fatigué. »

Le jeune médecin, que Baudelaire s'était décidé à consulter, le docteur Léon Marx, ne se lassait pas d'insister pour obtenir que son malade se conformât docilement à ses prescriptions [1]. Malheureusement, Baudelaire ne croyait pas à l'efficacité des remèdes, et d'ailleurs, il n'avait pas d'argent pour en acheter :

(18 janvier 1866.) « J'ai encore été malade, très malade. Vertiges et vomissements pendant trois jours. Il a fallu que je me tinsse sur le dos pendant trois jours; car, même accroupi par terre, je tombais, la tête emportant le corps. Je crois que c'était une ivresse de bile. Le médecin ne me recommande que l'eau de Vichy; et pas le sou ! »

Malgré ce lamentable état de santé, le pauvre poète travaille. Quand son cerveau se refuse à penser, ses mains s'acquittent d'un travail machinal, il recopie de volumineuses notes qu'il a, sans relâche, amassées pour son livre

---

1. Voir plus loin, p. 277, dans une lettre de Baudelaire à Sainte-Beuve, des détails précis sur le régime qui lui était ordonné.

sur la Belgique. Il en a transcrit, au moins trois fois, tout le sommaire, une vingtaine de pages de format in-4°.

Il adresse, chaque semaine, à M. Ancelle de longues lettres remplies d'instructions minutieuses sur les pourparlers que son ami lui a proposé d'engager personnellement avec des éditeurs auxquels Baudelaire a déjà fait offrir ses œuvres, sans obtenir aucune réponse[1]. Entre temps, il donne des nouvelles de sa santé qui continuent à être fort mauvaises.

(22 janvier 1866.) « ... Reprise de crises nerveuses, de vertiges, de nausées et de culbutes. J'ai eu une crise chez le médecin lui-même. Il me demande sans cesse si je suis son traitement. Je n'ose pas lui dire *pour quelles raisons je ne fais rien.* (Bains, éther, valériane, eau de Vichy.) Mais, selon moi, tout cela ne serait pas suffisant. *N'écrivez rien* de toute cette aventure à ma mère. »

Touchante recommandation qui peint bien la sensibilité vraie de ce cœur qu'on a souvent accusé de dureté et d'égoïsme. Au milieu de tous ses embarras et de toutes ses inquiétudes sur sa santé, son principal souci est de ne pas affliger sa mère par de mauvaises nouvelles.

Huit jours plus tard, une de ces phases d'un mieux trompeur, qui surviennent dans les plus graves maladies, ne lui fait pas illusion sur son véritable état :

(29 janvier 1866.) « Mes crises, vertiges, convulsions, sont devenus plus rares; mais excepté quand je suis couché sur le dos, je ne suis pas solide. Le médecin, me croyant peut-être guéri, *ne vient plus,* et je n'ose plus *faire payer les médicaments par l'hôtel.* »

1. Il y joint des notes rédigées pour les libraires. Dans une table des matières pour un de ses livres de critique, il mentionne des travaux qui n'ont jamais été imprimés et qui, même, n'ont pas été, sans doute, achevés, mais qui l'occupaient beaucoup, à cette époque : « les Dandies, Chateaubriand et autres — Sainte-Beuve ou Joseph Delorme, jugé par l'auteur des *Fleurs du mal.* »

Trois semaines se passent, et les négociations entamées par M. Ancelle n'aboutissent point. Baudelaire s'impatiente, et le 18 février, il envoie une seconde note, destinée à un autre libraire.

Comme cette lettre venait de partir, il en reçoit une de M. Ancelle qui lui annonce l'avortement définitif des pourparlers engagés avec les premiers éditeurs auxquels il s'était adressé. Sans se décourager, Baudelaire pense immédiatement à de nouvelles combinaisons et dresse la liste des éditeurs que l'on pourrait tâter, avec quelques chances de succès.

Il veut arriver enfin à la solution du problème qui le tient dans de cruelles incertitudes : Pourra-t-il vendre ses œuvres? Une seconde lettre datée du même jour : « cette nuit, du 18 au 19 », une troisième, datée du lendemain, renferment, outre de minutieuses instructions sur les démarches à tenter, quelques lignes plus intéressantes que tous ces détails sur des questions pécuniaires :

« Je présume que les deux lettres que vous aurez reçues avant celle-ci vous auront frappé. Il faut faire attention à tant de choses. J'ai vraiment honte en pensant à tous les tintoins que je vous cause, et j'ai pitié de vous.

« Et puis, quand je pense que, dans ce chien de pays, je n'ai trouvé que *vol, mensonge,* pertes forcées d'argent, et que, par surcroît, la Belgique ne m'aura servi qu'à rendre toutes mes affaires à Paris plus difficiles, je suis pris d'une sorte de fureur. »

Mais il contremande, vingt-quatre heures plus tard, toutes négociations, pour diverses raisons qu'il énumère :

« . . Ma grosse raison, je crois, — raison qui ne prouve que mon extrême faiblesse de caractère, — est que l'attente de vos réponses me cause une agitation qui m'empêche complètement de travailler.

« Malgré vent et marée, j'irai à Paris le 15 mars, et, après avoir causé, légèrement, avec quelques individus, je verrai s'il y a

lieu de diviser mes livres en deux paquets, ou si, comme cela
paraît plus raisonnable, je dois m'obstiner à n'en faire qu'un
bloc. »

Le 15 mars arrive sans que Baudelaire ait quitté
Bruxelles. Ne recevant aucune nouvelle; M. Ancelle s'inquiète vivement de ce long silence, si contraire aux habitudes de son ami; il en demande la cause, et il reçoit, le
30 mars, une réponse, qui explique pourquoi le poète a
renoncé au voyage projeté :

« 1º Je ne peux pas bouger; 2º j'ai des dettes; 3º j'ai, pour
finir mon travail, cinq ou six villes à visiter. »

Et ce billet, qui n'est plus rempli que de détails d'affaires, se termine par cette ligne alarmante :

« Excusez mon style écourté, j'emprunte la plume d'un
autre. »

En effet, depuis douze jours, Baudelaire gardait le lit,
terrassé par une crise plus violente que toutes les précédentes.

Au commencement de mars 1866, le beau-père de son
ami, M. Rops, l'avait invité à venir passer quelques jours
chez lui, à Namur. Baudelaire, dans un sommaire de son
livre sur la Belgique, excepte nommément de la haine
générale qu'il avait vouée aux indigènes, « ce magistrat
sévère et jovial, grand chasseur, le seul homme de Belgique
sachant le latin et ayant l'air d'un Français ». Il avait donc
accepté avec joie l'invitation. Il connaissait déjà Namur [1],
mais il fut heureux de l'occasion de revoir l'église Saint-
Loup, qu'il considérait comme « le chef-d'œuvre des chefs-

1. Voir plus loin, p. 54-55, le fragment de *la Belgique vraie*, intitulé :
NAMUR.

d'œuvre des Jésuites » ; — il compare, dans une note, « cette merveille sinistre et galante à l'intérieur d'un catafalque, — terrible et délicieux, — brodé de noir, de rose et d'argent ».

Comme il admirait et faisait admirer à Poulet-Malassis et à M. Rops, qui l'accompagnaient, les confessionnaux, sculptés avec la plus riche profusion, il chancela, pris d'un étourdissement subit, et alla s'abattre sur une marche. Ses amis le relevèrent ; il ne parut pas s'effrayer et prétendit que le pied lui avait glissé. On feignit de le croire ; mais le lendemain matin, en se levant, il donna des signes de trouble mental. On le ramena en hâte à Bruxelles : à peine monté dans le wagon, il pria qu'on ouvrît la portière ; or elle était ouverte. Il avait dit le contraire de ce qu'il voulait dire. C'est là un des principaux prodromes de la cruelle affection de l'aphasie, qui ne tarda pas à se déclarer.

Le mal prit rapidement le caractère le plus grave. Le 1er avril, Poulet-Malassis écrivit à Charles Asselineau pour lui faire part de ses inquiétudes[1]. Les journaux de Paris ne tardèrent pas à parler de la santé de Baudelaire. M. Troubat, en son nom et au nom de Sainte-Beuve[2], s'em-

---

1. Dans sa *Vie de Baudelaire,* Asselineau résume cette lettre en quelques lignes, p. 94-95.

2. Sainte-Beuve n'avait pas attendu que le mal éclatât pour donner à son ami de très sages conseils : « Il vous faut observer un régime assez exact : vous avez un fond de forte nature, mais la nervure a été chez vous fort travaillée et fort aiguisée. Ne faites rien qui la surexcite. Je sais tout ce que l'ennui a d'assommant. Il est pourtant nécessaire, dans la vie et pour la vie, de savoir s'ennuyer un peu. » (*Correspondance,* t. II, p. 56. Lettre du 15 février 1866.) Du reste, il est vraiment touchant de voir comme Sainte-Beuve redouble d'affection pour Baudelaire, depuis qu'il le sait malheureux et malade. Non seulement, il répond, avec plus d'effusion, à ses lettres, mais il cherche à lui venir en aide dans ses pourparlers avec divers libraires. Ainsi, Baudelaire l'ayant prié de le seconder auprès de MM. Garnier, en le patronnant de sa haute recommandation, il lui répond : « J'ai dit ce qu'il fallait sur votre talent et sur votre distinction, etc. » (*Correspondance,* t. II, p. 23. Lettre du 4 septembre 1865.) — Quelques mois plus tard, écrivant à M. A. Lemerre, au sujet des poètes de la pléiade du xvie siècle, que cet éditeur publiait, Sainte-Beuve glisse, à la fin de sa lettre, ces deux lignes en faveur de son protégé : — « *P. S.* N'oubliez pas, de loin, notre bon ami Baudelaire, un poète de la pléiade aussi. » (*Correspondance,* t. II. p. 54. — Lettre du 24 janvier 1866.)

pressa de demander des nouvelles à Poulet-Malassis, qui lui répondit, le lendemain [1] :

« Bruxelles, lundi 9 avril 1866.

« Mon cher Troubat,

« Voici, en peu de mots, la vérité sur la maladie de Baudelaire.

« Depuis six mois, tout l'ensemble du système nerveux était, chez lui, fort compromis. Il a négligé de tenir compte de symptômes et d'avertissements graves, et contre l'avis des médecins et les prières de ses amis, a continué à user et abuser d'excitants. Sa volonté était si faible, à cet égard, contre ses habitudes, qu'on ne mettait plus d'eau-de-vie sur la table, chez moi, pour qu'il n'en bût pas. Autrement, son désir était irrésistible.

« Il y a quinze jours, — dix-huit jours, — il a dû s'aliter. Vertiges, ataraxie du côté droit, bras et jambes [2].

« J'aurais voulu le reconduire à Paris, ou mieux auprès de sa mère. Il s'y est refusé avec une sorte de colère.

« Il y a eu vendredi huit jours, la paralysie du côté droit s'est déclarée en même temps que le ramollissement du cerveau.

« J'avais cru devoir écrire à l'homme d'affaires de sa mère, M. Ancelle, maire de Neuilly, qui est venu. On a décidé, non sans peine, Baudelaire à quitter l'hôtel pour une maison de santé, soignée par des Sœurs (sic). Au fait, c'est une sorte d'hôpital, mais le seul lieu où on pût le mettre ici convenablement.

« Je reste auprès de lui, chaque jour, les deux heures autori-

1. Cette lettre, inédite jusqu'ici, étant le document le plus complet et le plus authentique que nous ayons sur les origines et la marche de la maladie, je n'hésite pas à la citer tout entière.
2. Une chronique du *Figaro* (numéro du 22 avril 1866), sous la signature « Marquis de Villemer », donne sur les prodromes de la maladie des détails que je n'ai trouvés que là, mais qui doivent être exacts, car l'auteur de l'article avait à Bruxelles, pour correspondant, un journaliste lié avec les amis du poète : « Les symptômes de cette attaque étaient tellement bizarres que les médecins hésitaient à donner un nom à cette maladie. Au milieu de ses douleurs, Baudelaire éprouvait une certaine satisfaction à être atteint d'un mal extraordinaire, et qui échappait à l'analyse ; c'était encore une originalité. »

sées pour les visites, et je ne peux pas garder d'espoir d'un rétablissement.

« Il baisse à vue d'œil. Avant-hier, il confondait les mots pour exprimer les idées les plus simples; hier, il ne pouvait pas parler du tout.

« Baudelaire, rétabli physiquement, ne serait plus, de l'avis des médecins, qu'un homme réduit à l'existence animale, — à moins d'un prodige, — disaient-ils, il y a huit jours, — et depuis lors, ils ne parlent plus de prodige.

« Voici, mon cher Troubat, la vérité. Usez-en discrètement. La mère de Baudelaire est impotente ; autrement, elle serait auprès de lui. Vous comprendrez ce que la vérité brutale, apprise par les journaux, pourrait causer de tourments à cette pauvre femme, à qui on a dû laisser de l'espoir, — moi le premier, qui, d'ailleurs, en avais gardé jusqu'à vendredi dernier... J'ai écrit à Asselineau chaque fois que la situation de Baudelaire a varié. Je supposais qu'il vous avait instruit de la situation au vrai. »

Les termes si précis de cette lettre ne permettent pas de douter que l'intempérance ne fût une des causes principales de la paralysie qui frappait Baudelaire[1].

1. Dans la notice des Œuvres complètes de Baudelaire, Théophile Gautier proteste contre cette opinion que l'auteur des *Fleurs du mal* eût « l'habitude de chercher l'inspiration dans les excitants », et que la paralysie qui l'emporta dût être attribuée « à des excès de haschisch et d'opium ». Il n'hésite pas à écrire : « Sa maladie n'eut d'autre cause que les fatigues, les ennuis, les chagrins et les embarras de toute sorte inhérents à la vie littéraire pour tous ceux dont le talent ne se prête pas à un travail régulier et de facile débit. » Enfin, Gautier va jusqu'à cette assertion tout à fait téméraire : « Qu'il ait essayé une ou deux fois du haschisch comme expérience physiologique, cela est possible et même probable, mais il n'en a pas fait un usage continu. » On trouvera plus loin, çà et là, dans les lettres de Baudelaire à Poulet-Malassis, la réfutation de cette apologie trop complète. Par exemple, il y raconte qu'il tient d'un pharmacien de ses amis une recette pour composer soi-même du haschisch, et, dans un autre endroit, à la date de 1859, il écrit au seul confident, pour lequel il n'ait pas de secrets : « Je suis bien noir, mon cher, et je n'ai pas d'opium. »

Il écrit encore à M. Ancelle : « Un médecin, que j'ai fait venir, ignorait que j'avais fait autrefois un long usage de l'opium... » (Lettre du 26 décembre 1865. — Voy. plus haut, p. LXXXVII.)

Quant aux liqueurs alcooliques, il ne s'y adonna que dans les derniers temps de sa vie. Jadis, il ne s'enivrait jamais. « Il était naturellement sobre. Nous avons souvent bu ensemble. Je ne l'ai jamais vu gris,

En réponse à la lettre de Poulet-Malassis, M. Ancelle
était accouru à Bruxelles. De concert avec lui et M. Arthur
Stevens, qui prodiguait au malade des soins dévoués,
Il avait, comme nous l'avons vu par la lettre citée plus
haut (p. xcii), fait transporter Baudelaire dans la maison de
santé, tenue par des Sœurs.

Le pauvre aphasique ne pouvait plus exprimer sa pensée que par gestes.

M. Ancelle écrivit à Mme Aupick pour la préparer à
la pleine révélation du mal qui avait frappé son · fils.
Quoiqu'elle fût elle-même à demi paralysée des jambes,
elle voulut faire le voyage de Bruxelles pour le soigner.
Mais sa présence, loin de le calmer, exaspéra son état
mental. Un médecin aliéniste français, le docteur Lassègue,

---

ni lui moi. » (Notes de M. Le Vavasseur.) Mais il a, de tout temps, aimé le
vin. C'est ce que prouve une anecdote caractéristique racontée par
M. Maxime Du Camp. (*Souvenirs de jeunesse.*) Je pourrais citer, sur ce
point, d'autres témoignages, notamment celui de M. Troubat. Dans l'extrême détresse d'âme à laquelle il était réduit par la pauvreté, par la maladie, par l'impuissance de travailler, il accepta, avec désespoir, la ressource funeste qu'il conseille, dans un de ses poèmes en prose, à qui
veut échapper au sentiment de l'éternelle misère humaine : « Pour ne pas
sentir l'horrible fardeau qui brise vos épaules et vous penche vers la
terre, il faut vous enivrer sans trêve. — Mais de quoi ? — De vin, de poésie
ou de vertu, à votre guise. Mais enivrez-vous. » (*OEuvres complètes*, t. IV,
p. 106.) Les deux premières de ces ivresses, les seules qui soient nobles
et salutaires, lui étaient devenues inaccessibles ; il eut recours à la dernière. Pour être exact jusqu'au scrupule, il faut remarquer que le mal
auquel il succomba couvait peut-être dans ses veines, et que son intempérance a pu en hâter seulement l'explosion. On voit par ses lettres à
Poulet-Malassis, qu'en juillet 1860, une attaque de paralysie avait également frappé, à l'âge de cinquante-cinq ans, son frère, Claude Baudelaire,
que M. Prarond, qui l'avait rencontré, décrit ainsi dans ses notes : « Notre
Baudelaire, outré physiquement, plus grand, plus fort, brusque, à mouvements impétueux, à saccades, un Baudelaire avec une gesticulation
galvanique. La nervosité de Charles se dissimulait, au contraire, sous des
dehors très mesurés, très calmes. Une grande ressemblance d'ailleurs. »
Enfin, si l'on admet l'influence de l'hérédité dans ces maladies si mysté-
rieuses, il faut tenir grand compte de ces lignes, déjà citées plus haut,
du journal intime, *Fusées* : « Mes ancêtres, idiots ou maniaques..., tous
victimes de terribles passions. »

1. Dans une lettre ultérieure, Poulet-Malassis écrit à Asselineau :
« Il agit comme un quasi-muet, qui ne pourrait articuler qu'un son et qui
tâcherait de se faire comprendre au moyen des variétés d'intonation. (*Vie
de Baudelaire*, p. 97.)

consulté par lettre, jugea que, dans l'intérêt du malade, la vie commune devait être évitée. La pauvre mère dut se résigner à ne pas emmener son fils à Honfleur.

Il avait quitté, au bout de quinze jours, la maison des Sœurs, où la supérieure se scandalisait et se plaignait des jurons que la souffrance et l'impatience d'être mal compris arrachaient au paralytique ; elle en concluait qu'il manquait de religion.

Baudelaire fut ramené à l'hôtel du Grand-Miroir. Enfin, le 1er ou le 2 juillet, il put être transporté à Paris. Sa mère et M. Arthur Stevens l'accompagnaient. Asselineau, qui attendait son ami, à la gare du Nord, raconte quelle douleur lui serra le cœur, en retrouvant son ami si cruellement frappé [1].

Le 4 juillet, Baudelaire entra dans la maison de santé située rue du Dôme, près l'avenue d'Eylau, et dirigée alors, comme aujourd'hui, par le docteur Émile Duval.

Dans les premiers temps, les soins intelligents du médecin et le régime hydrothérapique amenèrent une réaction favorable.

Le poète habitait, au rez-de-chaussée du pavillon situé au fond du jardin, une chambre convenablement meublée, haute de plafond, parfaitement aérée. Les murs avaient pour principal ornement deux toiles de Manet, dont l'une était une copie de ce portrait de la duchesse d'Albe par Goya, qu'il admirait tant [2].

Il mangeait à table avec les autres pensionnaires ; il écoutait les conversations et y intervenait, très souvent, par des gestes d'approbation ou de protestation. Dans ce dernier cas, son avis se manifestait par les signes de l'irritation la plus vive.

Il put, pendant quelque temps, essayer d'écrire sur une ardoise ce qu'il voulait exprimer. Mais sa main déviait avant d'avoir tracé la fin du mot [3].

1. *Vie de Baudelaire*, p. 95-96.
2. Voir à l'Appendice, p. 309, une lettre à N***.
3. Je tiens ces renseignements du directeur de la maison de santé. Un

Ses meilleurs amis allaient régulièrement le voir. Un mois et demi après le retour de Baudelaire à Paris, le 15 août 1866, M. Champfleury écrivait à Poulet-Malassis :

« [1] ...Baudelaire va bien. Ira-t-il mieux? J'en doute. La personne qui lui a montré le plus de vives sympathies a été Mme X***.

« Je lui avais écrit que j'étais certain des excellents résultats qu'on obtiendrait par la musique, et j'en parlai, par avance, à Baudelaire, en insistant sur Wagner, ce qui lui occasionna des émotions vives, rien qu'à l'idée d'entendre ces morceaux.

« Bravement, Mme X... apporta la partition du *Tannhauser*, et l'effet fut tel que celui que j'attendais. Je n'étais pas à la séance, mais M^mo X... m'a raconté les vives impressions de Baudelaire. Malheureusement, elle vient de partir pour le bord de la mer; également, Mme N..., qu'on aurait pu prier de la remplacer, et Baudelaire va rester sans musique jusqu'à la fin de l'automne.

« Baudelaire jouit d'une extrême vitalité et a envie de guérir. Je l'ai bien vu, au courage avec lequel il prend ses douches. »

M. Champfleury, de concert avec quelques-uns des plus intimes amis de Baudelaire, fit des démarches pour obtenir du ministère de l'instruction publique une subvention mensuelle qui soulageât la bourse épuisée de

---

de ceux qui ont soigné Baudelaire avec le plus de dévouement m'a raconté un trait qui révèle la profondeur des ravages subis par le cerveau du poète. Asselineau voulait lui faire signer la quittance d'une somme qui venait de lui être remise, Baudelaire restait, la plume suspendue, cherchant visiblement son nom. Pour qu'il pût l'écrire, son ami lui mit sous les yeux le titre d'un de ses livres. C'est ainsi qu'il se rappelait les noms des amis qui venaient le voir, mais il ne pouvait que les répéter, quand on les lui avait prononcés.

Asselineau raconte que l'un d'eux, M. Nadar, de qui Baudelaire reçut avant et pendant sa maladie, des marqués d'un tendre attachement, avait tenté de l'emmener, une fois par semaine, dîner avec d'anciens amis. Le malade, d'abord heureux de cette distraction, dut y renoncer : « Il payait le plaisir d'une soirée par des insomnies et des excitations suivies d'accablements qui contrariaient le traitement. » (*Vie de Baudelaire*, p. 101.)

1. Baudelaire reçut aussi les visites de plusieurs femmes du monde qui étaient de ses amies. « Une d'elles parvint à le décider à se laisser peigner. Sa chevelure et sa barbe le rendaient effrayant; quand, il se regarda dans la glace, il ne se reconnut pas et *salua*. » (*Le Gaulois*, 27 septembre 1886, article signé : ANGE-BÉNIGNE.)

Mme Aupick et lui permit de suffire aux lourdes dépenses de la maison de santé. Le ministère donna, en octobre 1866, une première somme de cinq cents francs.

L'amélioration momentanée, qui était survenue dans l'état de son fils, faisait illusion à la pauvre mère. Elle était retournée à Honfleur, les médecins ayant reconnu que sa présence, plus contraire que favorable au traitement suivi par le malade, semblait n'avoir d'autre effet que de l'exaspérer; mais elle avait régulièrement de fréquentes nouvelles par Asselineau, M. Ancelle et le directeur de la maison de santé. Quand celui-ci put lui annoncer que le pauvre aphasique avait prononcé deux mots de suite : « Bonjour, monsieur — bonsoir, monsieur », elle s'abandonna aux plus vives espérances[1]. Une autre fois, apprenant que Charles avait paru « lire sans difficulté » un billet qu'elle lui avait fait tenir, elle écrivit à Asselineau : « Mais s'il lit, le voilà sauvé de l'ennui! »

En effet, une des formes les plus douloureuses du mal qui le suppliciait, c'était l'oisiveté forcée. Dès les premières atteintes de la paralysie, il s'était trouvé dans l'impossibilité de tracer même les lettres de son nom. Sa mère, quand elle était venue à Bruxelles, avait cherché vainement à le faire écrire de la main gauche.

Le mal demeura stationnaire pendant plusieurs mois. En dépit de l'hémiplégie du côté droit, l'intelligence semblait être à peu près intacte. Le 21 janvier 1867, M. Troubat mandait à Poulet-Malassis :

« J'ai vu Baudelaire une fois, une seule. Champfleury va le voir de temps en temps. On l'a fait dîner chez Nadar. C'était imprudent, et lui-même, je crois, en a ressenti et manifesté de la

1. Quelques jours après, elle écrivait à Asselineau : « Vos petits billets sont toujours reçus avec reconnaissance. Le dernier surtout, de dimanche, m'a bien touchée, puisqu'il m'a apporté un bonjour de Charles, provoqué par vous sans doute, mais qui, dans tous les cas, m'a fait du bien. J'ai eu effectivement une lettre du docteur qui m'apprend qu'il dit non seulement des mots, mais de petites phrases, comme par exemple : la lune est belle. Voilà un grand progrès dont je jouis, comme vous pouvez le croire. »

fatigue[1]. Il en est resté à ces trois mots : *Non, cré nom, non;* et la mémoire n'a pas faibli en lui. Il m'a montré tout ce qu'il aimait, lorsque j'ai été le voir : les poésies de Sainte-Beuve, les œuvres d'Edgar Poe en anglais; un petit livre sur Goya, — et, dans le jardin de la maison de santé Duval, une plante grasse exotique, dont il m'a fait admirer les découpures. Voilà l'ombre du Baudelaire d'autrefois, mais elle est toujours ressemblante. Il a manifesté la plus grande colère à un nom de peintre que je lui ai nommé (toujours comme autrefois); mais quand je lui ai parlé de Richard Wagner et de Manet, il a souri d'allégresse[2]. »

Poulet-Malassis lui répondit, quinze jours plus tard :

« Asselineau m'a donné, ces jours-ci, des nouvelles de notre pauvre ami Baudelaire, qui concordent avec les vôtres. Baudelaire est dans un état qui fait illusion à ceux qui le voient, mais son véritable état mental est bien douteux, bien énigmatique. Il a perdu la mémoire du langage et des signes figuratifs, et personne ne peut savoir jusqu'à quel point l'ensemble de son intelligence est affecté de sa paralysie partielle. La clinique de Trousseau contient sur son état un mot navrant : « Rappelez-vous, « dit-il, en voyant un aphasique qui vous paraît en possession « de son intelligence, quoiqu'il ait perdu la faculté de s'expri- « mer, combien de fois vous avez dit, à propos de certains ani- « maux, qu'il ne leur manquait que la parole[3]. »

Son fils n'étant pas en état d'être transporté à Honfleur, ce fut Mme Aupick qui revint s'installer près de lui, au printemps de 1867.

A cette époque, la marche fatale de la maladie alla s'accélérant. Vers le milieu du mois d'août, Asselineau écrivit à Poulet-Malassis :

« Les médecins et nous, ses amis, qui ne le voyons pas tous les jours, nous constatons, à chaque fois, la décadence. Depuis deux ou trois mois, il n'a plus voulu quitter son lit. Il est immo-

---

1. Voir aussi *Vie de Baudelaire*, p. 101, le récit d'Asselineau. Les termes en sont presque identiques à ceux de la lettre de M. Troubat.
2. Lettre inédite, communiquée par M. Troubat.
3. Lettre inédite de Poulet-Malassis, communiquée par M. Troubat.

bile et comme endormi, et ne témoigne plus que par des regards, hélas! bien tristes, qu'il s'aperçoit de la présence de ses amis. Hier, après une absence de trois semaines, il ne m'a reconnu que par un regard d'une fixité navrante et n'a pu me donner la main qu'après que je l'ai eue dégagée de ses couvertures. On le veille toutes les nuits... »

Sa mère ne quittait plus son chevet.

Sur les derniers jours du poète, les renseignements circonstanciés manquent. Asselineau, dont ces cruels souvenirs déchiraient le cœur, les abrège, autant qu'il le peut, dans son livre [1].

Le dimanche 1er septembre, il annonçait à Poulet-Malassis, en quelques lignes, le funèbre dénouement :

« C'est fini. Il est mort hier, à onze heures du matin, après une longue agonie, mais douce et sans souffrance. Il était d'ailleurs si faible qu'il ne luttait plus. »

Une lettre inédite de Mme Aupick à Poulet-Malassis, qui, retenu à Bruxelles, n'avait pu assister aux funérailles, contient ce touchant récit de l'agonie de son fils :

« Comme je suis éprouvée! Me voilà seule au monde sans plus rien qui me rattache à la vie! Mon pauvre fils, ce fils que j'idolâtrais, n'est plus! Il a cruellement souffert, dans les derniers temps, de plusieurs plaies survenues par suite du séjour prolongé au lit, ce qui lui arrachait parfois un cri, quand il fallait le remuer. Cependant il était devenu, dans les derniers temps, très doux et résigné. Les deux derniers jours et les deux dernières nuits qui ont précédé sa mort ont été très calmes. Il paraissait dormir avec les yeux ouverts, il s'est éteint tout doucement, sans agonie ni souffrances; je le tenais embrassé depuis une heure,

---

1. « Arrêtons ici ces souvenirs des suprêmes douleurs que le public n'a pas droit de connaître, et qui n'appartiennent qu'à ceux qui en ont été les témoins. » (*Vie de Baudelaire*, p. 104.)

voulant recueillir son dernier soupir; je lui disais mille tendresses, persuadée que, malgré son état de prostration et de mutisme, il devait me comprendre et pouvait me répondre. Aimée[1], qui était avec moi, me confirmait dans cette pensée. Elle me disait : « Oh! madame, comme il vous regarde! Bien sûr, il vous entend, il vous sourit! » Comment ai-je pu résister à un tel coup? Et je vis! Il faut croire que Dieu veut m'accorder de jouir, quelque peu de temps, de la belle réputation qu'il laisse, et de sa gloire. Vous perdez un ami qui vous était bien tendrement attaché; conservez-lui un bon souvenir, il en était digne. » (18 septembre 1867).

Les funérailles eurent lieu le lundi 2 septembre. Le service religieux fut célébré dans l'église Saint-Honoré de Passy, devant une assistance peu nombreuse; une centaine d'hommes de lettres ou d'amis escortèrent jusqu'au cimetière Montparnasse le corps qui fut inhumé dans le caveau de famille, où le général Aupick reposait depuis dix ans[2].

Les discours prononcés sur la tombe par Asselineau et M. de Banville composent un panégyrique complet de leur ami, et ont, tous les deux, un caractère très marqué d'apologie, de protestation contre les attaques soit sourdes, soit ouvertes, dont la réputation du défunt avait eu tant à souffrir. Les très nobles louanges, décernées au poète des *Fleurs du mal* par le poète des *Stalactites*, contiennent un véritable développement de critique littéraire sur ce thème : Baudelaire a été un novateur, au même titre que Balzac ou Eugène Delacroix, puisqu'au rebours de Victor Hugo, qui

---

1. La servante de Mme Aupick.
2. Voici le texte des épitaphes gravées sur la pierre tumulaire :
« Jacques Aupick, général de division, sénateur, ancien ambassadeur à Constantinople et à Madrid, membre du Conseil général du département du Nord, grand officier de l'ordre impérial de la Légion d'honneur et décoré de plusieurs ordres étrangers, décédé à Paris, à l'âge de 68 ans, le 18 avril 1857. — Charles Baudelaire, son beau-fils, décédé à Paris, le 31 août 1867, à l'âge de 46 ans. — Caroline Archenbaut Defayes (*sic*), veuve, en premières noces, de Joseph-François Baudelaire, en secondes noces, de M. le général Aupick, mère de Charles Baudelaire, décédée à Honfleur (Calvados), le 16 août 1871, à l'âge de 77 ans. Priez pour eux. »

a toujours transfiguré l'homme et la nature, à l'image d'un certain idéal voulu, « il a accepté tout l'homme moderne, avec ses défaillances, avec sa grâce maladive, avec ses aspirations impuissantes.... »

Asselineau s'attacha uniquement à venger l'homme privé en son ami, des insultes et des calomnies, à détruire la « légende » qui s'était formée sur lui, de son vivant. Il répéta, sous des formes variées, l'affirmation contenue dans cette phrase qui résume son discours : « Oui, ce grand esprit fut, en même temps, un bon esprit ; ce grand cœur fut aussi un bon cœur[1]. »

Le langage de la presse fut moins favorable au poète, sauf l'article que M. Auguste Vitu publia, le lendemain des funérailles, dans le journal l'*Étendard*. C'est à peu près le seul qu'Asselineau excepte de ses critiques ou de sa réprobation[2].

Avec sa sagacité habituelle et son souple talent d'écrivain, l'éminent critique y apprécia, d'une façon aussi fine que juste, les qualités de l'homme et de l'artiste[3].

1. Voir le texte de ces deux discours, dans le recueil : *Souvenirs, correspondances*, etc., p. 129-144. — Pour être complètement informé de tout ce qui concerne les funérailles de Baudelaire, il faut lire la lettre d'Asselineau à Poulet-Malassis, que nous donnons dans l'Appendice. M. Maurice Tourneux a bien voulu nous permettre de reproduire cet important document qui est inséparable d'une biographie de Baudelaire.

2. Voir plus loin, p. 325-326, sa lettre à Poulet-Malassis.

3. Cet article a été réimprimé dans le recueil des *Souvenirs, Correspondance*, etc., p 126.

M. Vitu était très lié avec Baudelaire. Dans leur première jeunesse, ils s'étaient beaucoup hantés, et le très ingénieux journaliste était du petit nombre des gens d'esprit avec lesquels le poète aimait à goûter le plaisir de la conversation, dont il était si friand.

En 1845, à l'époque où ils écrivaient tous deux au *Corsaire-Satan*, ils s'entendirent avec deux de leurs amis, Pierre Dupont et M. Théodore de Banville, pour organiser une mystification littéraire où la verve ironique des quatre jeunes gens se donna pleine carrière. Un entrefilet du journal l'*Époque* lança la nouvelle que M. Arsène Houssaye écrivait une tragédie dont Sapho était l'héroïne et qui serait jouée par Rachel. L'*Entr'acte* reproduisit la nouvelle, et le *Corsaire-Satan*, du 25 novembre 1845, donna un fragment de l'œuvre apocryphe, improvisée par Baudelaire, P. Dupont, M. Th. de Banville et M. Vitu.

La *bibliographie La Fizelière et Decaux* cite ce pastiche de la tragédie

Asselineau, qui se voua tout entier à cette pieuse tâche, dirigea la publication des OEuvres complètes de Baudelaire. Il laissa Théophile Gautier en écrire la préface[1], qui est un très brillant morceau de critique littéraire; mais, voulant rendre lui-même à son ami un dernier témoignage de son admiration enthousiaste, il publia le livre intitulé CHARLES BAUDELAIRE, *sa vie, son œuvre* (Alph. Lemerre, 1869).

Mme Aupick, qui semblait ne plus vivre, comme elle l'avait écrit à Poulet-Malassis, que pour jouir de la renommée de son fils, remercia le biographe par une lettre où éclatait une affection vraiment maternelle. — Les deux premiers tomes des *OEuvres complètes* parurent en décembre 1868 [2] (Paris, Michel Lévy frères).

---

classique, telle que Ponsard venait de la ressusciter, dans sa *Lucrèce*, avec un succès qui avait pour principale cause une réaction passagère contre le romantisme et le théâtre de Victor Hugo.

1. A propos de cette préface, Asselineau écrivait à Poulet-Malassis : « La notice sera de Gautier. Sera n'est même pas le mot juste, car elle est faite et elle est très bien. Elle est d'un ton attendri, rare dans les notices de Théophile, et, sous ce rapport, de beaucoup supérieure à celle qu'il a mise en tête des articles de son ami Gérard (de Nerval). » (Lettre inédite sans date; les lettres d'Asselineau n'en portent presque jamais.) — Du reste, l'auteur de la *Comédie de la mort* s'est fait, avec une persistance marquée, un véritable point d'honneur de contribuer à la renommée de l'auteur des *Fleurs du mal*. Voici la liste des diverses études qu'il lui a consacrées : I. Notices dans le quatrième tome des *Poètes français*, p. 594 (1863). II. Article nécrologique (*le Moniteur*, 9 septembre 1867). III. Quelques pages du travail intitulé : *les Progrès* de la poésie française depuis 1830. Réimprimé dans l'*Histoire du romantisme*, p. 347-357 (Paris, Charpentier et Cie, 1874). Voy. notice en tête du tome Ier des *OEuvres complètes*.

2. Voici la liste des diverses œuvres de Baudelaire publiées par lui, à partir du moment où il fixa son séjour en Belgique :

1864. *Eureka*, traduit d'Edgar Poe (Michel Lévy). Réimprimé dans les *OEuvres complètes*. — *Le Spleen de Paris*. Sous ce titre, qui devait à l'origine être celui de toute cette série, ont paru divers poèmes en prose (*Revue de Paris*, 25 décembre 1864). Réimprimé dans les œuvres complètes.

1865. *Histoires grotesques et sérieuses*, traduit d'Edgar Poe (Paris, Michel Lévy). — *Notes sur Proudhon* (*Petite revue* du 11 mars 1865). Réimprimé dans les *OEuvres complètes*. — *Le Cottage Landor*, traduit d'Edgar Poe (*Vie parisienne*, 24 juin 1865). Réimprimé dans les *OEuvres complètes*.

1866. *Les Épaves*. Avec une eau-forte, frontispice de Félicien Rops. Amsterdam (Bruxelles), à l'enseigne du *Coq*. Réimprimé à 500 exemplaires sur papier vélin, sans le frontispice ni la préface (Briars, Bruxelles). Outre les six pièces condamnées de la première édition des *Fleurs du mal*, ce

Je crois ne pas m'être écarté du plan indiqué dans l'avant-propos. Ainsi, pour laisser l'opinion du lecteur se former librement, je me suis abstenu — *le plus possible* — de commentaires et d'appréciations littéraires. Je me suis contenté de reproduire, en les encadrant dans un précis des faits principaux de cette biographie, les documents authentiques et inédits, qu'un rare concours de chances heureuses m'avait procurés.

Sur son voyage aux Indes, ses poésies inédites, ses amitiés, les côtés singuliers de son caractère et de son esprit, sa liaison avec Jeanne Duval, ses relations littéraires, ses projets de romans et de nouvelles, ses plans de drames, ses affinités de nature avec

recueil contient quelques pièces qui ont été exclues des *OEuvres complètes,* deux « galanteries » : *Promesses d'un visage, le Monstre;* trois « bouffonneries » : *Sur le début de mademoiselle Amina Boschetti, A propos d'un importun* et *Un cabaret folâtre.* — Deux autres « poésies burlesques » : *Vénus Belge,* et *Sonnet sur Vacquerie et P. Meurice* ont paru, avec une réimpression des *Promesses d'un visage,* dans le *Nouveau Parnasse satirique du dix-neuvième siècle,* Eleutheropolis (Bruxelles, 1866). — Le sonnet avait paru vingt ans plus tôt, dans *la Silhouette* (1er juin 1845). Les pièces de vers, dont la mention précède, n'ont pas été comprises dans les *OEuvres complètes.* On en a exclu également des bouts-rimés peu dignes de l'auteur des *Fleurs du mal. Vers laissés chez un ami absent,* et *Sonnet pour s'excuser de ne pas accompagner un ami à Namur.* Ces deux pièces ont été imprimées à la fin du recueil des *Souvenirs, correspondances,* etc., ainsi que quatre autres pièces sous cette rubrique : *Amœnitates belgicœ,* auctore C. B.; s. nom d'imp. s. l. n. d. (Bruxelles, février 1866), petit in-8° de 16 pages. Recueil de seize épigrammes sur la Belgique, tiré à dix exemplaires, mis au pilon, moins un, sur peau de vélin.

En 1868, la bibliographie La Fizelière et Decaux avait ajouté à l'article *Amœnitates belgicœ* la note suivante : « La maladie de Baudelaire étant survenue pendant le tirage, l'éditeur crut devoir détruire l'édition, — si on peut appeler ainsi un tirage fait à ce nombre infinitésimal, — moins l'exemplaire sur papier vélin seul. » (Note communiquée par A. Poulet-Malassis). A la fin de la bibliographie anonyme du recueil *Souvenirs, correspondances,* etc., on lit, p. 184-185, une autre note se rapportant au même article : « Le recueil *Amœnitates belgicœ* (in-8 de 16 p.) n'a pas été détruit jusqu'au dernier exemplaire, comme le suppose notre collaborateur. Il en est resté un sur peau de vélin, auquel nous avons pu emprunter trois épigrammes pour notre appendice. Les autographes existent d'ailleurs entre les mains de M. Poulet-Malassis et de M. Charles Asselineau. »

Mais toutes ces assertions sont indirectement réfutées par une note facétieuse de Poulet-Malassis, qu'on lit sur un feuillet de garde du manuscrit de ces épigrammes, manuscrit qui a passé tout récemment dans la vente Noilly (mars 1886) : « Ce recueil n'a jamais été imprimé, bien que j'aie dit le contraire dans le livre de *Charles Baudelaire* (p. 184). C'était pour faire de la peine au bibliophile belge, le vicomte de Spoelberg (*sic*) et lui faire désirer en vain ma vente après décès. »

Edgar Poe, la publication des *Fleurs du mal,* les poursuites qu'elles lui valurent, son séjour en Belgique, sa maladie, sa mort, ses correspondances avec Malassis, Sainte-Beuve, Soulary, Flaubert, sur tous ces points et sur d'autres, d'une égale ou d'une moindre importance, le livre présent fait connaître des témoignages directs, émanant de Baudelaire, de ses amis ou de sa mère.

On peut maintenant embrasser dans son ensemble, ou étudier dans ses principaux détails, cette carrière d'homme de lettres, qui fut des plus brillantes et des plus malheureuses.

Il reste encore à tirer de tous ces matériaux un travail littéraire qui rendrait, sous ses divers aspects, la vie intellectuelle du poète.

Ce travail, qui sera très prochainement terminé, doit paraître séparément, les proportions de l'étude biographique excédant déjà les limites d'une introduction.

Je profiterai de l'occasion, qui me sera fournie alors, pour résumer les discussions et les révélations que mon livre aura provoquées.

J'aurai, de la sorte, accompli la tâche, que je me suis donnée, de mettre en pleine lumière une des figures les plus originales de notre littérature, celle dont Sainte-Beuve a écrit, avec justice, que « son profil resterait gravé dans les médaillons de ce temps[1] ».

EUGÈNE CRÉPET.

1. Lettre à Mme Aupick. (*Correspondance,* t. II, p. 209.)

Hygiène, Conduite, méthode.

Vanne 300 ma vie 200. moi 300. 800 p. pour ne
travailler de 6 heures du matin à Midi, à jeun. Travailler
aveugle, sans but, Comme un fou. Nous verrons le résultat.

Je suppose que j'attache ma destinée à un travail
non interrompu de plusieurs heures.

Tout est réparable. Il est encore temps. Qui sait
même si des plaisirs nouveaux ...... ?

Gloire, paiement de mes Dettes. Richesse de
Jeanne et de Ma mère.

Je n'ai pas encore connu le plaisir d'un plan réalisé.
Puissance de l'idée fixe. Puissance de l'Espérance.

L'habitude d'accomplir le Devoir Chasse la peur.
Il faut vouloir rêver et savoir rêver. Évocation de
l'inspiration. Art magique. Se mettre tout de suite
à écrire. Je raisonne trop
Travail immédiat, même mauvais, vaut mieux que le rêve.

Une suite de petites volontés fait un gros résultat.
~~Je suppose que j'attache ma destinée à un travail non~~
~~interrompu de plusieurs heures~~
Tout recul de la volonté est une parcelle de substance
perdue. Combien donc l'hésitation est prodigue ! Et
qu'on juge de l'immensité de l'effort final nécessaire
pour réparer tant de pertes !

L'homme qui fait sa prière le soir est un Capitaine
qui pose des sentinelles. Il peut dormir.

Rêves sur la Mort et avertissements.

Je n'ai jusqu'à présent joui de mes souvenirs que tout seul.
Il faut en jouir à Deux. Faire des jouissances du
Cœur une passion.

Parce que je Comprends ~~une~~ une existence
glorieuse, je m'y crois capable de la réaliser. Ô Jean Jacques

PROJETS D'UNE PRÉFACE

POUR LA SECONDE ÉDITION

DES

FLEURS DU MAL

Au lendemain du procès des *Fleurs du mal,* Baudelaire s'occupa de préparer une seconde édition de ses poésies, où les pièces condamnées devaient être remplacées par des pièces nouvelles, et qui se grossit de tous les petits poèmes publiés par lui, dans les Revues, de 1857 à 1861.

Cette seconde édition semblait exiger une préface. Le poète avait à protester contre la flétrissure que le jugement de la police correctionnelle lui avait infligée; il avait aussi à s'expliquer sur les irritantes énigmes que son livre offrait aux lecteurs vulgaires.

Baudelaire songea longtemps à cette préface. Le 12 juillet 1860, entrevoyant le moment où pourrait commencer l'impression de la nouvelle édition, il écrivait à Poulet-Malassis: « Je vous montrerai toutes les pièces que vous ne connaissez pas et la préface, vingt lignes d'un majestueux dédain. »

Dans la dédicace des *Petits Poèmes en prose,* Baudelaire affirme que, pour lui, « le plus grand honneur du poète est d'accomplir *juste* ce qu'il a projeté de faire ». Le jour où il écrivit cette première préface, il dut être content de lui, car il avait pleinement rendu sa pensée. Au légitime sentiment de sa force, à la revendication hardie des privilèges de cet art d'exception, qui s'appelle la poésie, contre l'ignorance et l'ineptie de la foule, le poète ajouta l'impertinence, fidèle à cette théorie du dandysme dont il tirait ses plus chères jouissances : « Ce livre, essentiellement inutile et absolument innocent, n'a pas été fait dans un autre but que de me divertir et d'exercer mon goût passionné de l'obstacle. Quelques-uns m'ont dit que ces poésies pouvaient faire du mal ; je ne m'en suis pas réjoui. D'autres, de bonnes âmes, qu'elles pouvaient faire du bien ; et cela ne m'a pas affligé. »

Ce langage audacieux n'était pas sans danger ; son éditeur s'effraya pour lui, se demandant si tant de bravade n'irriterait pas le lecteur déjà peu prévenu en faveur de Baudelaire, par son renom d'excentricité. A force d'instances, il le fit renoncer à ce premier projet de préface. Le poète en écrivit une seconde, mais ce fut pour renchérir encore sur ses hautaines ironies.

Poulet-Malassis renouvela peut-être ses critiques, car ce second brouillon fut sacrifié comme le premier. Ce fut alors, sans doute, que Baudelaire écrivit le sommaire informe d'une troisième préface, dont le début n'est guère moins insolent: « Je désire être inintelligible », déclare-t-il, et il faut, en effet, être fort initié aux théories favorites de Baudelaire, pour ne pas trouver purement ridicule cet entassement de paradoxes. Heureusement, par suite de la résistance obstinée de Poulet-Malassis, ce sommaire eut le sort des deux préfaces rédigées *in extenso.*

Les trois pièces ne furent pas imprimées du vivant de l'auteur. Poulet-Malassis se fit donner les manuscrits, selon son habitude, et les rassembla dans un cartonnage in-folio, qui figurait à sa vente après décès, où nous l'avons acheté. Nous les donnons dans leur texte intégral. Nulle part, sauf dans les deux journaux intimes qui suivent, *Fusées* et *Mon Cœur mis à nu,* la pensée secrète du poète ne s'affirme avec cette sincérité violente.

Nous joignons à ces projets de préface une page qui s'y

trouve jointe et qui expose, sous une forme toujours sentencieuse, quelques-unes des idées littéraires que professait Baudelaire. On y remarquera notamment un de ses paradoxes familiers, que Charles Asselineau, dans la biographie de son ami, a défini, en des termes presque identiques : « Il s'est vanté plus d'une fois de tenir école de poésie et de rendre en vingt-cinq leçons le premier venu capable de faire convenablement des vers épiques ou lyriques. Il prétendait d'ailleurs qu'il existe des méthodes pour devenir original, et que le génie est affaire d'apprentissage. Erreurs d'un esprit supérieur qui juge tout le monde à la mesure de sa propre force, et qui imagine que ce qui lui réussit réussirait à tout autre. » Asselineau eût dit plus vrai encore s'il avait admis que c'était, de la part d'un poète si dédaigneux de la médiocrité, pur dessein de mystifier son lecteur, que d'assimiler les professeurs d'esthétique littéraire aux maîtres d'écriture, qui se vantent, eux aussi, de faire arriver leurs élèves à la perfection de leur art en quelques leçons.

———

1

Ce n'est pas pour mes femmes, mes filles ou mes sœurs que ce livre a été écrit; non plus que pour les femmes, les filles ou les sœurs de mon voisin. Je laisse cette fonction à ceux qui ont intérêt à confondre les bonnes actions avec le beau langage.

Je sais que l'amant passionné du beau style s'expose à la haine des multitudes; mais aucun respect humain, aucune fausse pudeur, aucune coalition, aucun suffrage universel ne me contraindront à parler le patois incomparable de ce siècle, ni à confondre l'encre avec la vertu.

Des poètes illustres s'étaient partagé depuis longtemps les provinces les plus fleuries du domaine poétique. Il m'a paru plaisant, et d'autant plus agréable que la tâche était

plus difficile, d'extraire la *beauté* du *Mal*. Ce livre, essentiellement inutile et absolument innocent, n'a pas été fait dans
un autre but que de me divertir et d'exercer mon goût
passionné de l'obstacle.

Quelques-uns m'ont dit que ces poésies pouvaient faire
du mal; je ne m'en suis pas réjoui. D'autres, de bonnes
âmes, qu'elles pouvaient faire du bien ; et cela ne m'a pas
affligé. La crainte des uns et l'espérance des autres m'ont
également étonné, et n'ont servi qu'à me prouver une fois
de plus que ce siècle avait désappris toutes les notions classiques relatives à la littérature.

Malgré les secours que quelques cuistres célèbres ont
apportés à la sottise naturelle de l'homme, je n'aurais jamais
cru que notre patrie pût marcher avec une telle vélocité
dans la voie du *progrès*. Ce monde a acquis une épaisseur
de vulgarité qui donne au mépris de l'homme spirituel la
violence d'une passion. Mais il est des carapaces heureuses
que le poison lui-même n'entamerait pas.

J'avais primitivement l'intention de répondre à de nombreuses critiques, et, en même temps, d'expliquer quelques
questions très simples, totalement obscurcies par la lumière moderne : Qu'est-ce que la poésie ? Quel est son but ?
De la distinction du Bien d'avec le Beau ; de la Beauté dans
le Mal ; que le rythme et la rime répondent dans l'homme
aux immortels besoins de monotonie, de symétrie et de surprise ; de l'adaptation du style au sujet ; de la vanité et du
danger de l'inspiration, etc., etc.; mais j'ai eu l'imprudence de lire ce matin quelques feuilles publiques ; soudain, une indolence, du poids de vingt atmosphères, s'est
abattue sur moi, et je me suis arrêté devant l'épouvantable
inutilité d'expliquer quoi que ce soit à qui que ce soit. Ceux
qui savent me devinent, et pour ceux qui ne peuvent ou ne
veulent pas me comprendre, j'amoncellerais sans fruit les
explications.

C. B.

II

(A fondre peut-être avec d'anciennes notes.)

S'il y a quelque gloire à n'être pas compris, ou à ne l'être
que très peu, je peux dire sans vanterie que, par ce petit
livre, je l'ai acquise et méritée d'un seul coup. Offert plusieurs fois de suite à divers éditeurs qui le repoussaient
avec horreur, poursuivi et mutilé en 1857 par suite d'un
malentendu fort bizarre, lentement rajeuni, accru et for-
tifié pendant quelques années de silence, disparu de nouveau, grâce à mon insouciance, ce produit discordant de
la *Muse des derniers jours*, encore avivé par quelques nouvelles touches violentes, ose affronter aujourd'hui, pour la
troisième fois, le soleil de la sottise.

Ce n'est pas ma faute; c'est celle d'un éditeur insistant
qui se croit assez fort pour braver le dégoût public. « Ce
livre restera sur toute votre vie comme une tache », me pré-
disait, dès le commencement, un de mes amis, qui est un
grand poète. En effet, toutes mes mésaventures lui ont, jusqu'à présent, donné raison. Mais j'ai un de ces heureux caractères qui tirent une jouissance de la haine et qui se
glorifient dans le mépris. Mon goût diaboliquement passionné de la bêtise me fait trouver des plaisirs particuliers
dans les travestissements de la calomnie. Chaste comme le
papier, sobre comme l'eau, porté à la dévotion comme une
communiante, inoffensif comme une victime, il ne me dé-
plairait pas de passer pour un débauché, un ivrogne, un
impie et un assassin.

Mon éditeur prétend qu'il y aurait quelque utilité pour
moi, comme pour lui, à expliquer pourquoi et comment
j'ai fait ce livre, quels ont été mon but et mes moyens,
mon dessein et ma méthode. Un tel travail de critique aurait sans doute quelques chances d'amuser les esprits
amoureux de la rhétorique profonde. Pour ceux-là peut-

être, l'écrirai-je plus tard et le ferai-je tirer à une dizaine d'exemplaires. Mais, à un meilleur examen, ne paraît-il pas évident que ce serait là une besogne tout à fait superflue, pour les uns comme pour les autres, puisque les uns savent ou devinent, et que les autres ne comprendront jamais? Pour insuffler au peuple l'intelligence d'un objet d'art, j'ai une trop grande peur du ridicule, et je craindrais, en cette matière, d'égaler ces utopistes qui veulent, par un décret, rendre tous les Français riches et vertueux d'un seul coup. Et puis, ma meilleure raison, ma suprême, est que cela m'ennuie et me déplaît. Mène-t-on la foule dans les ateliers de l'habilleuse et du décorateur, dans la loge de la comédienne? Montre-t-on au public affolé aujourd'hui, indifférent demain, le mécanisme des trucs? Lui explique-t-on les retouches et les variantes improvisées aux répétitions, et jusqu'à quelle dose l'instinct et la sincérité sont mêlés aux rubriques et au charlatanisme indispensable dans l'amalgame de l'œuvre? Lui révèle-t-on toutes les loques, les fards, les poulies, les chaînes, les repentirs, les épreuves barbouillées, bref toutes les horreurs qui composent le sanctuaire de l'art?

D'ailleurs, telle n'est pas aujourd'hui mon humeur. Je n'ai le désir ni de démontrer, ni d'étonner, ni d'amuser, ni de persuader. J'ai mes nerfs, mes vapeurs. J'aspire à un repos absolu et à une nuit continue. Chantre des voluptés folles du vin et de l'opium, je n'ai soif que d'une liqueur inconnue sur la terre, et que la pharmaceutique céleste elle-même ne pourrait pas m'offrir; d'une liqueur qui ne contiendrait ni la vitalité, ni la mort, ni l'excitation, ni le néant. Ne rien savoir, ne rien enseigner, ne rien vouloir, ne rien sentir, dormir et encore dormir, tel est aujourd'hui mon unique vœu. Vœu infâme et dégoûtant, mais sincère.

Toutefois, comme un goût supérieur nous apprend à ne pas craindre de nous contredire un peu nous-mêmes, j'ai rassemblé, à la fin de ce livre abominable, le témoignage de sympathie de quelques-uns des hommes que je prise le plus, pour qu'un lecteur impartial en puisse infé-

rer que je ne suis pas absolument digne d'excommunica-
tion et qu'ayant su me faire aimer de quelques-uns, mon
cœur, quoi qu'en ait dit je ne sais plus quel torchon imprimé, n'a peut-être pas « l'épouvantable laideur de mon
visage[1] ».

III

DÉDICACE

Pour connaître le bonheur, il faut avoir le courage de
l'avaler. Le bonheur vomitif[2].
Oreste et Électre. Angoisses.
De l'utilité de la douleur.
La femme naturelle.
La volupté artificielle.
Je désire que cette dédicace soit inintelligible.

PRÉFACE

La France traverse une phase de vulgarité, Paris, centre
et rayonnement de bêtise universelle. Malgré Molière et
Béranger, on n'aurait jamais cru que la France irait si

---

1. A la suite de ces derniers mots, se trouvent, dans le manuscrit autographe, ces lambeaux de phrases inachevées : « Enfin par une générosité
peu commune, dont MM. les critiques... Comme l'ignorance va croissant....
Je dénonce moi-même les imitations.... »

2. Rapprocher de cette phrase celle-ci, qui se trouve au début de la
Préface des *Paradis artificiels :* « Pour digérer le bonheur naturel comme
l'artificiel, il faut avoir le courage de l'avaler, et ceux qui mériteraient
peut-être le bonheur sont justement ceux-là à qui la félicité, telle que la
conçoivent les mortels, a toujours fait l'effet d'un vomitif. »

grand train dans la voie du *progrès*[1]. — Questions d'art, *terræ ignotæ*.

Le grand homme est bête.

Mon livre a pu faire du bien. Je ne m'en afflige pas. Il a pu faire du mal. Je ne m'en réjouis pas.

Le but de la poésie. Ce livre n'est pas fait pour mes femmes, mes filles ou mes sœurs.

On m'a attribué tous les crimes que je racontais.

Divertissement de la haine et du mépris. Les élégiaques sont des canailles. *Et verbum caro factum est.* Or le poète n'est d'aucun parti. Autrement, il serait un simple mortel.

Le Diable. Le péché originel. Homme bon. Si vous vouliez, vous seriez le favori du Tyran ; il est plus difficile d'aimer Dieu que de croire en lui. Au contraire, il est plus difficile pour les gens de ce siècle de croire au diable que de l'aimer. Tout le monde le sent et personne n'y croit. Sublime subtilité du Diable.

Une âme de mon choix. Le Décor. — Ainsi la nouveauté. — L'Épigraphe. — D'Aurevilly. — La Renaissance. — Gérard de Nerval. — Nous sommes tous pendus ou pendables.

J'avais mis quelques ordures pour plaire à MM. les journalistes. Ils se sont montrés ingrats.

————

Comment, par une série d'efforts déterminée, l'artiste peut s'élever à une originalité proportionnelle ;

Comment la poésie touche à la musique par une prosodie dont les racines plongent plus avant dans l'âme humaine que ne l'indique aucune théorie classique ;

1. Voir plus loin, dans le journal intitulé *Fusées,* ce que pensait Baudelaire de l'idée du Progrès.

Que la poésie française possède une prosodie mystérieuse et méconnue, comme les langues latine et anglaise ;

Pourquoi tout poète, qui ne sait pas au juste combien
chaque mot comporte de rimes, est incapable d'exprimer
une idée quelconque ;

Que la phrase poétique peut imiter (et par là elle touche
à l'art musical et à la science mathématique) la ligne horizontale, la ligne droite ascendante, la ligne droite descendante ; qu'elle peut monter à pic vers le ciel, sans essoufflement, ou descendre perpendiculairement vers l'enfer
avec la vélocité de toute pesanteur ; qu'elle peut suivre la
spirale, décrire la parabole, ou le zigzag figurant une
série d'angles superposés ;

Que la poésie se rattache aux arts de la peinture, de la
cuisine et du cosmétique par la possibilité d'exprimer toute
sensation de suavité ou d'amertume, de béatitude ou d'horreur, par l'accouplement de tel substantif avec tel adjectif, analogue ou contraire ;

Comment, appuyé sur mes principes et disposant de la
science que je me charge de lui enseigner en vingt leçons,
tout homme devient capable de composer une tragédie qui
ne sera pas plus sifflée qu'une autre, ou d'aligner un poème
de la longueur nécessaire pour être aussi ennuyeux que
tout poème épique connu.

Tâche difficile que de s'élever vers cette insensibilité
divine ! Car moi-même, malgré les plus louables efforts, je
n'ai su résister au désir de plaire à mes contemporains,
comme l'attestent en quelques endroits, apposées comme
un fard, certaines basses flatteries adressées à la démocratie, et même quelques ordures destinées à me faire pardonner la tristesse de mon sujet. Mais MM. les journalistes
s'étant montrés ingrats envers les caresses de ce genre, j'en
ai supprimé la trace, autant qu'il m'a été possible, dans
cette nouvelle édition.

Je me propose, pour vérifier de nouveau l'excellence de
ma méthode, de l'appliquer prochainement à la célébration des jouissances de la dévotion et des ivresses de la
gloire militaire, bien que je ne les aie jamais connues.

¹ Note sur les plagiats. — Thomas Gray. Edgar Poe
(2 passages). Longfellow (2 passages). Stace. Virgile
(tout le morceau d'*Andromaque*). Eschyle. Victor Hugo.

———

Le recueil des projets de préface pour les *Fleurs du mal* se
termine par l'ébauche informe d'une pièce de vers qui eût fait
partie de la même édition, comme le prouve le passage suivant
d'une lettre de Baudelaire à Poulet-Malassis (juillet ou août 1860) :
« Je travaille aux *Fleurs du mal*. Dans très peu de jours, vous
aurez votre paquet, et le dernier morceau, un épilogue adressé à
la Ville de Paris, vous étonnera vous-même, si toutefois je le mène
à bonne fin (en tercets ronflants). »

Le poète n'ayant pas réussi à rendre sa pensée avec son habituel talent, la pièce fut abandonnée et l'idée première en fut
reprise dans le sonnet, intitulé Épilogue, qui termine les *Petits
poèmes en prose* (Œuvres complètes, t. IV) Nous avons pensé
que cette esquisse, tout imparfaite qu'elle est, méritait d'être
citée, ne fût-ce que comme spécimen de la façon dont le peintre
des *Tableaux parisiens* couvrait sa toile, avant d'attaquer le
détail de ses peintures d'une perfection si raffinée.

———

Tranquille comme un sage et doux comme un maudit,
J'ai dit :
Je t'aime, ô ma très belle, ô ma charmante...
Que de fois...
Tes débauches sans soif et tes amours sans âme,

---

1. Cette phrase semble se rapporter à la dernière ligne de la seconde
préface. C'est une liste des imitations que Baudelaire a faites des poètes
dont il cite les noms.

Ton goût de l'infini
Qui partout, dans le mal lui-même, se proclame,

Tes bombes, tes poignards, tes victoires, tes fêtes,
Tes faubourgs mélancoliques,
Tes hôtels garnis,
Tes jardins pleins de soupirs et d'intrigues,
Tes temples vomissant la prière en musique,
Tes désespoirs d'enfant, tes jeux de vieille folle,
Tes découragements ;

Et tes feux d'artifice, éruptions de joie,
Qui font rire le Ciel, muet et ténébreux.

Ton vice vénérable étalé dans la soie,
Et ta vertu risible, au regard malheureux,
Douce, s'extasiant au luxe qu'il déploie.

Tes principes sauvés et tes lois conspuées,
Tes monuments hautains où s'accrochent les brumes,
Tes dômes de métal qu'enflamme le soleil,
Tes reines de théâtre aux voix enchanteresses,
Tes tocsins, tes canons, orchestre assourdissant,
Tes magiques pavés dressés en forteresses,

Tes petits orateurs, aux enflures baroques,
Prêchant l'amour, et puis tes égouts pleins de sang,
S'engouffrant dans l'Enfer comme des Orénoques,

Tes anges, tes bouffons neufs aux vieilles défroques.

Anges revêtus d'or, de pourpre et d'hyacinthe,
O vous, soyez témoins que j'ai fait mon devoir
Comme un parfait chimiste et comme une âme sainte.

Car j'ai de chaque chose extrait la quintessence,

Tu m'as donné ta boue et j'en ai fait de l'or.

———

THÉATRE

Baudelaire semblait être prédestiné à travailler pour le théâtre. « Étant enfant, écrit-il dans son journal, *Mon cœur mis à nu,* je voulais être tantôt pape, mais pape militaire, tantôt comédien. Jouissance que je tirais de ces deux hallucinations. »

Pourtant, dans le même journal, nous trouvons ces lignes étranges qui excluent l'idée de la vocation dramatique : « Mes opinions sur le théâtre. — Ce que j'ai toujours trouvé de plus beau dans un théâtre, dans mon enfance et encore maintenant, c'est le *lustre,* — un bel objet lumineux, cristallin, compliqué, circulaire et symétrique.

« Cependant, je ne nie pas absolument la valeur de la littérature dramatique. Seulement, je voudrais que les comédiens fussent montés sur des patins très hauts, portassent des masques plus expressifs que le visage humain, et parlassent à travers des porte-voix; enfin que les rôles de femmes fussent joués par des hommes.

« Après tout, le lustre m'a toujours paru l'acteur principal, vu à travers le gros bout ou le petit bout de la lorgnette. »

Il est difficile de ne pas voir, dans les lignes qui précèdent, une de ces mystifications qui plaisaient tant à l'auteur des *Fleurs du mal.* Mais nous avons, de l'absence de toute aptitude dramatique chez le grand poète, une preuve irrécusable, ces scenarios qu'il abandonna, sans même essayer de les mettre en œuvre. Toutefois Baudelaire eut très longtemps l'ambition d'écrire pour le théâtre. Une seule pièce jouée avec succès lui aurait assuré le payement de ses dettes, l'indépendance et le loisir nécessaires pour satisfaire aux nobles scrupules de sa conscience d'artiste.

En décembre 1853, il écrivait à Poulet-Malassis : « J'ai à faire quatre volumes et trois comédies. » C'est la seule mention que l'on trouve, en ses diverses correspondances, de ce projet d'excursion dans le domaine de Molière ; mais on le voit, dès ce mois de décembre 1853, entrer en rapports à propos du drame, *l'Ivrogne,* avec Tisserant, un comédien qui eut son heure de célébrité [1].

Le recueil des *Souvenirs et Correspondances* renferme deux

1. Le recueil d'anecdotes laissé par Asselineau, dont nous avons parlé dans notre *Avant-propos,* renferme sur ce drame de *l'Ivrogne* et sur toutes les velléités théâtrales de Baudelaire, de très intéressants détails : « ... C'est à ces derniers dîners de Philoxène [Boyer], dans le temps du *Feuilleton d'Aristophane,* que Baudelaire, invité comme les autres pour servir d'intermède et de tremplin, récita pour la première fois ses vers en public, je veux dire en société. Ce qu'on lui redemandait le plus souvent, c'était *le Vin de l'assassin, la Mendiante rousse, Delphine et Hippolyte.* A un souper où il récita *le Vin de l'assassin,* l'acteur Tisserant lui suggéra l'idée d'en faire une pièce en deux actes [1], où lui, Tisserant, jouerait le principal rôle. Il fut quelque temps question de ce drame intitulé longtemps *l'Ivrogne,* qu', plus tard, prit de plus grandes proportions. Il devait y avoir un décor de port de mer, devant un cabaret de matelots, tout encombré de curiosités rapportées des îles, de perroquets, de singes, etc. C'était une scène d'ivrognerie maritime et soldatesque. J'ai vaguement souvenir que, dans la dernière gestation, le drame était devenu quelque chose comme un tableau d'ivrognerie cosmopolite. Rouvière devait prendre le rôle de l'ivrogne. Un jour que Baudelaire lui racontait une des principales scènes du rôle, où l'ivrogne, après avoir tué sa femme, éprouvait un retour de tendresse et l'envie de la violer, la maîtresse de Rouvière se récria contre l'atrocité de cette situation. « Eh ! madame, lui dit Baudelaire, tout le monde en ferait autant. Et ceux qui ne sont pas ainsi sont des originaux ! » Les projets, les plans d'ouvrages de théâtre, n'ont été la plupart du temps, pour Baudelaire, qu'un prétexte pour fréquenter et causer avec des gens qui lui plaisaient. Ainsi, pour *l'Ivrogne,* Rouvière; ainsi l'opéra, où devaient se rencontrer don Juan et Catilina, et dont il abusa pour aller flâner des journées chez Roqueplan. La pièce était toujours toute faite. Mais ce qui arrêtait tout, c'était un accessoire, un détail de décoration, un arbre des colonies qu'il fallait absolument faire copier. Pour l'opéra, l'obstacle était M. Émile Touai, auteur de symphonies jadis jouées chez Valentino, et que Baudelaire voulait absolument pour musicien. Où trouver M. Émile Touai? Cela pouvait aller longtemps, et, en attendant, les conversations allaient leur train. Je ne sais si Nestor a jamais pris au sérieux l'opéra de Baudelaire, lequel, du reste, fut changé, sur la fin, en ballet. »

1. Dans le canevas développé par Baudelaire, la pièce a 5 actes. (Voyez sa lettre à Tisserant, *Souvenirs et Correspondances.*)

lettres échangées entre l'acteur et le poète, au sujet de ce drame qui ne fut jamais qu'ébauché.

La conception en était, sans contredit, heureuse et puissante. Elle justifiait pleinement les éloges que Tisserant lui avait donnés, après une première conversation : « Votre pensée est large et originale... La base, dont vous me parlez, est solide : *la Rêverie, la Fainéantise, la Misère, l'Ivrognerie et l'Assassinat;* avec ces cinq notes-là, on peut faire une mélodie terrible. »

Pourtant, Baudelaire eut raison de lui répondre, avec une modestie visiblement sincère : « ... Nous verrons plus tard s'il y a lieu pour moi d'être loué. Du reste, je sens très bien que je vais faire sur moi-même..... une grande épreuve. Dans peu de temps d'ici, je saurai si je suis capable d'une bonne conception dramatique. »

Le canevas de *l'Ivrogne,* qui remplit le reste de cette longue lettre, renferme de très ingénieux détails. Il indique même une situation très forte, et qui, alors, était presque neuve, au théâtre : la confession d'un assassin succombant à l'obsession du remords et se dénonçant à la justice. Mais les caractères, esquissés d'un trait trop vague, n'ont pas la personnalité nécessaire à la vie du théâtre, et l'intrigue est d'une simplicité enfantine. Il n'en faut pas moins regretter que cet énergique peintre du vice ait renoncé à traiter un sujet où il eût certainement trouvé des scènes plus originales et d'un pathétique plus littéraire que M. Zola dans son *Assommoir,* qui, du reste, offre, par sa donnée première, quelque ressemblance avec *l'Ivrogne*.

Les négociations entamées avec Tisserant n'eurent pas de suites, et Baudelaire, l'année suivante, porta le plan de son drame au directeur du théâtre de la Gaîté.

Hostein parut séduit par la force de la conception originale; mais Baudelaire se contenta sans doute de causer de sa pièce, au lieu de l'écrire, comme la note, qu'on vient de lire, prouve qu'il en avait l'habitude, et ces pourparlers n'aboutirent à aucun résultat.

Alors, Baudelaire essaya de faire accepter par Hostein un autre scenario, celui que nous publions ci-après : *le Marquis du 1er houzards.*

Ce sujet a aussi sa grandeur et sa poésie. C'est, dans un jeune

cœur de soldat, la lutte de l'amour d'une femme contre la fidélité
à l'honneur. Mais l'intrigue ne se dégage pas, dans ce plan incomplet, des limbes de l'idée abstraite qui la renferme. Aucun des
personnages n'a cette physionomie saillante et tout individuelle,
qui, au théâtre, est indispensable.

Si nous publions ce canevas, c'est que toute œuvre de Baudelaire a son intérêt pour les lettrés, et que l'étude de ses tentatives, même avortées, fait mieux comprendre cet esprit si original, mais si incomplet.

Le même motif nous a décidé à joindre au *Marquis du
1er houzards* le crayon d'un autre plan de drame, dont nous ne
possédons que ce lambeau.

C'est surtout le choix du sujet qui nous fait regretter de ne
posséder que cette esquisse abandonnée, dès la première heure,
d'une œuvre qui a pour titre : *la Fin de don Juan*. Le poète des
Fleurs du mal avait, certes, qualité pour peindre, lui aussi, cette
grande figure qui a inspiré tous les maîtres de la poésie, de la
mélodie et du théâtre. « Rien de plus beau que le lieu commun ! »
a écrit quelque part Baudelaire. Quelle magnifique occasion il
trouvait là de prouver, triomphalement, par un nouvel exemple,
la justesse de cet axiome de haute esthétique !

Le fragment de scenario que nous publions est si court qu'il
ne permet même pas d'entrevoir les linéaments rudimentaires
d'une intrigue. Les principaux personnages sont à l'état d'em-
bryons. Le seul qui ait une physionomie nettement indiquée est
un intendant, « personnage froid, raisonnable et vulgaire, ne
parlant sans cesse que de vertu et d'économie ». La phrase qui
suit est bizarre, mais porte bien la marque caractéristique de
Baudelaire : « Il associe volontiers ces deux idées. C'est une
espèce d'intelligence à la Franklin ; c'est un coquin comme
Franklin. »

Les seules ébauches de pièces qu'ait jamais faites sérieusement Baudelaire, les seules, du moins, dont il y ait trace dans
ses manuscrits, se bornent aux trois scenarios que nous venons
de mentionner.

Il garda longtemps l'espoir de faire accepter, tôt ou tard,
ces scenarios, tout insuffisants qu'ils fussent. En décembre 1859,
sa confiance dans le succès était assez grande pour lui faire

écrire à Poulet-Malassis, à propos des divers moyens qu'il avait de le rembourser d'importantes avances : « Maintenant, il est possible qu'à la fin du mois, je puisse vous offrir mille francs venant d'Hostein. » Six mois plus tard, son illusion persistait encore : « Mon miracle du 20 n'est pas accompli. Il s'agit du théâtre, mais je suis convaincu qu'il aura lieu. Je travaillerai au *Wagner* et à mon drame, chez ma mère. » Un mois après, sa promesse est plus formelle que jamais : « Mon intention est de vous donner... la moitié de la somme que je suis sûr de pouvoir tirer d'Hostein. Cette somme ne peut être que considérable. » Mais il faut croire qu'un échec définitif le découragea pour toujours, car il n'est plus question, dans sa correspondance, des ressources qu'il avait si longtemps compté tirer de ses œuvres dramatiques.

LE MARQUIS DU 1ᵉʳ HOUZARDS

L'ouvrage a pour but de montrer la lutte entre deux principes, dans le même cerveau. Un fils d'émigré sert l'empereur avec enthousiasme ; mais autour de lui, plusieurs personnes (une femme surtout, Mᵐᵉ de Timey) font sans cesse appel à ses souvenirs d'enfance, à l'orgueil de la race, pour le ramener vers Louis XVIII et le comte d'Artois.

Comme dans les vieilles compositions, nous retrouvons ici le *bon* et le *mauvais* ange ; le *bon*, représenté par Graff, homme de simplicité absolue, type du vieux grognard et de l'héroïsme révolutionnaire, rattaché à l'empereur ; le *mauvais*, représenté par une femme,

Mme de Timey, type de grande intrigante, mêlée à toutes les conspirations des émigrés et des coalisés.

Il ne faut pas que M. Hostein soit choqué par les ressemblances de cette histoire avec celle de Labédoyère. Cela importe fort peu, pourvu que les détails rendent l'ouvrage intéressant. Il y a d'ailleurs une énorme différence : — même après que le roi a fait grâce à Wolfgang (qui s'est conduit *irrésistiblement*, comme Ney et Labédoyère), Wolfgang se tue, — se tue par amour, — parce qu'il est persuadé que Mme de Timey *ne l'aime plus*. Ainsi il reste fidèle à la fois à son caractère héroïque et à sa nature féminine.

L'ouvrage peut être divisé ainsi (je ne tiens pas compte pour le moment de la subdivision en tableaux) :

1er ACTE : Le château d'Hermorah, habité par le comte de Cadolles. Séduction du marquis par un trompette de l'armée française. La fuite.

2e ACTE : Arrivée à l'armée ; présentation du marquis au colonel Herbin. Wagram. Présentation du marquis à l'empereur.

3e ACTE : L'empire s'est écroulé. Le retour des émigrés. Le marquis tombe chez son père sans s'en douter. La Restauration à Paris. Le salon de Mme de Timey. Amours de Mme de Timey avec le marquis Wolfgang.

4e ACTE : Retour de l'empereur. Défection du régiment et de Wolfgang.

5e ACTE : Mme de Timey sauvera-t-elle son amant ? L'Abbaye.

Tout ceci va devenir plus clair par la simple énonciation des personnages :

Le comte de Cadolles, émigré.

Son fils, le marquis Wolfgang de Cadolles, *dit* le marquis du 1er houzards, d'abord soldat, puis colonel du 1er houzards.

Mme de Timey.

Charles Stown, officier anglais.

Le comte Adrien de Béval, type de libéral monarchique bavard.

Le colonel Herbin, prédécesseur.de Wolfgang, au 1er houzards.

Graff, capitaine au 1er houzards.

Robert Triton, trompette au 1er houzards.

Un officier des gardes du corps.

L'empereur Napoléon et plusieurs personnages accessoires.

Note : Plusieurs des parties du dialogue, notamment celles relatives aux amours de Mme de Timey et de Wolfgang, et celles relatives à la présentation de Wolfgang au camp de Wagram, sont faites.

1er ACTE. — *Le château d'Hermorah,*
résidence du comte de Cadolles, au bord du Rhin.

Wolfgang est fils du comte de Cadolles et d'une Allemande mystique, épousée pendant l'émigration. Wolfgang est un caractère romanesque, tantôt rêvant à sa mère (*le tombeau de sa mère est dans le parc même*),

tantôt lisant avec frénésie les bulletins des journaux
français, que reçoit son père. Il a évidemment *horreur*
de Bonaparte, mais il a besoin d'action; il aspire
vaguement à la gloire; il est jaloux de quiconque la
possède, et il se souvient qu'il est Français. — Tout
ceci peut être exprimé dans un monologue.

Scène entre le comte de Cadolles (vrai type du
Français agréable de l'ancien régime) et son fils, le
marquis, à qui il reproche son inguérissable tristesse.
On a reçu de bonnes nouvelles (fausses nouvelles,
relatives aux espérances de la coalition et de l'émigration); il y aura un dîner d'amis au château.

Scène entre Mme de Timey et le comte de Cadolles.
Le comte connaît l'amour de son fils pour Mme de Timey.
Il prie celle-ci de se servir de son ascendant pour
ranimer et exciter le caractère de son fils. D'ailleurs
on destine à Wolfgang une mission secrète, politique.

Scène entre Mme de Timey et Wolfgang. — (Au
troisième acte, à Paris, le caractère de Mme de Timey
se développera pleinement dans les confidences qu'elle
fera à Wolfgang sur sa vie antérieure.)

La scène du dîner. On s'entretient surtout des espérances du parti, de politique et de Bonaparte. —
Quelques légères échappées de Wolfgang, qui, bien
qu'il partage la haine de tous ses amis, ne peut pas
entendre froidement leurs niaiseries et leurs sottises,
surtout en tant qu'elles visent à nier les talents de l'empereur.

(Ce dialogue, fort difficile à faire, surtout en ce
qu'il ne faut pas tomber dans les lourdes caricatures

usitées en pareil cas, je le ferai avec des morceaux de la littérature réactionnaire du temps. Outre que j'en connais quelque chose, j'ai des amis qui la possèdent très bien et qui me fourniront des documents, — entre autres Sainte-Beuve; — et puis, il faut voir les *Mémoires de Chateaubriand*, surtout.)

Vers la fin du dîner, un domestique prévient le comte qu'un soldat français, blessé, demande l'hospitalité.

Le comte, qui est un bon homme, veut qu'on ait de lui le plus grand soin; et pour obéir à la curiosité de son fils, on introduit Robert Triton, sanglant, déguenillé et boitant. (Il y a là une petite invraisemblance relative aux usages; mais je tiens au contraste produit par l'aspect de cette aristocratie, située depuis si longtemps en dehors de la France, et l'aspect de ce soldat.)

Le trompette conduit dans une chambre, le comte de Cadolles, qui cherche son fils, s'aperçoit qu'il a disparu. « Je parierais, dit-il, que Wolfgang, qui aime tant les récits de bataille, a été présider à l'installation de notre singulier hôte. »

Triton, guéri, est devenu chef des piqueurs du comte de Cadolles. Wolfgang passe sa vie à la chasse, avec Triton. Le trompette, *à son insu, corrompt, séduit* le marquis. Il lui explique, dans son langage de trompette, dans un style violent, pittoresque, grossier, naïf, ce que c'est qu'un combat, une charge de cavalerie; ce que c'est que la gloire, les amitiés de régiment, etc. Depuis longtemps, bien longtemps, Triton n'a plus de famille; il n'est pas rentré au village depuis les grandes guerres de la république ; il ne sait pas ce qu'est devenue sa mère. Le régiment du 1er houzards est devenu sa famille.

Une nuit, Wolfgang dit au trompette de seller les deux meilleurs chevaux.

Et, en route, il lui dit : « Devines-tu où nous allons ? Nous allons rejoindre la Grande Armée. Je ne veux plus qu'on se batte sans moi ! »

2e ACTE. — *Enzersdorf et Wagram.*

Ils arrivent au camp français. Triton, que l'on croyait mort, est reconnu par des camarades.

Le colonel Herbin est en train de dîner avec deux officiers. Il embrasse Triton et demande à Wolfgang qui il est et ce qu'il veut. — Celui-ci montre quelques papiers et est enrôlé immédiatement.

(*Je supprime, dans le plan, une grande quantité de détails familiers qui seront d'un bon effet.*)

Cadolles fait venir la cantinière et paye la bienvenue à son escadron.

Grâce à ses manières (*qui ne doivent jamais l'abandonner, même quand il sera devenu un parfait troupier*), commence, parmi ses camarades, l'usage de ce surnom : *le marquis du 1er houzards.*

L'armée a passé le pont sur le Danube. 5 *juillet. Wagram.* L'empereur passe devant les rangs du 1er houzards.

Wolfgang, qui a beaucoup entendu parler (en mal) de l'empereur, se raidit contre l'enthousiasme universel et se commande à lui-même de ne pas crier : *Vive l'empereur!* Il est encore le fils du serviteur des Condé.

Napoléon, étendant le bras droit, montre aux soldats les plateaux de Wagram, où sont échelonnées les troupes de l'archiduc. Tonnerre d'applaudissements. Wolfgang se sent envie de pleurer, *comme s'il était enlevé par un puissant comédien.*

La bataille. (*J'avoue que je n'ai pas du tout pensé à la mise en scène.*)

Wolfgang a fait trois prisonniers et reçu une blessure à la tête.

Un aide de camp l'instruit que l'empereur le demande. Napoléon est entouré de généraux et de colonels, parmi lesquels le colonel Herbin. Il regarde attentivement Wolfgang et lui dit : *On m'a dit que vous étiez Français, fils d'émigré. Vous rachetez ce que votre famille a fait de mal et vous continuez ce qu'elle a pu faire de bien. Je veux me souvenir de vous : voici ce qui m'aidera à vous reconnaître.* — (La croix de la Légion d'honneur. — Il est bon d'accentuer ainsi le caractère particulièrement séducteur de l'empereur, qui a été négligé par beaucoup d'historiens.)

Wolfgang est complètement vaincu et gagné. (Il me semble que cet acte, peut-être court sur le papier, doit être fort long à la représentation.)

3ᵉ ACTE. — *L'empire est fini.* 1814.

Un village. Deux officiers poudreux, aux vêtements en loques, arrivent, exténués de fatigue, pour chercher un logement. (*Penser au tableau de Géricault : le Cuirassier blessé, marchant à côté de son cheval.*)

C'est le marquis du 1ᵉʳ houzards (maintenant colonel) et son vieux camarade, le capitaine Graff (dont il a fait la connaissance au camp, quelques jours avant Wagram.)

« Voilà un château, dit Wolfgang, que je suis sûr d'avoir vu en peinture dans la salle à manger d'Hermorah !

—Il me semble, dit Graff, que j'ai entendu crier ton nom. »

Le village est en fête. Coups de fusil. Bruit de flûtes et de violons.

Le garde champêtre et le maître de poste, anciens soldats, décorés, se tiennent à l'écart et boivent sous une tonnelle.

Cadolles et Graff dessellent leurs chevaux et, sur l'invitation des deux anciens soldats, trinquent avec eux.

Wolfgang, en prenant un verre : « A notre vieille gloire ! A la mort des Anglais, des Prussiens, des Cosaques ! Aux canons qui cracheront sur ces misérables ! A notre belle France, où nous les enterrerons un jour ! »

— Où sommes-nous ? dit Graff, et qui fête-t-on ici ?

— Vous êtes à Cadolles, et on fête le retour du vieux comte qui, après avoir été Allemand pendant trente ans, s'imagine de redevenir Français aujourd'hui par la grâce de l'étranger. »

Wolfgang court chez son père qu'il trouve sur le perron du château, entouré de paysans. Le père croyait le fils mort. Embrassements et reconnaissance.

Wolfgang se trouve bientôt dans un salon antipathique. Son père le présente à Charles Stown, un officier anglais, et au comte de Béval, espèce de pédant politique qui rêve chartes, constitutions et réconciliation du roi avec la révolution. Puis Mme de Timey, revenue avec le comte de Cadolles, et qui, toujours coquette et femme politique, se prête à toutes les flagorneries de Charles Stown et de M. de Béval.

Wolfgang est immédiatement repris par l'amour, et son antipathie pour M. de Béval et l'officier anglais en est naturellement augmentée.

Mme de Timey cherche tout de suite, par ses coquetteries et par des encouragements, à le ramener à la *bonne cause*.

Une main se pose sur son épaule, et une voix lui dit : « L'empereur a abdiqué ! mais c'est peut-être un bruit que font courir ses ennemis. S'il y a des traîtres, il faut les fusiller. Allons où ça chauffe. »

C'est Graff. Wolfgang s'enfuit avec lui.

(Cet acte va être bien long. Nous pourrions, malgré la division que j'ai écrite en tête du plan, couper l'acte ici et en rejeter la fin au commencement du 4e acte, — surtout si nous considérons que la matière du 4e et du 5e est très courte.)

PARIS. — La Restauration à Paris. Le 1er houzards est en garnison à Paris. Querelles fréquentes entre ses officiers et les officiers des armées alliées. — Graff surtout cherche des duels, avec emportement, dans tous les lieux publics. (On pourrait introduire ici, comme décor, Paphos ou les jardins de Tivoli.)

Wolfgang, lui aussi, pour s'étourdir, mène une vie assez dissipée ; mais son amour pour Mme de Timey augmente toujours. Celle-ci d'ailleurs s'est dégoûtée de Charles Stown et d'Adrien de Béval. La violence, la tendresse et l'emportement de Wolfgang lui plaisent ; mais elle voudrait tourner les sympathies de son amant vers la nouvelle royauté. Wolfgang sent plusieurs fois renaître en lui les goûts et la fierté du gentilhomme ; mais cela ne diminue en rien sa sympathie et son admiration pour Bonaparte.

Mme de Timey a été insultée par un journal. Pendant que M. de Béval et Charles Stown discutent, chez elle, sur ce qu'il y a à faire en pareille circonstance. Wolfgang paraît, le bras en écharpe ; sans parler, sans prévenir, il a châtié l'auteur de l'attaque.

Cette affaire resserre encore plus la liaison du marquis avec Mme de Timey, et c'est dans un tête-à-tête intime, où Wolfgang lui reproche son étrange caractère, qu'elle lui raconte son ancienne histoire.

Le comte de Timey, qui était un homme très intelligent et très corrompu, a été l'amant de sa mère, femme d'un autre émigré français, Mme d'Evré. Avant de mourir, après sa confession, M. le comte de Timey a voulu épouser Mlle d'Evré, qui était peut-être, et probablement même, sa fille. La nuit de noces. Le moribond a employé sa nuit de noces à enseigner à sa femme sa corruption morale et sa corruption politique. Il lui a dit finalement : *Ma chère fille, je laisse dans votre âme virginale l'expérience d'un vieux roué.* Et puis il est mort. Ainsi elle s'est trouvée à la fois, et subitement *riche, veuve quoique vierge, et pleine d'expérience quoique innocente.*

Wolfgang, profondément attristé, se récrie ; il prétend qu'il y a encore du bonheur possible ; que l'âme de sa maîtresse peut rajeunir ; qu'il se sent, lui, plein de jeunesse et de confiance, et qu'il ne s'agit que de noyer toutes ces impressions funèbres dans le bonheur présent et dans un mariage immédiat.

Mme de Timey, revenant à ses rêves d'ambition, pose une condition à ce mariage : c'est que Wolfgang verra le roi et le comte d'Artois, et quittera le 1er houzards pour entrer aux gardes du corps. *(Il est évident qu'il est facile, dans cette partie, de faire reparaître chez Mme de Timey le père du marquis, le comte de Cadolles, qui, naturellement, doit appuyer les projets et les propositions de celle-ci.)*

Wolfgang, très ébranlé, est bien près de céder, quand Graff survient à l'improviste, qui lui apprend le débarquement de l'empereur.

4e ACTE OU 2e PARTIE DU 4e ACTE.

Tout l'amour de Wolfgang pour Bonaparte renaît, et, à la caserne, il lit aux officiers la proclamation royale, de manière à leur faire deviner ses propres sentiments. (Il faudra retrouver le texte officiel de la proclamation royale.)

SUR UNE ROUTE. — Le régiment silencieux, triste ;
Wolfgang part en avant, sur de certains indices. Tout
d'un coup, de tous côtés, un grand cri : *C'est lui!* et
puis : *Vive l'empereur!* (*La mise en scène de ce tableau,
grâce aux documents historiques, est très facile à faire.*
Naturellement, nous évitons de mettre en scène la
bataille de Waterloo ; ce serait, je crois, un tableau
désagréable, et d'ailleurs, au point de vue purement
scénique, cela ferait un double emploi avec la bataille
de Wagram.)

5e ACTE. — *Chez Mme de Timey.*

Lettre de Wolfgang : « Je suis accusé ; on me cherche ; si l'on me trouve, je serai fusillé... Venez...
et fuyons ensemble. »

Mme de Timey hésite, et finalement répond : *Non!* —
tout en protestant de son amour, et engageant Wolfgang à se bien cacher et à attendre.

Seconde lettre : « Puisque vous ne voulez pas fuir
avec moi, vous ne m'aimez plus, et je me constitue
prisonnier. »

DANS LA PRISON. — Graff vient voir son vieux camarade et lui dit qu'il ne faut pas laisser aux royalistes
le plaisir de fusiller un officier de la grande armée. En
même temps, il lui remet un pistolet.

Wolfgang répond qu'en ces matières-là, chacun est
libre de suivre ses sentiments, et que, lui, il se
laissera tranquillement fusiller. (*Car il veut mourir.*)

Un officier des gardes du corps apporte la nouvelle de la grâce accordée *par le roi, spontanément.*

Wolfgang, au moment où Graff, joyeux, vient lui sauter au cou, s'empare du pistolet et *se tue.* (*Car il veut mourir.*)

Arrivent le comte de Cadolles et Mme de Timey.

Wolfgang se figure alors que c'est sa maîtresse qui a obtenu sa grâce, et il meurt en la remerciant.

Graff, qui, à un mot précédent de Wolfgang, a deviné la vérité, dit à Mme de Timey : « C'est vous qui avez tué le plus brave officier de la grande armée, le marquis du 1er houzards. »

(*Je vous en prie, ne changeons pas ce dénouement* LOGIQUE *contre un dénouement heureux,* — *qui serait* ABSURDE *et sans* MAJESTÉ.) — (J'ai oublié de vous avertir que Robert Triton reparaîtra dans toutes les occasions où on pourra le faire reparaître, par exemple, dans la rentrée des émigrés au village de Cadolles, dans les scènes tumultueuses des cafés et des casinos; dans la scène de reconnaissance entre l'empereur revenant de l'île d'Elbe et le 1er houzards; et enfin dans la scène finale, à la prison.)

(La chose entière m'apparaît comme un vrai drame, c'est-à-dire l'union de scènes très bien filées avec une mise en scène très active, très remuante, et avec une grande pompe militaire, là où il y a lieu.)

(Je n'indique pas les décors, qui peuvent être d'un effet poétique, vous les devinerez.)

C. B.

Je n'ai pas recopié ce manuscrit. Donc, je le ferai transcrire avant de me mettre à la besogne journalière.

––––––

LA FIN DE DON JUAN[1]

(DRAME)

Les principaux personnages sont DON JUAN arrivé à l'ennui et à la mélancolie.

SON PRINCIPAL DOMESTIQUE OU INTENDANT, que je veux nommer autrement que Leporello ou Sganarelle, — personnage froid, raisonnable et vulgaire, ne parlant sans cesse que de vertu et d'économie ; il associe volontiers ces deux idées ; il a une espèce d'intelligence à la Franklin. C'est un coquin comme Franklin. C'est la future bourgeoisie qui va bientôt remplacer la noblesse tombante. Du reste, cet intendant exècre son maître et surtout le fils de son maître. Il a fait sa fortune en régissant les affaires de son maître. Il l'exècre à cause du mépris peu déguisé que professe celui-ci pour son intendant et pour l'argent. Juan, le fils, étant une seconde épreuve précoce de son père, et le domestique ayant beaucoup souffert par lui, sa seconde haine s'explique. Les deux n'en font qu'une.

Une jeune danseuse de race bohême, SOLEDAD ou

––––––

1. Nous devons à l'extrême obligeance de M. Alfred Piat, bibliophile des plus distingués, la communication de ce fragment de scenario et la permission de le publier.

Trinidad, enlevée, élevée et protégée par don Juan, et, malgré la différence d'âge, ne trouvant rien de plus beau, de plus aimable, et dont elle ait le droit d'être plus fière, que son amant.

Le fils de don Juan, pourri de vices et d'amabilité, élevé et formé par son père. Supposons-lui dix-sept ans. Il est important que ce rôle soit joué par une femme ; j'en donnerai la raison quand j'en serai aux scènes qui font briller ce rôle.

Une jeune princesse allemande, la future femme de don Juan devenu veuf. Le roi d'Espagne. Une vieille Zingara. Voleurs, bohémiens, danseuses, quelques belles femmes faisant partie du monde fantastique de don Juan, et à chacune desquelles incombe une fonction particulière : la lingerie, la surveillance des domestiques, etc. La statue, colosse fantastique, grotesque et violent, à la manière anglaise. L'ombre de Catilina, un ange qui s'intéresse à don Juan.

Le drame s'ouvre comme le *Faust* de Gœthe. Don Juan se promène *dans la ville et dans la campagne*, avec son domestique. Il est en train de familiarité, et il parle de son ennui mortel et de la difficulté insurmontable pour lui de trouver une occupation ou des jouissances nouvelles. Il avoue que quelquefois il lui arrive d'envier le bonheur naïf des êtres inférieurs à lui. Ces bourgeois, qui passent avec des femmes aussi bêtes et aussi vulgaires qu'eux, ont des passions par lesquelles ils souffrent ou sont heureux. Ces bateliers, malgré leur grossière nourriture, leur ignorance, leurs durs vêtements et leurs fatigues, sont enviables ; car ce n'est pas la qualité des objets qui fait la jouissance, mais l'énergie de l'appétit.

Le domestique répond par des banalités dignes de sa pauvre intelligence, — qu'il est inconcevable que monsieur soit malheureux avec un si grand nom, avec une si grande fortune; que lui, pauvre diable, qui cependant est un homme, saurait être heureux à moins, etc.

« Voilà des Zingaris et des voleurs d'ânes, traqués par des hommes de police. Ils sont certes dans un grand danger ; cependant, je parierais presque qu'ils ont des éléments de bonheur que je ne connais pas. Au fait, je voudrais nous en assurer. Le lieu est désert. Si nous donnions un coup de main à ces braves gens, et si nous rossions la police, nous pourrions les connaître. Cette race bizarre a pour moi le charme de l'inconnu.

— Ah ! monsieur, dit le domestique, il n'y a pas de domestique, en Espagne, à qui son maître impose d'aussi bizarres aventures que celles où vous [voulez] me mêler. Que votre volonté soit faite; mais quel singulier divertissement pour un grand seigneur que de risquer sa vie pour sauver des filous ! »

CAMP DES ZINGARIS DANS LA MONTAGNE

. . . .

PROJETS ET PLANS

DE

ROMANS ET NOUVELLES

Le début de Baudelaire, comme romancier, est presque de a même date que son début, comme critique d'art. Son premier *Salon* parut en mai 1845, et le journal *l'Esprit public* contenait, dans les feuilletons du 21 et du 22 février 1846, la nouvelle qui a pour titre : *le Jeune Enchanteur*. Onze mois plus tard (janvier 1847), *la Fanfarlo* paraissait, sous le nom de Charles Defayïs, dans le *Bulletin de la Société des gens de lettres*. S'il faut en croire une note de l'édition des *Œuvres complètes*, cette nouvelle est même « le premier écrit de Baudelaire ».

Ce début était plein de promesses. La première de ces œuvres, courtes, mais très travaillées, révélait l'imagination grandiose d'un disciple de Chateaubriand, et aussi une très vive intelligence des mœurs romaines du IIᵉ siècle de l'empire. La seconde, imitation libre de Balzac, peinture des dépravations de la société contemporaine, témoignait d'un très réel talent d'observation et d'analyse, sans parler des qualités, déjà éminentes, du style.

Mais la révolution de 1848 survint, qui détourna Baudelaire de la littérature pour le jeter dans la politique et le condamner à une stérilité presque absolue pendant trois années. Après le coup d'État de décembre 1851, quand le poète eut accepté, avec une singulière résignation, le nouveau régime, ce fut par le roman qu'il parut vouloir revenir à la littérature. Sa très curieuse lettre à Poulet-Malassis, en date du 20 mars 1852, contient cette déclaration expresse : « Je suis décidé à rester désormais étranger à toute la polémique humaine, et plus décidé que jamais à poursuivre le rêve supérieur de l'application de la métaphysique au roman. »

Malheureusement, il en fut des plans du romancier comme des canevas du dramaturge. Il en parla beaucoup, prit avec des directeurs de journaux et de Revues des engagements formels, mais qu'il ne tint pas. Il paraît même n'avoir jamais terminé aucun des plans que l'on va lire.

Il y a lieu de s'en étonner, quand on réfléchit que son enthousiasme pour Edgar Poe et la persévérance qu'il mit pendant près de dix-sept ans (de 1848 à 1865), à écrire sa belle traduction des œuvres du grand romancier américain, témoignent d'une prédilection singulière pour l'art du conteur. On se demande quelle fatalité l'empêcha de rivaliser avec son modèle, et on ne peut s'expliquer cet avortement de ses résolutions de travailler, que par les inextricables difficultés de la vie matérielle, qui paralysèrent constamment sa volonté.

C'est à peine si les titres des romans et des nouvelles qu'il projeta, et si quelques ébauches très rudimentaires des plans, qui les commentent, autorisent à conjecturer quel eût été, dans ce genre de compositions, le caractère de son talent. Par certains côtés, il eût offert une grande ressemblance avec Edgar Poe ; c'est la même imagination sombre et tragique, constamment obsédée par la vision du surnaturel et le rêve de l'invisible, mais sans le poétique idéalisme qui nous ravit chez le conteur américain. Tout le pessimisme de Baudelaire se retrouve ici, avec sa préoccupation presque exclusive des côtés dépravés de la nature humaine. On rencontre sans doute, dans les listes de titres, l'indication de quelques thèses philosophiques telles que la théorie du sacrifice, la légitimation de la peine de mort. Mais les peintures des crimes effroyables, des vices repoussants, des corruptions raffinées auraient été beaucoup plus nombreuses, comme le prouvent ces titres : *les Enseignements d'un monstre, la Maîtresse vierge, le Crime au collège, les Monstres, les Tribades, l'Amour parricide, une Infâme adorée.* Quelques-unes de ces nouvelles, *le Monde sous-marin, les Mineurs, la Fin du monde,* auraient offert à la puissante imagination du poète des sujets de tableaux épiques empruntés à la civilisation et à la nature. Mais dans ses projets les plus caressés reparaît toujours une poursuite obstinée de l'étrange et de l'extraordinaire. C'est là une conséquence logique de sa théorie favorite de l'étonnement, dont il faisait un des éléments essentiels de la beauté en littérature.

Ce que nous connaissons de ces projets de romans fait regretter que Baudelaire ne les ait pas mis à exécution. Un artiste si scrupuleux eût porté son inflexible probité littéraire, son acharnement à atteindre la perfection, dans un genre où l'originalité est le plus souvent sacrifiée à l'habileté du métier, à l'ambition des succès populaires.

Nous ne possédons qu'une vingtaine de feuilles volantes qui se rattachent aux conceptions des romans et des nouvelles que Baudelaire porta vingt ans dans sa tête, sans en confier presque rien au papier. Pour éviter de fastidieuses répétitions, nous avons réuni en deux listes tous les titres épars des œuvres projetées, et nous y avons joint les ébauches des données premières, qui les accompagnent, ou que nous avons pu recueillir çà et là dans d'autres manuscrits. Le plus remarquable de ces débris est assurément celui que nous publions sous le titre de *Fragment*. Le poète des *Fleurs du mal* s'y reconnaît, à la forte expression des sentiments et des émotions qui lui étaient si familiers, « la volupté saturée de douleur et de remords ».

I.

Une Rancune satisfaite.	Une Saute de vent.
Le Père qui attend toujours.	Le Déserteur incorrigible.
Le Rêve avertisseur.	Le Marquis invisible *(très im-*
Le Prétendant malgache[1].	*portant)*.
Le Boa.	L'Amour parricide[2].

----

1. Sur une feuille volante, on lit : « *le Prétendant malgache*. (Retrouver un numéro du *Monde illustré*. — Voir MM. Reynaud, Pothey et Delvau.) »

2. Voir plus loin, sous le même titre, un développement de quelques lignes.

L'Almanach.

La Licorne.

La Ciguë islandaise [1]. (Voyez Goerres.)

Le Triomphe du jeune Boniface.

La Maitresse de l'idiot.

La Traite des blancs.

Une Brebis galeuse.

Une Infame adorée.

L'Holocauste involontaire.

II.

LE FOU RAISONNABLE ET LA BELLE AVENTURIÈRE.

Jouissance sensuelle dans la société des extravagants.

Quelle horreur et quelle jouissance dans un amour pour une espionne, une voleuse! etc. La raison morale de cette jouissance.

Il faut toujours en revenir à de Sade, c'est-à-dire à l'*homme naturel,* pour expliquer le mal. Débuter par une conversation, sur l'amour, entre gens difficiles.

Sentiments monstrueux de l'amitié ou de l'admiration pour une femme vicieuse.

Trouver des aventures horribles, étranges, à travers les capitales.

Le pauvre affamé [2].

III.

ROMANS.

L'Automate.

La Négresse aux yeux bleus.

Les Enseignements d'un mon-stre.

La Maitresse vierge.

Les Enfants précoces.

Le Crime au collège.

Les Monstres.

Les Heureux du monde.

Les Tribades.

L'Amour du rouge.

Le Monde sous-marin.

Une Ville dans une ville.

Les Mineurs.

---

1. La ciguë islandaise donne une ivresse analogue, dans ses effets, à celle du haschisch.

2. On lit sur une autre note : « Supposons un pauvre affamé voulant profiter d'une fête publique et d'une distribution de vivres pour manger. Il est bousculé par la multitude. »

Les Verriers.

L'Autel de la volonté.

La Fin du Monde[1].

Un Homme en loterie.

Le Portrait impossible (par, suite d'antipathie).

Le Portrait fatal[2].

IV.

L'homme qui croit que son chien ou son chat, c'est le diable, ou un esprit quelconque enfermé.

L'homme qui voit dans sa maîtresse un défaut, un vice (physique?) imaginaire. Obsession.

L'homme qui se croit laid, ou qui voit en lui-même un vice (physique?) imaginaire. Obsession.

L'homme désespéré de n'être pas aussi beau que sa femme.

Celui qui n'est pas beau ne peut pas jouir de l'amour.

V.

L'AUTOMATE.

Quel il est, comme amant.

Sorcier, en prévision de malheur, il veut lutter contre les lois de la nature. Son testament : « Si tu m'aimes vraiment... » Et il revit automatiquement. Sa maîtresse se demande laquelle des

---

1. Ailleurs, note sur le même sujet : « Un roman sur les derniers hommes. — Les mêmes vices qu'autrefois. — Distances immenses. — De la guerre, des mariages, de la politique parmi les derniers hommes. »

Autre note, qui se rapporte évidemment au même projet : « Les dernières palpitations du monde, luttes, rivalités. La haine. Le goût de la destruction et de la propriété. Les amours, dans la décrépitude de l'humanité. Chaque souverain n'a que cinquante hommes armés. (Éviter le *dernier Homme.*) »

Ces derniers mots font allusion au célèbre livre de Grainville, dont Michelet a fait une si curieuse analyse dans son *Histoire de France.* Voyez plus loin, à la fin du journal intime, intitulé *Fusées,* le dernier morceau qui commence par : *Le monde va finir,* et qui paraît se rapporter à ce projet de nouvelle.

2. On lit sur un autre feuillet : « *Le Portrait fatal.* Méthode analytique pour vérifier le miracle. Portrait du défunt. Découverte du testament. Peinture d'une famille marquée de tristesse fatale. ».

deux existences est un rêve. L'automate, soufflé par l'âme, lui persuade qu'elle a rêvé autrefois et que maintenant il vit bien réellement.

Cependant l'âme, rougissant de créer le bonheur par le mensonge, préfère commettre un homicide et réveille son amie par la mort, pour lui tout raconter dans le paradis.

Qu'est-ce que le paradis?

L'envers de Claude Gueux. Théorie du sacrifice. Légitimation de la peine de mort. Le sacrifice n'est complet que par le *sponte sua* de la victime[1].

Le voluptueux, ayant oscillé longtemps, est tiré de la férocité dans la charité. Quel genre de malheur peut opérer sa conversion ? La maladie de son ancienne complice. Lutte entre l'égoïsme, la pitié et le remords. Sa maîtresse (devenue sa fille) lui fait connaître les sentiments de paternité. — Remords : qui sait s'il n'est pas l'auteur du mal ?

LA MAITRESSE VIERGE.

La femme dont on ne jouit pas est celle que l'on aime.

Délicatesse esthétique, hommage idolàtrique des blasés.

Ce qui rend la maîtresse plus chère, c'est la débauche avec d'autres femmes. Ce qu'elle perd en jouissances sensuelles, elle le gagne en adoration. La conscience d'avoir besoin du pardon rend l'homme plus aimable. De la chasteté dans l'amour.

L'AMOUR PARRICIDE.

Peinture de l'auberge. La femme, le mari, le père du mari. Les amants, toute la ville, y compris le procureur impérial et les gendarmes.

---

1. Sur une autre note, on lit : « Un condamné à mort qui, raté par le bourreau, délivré par le peuple, retournerait au bourreau. — Nouvelle justification de la peine de mort. »

Raison de la haine de la femme contre le père.

Jalousie du mari. Le meurtre, le procès, l'exécution.

LES SORTES BIBLICÆ.

L'ivrogne épiant et étudiant l'ivrogne.

L'homme parfait : le suprême du convenable, la caravane, la montre.

De la puissance du philtre et de la magie en amour, ainsi que du mauvais œil.

Essence divine du cercle vicieux (*Fusées*).

L'IVROGNE. — Ne pas oublier que l'ivresse est la négation du temps, comme tout état violent de l'esprit, et que conséquemment tous les résultats de la perte du temps doivent défiler devant les yeux de l'ivrogne, sans détruire en lui l'habitude de remettre au lendemain sa conversion, jusqu'à complète perversion de tous les sentiments et catastrophe finale.

[FRAGMENT [1]].

Ému au contact de ces voluptés qui ressemblaient à des souvenirs, attendri par la pensée d'un passé mal rempli, de tant de fautes, de tant de querelles, de tant de choses à se cacher réciproquement, il se mit à pleurer ; et ses larmes chaudes coulèrent, dans les ténèbres, sur l'épaule nue de sa chère et toujours attirante maîtresse.

Elle tressaillit, elle se sentit, elle aussi, attendrie et rémuée. Les ténèbres rassuraient sa vanité et son dandysme de femme froide. Ces deux êtres déchus,

---

1. Cette page pathétique n'est accompagnée d'aucune indication qui permette de conjecturer auquel des plans de nouvelles ou de romans projetés par Baudelaire, elle se rattachait, dans sa pensée.

mais souffrant encore de leur reste de noblesse, s'en-
lacèrent spontanément, confondant, dans la pluie de
leurs larmes et de leurs baisers, les tristesses de leur
passé avec leurs espérances bien incertaines d'avenir.
Il est présumable que jamais, pour eux, la volupté ne
fut si douce que dans cette nuit de mélancolie et de
charité ; — volupté saturée de douleur et de remords.

A travers la noirceur de la nuit, il avait regardé
derrière lui dans les années profondes, puis il s'était
jeté dans les bras de sa coupable amie, pour y retrouver le pardon qu'il lui accordait.

LA BELGIQUE VRAIE

FRAGMENTS

D'UN LIVRE INACHEVÉ SUR LA BELGIQUE

Pendant deux des dernières années de sa vie, de 1864 à 1866, Baudelaire habita Bruxelles. Fidèle à son habitude constante de tirer de sa vie la matière et l'étoffe de ses œuvres, il projeta d'écrire un livre sur la Belgique. Il étudia donc, longuement et sous toutes ses faces, le pays où il n'avait élu domicile que temporairement, car il en abominait les mœurs, les opinions et le caractère avec cette énergie qu'il mettait dans ses haines plus encore que dans ses prédilections.

Asselineau, énumérant les raisons de cette antipathie, d'après ses conversations avec son ami et d'après les notes trouvées dans les papiers recueillis par Poulet-Malassis, a transcrit tout au long (*Vie de Baudelaire,* page 88), les titres de trente-trois chapitres de l'ouvrage que la paralysie, frappant brusquement l'auteur, interrompit. Nous en possédons les volumineuses notes, où nombre d'idées sont ressassées sous des formes peu variées.

Toute la vie de la Belgique est là, décrite et critiquée avec l'implacable sagacité d'un ennemi. Mais le parti pris de dénigrement est partout si sensible qu'il gâte, pour le lecteur, l'incontestable justesse de la plupart des réflexions de Baudelaire. D'ailleurs, ces notes prises au jour le jour, sans aucun souci de la rédaction définitive, et qui n'étaient évidemment que des points de repère pour la pensée de l'auteur, ne sauraient s'imprimer textuellement, dans leur concision sommaire. Car la phrase n'est presque toujours qu'ébauchée, le verbe étant à l'infinitif, quand il n'est pas sous-entendu, comme c'est le cas le plus fréquent.

Ne pouvant songer à reproduire intégralement le manuscrit, nous avons voulu du moins en donner un extrait important, et, parmi les principaux passages, nous avons choisi, pour les citer, les plus intéressants de tous, ceux qui concernent les beaux-arts. L'indépendance d'opinions et d'idées qui caractérisait l'auteur des *Curiosités esthétiques* et de l'*Art romantique* s'est donné carrière, dans les pages, que l'on va lire, avec la franchise à outrance et l'audace paradoxale qui lui étaient familières. Ainsi, l'on y rencontre, à l'adresse d'un des dieux de la peinture, cet étrange blasphème, plusieurs fois répété dans le cours du manuscrit : « Ici, l'emphase n'exclut pas la bêtise, ce qui explique le fameux Rubens, *goujat habillé de satin.* » En revanche, on retrouve, dans ces jugements péremptoires sur la plupart des chefs-d'œuvre que les arts plastiques ont donnés à la Belgique, les qualités particulières au talent du critique, surtout une infaillible sûreté de coup d'œil et d'expression, quand il discerne et indique le caractère d'un monument, d'une sculpture ou d'un tableau. Notons aussi, çà et là, des impressions d'une vivacité et d'une fraîcheur singulières, à propos du style d'une église ou de la pompe d'une procession. Nulle part, le poète n'a mieux montré combien son culte de l'art et sa passion pour le pittoresque aidaient à la ferveur de sa foi au catholicisme.

En dépit des redites fréquentes, que le travail de la rédaction eût fait disparaître, on suit avec grand intérêt ce guide d'un goût supérieur dans sa description des monuments qu'il marque, en passant, d'un mot expressif et judicieux. Signalons principalement une page sur Malines, si ingénieuse et si bien venue que le poète l'eût certainement publiée sans y changer un seul mot.

BEAUX-ARTS

En Belgique, pas d'art. Il s'est retiré du pays. Pas d'artistes, excepté Rops, — et Leys. La composition, chose inconnue. Ne peindre que ce qu'on voit. — Philosophie à la Courbet. — Spécialistes. — Un peintre pour le soleil, un pour la neige, un pour les clairs de lune, un pour les meubles, un pour les étoffes, un pour les fleurs, — et subdivisions de spécialités à l'infini. La collaboration nécessaire, comme dans l'industrie. — Goût national de l'ignoble. Les anciens peintres sont donc des historiens véridiques de l'esprit flamand. — Ici, l'emphase n'exclut pas la bêtise. — Voyez Rubens, un goujat habillé de satin. — Quelques peintres modernes. — Les goûts des amateurs. — Comment on fait une collection. Les Belges mesurent la valeur des artistes au prix de leurs tableaux.

Quelques pages sur cet infâme puffiste qu'on nomme Wiertz, passion des cokneys anglais.

Analyse du musée de Bruxelles. — Contrairement à l'opinion reçue, les Rubens bien inférieurs à ceux de Paris.

Sculpture nulle.

La peinture flamande ne brille que par des qualités distinctes des qualités intellectuelles. Pas d'esprit, mais quelquefois une riche couleur, et presque toujours une étonnante habileté de main. Pas de composition ou composition ridicule, sujets ignobles... Plaisanteries dégoûtantes et monotones qui sont tout l'esprit de la race. Types de laideurs affreuses. Ces pauvres gens ont mis beaucoup de talent à copier leur difformité.

BRUXELLES, *peinture moderne.* — Amour de la spécialité. Il y a un artiste pour peindre les pivoines. Un artiste est blâmé de vouloir tout peindre.

Comment, dit-on, peut-il savoir quelque chose, puisqu'il ne s'appesantit sur rien? Car ici il faut être pesant pour passer pour grave.

Grossièreté dans l'art. — Peinture minutieuse de tout ce qui n'a pas vie. Peinture des bestiaux. Philosophie des artistes belges. Philosophie de notre ami Courbet, l'empoisonneur intéressé (Ne peindre que ce qu'on voit! Donc vous ne peindrez que ce que je vois). Verboekoven (calligraphie) Portaëls (de l'instruction, pas d'art naturel. Je crois qu'il le sait).

Vandcrecht-Dubois (sentiment inné, ne sait rien du dessin). Rops (à propos de Namur; à étudier beaucoup). Marie Collart (très curieux). Joseph Stevens, Alfred Stevens (prodigieux *parfum* de peinture). Wilhems (timide, peint pour les amateurs). Wiertz, Leys, Keyser! Gallait!

La composition est donc chose inconnue. Le plaisir que j'ai eu à revoir des gravures de Carrache.

Il y a des peintres littérateurs, trop littérateurs. Mais il y a des peintres cochons. (Voir toutes les impuretés flamandes qui, si bien peintes qu'elles soient, choquent le goût.)

En France, on me trouve trop peintre. Ici, on me trouve trop littérateur.

Tout ce qui dépasse la portée d'esprit de ces peintres, ils le traitent d'art littéraire.

La manière dont les Belges discutent la valeur des tableaux. Le chiffre, toujours le chiffre ! Cela dure trois heures. Quand, pendant trois heures, ils ont cité des prix de vente, ils croient qu'ils ont discuté peinture.

Et puis, il faut cacher les tableaux pour leur donner de la valeur. L'œil use les tableaux.

Tout le monde ici est marchand de tableaux. A Anvers, quiconque n'est bon à rien fait de la peinture. Toujours de la petite peinture, mépris de la grande.

MM. les Belges ignorent le grand art, la peinture décorative.

En fait de grand art (lequel a pu exister autrefois, dans les églises jésuitiques), il n'y a guère ici que de la peinture *municipale* (toujours le municipe, la commune), c'est-à-dire, en somme, de la peinture anecdotique, dans de grandes proportions.

PEINTURE INDÉPENDANTE. — Wiertz, charlatan, idiot, voleur, croit qu'il a une destinée à accomplir. Wiertz, le peintre philosophe, littérateur. Billevesées modernes. Le Christ des humanitaires. Peinture philosophique. Sottise analogue à celle de Victor Hugo, à la fin des *Contemplations*. Abolition de la peine de mort, puissance infinie de l'homme.

Les inscriptions sur les murs. Grandes injures contre les critiques français et la France. Des sentences de Wiertz partout. M. Gagne. Des utopies. Bruxelles capitale du monde, Paris province. Les livres de Wiertz. Plagiats. Il ne sait pas dessiner et sa bêtise est aussi grande que ses colosses. En somme, ce charlatan a su faire ses affaires. Mais qu'est-ce que Bruxelles fera de tout cela, après sa mort?

Le trompe-l'œil. Le soufflet. Napoléon en enfer. Le livre de Waterloo[1]. Wiertz et Victor Hugo veulent sauver l'humanité.

BRUXELLES. — *Architecture.* — Un pot et un cavalier sur un toit sont les preuves les plus voyantes du goût extravagant en architecture. Un cheval sur un toit ! Un pot de fleurs sur un fronton ! Cela se rapporte à ce que j'appelle le style *joujou.* — Clocher moscovite. Sur un clocher byzantin, une cloche ou plutôt une sonnette de salle à manger, ce qui me donne envie de la détacher pour sonner mes domestiques, — des géants. Les belles maisons de la grande Place rappellent ces curieux meubles appelés *cabinets.* Style joujou. — Du reste, de beaux meubles sont toujours de petits monuments.

Une statue équestre sur un toit ! Voilà un homme qui galope sur les toits ! En général, inintelligence de la sculpture, excepté de la sculpture joujou, la sculpture d'ornemaniste, où ils sont très forts.

---

1. Titres de tableaux de Wiertz.

Architecture. — En général, même dans les constructions modernes, ingénieuse et coquette. Absence de proportions classiques. La pierre bleue.

La Grande Place. — Avant le bombardement de Villeroy, même maintenant, prodigieux décor. Coquette et solennelle. La statue équestre. Les emblèmes, les bustes, les styles variés, les ors, les frontons, la maison attribuée à Rubens, les cariatides, l'arrière d'un navire, l'Hôtel de Ville, la maison du Roi, un monde de paradoxes d'architecture. Victor Hugo (voir Dubois et Wauters).

Architecture et littérateurs arriérés. — Coeberger et Victor Joly. « Si je tenais ce Coeberger ! dit Joly [1], — un misérable qui a corrompu le style religieux ! »

L'existence du Coeberger, l'architecte de l'église du Béguinage, des Augustins et des Brigittines, m'a été révélée par *le Magasin pittoresque*. Vainement, j'avais demandé à plusieurs Belges le nom de l'architecte.

Victor Joly en est resté à Notre-Dame de Paris. « Il ne peut prier, dit-il, dans une église jésuitique. » — Il lui faut du gothique [2].

---

1. Journaliste distingué, rédacteur du *Sancho*.
2. Sur une enveloppe de notes, on lit ces lignes qui complètent la pensée de Baudelaire : « La réaction de Victor Hugo en faveur du gothique nuit beaucoup à notre intelligence de l'architecture. Nous nous y sommes trop attardés. — Philosophie de l'histoire de l'architecture, selon moi : Analogies avec les coraux, les madrépores, la formation des continents, et finalement avec les modes de création, dans la vie universelle. — Jamais de lacunes. — État permanent de transition. — On peut dire que le rococo est la *dernière floraison du gothique.* »

Il y a des paresseux qui trouvent, dans la couleur des rideaux de leur chambre, une raison pour ne jamais travailler.

Aspect général des églises : richesse quelquefois réelle, quelquefois camelote. De même que les maisons de la Grande Place ont l'air de meubles curieux, de même les églises ont souvent l'air de boutiques de curiosités. Mais cela n'est pas déplaisant. Honneurs enfantins rendus au Seigneur.

Églises fermées : Que devient l'argent perçu sur les touristes ?

La religion catholique, en Belgique, ressemble à la fois à la superstition napolitaine et à la cuistrerie protestante. — Une procession ! Enfin ! Banderoles sur une corde traversant la rue. Mot de Delacroix sur les drapeaux. Les processions, en France, supprimées par égard pour quelques assassins et quelques hérétiques. Vous souvenez-vous de l'encens, des pluies de roses, etc.?

Bannières byzantines, si lourdes, que quelques-unes étaient portées à plat. Dévots bourgeois, types aussi bêtes que ceux des révolutionnaires.

Une deuxième procession, à propos du miracle des hosties poignardées. Grandes statues coloriées. Crucifix coloriés. — Beauté de la sculpture coloriée. — L'éternel Crucifié au-dessus de la foule. Buissons de roses artificielles. Mon attendrissement.

Heureusement, je ne voyais pas les visages de ceux qui portaient ces magnifiques images.

ARCHITECTURE. STYLE JÉSUITIQUE. — Un brave libraire, qui imprime des livres contre les prêtres et les religieuses, et qui probablement s'instruit dans les livres qu'il imprime, m'affirme qu'il n'y a pas de style jésuite, — dans un pays que les jésuites ont couvert de leurs monuments.

BRUXELLES. ÉGLISES. — *Sainte-Gudule*. Magnifiques vitraux. Belles couleurs intenses, telles que celles dont une âme profonde revêt tous les objets de la vie.

Sainte - Catherine. Parfum catholique. Ex-voto. Vierges peintes, fardées et parées. Odeur déterminée de cire et d'encens.

Toujours les chaires énormes et théâtrales. La mise en scène en bois. Belle industrie qui donne envie de commander un mobilier à Malines ou à Louvain.

Toujours les églises fermées, passé l'heure des offices. Il faut donc prier *à l'heure, à la prussienne*.

Impôt sur les touristes. Quand vous entrez à la fin de l'office, on vous montre du geste le tableau où on lit : ...

Tâcher de définir le style jésuite. Style composite. Barbarie coquette. Les échecs. Charmant mauvais goût. Chapelle de Versailles. Collège de Lyon. Le boudoir de la religion. Gloires immenses. Deuil en marbre (noir et blanc). Colonnes salomoniques. Statues (rococo) suspendues aux chapiteaux des colonnes, même des colonnes gothiques. Ex-voto (grand navire). Une église faite de styles variés est un dictionnaire historique. C'est le gâchis naturel de l'histoire.

Madones coloriées, parées et habillées. Pierres tumu-laires, sculptures funèbres. Appendices aux colonnes (J.-B. Rousseau). Chaires extraordinaires, rococo, confessionnaux dramatiques.

En général, un style de sculpture domestique, et, dans les chaires, un style joujou. Les chaires sont un monde d'emblèmes, un tohu-bohu pompeux de symboles religieux, sculpté par un habile ciseau de Malines ou de Louvain.

Des palmiers, des bœufs, des aigles, des griffons; le *Péché*, la *Mort*, des anges joufflus, les instruments de la Passion, *Adam* et *Ève*, le Crucifix, des feuillages, des rideaux, etc., etc.

En général, un crucifix gigantesque colorié, suspendu à la voûte, devant le chœur de la grande nef (?). (J'adore la sculpture coloriée.) C'est ce qu'un photographe de mes amis appelle Jésus-Christ faisant le trapèze.

Églises jésuitiques. Style jésuite flamboyant. Rococo de la religion, vieilles impressions de livres à estampes. Les miracles du diacre Pâris. (Jansénisme, prenons garde!)

L'*église du Béguinage.* Délicate impression de blancheur. Les églises jésuitiques, très aérées, très éclairées. Celle-là a toute la beauté neigeuse d'une jeune communiante.

Pots à feu, lucarnes, bustes dans les niches, têtes

ailées, statues perchées sur les chapiteaux, charmants confessionnaux, coquetterie religieuse. Le culte de Marie, très beau dans toutes les églises.

Église de la chapelle. — Un crucifix peint, et, au-dessus, *Nuestra Señora de la Soledad* (Notre-Dame de la Solitude). Costume de béguine, grand deuil, grands voiles, noir et blanc, robe d'étamine noire, grande comme nature. Diadème d'or incrusté de verroteries. Auréole d'or à rayons. Lourd chapelet sentant son couvent. Le visage est peint. Terrible couleur, terrible style espagnols.

De Quincey (les Notre-Dame [1]). — Un squelette blanc, se penchant hors d'une tombe de marbre noir suspendue au mur (plus étonnant que celui de *Saint-Nicolas du Chardonnet*).

MALINES. — Jardin botanique. Impression générale de repos, de fête, de dévotion.

Musique mécanique dans l'air. Elle représente la joie d'un peuple automate qui ne sait se divertir qu'avec discipline. Les carillons dispensent l'individu de chercher une expression de sa joie. A Malines, chaque jour a l'air d'un dimanche. Un vieux relent espagnol. Église de Saint-Pierre. — Histoire de saint François-Xavier, peinte par deux frères, peintres et jésuites, et représentée symboliquement sur la façade. L'un des deux prépare ses tableaux en rouge. Style théâtral à la Restout. Caractère des églises jésuites. Lumière et

---

1. Allusion au chapitre intitulé *Levana and ours Ladies of Sorrow*, dans les *Suspiria de Profundis*, par Th. de Quincey.

blancheur. Ces églises-là semblent toujours commu-
nier.

Tout Saint-Pierre est entouré de confessionnaux
pompeux qui se tiennent sans interruption, et font une
large ceinture de symboles sculptés, des plus ingénieux,
des plus riches et des plus bizarres. L'église jésuitique
est résumée dans la chaire. Le globe du monde. Les
quatre parties du monde. Louis de Gonzague, Stanislas
Kotska, François-Xavier, saint François-Régis. Les
vieilles femmes et les béguines. Dévotion automatique.
Peut-être le vrai bonheur. Odeur prononcée de cire et
d'encens, absente de Paris. Émanation que l'on ne
retrouve que dans les villages. Halles de drapiers.
Louis XVI flamand.

Malines est traversée par un ruisseau rapide et vert.
Mais Malines, l'endormie, n'est pas une nymphe ; c'est
une béguine dont le regard contenu ose à peine se
risquer hors des ténèbres du capuchon.

C'est une petite vieille, non pas affligée, non pas
tragique, mais cependant suffisamment mystérieuse
pour l'œil de l'étranger non familiarisé avec les solen-
nelles minuties de la vie dévote.

Tableaux religieux, *dévots, mais non croyants,* —
selon Michel-Ange....

Airs profanes, adaptés aux carillons. A travers les
airs qui se croisaient et s'enchevêtraient, il m'a semblé
saisir quelques notes de *la Marseillaise.* L'hymne de la
canaille, en s'élançant des clochers, perdait un peu de
son âpreté. Haché menu par les marteaux, ce n'était
plus le grave hurlement traditionnel, mais il semblait ga-

gner une grâce enfantine. On eût dit que la Révolution apprenait à bégayer la langue du ciel. Le ciel, clair et bleu, recevait sans fâcherie cet hommage de la terre confondu avec les autres.

Première visite a Anvers. — Départ de Bruxelles. Quelle joie! M. Neyt. L'archevêque de Malines. Pays plat. La verdure noire. (Hurlements d'un employé.)

Nouvelles et anciennes fortifications d'Anvers. Jardins anglais sur les fortifications. La place de Meir. La maison de Rubens, la maison du Roi.

Styles anciens. Renaissance flamande. Style Rubens, style jésuite. *Renaissance flamande :* hôtel de ville d'Anvers (coquetterie, somptuosité, marbre rose, ors).

Style jésuite. — Églises des jésuites d'Anvers. Église du béguinage à Bruxelles. Style très composite, salmigondis de styles. Les échecs, chandeliers en or. Deuil en marbre, — noir et blanc.

Confessionnaux théâtraux. Il y a du théâtre et du boudoir dans la décoration jésuitique. Industrie de la sculpture en bois, de Malines ou de Louvain.

Luxe catholique dans le sens le plus sacristie et boudoir. Coquetteries de la religion. Les calvaires et les madones.

Style moderne coquet dans l'architecture des maisons. Granit bleu. Mélange de Renaissance et de rococo modéré. Style de la ville du Cap.

Hôtel de ville (marbre rose et or).

A Anvers, on respire enfin! Majesté et largeur de l'Escaut. Les grands bassins. Canaux ou bassins pour

le cabotage. Musique de foire à côté des navires. Heureux hasard.

Église Saint-Paul. Extérieur gothique, intérieur
jésuitique, confessionnaux pompeux, théâtraux. Cha-
pelles latérales en marbres de couleurs. Chapelle du
collège de Lyon (ridicule calvaire. Ici la sculpture
dramatique arrive au comique sauvage, au comique
involontaire).

Notre-Dame d'Anvers. La pompe de Quentin Metzys.
James Tissot. Rapacité des sacristains. Tableaux de
Rubens restaurés et retenus dans la sacristie, pour en
tirer le plus grand lucre possible (1 franc par personne).
Si un curé français osait...

Magnifique aspect de capitale. Mœurs plus grossières qu'à Bruxelles, plus flamandes.

De Bruxelles a Namur. — Toujours la verdure
noire, pays plantureux.

Namur. — Ville de Boileau et de Vandermeulen.
L'impression Boileau et Vandermeulen a subsisté en
moi, tout le temps de mon séjour. Et puis, après que
j'eus visité les monuments, l'impression latine. A Namur, tous les monuments datent de Louis XIV, ou, au
plus tard, de Louis XV.

Toujours le style jésuitique (non pas Rubens cette
fois, ni Renaissance flamande). Trois églises importantes, les Récollets, Saint-Aubin, Saint-Loup. Une
bonne fois, caractériser la beauté de ce style (fin du
gothique). Un art particulier, art composite. En cher-

cher les origines (de Brosse). Saint-Aubin, Panthéon, Saint-Pierre de Rome. Noter la convexité du portail et du fronton. Magnifiques grilles. Solennité particulière du XVIIIe siècle. Est-ce à Saint-Aubin ou aux *Récollets* que j'ai admiré les Nicolaï? Qu'est-ce que Nicolaï ? Tableaux de Nicolaï, gravés avec la signature Rubens. Nicolaï jésuite. *Saint-Loup*. Merveille sinistre et galante. *Saint-Loup* diffère de tout ce que j'ai vu des jésuites. L'intérieur d'un catafalque brodé de *noir,* de *rose* et d'*argent.* Confessionnaux, tous d'un style varié, fin, subtil, baroque, une *antiquité nouvelle.* L'église du Béguinage à Bruxelles est une communiante. *Saint-Loup* est un terrible et délicieux catafalque.

FRAGMENTS

D'UN ARTICLE DE JOURNAL INACHEVÉ

Le 11 février 1865, Jules Janin, un des trois correspondants parisiens de *l'Indépendance belge,* où il signait du pseudonyme d'Éraste, publia, dans le feuilleton de ce journal, un article intitulé *Henri Heine et la jeunesse des poètes.* Ce critique, dont la belle humeur fit la fortune, ne manqua pas une si belle occasion de s'attaquer à l'ironie amère des *lieds* du grand poète allemand, qu'il accusait de manquer de gaieté. Il partit de là pour s'en prendre à Byron lui-même. Aux douleurs chantées par les grands poètes étrangers il opposa « la charmante ivresse des vingt ans » si souvent chantée par notre poésie nationale. Accumulant les citations, de Desportes à Béranger, il donna la joie pour génie lyrique, pour muse à la France. Et, emporté par sa thèse, sans souci de la vérité, il alla jusqu'à confondre dans les mêmes louanges les poètes contemporains du tempérament le plus contraire, citant pêle-mêle Victor Hugo, Alfred de Vigny, Alfred de Musset, Sainte-Beuve et Mᵐᵉ de Girardin, M. Théodore de Banville et Viennet, Auguste Barbier, Hégésippe Moreau, Victor de Laprade, Lecomte Delille *(sic)* et Pierre Dupont. L'article se terminait par cette phrase sotte et cruelle sur Henri Heine : « Il fut, en effet, la première victime de son intarissable ironie, et comme s'il s'était imposé la tâche abominable de rire aujourd'hui, demain, toujours, il n'a pas connu, de son vivant, la douce volupté des larmes ; il n'en a pas fait répandre sur son cercueil. »

Ce feuilleton excita chez Baudelaire une véritable indignation. L'optimisme du critique heureux exaspéra le pessimisme de l'auteur des *Fleurs du mal,* qui, se regardant comme le repré-

sentant de l'école satanique en France, tint pour une injure personnelle ces attaques à Heine et à Byron. Aussi prit-il sur-le-
champ la plume pour écrire à Janin une lettre pleine de colère,
de raillerie et d'impertinence. Si nous ne citons pas ici ces curieuses pages, c'est que la plupart des arguments en furent repris par Baudelaire, avec plus d'ampleur et de force dans le
brouillon suivant, conservé par Poulet-Malassis, d'un article de
journal ou d'une brochure, qu'il voulait publier en réponse
au feuilleton de *l'Indépendance belge*. La lettre ne fut pas envoyée,
ni l'article terminé. On voit, par les lettres qu'il écrivait, de
Bruxelles, à plusieurs de ses amis, que l'ennui, la tristesse et sans
doute la graduelle impuissance qui précède la paralysie du cerveau, l'avaient fait tomber dans un tel dégoût de toutes choses,
qu'il abandonnait ses projets à peine formés, en se répétant per-
pétuellement : « A quoi bon? »

Les fragments qui suivent ne sont, il est vrai, que des notes,
rapidement rédigées ; mais elles renferment l'expression, très sincère et sans réserve, des jugements que portait Baudelaire sur
nombre de poètes ses rivaux. On pourrait joindre ces pages, en
guise de complément, aux notices intitulées : *Réflexions sur
quelques-uns de mes contemporains. (Curiosités esthétiques,* t. V
des Œuvres complètes.)

Monsieur, je fais ma pâture de vos feuilletons, —
dans *l'Indépendance,* laquelle vous manque un peu de
respect quelquefois et vous montre quelque ingratitude. Donc je vous lis ; car je suis un peu de vos amis,
si, toutefois, vous croyez, comme moi, que l'admiration engendre une sorte d'amitié.

Mais le feuilleton d'hier soir m'a mis en grande
rage. Je vais vous expliquer le pourquoi.

Henri Heine était donc un homme! Bizarre. Catilina était donc un homme, un monstre pourtant, puisqu'il conspirait pour les pauvres. Henri Heine était méchant, — oui, comme les hommes sensibles, irrités de vivre avec la canaille; par canaille, j'entends les gens qui ne se connaissent pas en poésie (le *genus irritabile vatum*).

Examinons ce cœur d'Henri Heine jeune.

Les fragments que vous citez sont charmants, mais je vois bien ce qui vous choque, c'est la tristesse, c'est l'ironie. Si J.-J. était empereur, il décréterait qu'il est défendu de pleurer ou de se pendre sous son règne, ou même de rire d'une certaine façon. *Quand Auguste avait bu*, etc.

Vous êtes un homme heureux. Je vous plains, monsieur, d'être si facilement heureux. Faut-il qu'un homme soit tombé bas pour se croire heureux! Peut-être est-ce une explosion sardonique, et souriez-vous pour cacher le renard qui vous ronge. En ce cas, c'est bien. Si ma langue pouvait prononcer une telle phrase, elle en resterait paralysée.

––––––

Vous n'aimez pas la discrépance, la dissonance. Arrière les indiscrets qui troublent la somnolence de votre bonheur! Vivent les ariettes de Florian! Arrière les plaintes puissantes du chevalier Tannhaüser, *aspirant à la douleur!* Vous aimez les musiques qu'on peut entendre sans les écouter, et les tragédies qu'on peut commencer par le milieu.

Arrière tous ces poètes qui ont leurs poches pleines de poignards, de fiel *(sic)*, de fioles de laudanum! Cet homme est triste; il me scandalise. — Il n'a donc pas de Margot; il n'en a donc jamais eu. Vive Horace buvant son lait de poule, son falerne, veux-je dire, en pinçant, en honnête homme, les charmes de sa Lisette, un brave littéralisant *(sic)*, sans diablerie et sans fureur, sans *æstus !*

———

A propos de belles funérailles, vous citez, je crois, celles de Béranger. Il n'y avait rien de bien beau, je crois. Un préfet de police a dit qu'il l'avait escamoté. Il n'y a eu de beau que Mme Colet bousculant les sergents de ville. Et Pierre Leroux, seul, trouva le mot du jour : « Je lui avais toujours prédit qu'il raterait son enterrement. »

———

Béranger? On a dit quelques vérités sur ce grivois. Il y en aurait encore long à dire. Passons.

———

De Musset. Faculté poétique ; mais peu joyeux. Contradiction dans votre thèse. Mauvais poète d'ailleurs. On le trouve maintenant chez les filles, entre les chiens de verre filé, le chansonnier du Caveau et les porcelaines gagnées aux loteries d'Asnières. — Croque-mort langoureux.

———

Sainte-Beuve. Oh! celui-là, je vous arrête. Pouvez-

vous expliquer ce genre de beauté? Werther carabin.
Donc contradiction dans votre thèse.

Banville et Viennet. Grande catastrophe. Viennet,
parfait honnête homme. Héroïsme à détruire la poésie;
mais la Rime!!! et même la Raison!!! — Je sais que
vous n'agissez jamais par intérêt..... Donc, qui a pu
vous pousser?...

Delphine Gay! — Leconte de Lisle. Le trouvez-vous
bien rigolo, bien à vos souhaits, la main sur la conscience? — Et Gautier? Et Valmore? Et moi?

Je présente la paraphrase du *genus irritabile vatum*
pour la défense non seulement d'Henri Heine, mais
aussi de tous les poètes. Ces pauvres diables (qui sont
la couronne de l'humanité) sont insultés par tout le
monde. Quand ils ont soif et qu'ils demandent un verre
d'eau, il y a des Trimalcions qui les traitent d'ivrognes.
Trimalcion s'essuie les doigts aux cheveux de ses es-
claves; mais si un poète montrait la prétention d'avoir
quelques bourgeois dans ses écuries, il y aurait bien
des personnes qui s'en scandaliseraient.

Vous dites : « Voilà de ces belles choses que je ne
comprendrai jamais..... Les néocritiques..... »

Quittez donc ce ton vieillot, qui ne vous servira de rien, pas même auprès du sieur Villemain.

Jules Janin ne veut plus d'images chagrinantes.

Et la mort de Charlot? Et le baiser dans la lunette de la guillotine? Et le Bosphore, si enchanteur du haut d'un pal? Et la Bourbe? Et les Capucins? Et les chancres fumant sous le fer rouge [1]?

Quand le diable devient vieux, il se fait... berger. Allez paître vos blancs moutons.

A bas les suicides! A bas les méchants farceurs! On ne pourrait jamais dire sous votre règne : Gérard de Nerval s'est pendu, *Janino Imperatore*. Vous auriez même des agents, des inspecteurs faisant rentrer chez eux les gens qui n'auraient pas sur leurs lèvres la grimace du bonheur.

Catilina, un homme d'esprit, sans aucun doute, puisqu'il avait des amis dans le parti contraire au sien, ce qui n'est inintelligible que pour un Belge.

Toujours Horace et Margoton! Vous vous garderiez bien de choisir Juvénal, Lucain ou Pétrone : celui-ci

---

1. Allusion à certains épisodes ou passages du roman célèbre de Jules Janin : *l'Ane mort et la Femme guillotinée.*

avec ses terrifiantes impuretés, ses bouffonneries attris-
tantes (vous prendriez volontiers parti pour Trimalcion, *puisqu'il est heureux*, avouez-le); celui-là avec ses
regrets de Brutus et de Pompée, ses morts ressuscités,
ses sorcières thessaliennes, qui font danser la lune
sur l'herbe des plaines désolées; et cet autre, avec ses
éclats de rire plein de fureur. Car vous n'avez pas
manqué d'observer que Juvénal se fâche toujours au
profit du pauvre et de l'opprimé! Ah! le vilain sale! —
Vive Horace, et tous ceux pour qui Babet est pleine
de complaisances!

Trimalcion est bête, *mais il est heureux*. Il est va-
niteux jusqu'à faire crever de rire ses serviteurs, mais
il est heureux. Il est abject et immonde, — mais *heureux*. Il étale un gros luxe et feint de se connaître en
délicatesses; il est ridicule, mais il est *heureux*. —
Ah! pardonnez aux *heureux*. Le *bonheur*, une belle et
universelle *excuse*, n'est-ce pas?

Ah! vous êtes heureux, monsieur. Quoi! — Si vous
disiez : Je suis vertueux, je comprendrais que cela
sous-entend : Je souffre moins qu'un autre. Mais non;
vous êtes *heureux*. Facile à contenter, alors? Je vous
plains, et j'estime ma mauvaise humeur plus distin-
guée que votre béatitude. — J'irai jusque-là, que je vous
demanderai si les spectacles de la terre vous suffisent.
Quoi! jamais vous n'avez eu envie de *vous en aller*, rien

que pour changer de spectacle ! J'ai de très sérieuses raisons pour plaindre celui qui n'aime pas la mort.

Byron, Tennyson, Poe et Cie.

Ciel mélancolique de la poésie moderne. Étoiles de première grandeur. Pourquoi les choses ont-elles changé? Grave question que je n'ai pas le temps de vous expliquer ici. Mais vous n'avez même pas songé à vous la poser. Elles ont changé parce qu'elles devaient changer. Votre ami, le sieur Villemain, vous chuchote, à l'oreille, le mot : Décadence. C'est un mot bien commode, à l'usage des pédagogues ignorants, mot vague, derrière lequel s'abritent notre paresse et votre incuriosité de la loi.

Pourquoi donc toujours la joie? Pour vous divertir peut-être. Pourquoi la tristesse n'aurait-elle pas sa beauté? Et l'horreur aussi? Et tout? Et n'importe quoi?

Je vous vois venir. Je sais où vous tendez. Vous oseriez peut-être affirmer qu'on ne doit pas mettre des têtes de mort dans les soupières, et qu'un petit cadavre de nouveau-né ferait un fichu... (cette plaisanterie a été faite cependant; mais, hélas! c'était le bon temps!) — Il y aurait beaucoup à dire cependant là-dessus. — Vous me blessez dans mes plus chères convictions. Toute la question, en ces matières, c'est la sauce, c'est-à-dire le génie.

Pourquoi le poète ne serait-il pas un broyeur de poisons aussi bien qu'un confiseur, un éleveur de serpents pour miracles et spectacles, un psylle amoureux de ses reptiles et jouissant des caresses glacées de leurs anneaux en même temps que des terreurs de la foule?

———

Deux parties également ridicules dans votre feuilleton. Méconnaissance de la poésie de Heine, et de la poésie, en général. Thèse absurde sur la jeunesse du poète. Ni vieux, ni jeune, il est. Il est ce qu'il veut. Vierge, il chante la débauche; sobre, l'ivrognerie.

Votre dégoûtant amour de la joie me fait penser à M. Véron réclamant une littérature *affectueuse*. Votre goût de l'honnêteté n'est encore que du sybaritisme. M. Véron disait cela fort innocemment. *Le Juif errant* l'avait sans doute contristé. Lui aussi, il aspirait aux émotions douces et non troublantes.

———

A propos de la jeunesse des poètes : *Livres vécus, poèmes vécus.*

Consultez là-dessus M. Villemain. Malgré son amour incorrigible des solécismes, je doute qu'il avale celui-là.

———

Byron, loquacité, redondance. Quelques-unes de vos qualités, monsieur. Mais, en revanche, ces sublimes défauts qui font le grand poète : la mélancolie, toujours inséparable du sentiment du beau, et une personnalité ardente, diabolique, un esprit salamandrin.

Byron. Tennyson. E. Poe. Lermontoff. Leopardi.
Espronceda; — mais ils n'ont pas chanté Margot! —
Eh! quoi! je n'ai pas cité un Français. La France est
pauvre.

Poésie française. Veine tarie sous Louis XIV. Reparaît avec Chénier (Marie-Joseph), car l'autre est un
ébéniste de Marie-Antoinette. Enfin, rajeunissement et
explosion sous Charles X.

Vos flonflons français. Épinette et orchestre. Poésie
à fleur de peau. Le Cupidon de Thomas Hood. Votre
paquet de poètes accouplés comme bassets et lévriers,
comme fouines et girafes. Analysons-les un à un. Et
Théophile Gautier? Et moi?

Lecomte Delille. Vos étourderies : *Jean Pharond.*
Pharamond, *Jean Beaudlair.* N'écrivez pas *Gauthier,* si
vous voulez réparer votre oubli, et n'imitez pas ses éditeurs qui le connaissent si peu qu'ils estropient son
nom. La versification d'une pièce en prose (*sic*).

Vous êtes un homme heureux. Voilà qui suffit pour
vous consoler de toutes erreurs. Vous n'entendez rien
à l'architecture des mots, à la plastique de la langue,
à la peinture, à la musique, ni à la poésie. Consolez-

vous, Balzac et Chateaubriand n'ont jamais pu faire de vers passables. Il est vrai qu'ils savaient reconnaître les bons.

———

(Dans l'article *Janin*.) Janin loue Cicéron, petite farce de journaliste. C'est peut-être une caresse au sieur Villemain. Cicéron philippiste. Sale type de parvenu. *C'est notre César, à nous.* (De Sacy.)

Janin avait sans doute une raison pour citer Viennet parmi les poètes. De même, il a sans doute une excellente raison pour louer Cicéron. Cicéron n'est pas de l'Académie, cependant on peut dire qu'il en est, par Villemain et la bande orléaniste.

———

JOURNAUX INTIMES

FUSÉES

MON CŒUR MIS A NU

Voici peut-être la partie la plus précieuse des manuscrits encore inédits que nous publions.

Ces deux journaux, que Poulet-Malassis a gardés, avec un soin jaloux, jusqu'à sa mort, mais avec l'intention de les publier tôt ou tard, ne sont, à première vue, que des suites de notes prises, au jour le jour, sur des feuilles volantes et qui n'ont d'autre lien entre elles que le titre du recueil auquel l'auteur les destinait.

Mais, quand on y regarde de près, ces notes si courtes et si rapides ne sont rien moins que le résumé de la vie intellectuelle et morale du poète qui les a écrites.

Dans l'isolement, presque absolu, où il se confinait de plus en plus, Baudelaire, qui avait tant aimé à se répandre en conversations, sentit le besoin de prendre un confident qui ne l'importunât ni par des conseils inutiles, ni par l'expression de sympathies qu'il eût repoussées, ne fût-ce que par dandysme. Seul, le papier pouvait être ce confident; voilà comment il a été amené à laisser une trace ineffaçable des aveux cruels qu'il se faisait à lui-même.

Le pauvre poète est tout entier dans ces journaux intimes, avec ses théories religieuses et politiques, morales et littéraires, et surtout avec le témoignage explicite de ses faiblesses et de ses douleurs.

Quel adepte de la théocratie a fait une profession de foi plus

hautaine que celle-ci : « Il n'y a de grand parmi les hommes que
le poète, le prêtre et le soldat ; l'homme qui chante, l'homme qui
bénit, l'homme qui sacrifie et se sacrifie. Le reste n'est fait que
pour le fouet ?... » Quel théoricien politique a fait une déclaration de principes plus absolue que celle-ci : « Il n'y a de gouvernement raisonnable et assuré que l'aristocratique. Monarchie
ou république, basées sur la démocratie, sont également absurdes
et faibles ? »

Son idéal de grandeur pour l'individu se déduit, avec une
rigoureuse logique, de sa conception d'une société aristocratique
placée sous le triumvirat du poète, du prêtre et du soldat. « Avant
tout, être un grand homme et un saint pour soi-même », voilà,
selon Baudelaire, l'unique ambition qui soit digne d'une nature
supérieure. Et comme la perfection ne se sépare pas, dans sa
pensée, des dehors qui la traduisent aux yeux, il applique ici, en
vingt endroits, sa fameuse théorie du dandysme. Dans la *Vie* de
son ami, Asselineau regrette que Baudelaire ait posé, sans y répondre, cette question : « Qu'est-ce que le dandy ? » Mais si le poète
n'a pas écrit de définition expresse, il a indiqué, dans vingt endroits, les traits principaux de ce prestigieux idéal qui l'obsédait
sans relâche. Le dandy n'est pas seulement l'homme le plus élégant, du goût le plus difficile et le plus original dans la conduite
de la vie, qu'il s'agisse de la coupe de ses habits ou du choix de
ses livres et de sa maîtresse : c'est l'homme, armé d'une volonté
supérieure à tous les obstacles, opposant au caprice du sort une
énergie invincible, et corrigeant en lui-même les défauts inévitables de la nature par toutes les ressources de l'art.

Quant aux convictions littéraires du poète, elles s'affirment,
au cours de ces journaux, par des admirations et le plus souvent par des haines dont l'expression va jusqu'à la férocité :
quand on aura lu le portrait qu'il trace de George Sand, on nous
excusera d'en avoir retranché une injure qui sort tout à fait du
ton de la critique et ne s'attaque plus aux œuvres, mais à la
vie privée de l'auteur d'*Indiana*.

Toutes les habitudes de la pensée et du style de Baudelaire
se retrouvent fidèlement exprimées dans la façon dont il parle
de l'amour, le sujet qui obsède sans cesse son imagination. Nulle
part, la misanthropie qu'il professe ne se montre avec une bru-

talité plus audacieuse que dans les passages où il décrit la
femme et la jeune fille, telles qu'il les voit, en toute sincérité,
c'est-à-dire sous des aspects aussi faux qu'odieux. Dans ces
peintures à outrance, il rivalise de pessimisme avec les comiques
et les satiriques les plus violents.

C'est à de tels excès que se reconnaît une imagination
assombrie, pervertie par des souffrances personnelles. Les deux
journaux intimes du poète nous fournissent, sur ce point capital,
des témoignages les plus formels et les plus explicites : les aveux
que son malheur et sa conscience lui arrachent. Comme il discerne
et juge bien la cause originelle du mal dont il meurt!
« A chaque minute, nous sommes écrasés par l'idée et la sensation
du temps. Et il n'y a que deux moyens pour échapper à ce cauchemar, pour l'oublier : le plaisir et le travail. Le plaisir nous
use, le travail nous fortifie. Choisissons. » Et plus loin, sous cette
rubrique, *Notes précieuses* : « Fais tous les jours ce que veulent
le devoir et la prudence. Si tu travaillais tous les jours, la vie
te serait plus supportable. »

Mais il sent que sa volonté, affaiblie avec sa santé, ne suffira
pas à le sauver, et ce cri déchirant de détresse lui échappe :
« A Honfleur! le plus tôt possible, avant de tomber plus bas! »

Hélas! il faudrait s'arracher aux despotiques habitudes qui,
depuis tant d'années, le tiennent asservi; en vain s'exhorte-t-il
aux résolutions salutaires, avec les plus pressantes objurgations :
« Ma mère et Jeanne! ma santé, par charité, par devoir!... Infirmités, solitude de ma mère... Sans la charité, je ne suis qu'une
cymbale retentissante... Ma phase d'égoïsme est-elle finie? » Mais
rien ne pouvait le secourir. Il devait succomber dans cette
lutte inégale contre des obstacles invincibles. Dans quels mémoires d'écrivain ou d'artiste trouverait-on une expression plus
navrante, plus tragique, des défaites de la volonté impuissante aux
prises avec la destinée?

Nous ne pouvons nous dispenser de décrire brièvement les
manuscrits de ces journaux intimes, qui sont les principaux documents que l'on possède sur la biographie du poète.

Ils ne se diffèrent, au premier abord, que par leur titre, et
comme deux ou trois des notes, dont ils se composent, portent,
seules, une date, il serait impossible de décider dans quel ordre

ils doivent être lus, si un examen attentif ne démontrait que le recueil intitulé *Fusées* remonte à une dizaine d'années avant la mort de l'auteur, tandis que *Mon cœur mis à nu* se rapporte presque exclusivement à l'époque où il se sentit frappé des premières atteintes du mal qui allait l'emporter.

A la mort de Baudelaire, Poulet-Malassis, qui, vu sa double qualité d'éditeur et de créancier, entra en possession des papiers de son ami, eut grand soin de rassembler ces feuilles détachées et de les coller sur des feuilles d'un plus grand format. Mais, s'autorisant de l'exemple de l'auteur, qui jetait au hasard, sur la même page, les idées les plus diverses, sans même les séparer par un trait de plume, Poulet-Malassis n'essaya pas d'établir une division des matières qui eût été factice et illusoire. C'est ainsi qu'une confusion, d'abord très gênante, trouble l'esprit de celui qui feuillette ces journaux intimes. Mais la clarté ne tarde pas à se faire pour un lecteur attentif, et les principales séries d'idées et de questions, qui se déroulent sous ses yeux, ne tardent pas à se classer, dans sa mémoire, en catégories distinctes.

Malgré tout notre respect pour le texte de Baudelaire, nous avons dû nous résigner à quelques retranchements indispensables, dans plusieurs endroits qui contiennent des attaques violentes jusqu'à l'outrage contre des journalistes ou des littérateurs contemporains. Nous avons conservé, comme relativement modérée, celle qui s'adresse à George Sand; elle fera juger du ton des autres. Nous avons encore éliminé quelques phrases qui, pour la crudité du langage, ne le cèdent pas à certains passages fameux d'Aristophane. Enfin, nous avons omis cinq ou six phrases inintelligibles qui ont trait à des circonstances inconnues de la vie du poète. En somme, ces suppressions n'ont qu'une très médiocre importance et sont bien peu nombreuses; car les lignes retranchées ne suffiraient pas à remplir deux pages du texte de ce livre.

FUSÉES

I [1]

Quand même Dieu n'existerait pas, la religion serait encore sainte et divine.

· Dieu est le seul être qui, pour régner, n'ait même pas besoin d'exister.

Ce qui est créé par l'esprit est plus vivant que la matière.

L'amour, c'est le goût de la prostitution. Il n'est même pas de plaisir noble qui ne puisse être ramené à la prostitution [2].

Dans un spectacle, dans un bal, chacun jouit de tous.

Qu'est-ce que l'art? Prostitution.

Le plaisir d'être dans les foules est une expression mystérieuse de la jouissance de la multiplication du nombre.

Tout est nombre. Le nombre est dans *tout*. Le nombre est dans l'individu. L'ivresse est un nombre.

---

1. Ce chiffre et les suivants indiquent la pagination du manuscrit autographe.

2. A rapprocher de ce passage de *Mon cœur mis à nu* : L'être le plus prostitué, c'est l'être par excellence, c'est Dieu.

Le goût de la concentration productive doit remplacer, chez un homme mûr, le goût de la déperdition.

L'amour peut dériver d'un sentiment généreux : le goût de la prostitution ; mais il est bientôt corrompu par le goût de la propriété.

L'amour veut sortir de soi, se confondre avec sa victime, comme le vainqueur avec le vaincu, et cependant conserver des privilèges de conquérant.

Les voluptés de l'entreteneur tiennent à la fois de l'ange et du propriétaire. Charité et férocité. Elles sont même indépendantes du sexe, de la beauté et du genre animal (*sic*).

Profondeur immense de pensée dans les locutions vulgaires, trous creusés par des générations de fourmis.

II

De la féminéité de l'Église, comme raison de son omni-puissance.

De la couleur violette (amour contenu, mystérieux, voilé, couleur de chanoinesse).

Le prêtre est immense, parce qu'il fait croire à une foule de choses étonnantes. Que l'Église veuille tout faire et tout être, c'est une loi de l'esprit humain. Les peuples adorent l'autorité. Les prêtres sont les serviteurs et les sectaires de l'imagination. Le trône et l'autel, maxime révolutionnaire. Ivresse religieuse des grandes villes. Panthéisme. Moi, c'est tous ; tous, c'est moi. Tourbillon.

III

Je crois que j'ai déjà écrit dans mes notes que l'amour ressemblait fort à une torture ou à une opération chirurgicale. Mais cette idée peut être développée de la manière la plus amère. Quand même les deux amants seraient très épris et très pleins de désirs réciproques, l'un des deux sera toujours plus calme, ou moins possédé que l'autre. Celui-là ou celle-là, c'est l'opérateur ou le bourreau ; l'autre, c'est le sujet, la victime. Entendez-vous ces soupirs, préludes d'une tragédie de déshonneur, ces gémissements, ces cris, ces râles ? Qui ne les a proférés, qui ne les a irrésistiblement extorqués ? Et que trouvez-vous de pire dans la question appliquée par de soigneux tortionnaires ? Ces yeux de somnambule révulsés, ces membres dont les muscles jaillissent et se roidissent comme sous l'action d'une pile galvanique, l'ivresse, le délire, l'opium, dans leurs plus furieux résultats, ne vous en donneront certes pas d'aussi affreux, d'aussi curieux exemples. Et le visage humain, qu'Ovide croyait façonné pour refléter les astres, le voilà qui ne parle plus (*sic*) qu'une expression de férocité folle, ou qui se détend dans une espèce de mort. Car, certes, je croirais faire un sacrilège en appliquant le mot : extase à cette sorte de décomposition.

— Épouvantable jeu, où il faut que l'un des joueurs perde le gouvernement de soi-même !

Une fois, il fut demandé, devant moi, en quoi con-

sistait le plus grand plaisir de l'amour. Quelqu'un
répondit naturellement : à recevoir, et un autre : à se
donner. — Celui-ci dit : plaisir d'orgueil; — et celui-là :
volupté d'humilité! Tous ces orduriers parlaient
comme l'*Imitation de Jésus-Christ*. — Enfin, il se trouva
un impudent utopiste qui affirma que le plus grand
plaisir de l'amour était de former des citoyens pour la
patrie.

Moi, je dis : la volupté unique et suprême de
l'amour gît dans la certitude de faire le *mal*. Et
l'homme et la femme savent, de naissance, que dans
le mal se trouve toute volupté.

IV

La franchise absolue, moyen d'originalité.
Raconter pompeusement des choses comiques.

V

Quand un homme se met au lit, presque tous ses
amis ont un désir secret de le voir mourir ; les uns,
pour constater qu'il avait une santé inférieure à la
leur ; les autres, dans l'espoir désintéressé d'étudier
une agonie[1].

Le dessin arabesque est le plus spiritualiste des
dessins.

---

1. Ailleurs, Baudelaire indique Emerson comme l'auteur de cette misanthropique boutade.

VI

L'homme de lettres remue des capitaux et donne le goût de la gymnastique intellectuelle.

Le dessin arabesque est le plus idéal de tous.

Nous aimons les femmes à proportion qu'elles nous sont plus étrangères. Aimer les femmes intelligentes est un plaisir de pédéraste. Ainsi la bestialité exclut la pédérastie.

L'esprit de bouffonnerie peut ne pas exclure la charité, mais c'est rare.

L'enthousiasme qui s'applique à autre chose que les abstractions est un signe de faiblesse et de maladie.

La maigreur est plus nue, plus indécente que la graisse.

VII

Ciel tragique. Épithète d'un ordre abstrait appliqué à un être matériel.

L'homme boit la lumière avec l'atmosphère. Ainsi le peuple a raison de dire que l'air de la nuit est malsain pour le travail.

Le peuple est adorateur-né du feu.
Feux d'artifice, incendies, incendiaires.

Si l'on suppose un adorateur-né du feu, un Parsis-né, on peut créer une nouvelle.

VIII

Les méprises relatives aux visages sont le résultat de l'éclipse de l'image réelle par l'hallucination qui en tire sa naissance.

Connais donc les jouissances d'une vie âpre, et prie, prie sans cesse. La prière est réservoir de force. (Autel de la volonté. — Dynamique morale. — La sorcellerie des sacrements. — Hygiène de l'âme.)

La musique creuse le ciel.

Jean-Jacques disait qu'il n'entrait dans un café qu'avec une certaine émotion. Pour une nature timide, un contrôle de théâtre ressemble quelque peu au tribunal des Enfers.

La vie n'a qu'un charme vrai : c'est le charme du jeu. Mais s'il nous est indifférent de gagner ou de perdre?

IX

Les nations n'ont de grands hommes que malgré elles, — comme les familles. Elles font tous leurs efforts pour n'en pas avoir. Et ainsi, le grand homme a besoin, pour exister, de posséder une force d'attaque plus grande que la force de résistance développée par des millions d'individus.

A propos du sommeil, aventure sinistre de tous les soirs, on peut dire que les hommes s'endorment journellement avec une audace qui serait inintelligible, si nous ne savions qu'elle est le résultat de l'ignorance du danger.

X

Il y a des peaux carapaces avec lesquelles le mépris n'est plus une vengeance.

Beaucoup d'amis, beaucoup de gants[1]. Ceux qui m'ont aimé étaient des gens méprisés, je dirais même méprisables, si je tenais à flatter les honnêtes gens.

Girardin parler latin! *Pecudesque locutæ.*

Il appartenait à une Société incrédule d'envoyer Robert Houdin chez les Arabes pour les détourner des miracles.

XI

Ces beaux et grands navires, imperceptiblement balancés (dandinés) sur les eaux tranquilles, ces robustes navires, à l'air désœuvré et nostalgique, ne nous disent-ils pas dans une langue muette : Quand partons-nous pour le bonheur?

Ne pas oublier dans le drame le côté merveilleux, la sorcellerie, et le romanesque.

Les milieux, les atmosphères, dont tout un récit

1. Dans ce même recueil, la même pensée est répétée textuellement avec cette addition : de peur de la gale.

doit être trempé. (Voir *Usher*[1] et en référer aux sensations profondes du haschich et de l'opium.)

XII

Y a-t-il des folies mathématiques et des fo   qui
pensent que deux et deux fassent trois? En d'   tres
termes, l'hallucination peut-elle, si ces mots ne h   rlent
pas [d'être accouplés ensemble], envahir les choses de
pur raisonnement? Si, quand un homme prend l'habitude de la paresse, de la rêverie, de la fainéantise, au
point de renvoyer sans cesse au lendemain la chose
importante, un autre homme le réveillait un matin à
grands coups de fouet et le fouettait sans pitié jusqu'à
ce que, ne pouvant travailler par plaisir, celui-ci tra-
vaillât par peur, cet homme, le fouetteur, ne serait-il
pas vraiment son ami, son bienfaiteur? D'ailleurs on
peut affirmer que le plaisir viendrait après, à bien plus
juste titre qu'on ne dit : l'amour vient après le mariage.

De même, en politique, le vrai saint est celui qui
fouette et tue le peuple, pour le bien du peuple.

Mardi 13 mai 1856[2].

Ce qui n'est pas légèrement difforme a l'air insensible ; d'où il suit que l'irrégularité, c'est-à-dire l'inat-
tendu, la surprise, l'étonnement sont une partie essentielle et la caractéristique de la beauté.

---

1. *La Chute de la maison Usher.* Voir les *Nouvelles Histoires extraordinaires* d'Edgar Poe, tome VI des *OEuvres complètes* de Baudelaire.

2. Baudelaire publiait alors le premier volume de sa traduction des
Histoires extraordinaires d'Edgar Poe. Ainsi s'expliquent les mots, qu'on
lit au bas de cette page : *Écrire à Maria Clemm* (la *mère d'Edgar Poe*).

XIII

Théodore de Banville n'est pas précisément matérialiste; il est lumineux. Sa poésie représente les heures heureuses.

A chaque lettre de créancier, écrivez cinquante lignes sur un sujet extra-terrestre et vous serez sauvés.

XIV

Du suicide et de la folie-suicide considérés dans leurs rapports avec la statistique, la médecine et la philosophie.

Brierre de Boismont. Chercher le passage : « Vivre avec un être qui n'a pour vous que de l'aversion.... »

Le portrait de Sérène par Sénèque, celui de Stagire par saint Jean Chrysostome; l'*acedia*, maladie des moines. — Le *tædium vitæ*.

XV

Traduction et paraphrase de la *Passion*. Rapporter tout à elle.

Jouissances spirituelles et physiques causées par l'orage, l'électricité et la foudre, tocsin des souvenirs amoureux, ténébreux, des anciennes années.

XVI

J'ai trouvé la définition du Beau, de mon Beau.

C'est quelque chose d'ardent et de triste, quelque chose d'un peu vague, laissant carrière à la conjecture. Je vais, si l'on veut, appliquer mes idées à un objet sensible, à l'objet, par exemple, le plus intéressant dans la société, à un visage de femme. Une tête séduisante et belle, une tête de femme, veux-je dire, c'est une tête qui fait rêver à la fois, mais d'une manière confuse, de volupté et de tristesse; qui comporte une idée de mélancolie, de lassitude, même de satiété, — soit une idée contraire, c'est-à-dire une ardeur, un désir de vivre, associés avec une amertume refluante, comme venant de privation ou de désespérance. Le mystère, le regret sont aussi des caractères du Beau.

Une belle tête d'homme n'a pas besoin de comporter, excepté peut-être aux yeux d'une femme, cette idée de volupté, qui, dans un visage de femme, est une provocation d'autant plus attirante que le visage est généralement plus mélancolique. Mais cette tête contiendra aussi quelque chose d'ardent et de triste, des besoins spirituels, des ambitions ténébreusement refoulées, l'idée d'une puissance grondante et sans emploi, quelquefois l'idée d'une insensibilité vengeresse (car le type idéal du dandy n'est pas à négliger dans ce sujet), quelquefois aussi, — et c'est l'un des caractères de beauté les plus intéressants — le mystère, et enfin (pour que j'aie le courage d'avouer jusqu'à quel point je me sens moderne en esthétique), le *malheur*. — Je ne prétends pas que la Joie ne puisse pas s'associer avec la Beauté, mais je dis que la Joie est un des ornements les plus vulgaires, tandis que la Mélancolie en est pour ainsi dire l'illustre compagne, à ce point que je ne conçois guère (mon cerveau serait-il un miroir ensorcelé?) un type de Beauté où il n'y ait du *Malheur*. Appuyé sur — d'autres diraient : obsédé par — ces idées, on conçoit qu'il me serait difficile de ne pas conclure que le plus parfait type de Beauté virile est Satan, — à la manière de Milton.

XVII

Auto-idolâtrie. Harmonie poétique du caractère. Eurythmie du caractère et des facultés. Conserver toutes les facultés. Augmenter toutes les facultés. Un culte (magisme, sorcellerie évocatoire).

Le sacrifice et le vœu sont les formules suprêmes et les symboles de l'échange.

Deux qualités littéraires fondamentales : surnaturalisme et ironie. Coup d'œil individuel, aspect dans lequel se tiennent les choses devant l'écrivain, puis tournure d'esprit satanique. Le surnaturel comprend la couleur générale et l'accent, c'est-à-dire intensité, sonorité, limpidité, vibrativité, profondeur et retentissement dans l'espace et dans le temps.

Il y a des moments de l'existence où le temps et l'étendue sont plus profonds, et le sentiment de l'existence immensément augmenté.

De la magie appliquée à l'évocation des grands morts, au rétablissement et au perfectionnement de la santé.

L'inspiration vient toujours, quand l'homme le *veut*, mais elle ne s'en va pas toujours, quand il le veut.

De la langue et de l'écriture, prises comme opérations magiques, sorcellerie évocatoire.

DE L'AIR DANS LA FEMME.

Les airs charmants, et qui font la beauté, sont :

L'air blasé, l'air ennuyé, l'air évaporé, l'air impudent, l'air froid, l'air de regarder en dedans, l'air de
domination, l'air de volonté, l'air méchant, l'air
malade, l'air chat, enfantillage, nonchalance et malice
mêlés.

XVIII

Dans certains états de l'âme presque surnaturels
la profondeur de la vie se révèle tout entière dans le
spectacle, si ordinaire qu'il soit, qu'on a sous les yeux.
Il en devient le symbole.

Comme je traversais le boulevard, et comme je
mettais un peu de précipitation à éviter les voitures,
mon auréole s'est détachée et est tombée dans la boue
du macadam. J'eus heureusement le temps de la ramasser; mais cette idée malheureuse se glissa un
instant après, dans mon esprit, que c'était un mauvais
présage; et dès lors l'idée n'a plus voulu me lâcher;
elle ne m'a laissé aucun repos, de toute la journée[1].

Du culte de soi-même dans l'amour, au point de
vue de la santé, de l'hygiène, de la toilette, de la noblesse spirituelle et de l'éloquence.

Self-purification and anti-humanity.

---

1. Cet alinéa est évidemment l'embryon du poème en prose intitulé
Perte d'auréole. (Voyez ŒEuvres complètes, t. IV, p. 133.)

XIX

Il y a dans la prière une opération magique. La prière est une des grandes forces de la dynamique intellectuelle. Il y a là comme une récurrence électrique.

Le chapelet est un médium, un véhicule; c'est la prière mise à la portée de tous.

Le travail, force progressive et accumulative, portant intérêts comme le capital, dans les facultés comme dans les résultats.

Le jeu, même dirigé par la science, force intermittente, sera vaincu, si fructueux qu'il soit, par le travail, si petit qu'il soit, mais continu.

Si un poète demandait à l'État le droit d'avoir quelques bourgeois dans son écurie, on serait fort étonné, tandis que, si un bourgeois demandait du poète rôti, on le trouverait tout naturel.

« Minette, minoutte, minouille, mon chat, mon loup, mon petit singe, grand singe, grand serpent, mon petit singe mélancolique. » De pareils caprices de langue trop répétés, de trop fréquentes appellations bestiales témoignent d'un côté satanique dans l'amour. Les satans n'ont-ils pas des formes de bêtes? Le chameau de Cazotte, chameau, diable et femme.

XX

Un homme va au tir au pistolet, accompagné de sa

femme. Il ajuste une poupée, et dit à sa femme : Je me figure que c'est toi. — Il ferme les yeux et abat la poupée. — Puis il dit, en baisant la main de sa compagne : Cher ange, que je te remercie de mon adresse![1]

Quand j'aurai inspiré le dégoût et l'horreur universels, j'aurai conquis la solitude.

Ce livre n'est pas fait pour mes femmes, mes filles et mes sœurs. — J'ai peu de ces choses.

Dieu est un scandale, un scandale qui rapporte.

XXI

Ne méprisez la sensibilité de personne. La sensibilité de chacun, c'est son génie.

Par un concubinage ardent, on peut deviner les jouissances d'un jeune ménage.

Le goût précoce des femmes. Je confondais l'odeur de la fourrure avec l'odeur de la femme. Je me souviens... Enfin, j'aimais ma mère pour son élégance. J'étais donc un dandy précoce.

Mes ancêtres, idiots ou maniaques, dans des appartements solennels, tous victimes de terribles passions.

Les pays protestants manquent de deux éléments indispensables au bonheur d'un homme bien élevé, la galanterie et la dévotion.

Le mélange du grotesque et du tragique est agréable à l'esprit, comme les discordances aux oreilles blasées.

1. Idée première du *Petit poème en prose* intitulé : *le Galant Tireur*. (Voyez *OEuvres complètes*, t. IV, p. 128.)

Ce qu'il y a d'enivrant dans le mauvais goût, c'est le plaisir aristocratique de déplaire.

L'Allemagne exprime la rêverie par la ligne, comme l'Angleterre par la perspective.

Il y a, dans l'engendrement de toute pensée sublime, une secousse nerveuse qui se fait sentir dans le cervelet.

L'Espagne met dans la religion la férocité naturelle de l'amour.

Style. — La note éternelle, le style éternel et cosmopolite. Chateaubriand, Alph. Rabbe, Edgar Poe.

Pourquoi les démocrates n'aiment pas les chats, il est facile de le deviner. Le chat est beau ; il révèle des idées de luxe, de propreté, de volupté, etc.

XXII

Un peu de travail, répété trois cent soixante-cinq fois, donne trois cent soixante-cinq fois un peu d'argent, c'est-à-dire une somme énorme. *En même temps, la gloire est faite* [1].

Créer un poncif, c'est le génie. Je dois créer un poncif.

Ma mère est fantastique ; il faut la craindre et lui plaire.

L'orgueilleux Hildebrand. Césarisme de Napoléon III. Pape et empereur. (Lettre à Edgar Ney.)

---

1. En marge du manuscrit, on lit, en cet endroit : De même, une foule de petites jouissances composent le bonheur.

XXIII

Se livrer à Satan, qu'est-ce que c'est?

Quoi de plus absurde que le Progrès, puisque l'homme, comme cela est prouvé par le fait journalier, est toujours semblable et égal à l'homme, c'est-à-dire toujours à l'état sauvage! Qu'est-ce que les périls de la forêt et de la prairie auprès des chocs et des conflits quotidiens de la civilisation? Que l'homme enlace sa dupe sur le boulevard, ou perce sa proie dans des forêts inconnues, n'est-il pas l'homme éternel, c'est-à-dire l'animal de proie le plus parfait?

— On dit que j'ai trente ans; mais si j'ai vécu trois minutes en une..., n'ai-je pas quatre-vingt-dix ans?

... Le travail, n'est-ce pas le sel qui conserve les âmes momies?

Début d'un roman, commencer un sujet n'importe où, et, pour avoir envie de le finir, débuter par de très belles phrases.

XXIV

Je crois que le charme infini et mystérieux qui gît dans la contemplation d'un navire, et surtout d'un navire en mouvement, tient, dans le premier cas, à la régularité et à la symétrie, qui sont un des besoins primordiaux de l'esprit humain, au même degré que la complication et l'harmonie; — et, dans le second cas, à la multiplication successive et à la génération de toutes les courbes et figures imaginaires opérées dans l'espace par les éléments réels de l'objet.

L'idée poétique, qui se dégage de cette opération du mouvement dans les lignes, est l'hypothèse d'un être vaste, immense, compliqué, mais eurythmique, d'un animal plein de génie, souffrant et soupirant tous les soupirs et toutes les ambitions humaines.

Peuples civilisés, qui parlez toujours sottement de sauvages et de barbares, bientôt, comme dit d'Aurevilly, vous ne vaudrez *même plus assez pour être idolâtres.*

Le stoïcisme, religion qui n'a qu'un sacrement : le suicide !

Concevoir un canevas pour une bouffonnerie lyrique ou féerique, pour une pantomime, et traduire cela en un roman sérieux. Noyer le tout dans une atmosphère anormale et songeuse, — dans l'atmosphère *des grands jours.* — Que ce soit quelque chose de berçant, —et même de serein dans la passion. — Régions de la poésie pure.

XXV

...Qu'est-ce qui n'est pas un sacerdoce aujourd'hui? La jeunesse elle-même est un sacerdoce, — à ce que dit la jeunesse.....

L'homme, c'est-à-dire chacun, est si naturellement dépravé qu'il souffre moins de l'abaissement universel que de l'établissement d'une hiérarchie raisonnable.

XXVI

Le monde va finir. La seule raison, pour laquelle il pourrait durer, c'est qu'il existe. Que cette raison est faible, comparée à toutes celles qui annoncent le contraire, particulièrement à celle-ci : Qu'est-ce que le monde a désormais à faire sous le ciel? Car, en supposant qu'il continuât à exister matériellement, serait-ce une existence digne de ce nom et du Dictionnaire historique? Je ne dis pas que le monde sera réduit aux expédients et au désordre bouffon des républiques du Sud-Amérique, que peut-être même nous retournerons à l'état sauvage, et que nous irons, à travers les ruines herbues de notre civilisation, chercher notre pâture, un fusil à la main. Non; car ces aventures supposeraient encore une certaine énergie vitale, écho des premiers âges. Nouvel exemple et nouvelles victimes des inexorables lois morales, nous périrons par où nous avons cru vivre. La mécanique nous aura tellement américanisés, le progrès aura si bien atrophié en nous toute la partie spirituelle, que rien, parmi les rêveries sanguinaires, sacrilèges ou antinaturelles des utopistes, ne pourra être comparé à ses résultats positifs. Je demande à tout homme qui pense de me montrer ce qui subsiste de la vie. De la religion, je crois inutile d'en parler et d'en chercher les restes, puisque se donner la peine de nier Dieu est le seul scandale, en pareilles matières. La propriété avait disparu virtuellement avec la suppression du droit d'aînesse; mais le temps viendra où l'humanité, comme un ogre vengeur, arrachera leur dernier morceau à ceux qui croiront avoir hérité légitimement des révolutions. Encore, là ne serait pas le mal suprême.

L'imagination humaine peut concevoir, sans trop

de peine, des républiques ou autres États communau-
taires, dignes de quelque gloire, s'ils sont dirigés par
des hommes sacrés, par de certains aristocrates. Mais
ce n'est pas particulièrement par des institutions
politiques que se manifestera la ruine universelle, ou
le progrès universel; car peu m'importe le nom. Ce)
sera par l'avilissement des cœurs. Ai-je besoin de dire
que le peu qui restera de politique se débattra péni-
blement dans les étreintes de l'animalité générale, et
que les gouvernants seront forcés, pour se maintenir et
pour créer un fantôme d'ordre, de recourir à des
moyens qui feraient frissonner notre humanité actuelle,
pourtant si endurcie? — Alors, le fils fuira la famille,
non pas à dix-huit ans, mais à douze, émancipé par sa
précocité gloutonne; il la fuira, non pas pour chercher
des aventures héroïques, non pas pour délivrer une
beauté prisonnière dans une tour, non pas pour
immortaliser un galetas par de sublimes pensées,
mais pour fonder un commerce, pour s'enrichir, et
pour faire concurrence à son infâme papa, fondateur
et actionnaire d'un journal qui répandra les lumières
et qui ferait (sic) considérer le Siècle d'alors comme un
suppôt de la superstition. — Alors, les errantes, les
déclassées, celles qui ont eu quelques amants et qu'on
appelle parfois des anges, en raison et en remerciement de l'étourderie qui brille, lumière de hasard,
dans leur existence logique comme le mal, — alors
celles-là, dis-je, ne seront plus qu'impitoyable sagesse,
sagesse qui condamnera tout, fors l'argent, tout, même
les erreurs des sens! Alors, ce qui ressemblera à la

vertu, que dis-je? tout ce qui ne sera pas l'ardeur
vers Plutus sera réputé un immense ridicule. La justice,
si, à cette époque fortunée, il peut encore exister une
justice, fera interdire les citoyens qui ne sauront
pas faire fortune. Ton épouse, ô Bourgeois! ta chaste
moitié, dont la légitimité fait pour toi la poésie, intro-
duisant désormais dans la légalité une infamie irréprochable, gardienne vigilante et amoureuse de ton
coffre-fort, ne sera plus que l'idéal parfait de la femme
entretenue. Ta fille, avec une nubilité enfantine,
rêvera, dans son berceau, qu'elle se vend un million,
et toi-même, ô Bourgeois, moins poète encore que
tu n'es aujourd'hui, tu n'y trouveras rien à redire; tu ne
regretteras rien. Car il y a des choses, dans l'homme,
qui se fortifient et prospèrent à mesure que d'autres
se délicatisent et s'amoindrissent; et, grâce au progrès de ces temps, il ne te restera de tes entrailles que
des viscères! — Ces temps sont peut-être bien proches;
qui sait même s'ils ne sont pas venus, et si l'épaissis-
sement de notre nature n'est pas le seul obstacle qui
nous empêche d'apprécier le milieu dans lequel nous
respirons?

Quant à moi, qui sens quelquefois en moi le ridicule d'un prophète, je sais que je n'y trouverai jamais
la charité d'un médecin. Perdu dans ce vilain monde,
coudoyé par les foules, je suis comme un homme lassé
dont l'œil ne voit en arrière, dans les années profondes, que désabusement et amertume, et, devant lui,
qu'un orage où rien de neuf n'est contenu, ni enseignement ni douleur. Le soir où cet homme a volé à la

destinée quelques heures de plaisir, bercé dans sa digestion, oublieux — autant que possible — du passé, content du présent et résigné à l'avenir, enivré de son sang-froid et de son dandysme, fier de n'être pas aussi bas que ceux qui passent, il se dit, en contemplant la fumée de son cigare : « Que m'importe où vont ces consciences ? »

Je crois que j'ai dérivé dans ce que les gens du métier appellent un hors-d'œuvre. Cependant, je laisserai ces pages, — parce que je veux dater ma colère [1].

---

1. Au-dessous de ce dernier mot, se lit cette variante : *tristesse.*

MON CŒUR MIS A NU

I

De la vaporisation et de la centralisation du *moi*. Tout est là.

D'une certaine jouissance sensuelle dans la société des extravagants.

(Je pense commencer *Mon cœur mis à nu* n'importe où, n'importe comment, et le continuer au jour le jour, suivant l'inspiration du jour et de la circonstance, pourvu que l'inspiration soit vive.)

II

Le premier venu, pourvu qu'il sache amuser, a le droit de parler de lui-même.

III

Je comprends qu'on déserte une cause pour savoir ce qu'on éprouvera à en servir une autre.

Il serait peut-être doux d'être alternativement victime et bourreau.

IV

La femme est le contraire du dandy. Donc elle doit

faire horreur. La femme a faim et elle veut manger ; soif, et elle veut boire. Elle est en rut, et elle veut être ......

Le beau mérite !

La femme est *naturelle*, c'est-à-dire abominable.

Aussi est-elle toujours vulgaire, c'est-à-dire le contraire du dandy.

Relativement à la Légion d'honneur. — Celui qui demande la croix a l'air de dire : Si l'on ne me décore pas pour avoir fait mon devoir, je ne recommencerai plus.

Si un homme a du mérite, à quoi bon le décorer ? S'il n'en a pas, on peut le décorer, parce que [cela] lui donnera un lustre.

Consentir à être décoré, c'est reconnaître à l'État ou au prince le droit de vous juger, de vous illustrer, *et cætera.*

D'ailleurs, si ce n'est l'orgueil, l'humilité chrétienne défend la croix.

Calcul en faveur de Dieu. — Rien n'existe sans but. Donc mon existence a un but. Quel but ? Je l'ignore. Ce n'est donc pas moi qui l'ai marqué. C'est donc quelqu'un plus savant que moi. Il faut donc prier ce quelqu'un de m'éclairer. C'est le parti le plus sage.

Le dandy doit aspirer à être sublime, sans interruption. Il doit vivre et dormir devant un miroir.

V

Analyse des contre-religions; exemple : la prostitution sacrée.

Qu'est-ce que la prostitution sacrée? Excitation nerveuse. — Mysticité du paganisme. Le mysticisme, trait d'union entre le paganisme et le christianisme. Le paganisme et le christianisme se prouvent réciproquement.

La révolution et le culte de la Raison prouvent l'idée du sacrifice.

La superstition est le réservoir de toutes les vérités.

VI

Il y a dans tout changement quelque chose d'infâme et d'agréable à la fois, quelque chose qui tient de l'infidélité et du déménagement. Cela suffit à expliquer la Révolution française.

VII

Mon ivresse en 1848. De quelle nature était cette ivresse? Goût de la vengeance. Plaisir naturel de la démolition. Ivresse littéraire; souvenir des lectures.

Le 15 mai. Toujours le goût de la destruction. Goût légitime, si tout ce qui est naturel est légitime.

Les horreurs de Juin. Folie du peuple et folie de la bourgeoisie. Amour naturel du crime.

Ma fureur au coup d'État. Combien j'ai essuyé de coups de fusil! Encore un Bonaparte! Quelle honte!

Et cependant tout s'est pacifié. Le Président n'a-t-il pas un droit à invoquer?

Ce qu'est l'empereur Napoléon III. Ce qu'il vaut.

Trouver l'explication de sa nature, et sa providentialité.

VIII

Être un homme utile m'a paru toujours quelque chose de bien hideux.

1848 ne fut amusant que parce que chacun y faisait des utopies comme des châteaux en Espagne.

1848 ne fut charmant que par l'excès même du ridicule.

Robespierre n'est estimable que parce qu'il a fait quelques belles phrases.

IX

La Révolution, par le sacrifice, confirme la superstition.

X

Politique. — Je n'ai pas de convictions, comme l'entendent les gens de mon siècle, parce que je n'ai pas d'ambition.

Il n'y a pas en moi de base pour une conviction.

Il y a une certaine lâcheté, ou plutôt une certaine mollesse chez les honnêtes gens.

Les brigands seuls sont convaincus, — de quoi? — Qu'il leur faut réussir. Aussi, ils réussissent.

Pourquoi réussirais-je, puisque je n'ai même pas envie d'essayer?

On peut fonder des empires glorieux sur le crime, et de nobles religions sur l'imposture.

Cependant j'ai quelques convictions, dans un sens plus élevé, et qui ne peut pas être compris par les gens de mon temps.

Sentiment de *solitude*, dès mon enfance. Malgré la famille, et au milieu des camarades, surtout, — sentiment de destinée éternellement solitaire.

Cependant, goût très vif de la vie et du plaisir.

Presque toute notre vie est employée à des curiosités niaises. En revanche, il y a des choses qui devraient exciter la curiosité des hommes au plus haut degré, et qui, à en juger par leur train de vie ordinaire, ne leur en inspirent aucune.

Où sont nos amis morts? Pourquoi sommes-nous ici? Venons-nous de quelque part? Qu'est-ce que la liberté? Peut-elle s'accorder avec la loi providentielle? Le nombre des âmes est-il fini ou infini? Et le nombre des terres habitables? etc., etc.

XI

Les nations n'ont de grands hommes que malgré elles. Donc, le grand homme est vainqueur de toute sa nation.

Les religions modernes ridicules : Molière, Béranger, Garibaldi.

XII

La croyance au progrès est une doctrine de paresseux, une doctrine de Belges. C'est l'individu qui compte sur ses voisins pour faire sa besogne. Il ne peut y avoir de progrès (vrai, c'est-à-dire moral) que dans l'individu et par l'individu lui-même. Mais le monde est fait de gens qui ne peuvent penser qu'en commun, en bandes. Ainsi les Sociétés belges. Il y a aussi des gens qui ne peuvent s'amuser qu'en troupe. Le vrai héros s'amuse tout seul.

Éternelle supériorité du dandy. Qu'est-ce que le dandy?

XIII

Mes opinions sur le théâtre. Ce que j'ai toujours trouvé de plus beau dans un théâtre, dans mon enfance, et encore maintenant, c'est le *lustre*, — un bel objet lumineux, cristallin, compliqué, circulaire et symétrique.

Cependant je ne nie pas absolument la valeur de la littérature dramatique. Seulement, je voudrais que les comédiens fussent montés sur des patins très hauts, portassent des masques plus expressifs que le visage humain, et parlassent à travers des porte-voix; enfin que les rôles de femmes fussent joués par des hommes.

Après tout, le lustre m'a toujours paru l'acteur principal, vu à travers le gros bout ou le petit bout de la lorgnette.

XIV

Il faut travailler, sinon par goût, au moins par désespoir, puisque, tout bien vérifié, travailler est moins ennuyeux que s'amuser.

XV

Il y a dans tout homme, à toute heure, deux postulations simultanées, l'une vers Dieu, l'autre vers Satan.

L'invocation à Dieu, ou spiritualité, est un désir de monter en grade; celle de Satan, ou animalité, est une joie de descendre. C'est à cette dernière que doivent être rapportées les amours pour les femmes et les conversations intimes avec les animaux, chiens, chats, etc.

Les joies qui dérivent de ces deux amours sont adaptées à la nature de ces deux amours.

XVI

Ivresse d'humanité; grand tableau à faire, dans le sens de la charité, dans le sens du libertinage, dans le sens littéraire ou du comédien.

XVII

La question (torture) est, comme art de découvrir la vérité, une niaiserie barbare; c'est l'application d'un moyen matériel à un but spirituel.

———

La peine de mort est le résultat d'une idée mystique, totalement incomprise aujourd'hui. La peine de mort n'a pas pour but de *sauver* la société, *matériellement* du moins. Elle a pour but de *sauver* (spirituellement) la société et le coupable. Pour que le sacrifice soit parfait, il faut qu'il y ait assentiment et joie, de la part de la victime. Donner du chloroforme à un condamné à mort serait une impiété, car ce serait lui enlever la conscience de sa grandeur comme victime et lui supprimer les chances de gagner le paradis.

Quant à la torture, elle est née de la partie infâme du cœur de l'homme, assoiffé de voluptés. Cruauté et volupté, sensations identiques, comme l'extrême chaud et l'extrême froid.

XVIII

Ce que je pense du vote et du droit d'élection. Des droits de l'homme.

Ce qu'il y a de vil dans une fonction quelconque.

Un dandy ne fait rien. Vous figurez-vous un dandy parlant au peuple, excepté pour le bafouer?

Il n'y a de gouvernement raisonnable et assuré que l'aristocratique.

Monarchie ou république, basées sur la démocratie, sont également absurdes et faibles.

Immense nausée des affiches.

Il n'existe que trois êtres respectables : le prêtre, le guerrier, le poète. Savoir, tuer et créer.

Les autres hommes sont taillables ou corvéables,

faits pour l'écurie, c'est-à-dire pour exercer ce qu'on appelle des professions.

XIX

Observons que les abolisseurs de la peine de mort doivent être plus ou moins intéressés à l'abolir. Souvent, ce sont des guillotineurs. Cela peut se résumer ainsi : « Je veux pouvoir couper ta tête, mais tu ne toucheras pas à la mienne. »

Les abolisseurs d'âmes (matérialistes) sont nécessairement des abolisseurs d'*enfer*; ils y sont, à coup sûr, intéressés.

Tout au moins, ce sont des gens qui ont peur de revivre, des paresseux.

XX

Mme de Metternich, quoique princesse, a oublié de me répondre, à propos de ce que j'ai dit d'elle et de Wagner. Mœurs du xixe siècle.

XXI

Histoire de ma traduction d'Edgar Poe. Histoire des *Fleurs du mal*. Humiliation par le malentendu, et mon procès.

Histoire de mes rapports avec tous les hommes célèbres de ce temps. Jolis portraits de quelques imbéciles.... Portraits de magistrats, de fonctionnaires, de directeurs de journaux. Portrait de l'artiste, en général.

Du rédacteur en chef et de la pionnerie. Immense goût de tout le peuple français pour la pionnerie et pour la dictature. C'est le : *Si j'étais roi!....*

XXII

La femme Sand est le Prudhomme de l'immoralité. Elle a toujours été moraliste. Seulement elle faisait autrefois de la contre-morale. Aussi elle n'a jamais été artiste. Elle a le fameux *style coulant*, cher aux bourgeois.

Elle est bête, elle est lourde, elle est bavarde. Elle a, dans les idées morales, la même profondeur de jugement et la même délicatesse de sentiment que les concierges et les filles entretenues. Ce qu'elle a dit de sa mère ; ce qu'elle dit de la poésie. Son amour pour les ouvriers.

George Sand est une de ces vieilles ingénues qui ne veulent jamais quitter les planches.

Voir la préface de *Mlle La Quintinie*, où elle prétend que les vrais chrétiens ne croient pas à l'enfer. La Sand est pour le *Dieu des bonnes gens*, le dieu des concierges et des domestiques filous.

Elle a de bonnes raisons pour vouloir supprimer l'enfer.

XXIII

. Il ne faut pas croire que le diable ne tente que les hommes de génie. Il méprise sans doute les imbéciles, mais il ne dédaigne pas leur concours. Bien au contraire, il fonde ses grands espoirs sur ceux-là.

Voyez George Sand. Elle est surtout, et plus que toute autre chose, une *grosse bête;* mais elle est *possédée.* C'est le diable qui lui a persuadé de se fier à son *bon cœur* et à son *bon sens,* afin qu'elle persuadât toutes les autres grosses bêtes de se fier à leur bon cœur et à leur bon sens.

Je ne puis penser à cette stupide créature, sans un certain frémissement d'horreur. Si je la rencontrais, je ne pourrais m'empêcher de lui jeter un bénitier à la tête.

XXIV

Je m'ennuie en France, surtout parce que tout le monde y ressemble à Voltaire.

Emerson a oublié Voltaire dans ses *Représentants de l'humanité.* Il aurait pu faire un joli chapitre intitulé *Voltaire* ou *l'antipoète,* le roi des badauds, le prince des superficiels, l'antiartiste, le prédicateur des concierges, le père Gigogne des rédacteurs du *Siècle.*

XXV

Dans *les Oreilles du comte de Chesterfield,* Voltaire plaisante sur cette âme immortelle qui a résidé, pendant neuf mois, entre des excréments et des urines. Voltaire, comme tous les paresseux, haïssait le mystère [1].

1. En marge : Au moins aurait-il pu deviner dans cette localisation une malice ou une satire de la Providence contre l'amour, et, dans le mode de la génération, un signe du péché originel. De fait, nous ne pouvons faire l'amour qu'avec des organes excrémentiels.

Ne pouvant pas supprimer l'amour, l'Église a voulu au moins le désinfecter, et elle a fait le mariage.

XXVI

Portrait de la canaille littéraire. Doctor Estaminetus Crapulosus Pedantissimus. Son portrait fait à la manière de Praxitèle. Sa pipe, ses opinions, son hégélianisme, sa crasse, ses idées en art, son fiel, sa jalousie. Un joli tableau de la jeunesse moderne.

XXVII

La théologie. Qu'est-ce que la chute? Si c'est l'unité devenue dualité, c'est Dieu qui a chuté. En d'autres termes, la création ne serait-elle pas la chute de Dieu?

Dandysme. Qu'est-ce que l'homme supérieur? Ce n'est pas le spécialiste. C'est l'homme de loisir et d'éducation générale. Être riche et aimer le travail.

XXVIII

Pourquoi l'homme d'esprit aime les filles plus que les femmes du monde, malgré qu'elles soient également bêtes? A trouver.

XXIX

Il y a de certaines femmes qui ressemblent au ruban de la Légion d'honneur. On n'en veut plus parce qu'elles se sont salies à de certains hommes. C'est par la même raison que je ne chausserais pas les culottes d'un galeux.

Ce qu'il y a d'ennuyeux dans l'amour, c'est que c'est un crime où l'on ne peut pas se passer d'un complice.

XXX

Étude de la grande maladie de l'horreur du domicile. Raisons de la maladie. Accroissement progressif de la maladie.

Indignation causée par la fatuité universelle de toutes les classes, de tous les êtres, dans les deux sexes, dans tous les âges.

L'homme aime tant l'homme que, quand il fuit la ville, c'est encore pour chercher la foule, c'est-à-dire pour refaire la ville à la campagne.

XXXI

De l'amour, de la prédilection des Français pour les métaphores militaires. Toute métaphore ici porte des moustaches.

Littérature militante. — Rester sur la brèche. — Porter haut le drapeau. — Tenir le drapeau haut et ferme. — Se jeter dans la mêlée. — Un des vétérans. — Toutes ces glorieuses phraséologies s'appliquent généralement à des cuistres et à des fainéants d'estaminet.

XXXII

A ajouter aux métaphores militaires :

Soldat de la presse judiciaire (Bertin). Les poètes de combat. Les littérateurs d'avant-garde. Ces habitudes de métaphores militaires dénotent des esprits non pas militants, mais faits pour la discipline, c'est-à-dire pour la conformité, des esprits nés domestiques, des esprits belges, qui ne peuvent penser qu'en société.

XXXIII

Le goût du plaisir nous attache au présent. Le soin de notre salut nous suspend à l'avenir.

Celui qui s'attache au plaisir, c'est-à-dire au présent, me fait l'effet d'un homme roulant sur une pente, et qui, voulant se raccrocher aux arbustes, les arracherait et les emporterait dans sa chute.

Avant tout, être un *grand homme* et un saint pour soi-même [1].

XXXIV

De la haine du peuple contre la beauté. Des exemples : Jeanne et Mme Muller.

XXXV

En somme, devant l'histoire et devant le peuple français, la grande gloire de Napoléon III aura été de prouver que le premier venu peut, en s'emparant du télégraphe et de l'Imprimerie nationale, gouverner une grande nation.

---

1. La même pensée se retrouve ailleurs, sous une forme semblable : « Être un grand homme et un saint, pour soi-même, voilà l'unique chose importante. »

Imbéciles sont ceux qui croient que de pareilles choses peuvent s'accomplir sans la permission du peuple, — et ceux qui croient que la gloire ne peut être appuyée que sur la vertu!

Les dictateurs sont les domestiques du peuple, — rien de plus, un f.... rôle d'ailleurs, — et la gloire est le résultat de l'adaptation d'un esprit avec la sottise nationale.

XXXVI

Qu'est-ce que l'amour? Le besoin de sortir de soi.

L'homme est un animal adorateur. Adorer, c'est se sacrifier et se prostituer.

Aussi tout amour est-il prostitution.

L'être le plus prostitué, c'est l'être par excellence, c'est Dieu, puisqu'il est l'ami suprême pour chaque individu, puisqu'il est le réservoir commun, inépuisable de l'amour.

PRIÈRE.

Ne me châtiez pas dans ma mère et ne châtiez pas ma mère à cause de moi. — Je vous recommande les âmes de mon père et de Mariette. — Donnez-moi la force de faire immédiatement mon devoir tous les jours et de devenir ainsi un héros et un saint.

XXXVII

Un chapitre sur l'indestructible, éternelle, universelle et ingénieuse férocité humaine. De l'amour du sang, de l'ivresse du sang, de l'ivresse des foules. De l'ivresse du supplicié (Damiens).

XXXVIII

Il n'y a de grand parmi les hommes que le poète, le prêtre et le soldat ; l'homme qui chante, l'homme qui bénit, l'homme qui sacrifie et se sacrifie. Le reste est fait pour le fouet.

Défions-nous du peuple, du bon sens, du cœur, de l'inspiration et de l'évidence.

XXXIX

J'ai toujours été étonné qu'on laissât les femmes entrer dans les églises. Quelle conversation peuvent-elles avoir avec Dieu ?

L'éternelle Vénus (caprice, hystérie, fantaisie) est une des formes séduisantes du diable.

Ne pas oublier un grand chapitre sur l'art de la divination par l'eau, les cartes, l'inspection de la main, etc.

XL

La femme ne sait pas séparer l'âme du corps. Elle est simpliste, comme les animaux. — Un satirique dirait que c'est parce qu'elle n'a que le corps.

Un chapitre sur la toilette. — Moralité de la toilette, les bonheurs de la toilette.

XLI

De la cuistrerie. Des professeurs, des juges, des prêtres et des ministres.

XLII

Veuillot est si grossier et si ennemi des arts qu'on dirait que toute la démocratie du monde s'est réfugiée dans son sein.

Développement du portrait. Suprématie de l'idée pure chez le chrétien comme chez le communiste babouviste.

Fanatisme de l'humilité. Ne pas même aspirer à comprendre la religion.

XLIII

Musique. De l'esclavage. — Des femmes du monde. — Des filles. — Des magistrats. — Des sacrements. — L'homme de lettres est l'ennemi du monde. — Des bureaucrates.

XLIV

Dans l'amour, comme dans presque toutes les affaires humaines, l'entente cordiale est le résultat d'un malentendu. Ce malentendu, c'est le plaisir. L'homme crie : O mon ange! La femme roucoule : Maman! maman! Et ces deux imbéciles sont persuadés qu'ils pensent de concert. — Le gouffre infranchissable, qui fait l'incommunicabilité, reste infranchi.

XLV

Pourquoi le spectacle de la mer est-il si infiniment et si éternellement agréable?

Parce que la mer offre à la fois l'idée de l'immensité et du mouvement. Six ou sept lieues représentent pour l'homme le rayon de l'infini. Voilà un infini diminutif. Qu'importe, s'il suffit à suggérer l'idée de l'infini total? Douze ou quatorze lieues de liquide en mouvement suffisent pour donner la plus haute idée de beauté qui soit offerte à l'homme sur son habitacle transitoire.

XLVI

Il n'y a d'intéressant sur la terre que les religions.

Il y a une religion universelle faite pour les alchimistes de la pensée, une religion qui se dégage de l'homme, considéré comme mémento divin.

XLVII

Saint-Marc Girardin a dit un mot qui restera : « Soyons médiocres! » Rapprochons ce mot de celui de Robespierre : « Ceux qui ne croient pas à l'immortalité de leur être se rendent justice. » Le mot de Saint-Marc Girardin implique une immense haine contre le sublime.

XLVIII

Théorie de la vraie civilisation. Elle n'est pas dans le gaz, ni dans la vapeur, ni dans les tables tournantes. Elle est dans la diminution des traces du péché originel.

Peuples nomades, pasteurs, chasseurs, agricoles

et même anthropophages, *tous* peuvent être supérieurs par l'énergie, par la dignité personnelle, à nos races d'Occident. Celles-ci peut-être seront détruites. Théocratie et communisme.

XLIX

C'est par le loisir que j'ai, en partie, grandi, — à mon grand détriment; car le loisir, sans fortune, augmente les dettes, les avanies résultant des dettes; mais à mon grand profit, relativement à la sensibilité, à la méditation et à la faculté du dandysme et du dilettantisme.

Les autres hommes de lettres sont, pour la plupart, de vils piocheurs très ignorants.

L

La jeune fille des éditeurs. La jeune fille des rédacteurs en chef. La jeune fille épouvantail, monstre, assassin de l'art.

La jeune fille, ce qu'elle est en réalité. Une petite sotte et une petite salope; la plus grande imbécillité unie à la plus grande dépravation.

Il y a dans la jeune fille toute l'abjection du voyou et du collégien.

LI

Avis aux non-communistes : tout est commun, même Dieu.

LII

Le Français est un animal de basse-cour si bien

domestiqué qu'il n'ose franchir aucune palissade. Voir ses goûts en art et en littérature.

C'est un animal de race latine ; l'ordure ne lui déplaît pas, dans son domicile, et, en littérature, il est scatophage. Il raffole des excréments. Les littérateurs d'estaminet appellent cela le *sel gaulois*.

Bel exemple de bassesse française, de la nation qui se prétend *indépendante* avant toutes les autres.

Ici est collé sur le manuscrit cet entrefilet découpé dans un journal :

« L'extrait suivant du beau livre de M. de Vaulabelle suffira pour donner une idée de l'impression que fit l'évasion de Lavalette sur la portion la moins éclairée du parti royaliste :

« L'emportement royaliste, à ce moment de la seconde Res-
« tauration, allait, pour ainsi dire, jusqu'à la folie. La jeune José-
« phine de Lavalette faisait son éducation dans l'un des princi-
« paux couvents de Paris (l'Abbaye-au-Bois); elle ne l'avait
« quitté que pour venir embrasser son père. Lorsqu'elle y rentra
« après l'évasion et que l'on connut la part bien modeste qu'elle
« y avait prise, une immense clameur s'éleva contre cette enfant;
« les religieuses et ses compagnes la fuyaient, et bon nombre de
« parents déclarèrent qu'ils retireraient leurs filles si on la gar-
« dait. Ils ne voulaient pas, disaient-ils, laisser leurs enfants en
« contact avec une jeune personne qui avait tenu une pareille con-
« duite et donné un pareil exemple. Quand Mme de Lavalette,
« six semaines après, recouvra la liberté, elle fut obligée de
« reprendre sa fille. »

LIII

Princes et générations. — Il y a une égale injustice à attribuer aux princes régnants les mérites et les vices du peuple actuel qu'ils gouvernent.

Ces mérites et ces vices sont presque toujours,

comme la statistique et la logique le pourraient démontrer, attribuables à l'atmosphère du gouvernement
précédent.

Louis XIV hérite des hommes de Louis XIII, gloire.
Napoléon Ier hérite des hommes de la République,
gloire. Louis-Philippe hérite des hommes de Charles X,
gloire. Napoléon III hérite des hommes de Louis-Philippe, déshonneur.

C'est toujours le gouvernement précédent qui est
responsable des mœurs du suivant, en tant qu'un gouvernement puisse être responsable de quoi que ce soit.

Les coupures brusques que les circonstances font
dans les règnes ne permettent pas que cette loi soit
absolument exacte, relativement au temps. On ne peut
pas marquer exactement où finit une influence, mais
cette influence subsistera dans toute la génération qui
l'a subie dans sa jeunesse.

LIV

De la haine de la jeunesse contre les citateurs. Le
citateur est pour eux un ennemi.

« Je mettrais l'orthographe même sous la main du
bourreau. »

(Th. Gautier.)

_____

Goût inamovible de la prostitution dans le cœur de
l'homme, d'où naît son horreur de la solitude. — Il
veut être _deux_. L'homme de génie veut être _un_, donc
solitaire. La gloire, c'est rester _un_, et se prostituer
d'une manière particulière.

C'est cette horreur de la solitude, le besoin d'oublier son *moi* dans la chair extérieure, que l'homme appelle noblement *besoin d'aimer*.

Deux belles religions, immortelles sur les murs, éternelles obsessions du peuple : le phallus antique, et « Vive Barbès ! » ou « A bas Philippe ! » ou « Vive la République ! »

L V

Étudier dans tous ses modes, dans les œuvres de la nature et dans les œuvres de l'homme, l'universelle et éternelle loi de la gradation, des peu à peu, du *petit à petit*, avec les forces progressivement croissantes, comme les intérêts composés, en matière de finances.

Il en est de même dans *l'habileté* artistique et littéraire ; il en est de même dans le trésor variable de la volonté.

L V I

La cohue des petits littérateurs, qu'on voit aux enterrements, distribuant des poignées de mains et se recommandant à la mémoire du faiseur de *courriers*. De l'enterrement des hommes célèbres.

Molière. — Mon opinion sur *Tartuffe* est que ce n'est pas une comédie, mais un pamphlet. Un athée, s'il est simplement un homme bien élevé, pensera, à propos de cette pièce, qu'il ne faut jamais livrer certaines questions graves à la canaille.

L V I I

Glorifier le culte des images (ma grande, mon unique, ma primitive passion).

Glorifier le vagabondage et ce qu'on peut appeler le bohémianisme. Culte de la sensation multipliée et s'exprimant par la musique. En référer à Liszt.

De la nécessité de battre les femmes.

On peut châtier ce que l'on aime. Ainsi les enfants. Mais cela implique la douleur de mépriser ce que l'on aime.

Du cocuage et des cocus. La douleur du cocu. Elle naît de son orgueil, d'un raisonnement faux sur l'honneur et sur le bonheur, et d'un amour niaisement détourné de Dieu pour être attribué aux créatures. C'est toujours l'animal adorateur se trompant d'idole.

LVIII

La musique donne l'idée de l'espace. Tous les arts, plus ou moins ; puisqu'ils sont *nombre* et que le nombre est une traduction de l'espace.

Vouloir tous les jours être le plus grand des hommes !

LIX

Étant enfant, je voulais être tantôt pape, mais pape militaire, tantôt comédien. Jouissances que je tirais de ces deux hallucinations.

LX

Tout enfant, j'ai senti dans mon cœur deux sentiments contradictoires : l'horreur de la vie et l'extase de la vie. C'est bien le fait d'un paresseux nerveux.

LXI

Les nations n'ont de grands hommes que malgré elles.

A propos du comédien et de mes rêves d'enfance, un chapitre sur ce qui constitue, dans l'âme humaine, la vocation du comédien, la gloire du comédien, l'art du comédien et sa situation dans le monde.

La théorie de Legouvé. Legouvé est-il un farceur froid, un Swift, qui a essayé si la France pouvait avaler une nouvelle absurdité? Son choix. Bon, en ce sens que Samson n'est pas un comédien.

De la vraie grandeur des parias. Peut-être même, la vertu nuit-elle aux talents des parias.

LXII

Le commerce est, par son essence, *satanique*. Le commerce, c'est le prêté-rendu, c'est le prêt avec le sous-entendu : Rends-moi plus que je ne te donne.

— L'esprit de tout commerçant est complètement vicié.

— Le commerce est *naturel*, donc il est *infâme*.

— Le moins infâme de tous les commerçants, c'est celui qui dit : « Soyons vertueux pour gagner beaucoup plus d'argent que les sots qui sont vicieux. » Pour le commerçant, l'honnêteté elle-même est une spéculation de lucre. Le commerce est satanique, parce qu'il est une des formes de l'égoïsme, et la plus basse, et la plus vile.

LXIII

Quand Jésus-Christ dit : « Heureux ceux qui sont
affamés, car ils seront rassasiés! » Jésus-Christ fait un
calcul de probabilités.

LXIV

Le monde ne marche que par le malentendu. C'est
par le malentendu universel que tout le monde s'ac-
corde. Car si, par malheur, on se comprenait, on ne
pourrait jamais s'accorder.

L'homme d'esprit, celui qui ne s'accordera jamais
avec personne, doit s'appliquer à aimer la conversation des imbéciles et la lecture des mauvais livres. Il
en tirera des jouissances amères qui compenseront
largement sa fatigue.

LXV

Un fonctionnaire quelconque, un ministre, un directeur de théâtre ou de journal, peuvent être quelquefois des êtres estimables ; mais ils ne sont jamais di-
vins. Ce sont des personnes sans personnalité, des
êtres sans originalité, nés pour la fonction, c'est-à-
dire pour la domesticité publique.

LXVI

Dieu et sa profondeur. On peut ne pas manquer
d'esprit et chercher dans Dieu le complice et l'ami qui
manquent toujours. Dieu est l'éternel confident dans

cette tragédie dont chacun est le héros. Il y a peut-être des usuriers et des assassins qui disent à Dieu : « Seigneur, faites que ma prochaine opération réussisse ! » Mais la prière de ces vilaines gens ne gâte pas l'honneur et le plaisir de la mienne.

LXVII

Toute idée est, par elle-même, douée d'une vie immortelle, comme une personne.

Toute forme créée, même par l'homme, est immortelle. Car la forme est indépendante de la matière, et ce ne sont pas les molécules qui constituent la forme.

LXVIII

Il est impossible de parcourir une gazette quelconque, de n'importe quel jour, ou quel mois, ou quelle année, sans y trouver, à chaque ligne, les signes de la perversité humaine la plus épouvantable, en même temps que les vanteries les plus surprenantes de probité, de bonté, de charité, et les affirmations les plus effrontées, relatives au progrès et à la civilisation.

Tout journal, de la première ligne à la dernière, n'est qu'un tissu d'horreurs. Guerres, crimes, vols, impudicités, tortures, crimes des princes, crimes des nations, crimes des particuliers, une ivresse d'atrocité universelle.

Et c'est de ce dégoûtant apéritif que l'homme civilisé accompagne son repas de chaque matin. Tout, en ce monde, sue le crime : le journal, la muraille et le visage de l'homme.

Je ne comprends pas qu'une main pure puisse toucher un journal sans une convulsion de dégoût.

LXIX

La force de l'amulette démontrée par la philosophie. Les sols percés, les talismans, les souvenirs de chacun. Traité de dynamique morale. De la vertu des sacrements. Dès mon enfance, tendance à la mysticité. Mes conversations avec Dieu.

LXX

De l'Obsession, de la Possession, de la Prière et de la Foi. Dynamique morale de Jésus. (Renan trouve ridicule que Jésus croie à la toute-puissance, même matérielle, de la Prière et de la Foi.) Les sacrements sont les moyens de cette dynamique.

De l'infamie de l'imprimerie, grand obstacle au développement du Beau.

LXXI

Pour que la loi du progrès existât, il faudrait que chacun voulût la créer ; c'est-à-dire que, quand tous les individus s'appliqueront à progresser, alors et seulement alors, l'humanité sera en progrès.

Cette hypothèse peut servir à expliquer l'identité des deux idées contradictoires, liberté et fatalité. — Non seulement il y aura, dans le cas de progrès, identité entre la liberté et la fatalité, mais cette identité a toujours existé. Cette identité, c'est l'histoire, histoire des nations et des individus.

LXXII

Hygiène. Projets. — Plus on veut, mieux on veut.

Plus on travaille, mieux on travaille et plus on veut travailler. Plus on produit, plus on devient fécond.

Après une débauche, on se sent toujours plus seul, plus abandonné.

Au moral comme au physique, j'ai toujours eu la sensation du gouffre, non seulement du gouffre du sommeil, mais du gouffre de l'action, du rêve, du souvenir, du désir, du regret, du remords, du beau, du nombre, etc.

J'ai cultivé mon hystérie avec jouissance et terreur. Maintenant, j'ai toujours le vertige, et aujourd'hui 23 janvier 1862, j'ai subi un singulier avertissement, j'ai senti passer sur moi le vent de l'aile de l'imbécillité.

LXXIII

Hygiène. Morale. — A Honfleur! le plus tôt possible, avant de tomber plus bas.

Que de pressentiments et de signes envoyés déjà par Dieu, qu'il est *grandement temps* d'agir, de considérer la minute présente comme la plus importante des minutes, et de faire ma *perpétuelle volupté* de mon tourment ordinaire, c'est-à-dire du travail!

LXXIV

Hygiène. Conduite. Morale. — A chaque minute, nous sommes écrasés par l'idée et la sensation du temps. Et il n'y a que deux moyens pour échapper à ce cauchemar, pour l'oublier : le plaisir et le travail. Le plaisir nous use. Le travail nous fortifie. Choisissons.

Plus nous nous servons d'un de ces moyens, plus l'autre nous inspire de répugnance.

On ne peut oublier le temps qu'en s'en servant.

Tout ne se fait que peu à peu.

De Maistre et Edgar Poe m'ont appris à raisonner.

Il n'y a de long ouvrage que celui qu'on n'ose pas commencer. Il devient cauchemar.

‹LXXV

Hygiène. — En renvoyant ce qu'on a à faire, on court le danger de ne jamais pouvoir le faire. En ne se convertissant pas tout de suite, on risque d'être damné.

Pour guérir de tout, de la misère, de la maladie et de la mélancolie, il ne manque absolument que le *goût du travail*.

LXXVI

Notes précieuses. — Fais, tous les jours, ce que veulent le devoir et la prudence. Si tu travaillais tous les jours, la vie te serait plus supportable. Travaille *six* jours sans relâche. Pour trouver des sujets,

Γνῶθι σεαυτόν. (Liste de mes goûts.) Sois toujours poète, même en prose. Grand style (rien de plus beau que le lieu commun). Commence d'abord, et puis sers-toi de la logique et de l'analyse. N'importe quelle hypothèse veut sa conclusion. Trouver la frénésie journalière.

LXXVII

Hygiène, conduite, morale. — Dettes. Amis (ma mère, amis, moi). Ainsi, 1,000 francs doivent être divisés en deux parts de 500 francs chacune, et la deuxième divisée en trois parties. *A Honfleur.* — Faire une revue et un classement de toutes mes lettres (2 jours) et de toutes mes dettes (2 jours). (Quatre catégories, *billets, grosses dettes, petites dettes, amis.*) Classement de gravures (2 jours). Classement de notes 2 jours).

LXXVIII

Hygiène, morale, conduite. — Trop tard peut-être !
— Ma mère et Jeanne. — Ma santé par charité, par devoir ! — Maladies de Jeanne. Infirmités, solitude de ma mère.
— Faire son devoir tous les jours et se fier à Dieu, pour le lendemain.
— La seule manière de gagner de l'argent est de travailler d'une manière désintéressée.
— Une sagesse abrégée. Toilette, prière, travail.
— Prière : charité, sagesse et force.

— Sans la charité, je ne suis qu'une .cymbale retentissante.

— Mes humiliations ont été des grâces de Dieu.

— Ma phase d'égoïsme est-elle finie?

— La faculté de répondre à la nécessité de chaque minute, l'exactitude, en un mot, doit trouver infailliblement sa récompense.

LXXIX

Hygiène, conduite, morale. — Jeanne 300, ma mère 200, moi 300 — 800 fr. par mois. Travailler de six heures du matin, à jeun, à midi. Travailler en aveugle, sans but, comme un fou. Nous verrons le résultat.

Je suppose que j'attache ma destinée à un travail non interrompu de plusieurs heures.

Tout est réparable. Il est encore temps. Qui sait même si des plaisirs nouveaux....?

Gloire, payement de mes dettes. *Richesse* de Jeanne et de ma mère.

Je n'ai pas encore connu le plaisir d'un plan réalisé.

Puissance de l'idée fixe, puissance de l'espérance.

L'habitude d'accomplir le devoir chasse la peur.

Il faut vouloir rêver et savoir rêver. Évocation de l'inspiration. Art magique. Se mettre tout de suite à écrire. Je raisonne trop.

Travail immédiat, même mauvais, vaut mieux que la rêverie.

Une suite de petites volontés fait un gros résultat.

Tout recul de la volonté est une parcelle de substance perdue. Combien donc l'hésitation est prodigue! Et qu'on juge de l'immensité de l'effort final nécessaire pour réparer tant de pertes!

L'homme qui fait sa prière, le soir, est un capitaine qui pose des sentinelles. Il peut dormir.

Rêves sur la mort et avertissements.

Je n'ai jusqu'à présent joui de mes souvenirs que tout seul; il faut en jouir à deux. Faire des jouissances du cœur une passion.

Parce que je comprends une existence glorieuse, je me crois capable de la réaliser. O Jean-Jacques!

Le travail engendre forcément les bonnes mœurs, sobriété et chasteté, conséquemment la santé, la richesse, le génie successif et progressif, et la charité. *Age quod agis.*

Poisson, bains froids, douches, lichen, pastilles, occasionnellement; d'ailleurs, suppression de tout excitant.

Lichen d'Islande...............	125 grammes.
Sucre blanc.....	250 —

Faire tremper le lichen, pendant douze ou quinze heures, dans une quantité d'eau froide suffisante, puis jeter l'eau. Faire bouillir le lichen dans deux litres d'eau sur un feu doux et soutenu, jusqu'à ce que ces deux litres se réduisent à un seul litre, écumer une seule fois; ajouter alors les 250 grammes de sucre et laisser épaissir jusqu'à la consistance de sirop. Laisser refroidir. Prendre par jour *trois* très grandes cuillerées

à bouche, le matin, à midi et le soir. Ne pas craindre
de forcer les doses, si les crises étaient trop fréquentes.

LXXX

Hygiène, conduite, méthode. — Je me jure à moi-
même de prendre désormais les règles suivantes pour
règles éternelles de ma vie :

Faire tous les matins ma prière à Dieu, *réservoir de
toute force et de toute justice, à mon père, à Mariette
et à Poe,* comme intercesseurs ; les prier de me communiquer *la force nécessaire* pour accomplir tous mes
devoirs, et d'octroyer à ma mère *une vie assez longue*
pour jouir de ma transformation ; travailler toute la
journée, ou du moins *tant que mes forces me le per-
mettront;* me fier à Dieu, c'est-à-dire à la Justice même,
pour la réussite de mes projets ; faire, tous les soirs, une
nouvelle prière, pour demander à Dieu la vie et la force
pour ma mère et pour moi ; faire, de tout ce que je ga-
gnerai, quatre parts, — une pour la vie courante, une
pour mes créanciers, une pour mes amis, et une pour
ma mère ; — obéir aux principes de la plus stricte sobriété, dont le premier est la suppression de tous les
excitants, quels qu'ils soient.

CORRESPONDANCES

LETTRES A POULET-MALASSIS

Nous donnons dans ce volume quelques fragments des correspondances de Baudelaire avec ses amis, mais aucune n'approche, pour l'étendue ni l'intérêt, de celle qu'il entretint pendant seize ans, de 1850 à 1866, avec Auguste Poulet-Malassis, son éditeur et son intime confident.

Elle ne comprend pas moins de 141 lettres ou billets. La couverture de ce volumineux dossier portait cet avis du libraire chargé de la vente, M. Étienne Charavay : « Nous avons cru qu'il serait fâcheux de démembrer un recueil si important et nous le livrons aux enchères, dans son intégrité. Cette correspondance pourrait faire l'objet d'une très intéressante publication. »

C'est là, en effet, un document de premier ordre pour l'histoire de la vie et de la pensée du poète. Aucun autre ne pourrait y suppléer pour l'abondance et l'authenticité des renseignements qu'il nous fournit. Poulet-Malassis se réservait d'en faire une publication *partielle,* — la nature de certaines confidences, qui s'y rencontrent, excluant toute idée d'une édition sans retranchements. Aussi n'a-t-il dû en communiquer au biographe de Baudelaire, Charles Asselineau, qu'un petit nombre de passages : ce qui explique plusieurs des lacunes de ce travail, d'ailleurs si précieux. Les dix lettres, que Poulet-Malassis consentit à publier de son vivant, se trouvent dans le recueil que nous avons déjà mentionné : CHARLES BAUDELAIRE, *Souvenirs, Correspondances, Bibliographie suivie de pièces inédites.* Paris, Pincebourde, 1872.

Plusieurs causes créèrent l'intimité entre le poète et son éditeur, en dépit ou plutôt en vertu des différences de tempéra- ment et d'intelligence qui les séparaient. Imprégné de la philo- sophie et de la littérature du xviiie siècle, fervent adepte de la Révolution, à telles enseignes qu'il fut arrêté, les armes à la main, en juin 1848, Poulet-Malassis semblait avoir peu de points de contact avec un homme qui professait un catholicisme intolérant, abominait Voltaire, qu'il appelait : « ce misérable, ce maudit », et se faisait gloire d'être le plus romantique des poètes de sa gé- nération. Mais ils sympathisaient sous d'autres rapports. Tous deux aimaient la fantaisie dans l'art et dans la vie, ce que Baudelaire appelle « le bohémianisme ». De plus, Poulet-Malassis avait assez de souplesse d'esprit pour comprendre même la littérature qui n'avait pas ses préférences. Enfin il était aimable, qualité que Baudelaire prisait entre toutes, chez ses amis [1].

Leurs relations datent du commencement de 1849. A cette époque, Poulet-Malassis, de retour des pontons où il fut détenu jusqu'en décembre 1848, dut rencontrer, dans les cafés du quar- tier latin, Baudelaire, alors enrôlé dans le parti républicain dont il ne se dégagea qu'en 1852.

De 1850 à 1856, leurs relations ont laissé peu de traces dans la partie de leur correspondance que Poulet-Malassis avait con- servée. C'est à peine si nous avons, pour cette première période, une lettre de Baudelaire par année. Mais deux de ces lettres sont du plus grand intérêt. L'une, du 20 mars 1852, nous montre Baudelaire désabusé de toute illusion en politique et se plaçant pour juger le coup d'État du prince-président « au point de vue providentiel ». L'autre, du 16 décembre 1853, nous initie à toute la détresse pécuniaire et morale où Baudelaire était plongé, avant que les traductions d'Edgar Poe lui fournissent une occu- pation assidue et un salaire suffisant. Ainsi nous le voyons solli- citer une somme quelconque, et, pour justifier sa demande, exposer sa situation avec une sincérité courageuse : « Il est

---

[1]. Voir la très intéressante étude, *Auguste Poulet-Malassis,* que M. le comte de Contades a publiée dans *le Livre,* n° 51. (Paris, Quantin, 1884.)

impossible de vous raconter tous les très réels malheurs qui se sont introduits cette année dans ma vie, par ma faute et sans ma faute. Année stérile..... Tout ce que je sais, c'est que j'ai à faire quatre volumes et trois comédies, que ces œuvres ne sont pas faites, — absolument, du moins — que j'ai reçu de l'argent sur plusieurs d'entre elles, — et que je n'ai pas le sol pour travailler non pas quinze jours, mais même un jour. »

Mais, en même temps qu'il demande assistance à son ami, il n'hésite pas à se plaindre, en termes très nets et très vifs, du tort que, sans penser à mal, Poulet-Malassis lui a fait en insérant, dans le *Journal d'Alençon,* un article sévère et moqueur sur l'étude intitulée *Edgar Poe, sa vie et ses œuvres,* que le poète avait récemment publiée dans la *Revue de Paris.* C'est là un trait de caractère qui honore Baudelaire. Quelles que fussent les nécessités de sa vie, jamais il n'abdiqua sa fierté ou son indépendance, et ne sacrifia sa dignité à son intérêt.

En décembre 1856, commencent leurs relations d'auteur à éditeur. Poulet-Malassis a signé avec Baudelaire un traité pour la publication des *Fleurs du mal,* et l'impression du livre donne lieu, naturellement, à une correspondance très active. Asselineau a parlé du soin scrupuleux, de l'importance extrême que le poète attachait à la correction du texte et à l'élégance de l'impression. Nous laissons au lecteur le plaisir de découvrir des détails assez abondants et assez piquants pour satisfaire la curiosité du bibliophile le plus exigeant.

Nous nous bornerons à signaler les traits de caractère que cette correspondance nous révèle chez Baudelaire, car elle est pleine de discussions qui auraient dû aboutir à une rupture. Le poète a raison de gourmander fréquemment la négligence de son éditeur, et celui-ci n'a pas toujours tort de résister aux despotiques exigences de son ami. Mais la sympathie invétérée, qui faisait la force de leur intimité, ne tardait pas à l'emporter, et toutes leurs brouilles se terminaient par une réconciliation.

Leur amitié fut assez solide pour résister à la plus rude des épreuves, la divergence des intérêts. Bientôt, ils en vinrent à établir entre les leurs une solidarité presque complète. Toujours pressé par des besoins d'argent, le poète fut contraint de demander à son éditeur des avances relativement considérables, et, en

retour de ces services qu'il lui rendit de la meilleure grâce du
monde, Poulet-Malassis, dont la gêne n'était guère moins grande,
et qui avait, de plus, à faire face à ses engagements de négociant,
ne se fit pas scrupule de demander à Baudelaire sa signature
pour des effets qu'il le chargeait de négocier ou de payer à
l'échéance.

Aussi, à partir de 1857 surtout, leur correspondance est-elle
pleine des confidences les plus explicites sur leurs embarras finan-
ciers. Rien de plus navrant que le dénuement de Poulet-Malassis,
réduit, parfois, à de telles extrémités, que, pour conjurer la
faillite, il songe à vendre sa bibliothèque. Et, de son côté,
le poète s'avoue réduit à une telle indigence que l'argent lui
manque parfois pour affranchir ses lettres. Mais, dans ces crises,
qui se renouvellent à de courts intervalles, c'est toujours le négociant qui se désespère; car son caractère léger s'abat dans le
danger aussi vite qu'il se relève, le mauvais pas franchi. C'est le
poète qui montre une énergie constante. En avril 1859, il écrit à
son ami : « J'ai lu, à Paris, des lettres de vous, où il y avait du découragement. Si vous vous découragez, alors vous courrez de vrais
dangers. Je ne veux pas que vous perdiez la tête pour si peu, et
rappelez-vous que ce n'est pas seulement l'égoïsme qui parle,
mais l'amitié. »

Aigri, exaspéré par la perspective d'un désastre imminent,
Poulet-Malassis se soulage par des récriminations injustes contre
son compagnon d'infortune, sans que celui-ci se laisse jamais
entraîner aux représailles. Tout au contraire, il lui répond avec
une douceur résignée et vraiment touchante chez un homme si
prompt d'habitude à se révolter contre les offenses; le sentiment
de ses torts personnels le ploie à la patience : « Vous essayez,
dans votre lettre, de me faire sentir votre mauvaise humeur,
fort légitime d'ailleurs. C'est inutile. Je souffre suffisamment de
ce qui est arrivé, et j'ai reçu trop de services de vous pour garder
souvenir d'autre chose. »

Toute cette correspondance fait grand honneur au caractère
du poète. Il souffre de tous ces tripotages d'argent où sa dignité
est toujours à la veille d'être compromise, et dont il ne se tire
qu'à force de sang-froid et de fermeté. A d'autres égards, ces
lettres ne sont pas moins favorables à sa mémoire. On y voit quels

sacrifices énormes, vu sa gêne perpétuelle, Baudelaire s'imposait pour subvenir aux besoins d'une maîtresse vieille et frappée de paralysie[1]. Dans ses rapports avec les hommes de lettres et les artistes, il montre la même délicatesse de sentiments. La très curieuse lettre du 8 janvier 1860, où il raconte à Poulet-Malassis un entretien qu'il vient d'avoir avec Méryon, l'illustre graveur, qui donnait dès lors des signes de démence, contient cette phrase touchante : « Ne riez pas de tout ceci avec de méchants bougres. Pour rien au monde je ne voudrais nuire à un homme de talent... »

Très moqueur et très sévère pour Victor Hugo, par besoin de protester contre l'adulation aveugle et universelle, Baudelaire se montre très bon camarade pour ceux de ses rivaux dont la réputation est encore contestée. Ainsi, quand Flaubert publie *Salammbô*, il prend la défense du livre contre « les taquins » qui cherchent querelle à l'auteur, tout en mêlant à ses éloges les réserves que sa sagacité de critique lui commandait.

Quand la déconfiture de Poulet-Malassis le force à s'exiler en Belgique, Baudelaire ne tarde pas à l'y suivre et ils vivent à Bruxelles dans une intimité de tous les jours qui supprime presque toute correspondance. A part deux lettres fort intéressantes que nous avons eu soin de citer, c'est à peine si nous avons, pour ces deux dernières années, quelques billets qui ont trait uniquement au règlement de leurs intérêts communs, et que, pour ce motif, nous omettons, de même que nous avons retranché, dans les années précédentes, un certain nombre de lettres remplies de calculs et de discussions qui seraient non seulement d'une fastidieuse lecture, mais encore inintelligibles, car il faudrait, pour les commenter, recourir aux livres de commerce de Poulet-Malassis.

Nous avons dû nous résoudre à d'autres suppressions, qui étaient absolument inévitables. A propos de ses affaires, le poète malmène fort certains personnages, directeurs de revues ou de journaux, banquiers et usuriers, contre lesquels il pouvait avoir de très légitimes griefs ; mais nous n'avons pas qualité pour nous porter juge de ces querelles, et publier les attaques de Baude-

---

1. V. plus loin les lettres du 4 mai et du 8 mai 1859.

laire, ce serait nous exposer aux réclamations des parties inté-
ressées. Nous n'avons pas voulu nous engager dans ces discussions sans issue.

1852

Samedi, 20 mars 1852 [1].

Mon cher Malassis,

Il y a déjà plusieurs jours que l'on m'a remis votre
lettre [2], au café Tabourey, mais la succession de travaux inévitables et mille sottes courses m'ont empêché de vous répondre.

Champfleury, Christophe et Montégut se portent
très bien. — Champfleury écrit maintenant à la *Revue
de Paris*.

Parmi toutes les personnes que je connais, il n'y a
que sottise et passion individuelles. Personne ne con-
sent à se mettre au point de vue *providentiel* [3].

Vous devinez de quoi je veux parler. Le Président
a fait une espèce de caresse aux gens de lettres en
abolissant l'impôt du timbre sur les romans.

Le *socialisme napoléonien* s'est manifesté par la conversion de la Rente ; et l'on CRAINT chaque jour un dé-

---

1. Baudelaire a écrit 1851, mais c'est une erreur évidente. Les allusions aux événements du jour, que la lettre renferme, le prouvent, de
reste.

2. On lit en marge cette note, de la main de Poulet-Malassis : « J'avais
quitté Paris à la suite du coup d'État de décembre 1851. »

3. Il est curieux de rapprocher de cette phrase et du développement
qui la suit ces lignes, si différentes, du journal intime du poète, *Mon
cœur mis à nu :* « Ma fureur au coup d'État ! Combien j'ai essuyé de coups
de fusil !... Encore un Bonaparte ! quelle honte ! »

cret qui impose d'un quart les héritages de collatéraux.
Enfin le Président a compris qu'en donnant toute liberté de discussion sur la saisie des biens des princes
d'Orléans, il se donnait le beau rôle. Aussi, toutes les
pièces s'impriment, et les brochures se répondent.

Il est aussi question de rendre au ministère de
l'*Intérieur* le département des affaires littéraires, qui
récemment avait été confondu avec l'*Instruction publique*. Quelques membres de la Société des gens de
lettres se sont plaints de cette promiscuité avec les
professeurs qui, d'ailleurs, sont des jésuites déguisés et
qui mangent tout, quand il y a quelque chose à manger.

D'ailleurs, je suis persuadé que toutes les notes et
idées haineuses pour l'Université flatteront le Président.
Aussi bien, j'aimerais assez ne voir que *deux partis* en
présence, et je hais ce *milieu* pédant et hypocrite qui
m'a mis au pain sec et au cachot. Tout cela me divertit
beaucoup. Mais je suis décidé à rester désormais étranger à toute la polémique humaine, et plus décidé que
jamais à poursuivre le rêve supérieur de l'application
de la métaphysique au roman. — *La Semaine théâtrale*
est morte sous nous. Le dernier numéro contenait un
très bon article de Champfleury, de critique littéraire,
et deux pièces de vers de moi, qui ne sont pas mauvaises[1]. — J'ai fait imprimer, à la *Revue de Paris*, un gros
article sur un grand écrivain américain. *Mais je crains
bien que la première fois ne soit la dernière. Mon article
fait tache.*

1. Les deux pièces *Crépuscule du matin* et *Crépuscule du soir.*

La première partie a paru le 29 février, et la seconde paraît dans dix jours. Il y aura aussi une *nouvelle* de Champfleury.

Cependant, j'avais fait un *beau rêve*. Amic m'avait déclaré que, décidément, il voulait fonder une GRANDE Revue et que j'en serais directeur — Je lui ai communiqué mes idées ; mais il paraît que *nos* plans (je voulais que Champfleury m'aidât) étaient *trop* beaux. Il est très refroidi, et je crois que l'affaire est manquée.

Vous aviez donc perdu mon adresse : 25, *rue des Marais du Temple*. Mais je n'y serai que jusqu'à la fin du mois, et je vous enverrai ma nouvelle adresse. — Adieu, et persuadez-vous bien comme moi, de plus en plus, que la Philosophie est *tout*.

––––––

1853

Vendredi, 16 décembre 1853[1].

Mon cher Malassis,

Je vous prie, je ne dirai pas très instamment, ce serait vous dire une impertinence, — je vous prie simplement, — si cela est possible, — aussitôt que vous

1. Depuis quelques mois, l'intimité de Baudelaire avec Poulet-Malassis avait fait un pas décisif. Ils commençaient à avoir des relations d'auteur à éditeur. D'après une note de Poulet-Malassis, un article publié dans *le Monde littéraire* (n° 2, 27 mars 1853) avait été imprimé chez lui, sous ce titre : *Philosophie de l'ameublement*, traduit d'Edgar Poe, par Charles Beaudelaire (*sic*). Cette plaquette ne fut tirée qu'à vingt-cinq exemplaires, que le poète fit tous détruire, à cause de la mauvaise orthographe de son nom.

aurez reçu ma lettre, — de mettre pour moi à la poste, — sous la forme d'un mandat de poste, — une *somme* QUELCONQUE. Je vous mets bien à votre aise, comme vous voyez, — car il est évident qu'il ne peut pas être question d'une *grosse*. Il s'agit simplement pour moi de trouver quelques jours de repos, et d'en profiter pour finir des choses importantes qui donneront leur résultat positif, le mois prochain.

En formant la résolution de vous demander un peu d'argent, j'ai dû fouiller dans mes petits papiers pour voir ce que je vous devais déjà. Je trouve le chiffre 36. Si je me trompe, vous me le direz, et je présume que vous me le direz vous-même ; car Champfleury m'a dit hier que vous viendriez nous voir en janvier.

Il m'est impossible de vous raconter tous les très réels malheurs qui se sont introduits cette année dans ma vie, par ma faute et sans ma faute. Année stérile. Tout ce poème grotesque ne vous regarde pas et ne vous intéresserait pas. Vous vivez maintenant si calme ! Ma vie à moi, vous le devinez, sera toujours faite de colères, de *morts*, d'outrages, et surtout de mécontentement de moi-même. Ce langage, je vous l'assure, n'est pas trop emphatique ; je vous écris sans aucune surexcitation nerveuse. — Tout ce que je sais, tout ce que je sens, c'est que je viens de perdre, par suite d'une série de mésaventures, où ma sottise a sa part, une année entière, et que J'AI A FAIRE *quatre volumes et trois comédies*[1], que ces œuvres ne sont pas faites, —

1. Tout renseignement précis manque sur cette période de la vie de Baudelaire. Il est impossible de savoir quels étaient les titres et les sujets de

absolument du moins, — que j'ai reçu de l'argent sur plusieurs d'entre elles, — et que je n'ai PAS LE SOL pour travailler, non pas quinze jours, mais même un jour. Vous ne trouverez pas étonnant que j'aie pensé à vous qui avez été si charmant avec moi, — et toujours.

POST-SCRIPTUM. AVEC ou SANS argent, répondez-moi tout de suite; mais surtout, mon ami, pas de grosses raisons faites pour les bêtes; je serai persuadé que vous ne pouvez pas m'obliger par le simple fait que vous ne le faites pas. — Et aussi — mon cher ami, — pas trop d'esprit, — il tomberait bien mal dans ma vie actuelle.

Puisque vous venez ici en janvier, je compte que vous viendrez me voir, cela va sans dire. Je tâcherai d'avoir la prévoyance de mettre votre argent de côté. Je vais faire paraître une série de morceaux au MONI-TEUR[1], aussitôt que j'aurai le petit loisir que j'implore, et cela me fera UNE FORTE SOMME.

Christophe[2] m'a donné, il y a quelques mois, un numéro du *Journal d'Alençon*, où vous avez fait enten-dre que le traducteur et l'*enthousiaste* FINIRAIT comme le *modèle*. *Voilà ce que c'est que l'esprit.* J'ai encore le journal dans mes papiers.

---

ces volumes; on ne trouve aucune trace de ces *comédies*, ni dans sa cor-respondance, ni dans les diverses listes d'ouvrages projetés qui furent im-primées sur les couvertures de ses livres ou des livres de ses amis.

1. Baudelaire veut sans doute parler ici de la première série des *His-toires extraordinaires* d'Edgar Poe. Peut-être l'avait-il proposée au *Moni-teur,* mais c'est dans *le Pays* qu'elle parut, d'août à octobre 1854.

2. Le statuaire Christophe, avec qui Baudelaire et Malassis étaient inti-mement liés.

Vous dites de plus que mes catégories, mes explications psychologiques sont inintelligibles, — et même, autant que je peux mé rappeler, — que je n'ai aucun esprit philosophique. — Il est possible que je sois un peu obscur dans des travaux faits à la hâte, sous la pression du besoin, et gêné par des brutes romantiques; mais le nouveau travail, — augmenté du double, — et qui paraîtra en janvier[1], vous démontrera que je me suis parfaitement bien compris. — Je suis certain, pour mon compte, — que vous n'avez pas compris le GÉNIE en question. Vous avez parlé, avec la jouissance tapageuse de l'esprit, d'un homme que vous n'avez pas fréquenté. — Et de plus, la traduction, insérée par vous, ne représente pas avec justesse le sens et le style poétique du CORBEAU. Que ma petite rancune ne vous empêche pas de faire pour moi ce que vous pourrez[2].

1. Cette réimpression n'eut pas lieu.
2. L'extrait suivant du *Journal d'Alençon* (n° 3, 9 janvier 1853) montrera combien les plaintes et les critiques de Baudelaire étaient fondées, et de quelle outrageuse façon Poulet-Malassis avait méconnu le génie de Poe et le talent de son traducteur.

« EDGAR ALLAN POE. — Edgar Allan Poe est un littérateur américain, qui a fait de la philosophie, de la critique et des contes. Quelques-unes de ses œuvres sont d'un aspect assez saisissant pour que leur traduction ait eu l'importance d'un événement parmi ceux qui s'intéressent aux productions de l'esprit; la *Revue de Paris* a publié sur lui un travail étendu ; l'auteur de ce travail, M. Charles Baudelaire, prépare une traduction des œuvres de Poe, qui paraîtra prochainement à la librairie de Lecou.

« M. Baudelaire a essayé une classification de ces contes, à laquelle on ne peut rien comprendre, faute de clef qui embrasse ses catégories. S'il fallait leur donner un titre générique, je leur donnerais celui de Psychologie des affections mentales.

« Autant qu'on en peut juger par les œuvres déjà traduites, la danse (*sic*)

Je vous remercie de votre argent, si vous l'envoyez; de votre diligence à me répondre, si vous ne m'envoyez qu'une lettre.

Tout à vous.

———

1856.

Mardi, 9 décembre 1856.

Mon cher ami, rien de plus judicieux et de plus sage que votre lettre. En réalité, c'est presque les conditions que Michel[1] faisait, avant ses volumes à un franc et à six mille exemplaires...

des idées et leurs évolutions irrationnelles sous certaines influences perturbatrices ont été l'objet assidu des préoccupations de Poe.

« ... En résumé, Poe était puissamment organisé, mais il a immolé sur l'autel de l'art les trois quarts de ses facultés. Du Poe primitif il n'est resté qu'un pur artiste de la plus misérable comme de la plus déplorable espèce. Ses études très profondes sur les maladies de l'esprit ne lui ont pas donné l'envie de chercher les moyens de se guérir, mais le désir effréné de jouir de ses écarts. Ses œuvres ne sont que des variations brutalement exécutées sur l'air de la folie. Il a fait comme un homme connaissant à fond la sophistique, qui déraisonnerait par dilettantisme et mettrait sa gloire à dire : Nul au monde ne déraisonne mieux que moi !

« .... Au moment où M. Baudelaire publiait son travail dans la *Revue de Paris*, allait de vie à trépas un homme avec lequel Poe pourra tenir une conversation instructive dans l'autre monde, un toxicographe allemand, qui avait trouvé un antidote aux plus violents poisons. Son orgueil s'emporta sur cette découverte, et comme l'autre s'affolait et se désaffolait, celui-ci se mit à s'empoisonner et à se désempoisonner. Il y passait sa vie ; il faisait mettre dans les journaux qu'à telle heure il mourrait, et qu'à telle heure il ressusciterait. Finalement, il resta empoisonné. La mort, fatiguée de se voir si souvent dérangée pour rien, l'avait emporté. L'ombre de l'empoisonné et l'ombre de l'halluciné pourront avoir, dans les champs Élysées, un bel entretien sous ce titre : Qu'il ne faut pas traiter l'intelligence et la vie en instruments de vanité ou de volupté.

« Nous renvoyons ceux qui voudraient en savoir davantage sur Poe à l'article de M. Baudelaire. La petite biographie en est très brillante, mais la partie philosophique entièrement à refaire, etc. »

1. L'éditeur Michel Lévy.

Je puis vous avouer maintenant tout le plaisir que m'a causé votre lettre. J'avais fini, — ne m'en veuillez pas trop, — par prendre vos indécisions pour une réelle défiance de mon talent...

Enfin les billets eux-mêmes (surtout celui de 200 francs) tombent comme le Messie. Car, après votre départ, mon guignon a fait qu'*au Moniteur,* on a pris la décision d'apurer avant tout les comptes de l'année qui vient de s'écouler, et l'*Arthur Gordon Pym* ne sera payé que le 15 janvier. Le premier numéro paraîtra irrévocablement le 8. Vous devinez dans quel état d'anxiété j'étais, — et vous voyez que j'ai quelques raisons d'être satisfait.

Je suis bien aise que vous ne veuilliez commencer qu'en *février* et que nous commencions par la poésie. J'aurai tout janvier pour éparpiller les trois ou quatre morceaux inédits du volume de prose pour en tirer de l'argent, et, en même temps, nous pourrons disposer ensemble l'ordre des matières des *Fleurs du mal* [1], — *ensemble*, entendez-vous, car la question est importante. Il vous faut faire un volume composé seulement de bonnes choses ; peu de matière, qui paraisse beaucoup et qui soit très voyante. Votre mot *popularité* m'a beaucoup fait rire. Point de popularité, je le sais, mais

---

1. « Le consulat librairesque de Malassis, bonne aubaine pour nous tous, fut l'essor de Baudelaire. Ses poésies furent un des premiers livres publiés. Le livre n'avait pas de titre alors, après avoir été baptisé tour à tour *les Lesbiennes* et *les Limbes.* Grande affaire! Et Dieu sait s'il en fut longuement question. Celui qui donna le titre définitif, *Fleurs du mal,* c'est Hippolyte Babou, je m'en souviens très bien, un soir, au café Lemblin, après une longue enquête sur ce sujet. » (Note tirée du manuscrit inédit de Charles Asselineau, intitulé : *Baudelaire.*)

un bel éreintage général qui attirera la curiosité ; et puis nous saurons avoir quelques articles dans les Revues étrangères.

Je ne sais pas si vous enfermerez les deux livres dans le même traité ; mais que vous n'en fassiez qu'un ou que vous en fassiez deux séparés, si vous ne laissez pas en blanc le titre du livre en prose, mettez *Miroir de l'art, Cabinet esthétique*, ce qui vous passera par la tête. Nous modifierons cela, à votre gré, quand vous déposerez le titre au ministère.

Le genre de traité, que je vous ai demandé et que vous me faites, a cela d'excellent qu'il est difficile de supposer que vous perdiez quelque chose, et que, si le livre se réimprime, les bénéfices futurs de l'auteur sont sauvegardés.

Donc : deux volumes, *mille exemplaires*, éternellement cinq sols.

Poser le cas où Malassis ne réimprimerait plus pendant un an (?) et où Baudelaire serait libre. Avec vos billets, envoyez-moi votre ou vos traités signés ; je vous retournerai de même les doubles.

Ajoutez, dans votre lettre, un conseil pour l'escomptage du premier (200).

J'ignore la part qu'a votre beau-frère [1] dans votre décision, ou même s'il en a une. En tout cas, présentez-lui mes amitiés, si toutefois vous le croyez sensible aux pompes sataniques de l'étiquette. Autre aventure, mon logement définitif ne peut être prêt que le

---

1. M. de Broise, l'associé de Poulet-Malassis.

15 janvier. Ainsi vous me retrouverez ici, et je reste,
jusqu'au 15 janvier, cloué dans l'hôtel de ce misérable[1]
que MM. Havin et Léon Plée prennent pour un grand
poète.

Mettez-moi de côté tout ce que vous accrocherez de
Laclos et sur Laclos [2].

Si je ne craignais pas que vous ne me traitiez de
maniaque ou d'insolent, je vous parlerais encore de
quelques monnaies (*sic*) que je vous dois. Mais il sera
toujours temps de vous fâcher, quand vous viendrez
à Paris.

Bien à vous.

_____

1857

Mon cher ami, le manuscrit a été remis à Mme Du-
puy, mercredi, 4 février; — ce n'est donc pas ma
faute si vous l'avez reçu si tard.

Je recevrai donc, en même temps que les placards
représentant la moitié de *Spleen et Idéal* [3], le paquet des
pièces sacrifiées, mais non composé. En ceci vous
avez raison. Mais j'avais cru pouvoir vous demander
cela, à cause de mon infirmité qui ne me permet de
juger de la valeur d'une phrase ou d'un mot que
typographiés.

_____

1. Ce misérable, c'est Voltaire. Quelques-unes des lettres de Baudelaire
à Poulet-Malassis sont écrites sur un papier qui porte cet en-tête imprimé :
Hôtel Voltaire, tenu par M. et Mme Denneval, quai Voltaire, 19.

2. Baudelaire projeta très longtemps d'écrire une étude sur le livre des
Liaisons dangereuses, qu'il regardait, avec raison, comme un des chefs-
d'œuvre du roman moderne.

3. Titre d'une partie du livre des *Fleurs du mal.*

Quant aux épreuves, pourquoi ce petit sermon? Je sais que vous avez raison. Mais vous avez l'air de croire que je veux en abuser. Je demande une *épreuve-placard* et une *épreuve mise en pages*. Vous avez été induit en erreur par ma phrase : *toujours une double épreuve*, c'est-à-dire : toujours *la même épreuve en double*, — dans le but de fournir des citations (peut-être) à des revues ou à des journaux — avant votre mise en vente, ce qui ne peut que vous être agréable.

Quant à la question typographique, je n'y entends rien, ou, du moins, je n'y entends qu'avec mon œil.

Je vous recommande seulement, lors de la mise en pages, de ne pas être avare de blancs, et puis de composer la dédicace dans un certain style solennel que vous saurez trouver, grâce à votre excellent goût. Cependant il serait peut-être bon de ne pas donner à un manuscrit moderne les archaïsmes et les gentillesses du rouge. Pas de coquetterie.

Je suis profondément étonné de votre mot : de 350 à 400 pages. Je ne l'aurais jamais cru, surtout avec du *huit*.

Vous aurez l'obligeance de m'expliquer comment on use de la poste, pour les épreuves. Toutes mes épreuves de Corbeil, c'était Michel qui les expédiait.

Il me tarde fort de vous voir.

Tout à vous.

Mardi, 10 février 1857.

Pour le manuscrit Bric-à-brac, Oui.

Le.*huit* me paraît bien petit et bien peu grave.

Lundi, 16 février 1857.

Je croyais, mon cher ami, que c'était une question déjà décidée par vous. C'est pourquoi je ne répondais pas. J'ai trouvé votre *huit* (alençonnaises) joli, et, en effet, fort adaptable à un format anglais. Mais il m'est impossible de deviner si votre *neuf* ferait mieux.

(Ajoutez à cela que je suis toujours préoccupé de l'horreur de la plaquette.)

Mais je puis vous dire quelque chose qui vous mettra bien à l'aise, et pour toujours. Dans toute question de cette nature, comme vous vous y connaissez infiniment mieux que moi, *toutes les fois qu'il n'y aura pas, de ma part, répulsion radicale*, SUIVEZ VOTRE GOUT.

Je m'imaginais que vous alliez arriver à Paris avec des placards représentant la moitié de *Spleen et Idéal*, et que, naturellement, vous les auriez remportés corrigés. En tout cas, n'oubliez pas de rapporter intégral le manuscrit des *pièces sacrifiées*.

Si vous pouvez dénicher, dans vos greniers ou armoires, un ou deux dictionnaires de rimes, apportez-les-moi. Je n'en ai jamais eu. Mais ce doit être une chose excellente, dans le cas d'épreuves.

Bien à vous.

Samedi, 7 mars 1857.

Mon cher ami, j'ai là une lettre de moi pour vous, datée du 1er mars, qui devait accompagner tous les placards, lesquels sont finis depuis le 1er mars. Je

vais profiter de ce que je n'ai pas de feuilleton demain [1]
pour les revoir encore, et je vous les enverrai lundi.
Vous pourrez donc continuer la mise en pages.

Je vous remettrai en même temps la première feuille.
Demain dimanche, Théophile vient au *Moniteur*; je
veux lui montrer la dédicace avant de vous l'envoyer.

Vous trouverez, sur les placards, des observations
adressées à vous (particulièrement à propos de mes
deux ou trois notes); et, à propos de ces notes, si vous
adoptez mon idée de les rejeter à la fin, il faudra en
conserver la composition.

Observation sur l'orthographe (pluriels et autres
cas); moderne ou ancienne? Je préfère l'ancienne, mais
modérée.

Vous reverrez, n'est-ce pas, les feuilles avec les
placards sous vos yeux?

Je suis toujours très préoccupé de la terreur de la
plaquette.

Je voudrais bien avoir la fin.

Rappelez-vous que je n'entends rien à l'encartage,
aux réclames, signes de rappel, etc., et que je n'ai
su jamais plier une feuille.

Ne croyez pas que, quand j'ai une heure à perdre,
je la perde. Je commence à jouer des ciseaux et des
pains à cacheter pour votre deuxième volume. A ce
sujet, je vous dirai que votre nouveau titre est détestable. Il est digne de l'esprit raisonnable et modeste

---

1. *Le Moniteur Universel* publiait la traduction des *Aventures d'Arthur
Gordon Pym*.

d'Asselineau. J'aime les titres mystérieux ou les titres-pétards.

Théophile Gautier, qui sait tout faire, me fera cela.

Voilà vos *Nouvelles Histoires extraordinaires*....

J'ai parlé à Turgan [1] du cas où moi et un de mes amis nous aurions besoin d'être protégés à propos de livres réputés dangereux (*Compère Mathieu, Laclos, et cætera*). Il m'a dit : « Faites la connaissance de Mérimée. Il est tout-puissant dans ces chose-là. »

Vous vous rappelez la brochure H. B. [2].

Bien à vous.

Avant le tirage de la première feuille, je voudrais bien voir votre papier. Vous ne sauriez croire combien votre papier transparent vous nuit.

———

Mon ami, voilà votre baume, sous forme de :

Trois placards, où il y a une pièce à supprimer;

Deux pièces à intercaler;

Votre première feuille que vous n'aviez pas relue, car j'ai trouvé des fautes bizarres;

La *nouvelle dédicace*, discutée, convenue et consentie avec le magicien [3], qui m'a très bien expliqué qu'une

---

1. Rédacteur en chef du *Moniteur*.

2. Célèbre brochure de Mérimée sur Stendhal, dont très peu d'exemplaires paraissent avoir été mis dans le commerce. On y trouve la hardie profession de foi d'un libre penseur, et Mérimée eut sans doute besoin, pour n'être pas inquiété par le Parquet, de faire appel aux très hautes protections qui lui étaient acquises.

3. Théophile Gautier. C'est de ce nom que Baudelaire le salue, dans la dédicace des *Fleurs du mal*.

dédicace ne devait pas être une profession de foi, laquelle d'ailleurs avait pour défaut d'attirer les yeux, sur le côté scabreux du volume et de le dénoncer.

Décidément, CURIOSITÉS ESTHÉTIQUES.

Je n'ai plus que six feuilletons à faire. Vous savez ce que cela veut dire. Ces effroyables colonnes, qui doivent être prêtes à onze heures du matin, me donnent des maux de nerfs.

Bien à vous.

9 mars 1857.

A MONSIEUR DE BROISE [1].

Dimanche, 15 mars 1857.

Monsieur, je sais qu'il n'est pas d'usage de répondre à *une lettre qu'on n'a pas reçue;* mais je crois qu'il m'est permis de violer la règle dans le cas présent. M. Poulet-Malassis, *mon très ancien ami,* est parfaitement libre de rembourser à la *Société* le prix que j'ai reçu de lui pour deux volumes et si M. Malassis exige à son tour que je le rembourse, je le rembourserai. Quant à *la façon toute de confiance* dont il a traité avec moi, et qui est *un perpétuel sujet de reproches* de votre part, je vous ferai remarquer, monsieur,

---

1. Pour ne pas interrompre la série des lettres de Baudelaire qui se rapportent à l'impression des *Fleurs du mal,* nous plaçons ici cette lettre sans suscription, mais adressée évidemment à M. de Broise, l'associé de Poulet-Malassis.

que TOUS LES TRAITÉS SONT DE CONFIANCE, et que s'ils n'étaient pas de *confiance*, on ne les ferait pas.

Auguste Malassis m'a offert de me servir d'abord TOUT mon livre en placards. Je ne le lui demandais pas ; je n'avais pas osé ; mais j'ai accepté : OR *c'est vous qui êtes en retard.*

Vous ignorez sans doute, monsieur, ce que c'est que le soin et les lenteurs indispensables pour un ouvrage auquel on attache de l'importance. Quant au second volume, j'ai répondu nettement à MON AMI Malassis qu'il était absurde que je fisse trois choses à la fois, parce que c'était le moyen sûr de faire de la mauvaise besogne. Dans peu de jours, je serai tout entier à ce second volume.

Je crois que j'ai répondu suffisamment au *premier perpétuel reproche.* Malassis, sachant ou ayant deviné que je pouvais avoir besoin de travailler sur une grosse quantité de matières, m'a offert plus que beaucoup, il m'a offert *tout.* Il avait raison, car, recevant beaucoup de matières, j'en renverrai beaucoup, et A LA FOIS *(explication du retard).*

J'en viens maintenant, monsieur, à l'objet de votre *second perpétuel reproche : Les surcharges de M. Baudelaire !* Si vous ne voulez pas de surcharges, monsieur, il ne faut pas envoyer d'épreuves TORCHÉES comme celles que vous avez expédiées *pendant que M. Malassis était à Paris.* Ces justifications, et les termes dans lesquels je suis obligé de les faire, me sont extrêmement pénibles ; mais je désire appeler votre attention sur ce point : *Si vous aviez mis plus d'activité et moins de négligence, vous auriez eu moins d'embarras, et vous n'auriez pas éprouvé la nécessité* (toujours facile à trouver) *de faire de perpétuels reproches.*

Je vous prie, monsieur, d'agréer l'assurance de ma parfaite considération, et de présenter mes respects à Mme Malassis, et l'assurance de mon amitié à Auguste.

A M. POULET-MALASSIS.

Mon cher ami, je vous remercie ; j'ai reçu ce soir la deuxième feuille et le gros paquet. Cela va maintenant aller rondement.

Il m'a encore été impossible de vous écrire aujourd'hui tout ce que j'ai à vous dire. Je vous adresse seulement, à la hâte, trois ou quatre observations :

1re. Vos guillemets singulièrement retournés. Est-il nécessaire d'en mettre tout du long ?

2me. Je vous recommande ma dédicace[1], avec un amour infini. Quelque chose de menu, d'élégant, avec proportions, et mettant un peu plus en vue les trois ou quatre parties principales.

3me. Votre titre courant n'est-il pas trop près du premier vers ? Il faudrait au moins autant d'espace entre le premier vers et le titre courant qu'entre les strophes.

4me. Votre deuxième volume ! Je vous supplie de me laisser finir ceci d'abord ; autrement, vous me ferez mettre des vers dans la prose et de la prose dans les vers, ou bien de l'ornithologie ou des manœuvres de

---

1. La dédicace à Théophile Gautier, celle qui est en tête du livre.

navire dont j'ai la tête cassée [1]. Qui m'empêchait (si ce n'est la crainte du désordre) de vous laisser emporter de Paris ce second volume, auquel il ne manque que trois articles : *Caricaturistes, Opium et Peintres raisonneurs?* Mais alors les lacunes! et les remaniements! et le diable !

Vous dites bien du mal de moi sans doute, là-bas ; mais, dans quelques jours, vous jugerez combien j'ai raison.

Quant à la lettre [2], vous avez sans doute bien fait de la supprimer ; vous avez évidemment deviné que ce qui m'exaspérait était l'idée que votre beau-frère vous exaspérait et qu'il en pouvait résulter une altération dans nos anciens et excellents rapports.

Mes respects à votre mère, si elle se souvient de moi. Vous aurez la bonté de me montrer la première feuille rectifiée. Je vous ai donné le *bon à tirer* pour vous mettre un peu de baume dans le sang.

Quant aux notes, il faudra prendre un parti, et si vous tenez à souiller le volume, je découvrirai un moyen mixte.

Égalité d'interlignes! lettres cassées, etc., etc. Je présume qu'il est encore temps pour toutes ces petites choses, d'ailleurs importantes.

Votre ami.

Mercredi, 18 mars 1857.

1. On a vu plus haut, p. 142, que Baudelaire avait chaque jour à corriger les épreuves de sa traduction des *Aventures d'Arthur Gordon Pym* qui paraissaient dans le feuilleton du *Moniteur.*

2. La lettre qui précède, adressée à M. de Broise.

Mercredi, 18 mars 1857.

Mon cher ami, je réponds à votre lettre de ce matin :

D'abord, il est absurde que vous vous fâchiez. Voyons, mon bon cher ami, je ne vous ai jamais dit que je voulusse des *égyptiennes*, des caractères *gras, anglais, amaigris,* etc. Je sais ce que c'est que l'unité ; j'ai toujours pensé comme vous là-dessus, et je connais l'importance de l'harmonie dans les caractères ; vous me parlez TITRE, et je vous réponds DÉDICACE.

Vous me dites : C'EST IMPRIMÉ ; vous voulez dire : TIRÉ.

Cette dédicace ne peut pas passer, et puisque mon goût diffère du vôtre — (je maintiens la nécessité de rétrécir la longueur, la hauteur, si vous aimez mieux de RAPETISSER tous les caractères, les prenant tous d'un œil moins gros), — je vous offre, et ne vous fâchez pas, de vous rembourser le PRIX DU PAPIER et du TIRAGE de cette feuille. Mais désormais, ne tirez plus sans le *bon à tirer.* Que je sache le prix que vous coûte cette aventure, et vous le recevrez, le premier du mois.

Pour le nouveau tirage, rectifiez toutes les fautes marquées sur l'épreuve (*feuille imprimée*) renvoyée par moi (sauf *poète* et vos *guillemets,* si vous y tenez). *(Quant à ma ponctuation, rappelez-vous qu'elle sert à noter non seulement le sens, mais la déclamation.)*

Quant aux fontes mal faites, vous avez raison ; mais ce n'est pas ma faute si mon œil est trop bon.

Ainsi, voilà qui est bien entendu : il faut que cette feuille soit refaite ; je paye les frais, et vous ne faites plus tirer sans BON A TIRER. — *Je vais vous renvoyer ce soir vos deux feuilles suivantes.*

Votre bien dévoué.

Réponse, bien vite, bien vite.

NON, PAS DE CRÉBILLON[1] ; c'est bien assez de l'autre pour lequel je me donnerai beaucoup de mal.

———

[20 mars 1857].

Mon cher ami, vous êtes mille fois trop aimable, vous et votre Crébillon, dont je ne véux pas.

Donnez cela à Monselet ou à Babou. Après notre second volume, excepté en faveur de Laclos, je n'écris plus d'articles. Je vous remercie du magnifique regret que vous exprimez à la fin, mais j'en profite pour vous faire remarquer que vous ne me dites pas un mot de la grosse question. Je vous ai déjà offert de vous rembourser, le 1er du mois, le prix du papier et du tirage; mais j'ai réfléchi depuis lors que vous aviez peut-être défait les formes et les caractères; dans ce cas-là, je vous rembourserai aussi une nouvelle composition, mais en une autre fois. — Dans ce cas-là aussi, vous auriez l'obligeance de me retourner *l'ancienne feuille avec ses corrections, en même temps que la feuille nouvelle, pour que je puisse bien vérifier.* — Et il ne faut pas vous fâcher, et il faut accepter mon offre. Voulez-vous

1. Poulet-Malassis avait proposé à Baudelaire de se charger d'une étude sur Crébillon fils, dont il voulait réimprimer quelques œuvres.

que je vous envoie le petit volume des poésies de Poe,
imprimé à Londres? Il y a là deux dédicaces imprimées
dans le goût que j'essayais de vous indiquer.

Ah! malheureux plein de pétulance, avez-vous donc
fait le même coup pour les deux feuilles suivantes,
c'est-à-dire celles que vous avez dû recevoir ce matin
(20 mars) et avez-vous tiré avant d'avoir reçu les
dernières corrections? Pour le coup, le cas serait
encore plus grave, car il y avait quelques belles et so-
lides fautes.

Les placards marchent, il y en a eu un fait cette
nuit. Dans deux jours, ce sera fini.

Tout à vous.

———

21 mars 1857.

Hélas! mon ami, j'ai horreur des cartons, c'est
donc la feuille *refaite* que je veux. JE VEUX, comme
vous dites, faire une dépense absurde et puérile
(composition, papier et tirage) et comme vous avez,
je le reconnais, d'excellents motifs pour croire que
vous avez raison, il est juste que je vous rembourse
cette dépense. Croyez que j'ai assez d'ordre pour
mettre cet argent de côté.

Votre nouvelle dédicace est mieux, beaucoup mieux.

Autres objets d'inquiétude :

Guillemets : vous vous trompez, mon pauvre ami;
j'ai eu l'air d'approuver, et j'ai simplement réclamé
dans les placards un système unique, et j'ai cru que
vous préfériez celui qu'en réalité vous désapprouvez,

comme moi. Donc, vous serez remercié par moi si vous transformez cette abondance de guillemets en stricte suffisance, comme vous me l'expliquez si bien dans votre lettre de ce matin (21 mars). — Seulement, *que je sois bien averti* de la transformation, pour que je m'arrête à ce système définitif.

Autre malheur : qu'est-ce que c'est que ces deux feuilles que vous me réclamez, si ce n'est les deux uniques que j'avais et que je vous ai retournées, le 19 ? — *Ainsi, la poste les a donc perdues*, puisque vous auriez dû les tenir au moment où vous m'écriviez votre dernière lettre.

Il ne manquerait plus, pour comble d'infortune, que vous ayez encore opéré votre tirage sans les attendre ; car cette fois-ci, — dans ces deux feuilles, il y avait de bonnes fautes.

Réparez donc, dans la feuille à recomposer, la question des guillemets, et quant au reste, que le compositeur se conforme strictement à la dernière épreuve renvoyée, à ce que, malheureux que je suis, j'ai pris pour une *épreuve.*

Quant à votre proposition des quinze jours[1], oui, de bien grand cœur, — après que je vous aurai livré votre deuxième volume intégralement.

Vous me traitez comme un fou ; je voudrais bien vous voir vous-même risquer un ouvrage de vous dans des conditions non absolument satisfaisantes.

Votre bien dévoué, et excusez ma tristesse.

---

1. Il s'agit sans doute ici d'une de ces invitations qui amenèrent plusieurs fois Baudelaire à Alençon.

Mon cher Malassis, la quatrième feuille, que j'ai reçue ce matin, est corrigée avec *bon à tirer*. Les placards sont corrigés. Je regarde donc le travail comme presque fini.

Mais je suis trop inquiet pour vous envoyer quoi que ce soit avant d'avoir reçu de vous :

1° La première feuille, *recomposée avec la nouvelle dédicace*, d'après l'épreuve retournée, portant *bon à tirer*. — *y compris cette épreuve pour que je puisse vérifier ;*

2° L'affirmation que vous avez reçu toutes mes lettres, ainsi que les deux feuilles suivantes avec *bon à tirer* (2° et 3°) *et que vous n'aviez pas tiré avant le bon à tirer ;*

3° Que je sache si vous avez, dans ces précédentes épreuves, rectifié, de vous-même, le système des guillemets, comme j'ai vu avec plaisir que vous l'avez fait, cette fois.

Vous avez encore oublié de m'envoyer, cette fois, l'épreuve en double, ce qui m'empêche de servir *l'Artiste, la Revue française,* ou *la Revue des Deux Mondes.*

Quant à la question des frais, n'en soyez pas inquiet. — Je touche l'argent de mes feuilletons au fur et à mesure. Rien ne me sera donc plus facile que de vous rembourser.

Bien à vous.

Vérifiez toujours avec le plus grand soin l'épreuve finale, — celle que vous obtenez d'après l'épreuve portant *bon à tirer.*

28 mars 1857.

Mon cher ami, je vous ai fait bien enrager avec votre première feuille. Je sais, par moi-même, combien les conseils excitent la haine, et je comprends qu'à la rigueur, je n'aie même pas le droit de vous adresser un conseil, puisque vous ne m'avez pas envoyé votre catalogue.

Après l'avoir lu, je vous dirai, puisque je risque tout, que j'ai été heureux de n'y voir ni Laclos, ni mon nom.

Sérieusement, mon ami, tout le monde va se f..... de vous. Qu'est-ce que Sedaine? de Bièvre? Gilbert? J.-B. Rousseau? Le Sage (!!!), etc., etc. Et pourquoi pas *Paul et Virginie*, et *OEuvres choisies de Buffon?*

Maudissez-moi, f.....-vous de moi et dites: De quoi se mêle-t-il? Mais moi, j'attribue trop d'importance à votre réussite pour laisser passer les choses sans faire acte d'amitié.

Je relève avec soin les noms vraiment importants : *Fréron*, *Grosley*, le *Jansénisme* (œuvre de génie, particulièrement pour les *miracles de Pâris* (il faut être médecin, philosophe, historien, illuminé), *Nicolet*, *Audinot* (excellents), *Chevrier*. *Mélanges et raretés* (Uleyspiegel, mal orthographié), *Frédéric II*, *de Brosses*, *Senac de Meilhan*, *Marivaux*.

Le plus raisonnable serait de supprimer radicalement votre catalogue, et de perdre vos frais de composition, ou, du moins, si vous tenez à lancer un prospectus, de le disposer par catégories vagues :

ÉCONOMISTES.	SCIENCES OCCULTES.
PHILOSOPHES RATIONALISTES.	FACÉTIES ET CURIOSITÉS.
ILLUMINÉS.	ROMANCIERS.
MAÇONNERIE.	VOYAGEURS (*très important*).

Où donc est Rétif, de *qui il y a d'excellents et ravissants extraits à faire?*

La catégorie *romanciers* est une mine admirablement riche. — Les *utopistes*, les *illuminés*, excellentes catégories.

A priori, il faut chercher des curiosités, des choses oubliées, mais facilement vendables.

Je ne comprends pas qu'un homme comme vous, qui aime sincèrement le XVIIIe siècle, s'applique à en donner une si pauvre idée. Moi qui suis un remarquable échantillon de crapule et d'ignorance, je vous aurais fait un catalogue éblouissant, rien qu'avec les souvenirs de mes lectures, du temps que je lisais le XVIIIe siècle, — soit en philosophes matérialistes, soit en curiosités de *sorcellerie* et de *sciences mystiques*, soit en *romanciers* ou en *voyageurs*. Je parierais qu'en relevant les chapitres du *Lycée* de La Harpe, on ferait un catalogue plus attirant.

Maintenant, je vous le répète : *Haïssez-moi*.

J'ai acheté la bonne édition des *Liaisons dangereuses*. Si jamais cette idée galope de nouveau dans votre tête, je verrai MM. Quérard et Louandre, Louandre m'ayant promis de me mettre en relation avec un descendant (petit-fils ou petit-neveu) qui a des paquets de notes.

Je répète qu'il faut, dans ces aventures-là, se

réserver beaucoup de marge, et préparer des prospectus très élastiques qui permettent de profiter des
bonnes idées survenantes, et de se dédire souvent.
Donc, vastes catégories. Quel jour verrons-nous M. de
Broise? Je désire le savoir. *Je ne reçois rien de vous.*
Je vous le répète une dernière fois, je ne serais pas
très étonné que vous prissiez cette lettre fort mal,
mais je me crois trop intéressé à votre réussite pour
ne pas vous avertir. Supprimez votre catalogue.

Votre bien dévoué.

Et *les Incas* de Marmontel? Vous les avez oubliés,
n'est-ce pas?

Et *le Temple de Gnide?* Et les *Lettres persanes?*

Pensez donc au cas où votre catalogue tomberait
entre les mains de Veuillot ou de d'Aurevilly.

------

4 avril 1857.

Mon cher Malassis, je vous demande un million de
pardons d'appeler encore une fois votre attention sur
la nécessité de corriger les épreuves. Mon œil, uniquement appliqué à de certaines choses, ne peut pas
en voir d'autres. Exemples : la page 44 pour 45 et, au
3ᵉ vers de la page 29, *guères* rimant avec *vulgaire*[1].

Je sais combien je dois vous irriter, mais je sais

1. La réclamation du poète sera arrivée trop tard sans doute, et la
feuille était déjà tirée, car on y trouve cette faute d'impression, que
Baudelaire a corrigée soigneusement dans les exemplaires distribués directement par lui.

aussi que vous avez trop d'esprit pour ne pas tourner à bénéfice votre irritation.

J'ouvre, ce matin, le 2ᵉ volume de Monselet et je tombe, page 213, sur la 1ʳᵉ ligne de la note :

« M. *Paul Delacroix*... dans une *hstoire*, pour Paul Lacroix ...... histoire. »

Je sais, je vous le répète, combien on se rend haïssable par ces taquineries-là ; mais j'ai pris votre établissement très au sérieux, et vous-même, vous m'avez avoué une fois que vous pensiez, comme moi, qu'en toute espèce de production, il n'y avait d'admissible que la perfection. Après-demain, je serai tout à vous, et je reverrai vos placards, et je vous écrirai de nouveau au sujet de vos prospectus.

Bien à vous.

———————

Samedi, 25 avril 1857.

Mon cher ami, j'ai reçu tout à l'heure cette très étonnante lettre qui m'a pris beaucoup de temps pour que je la puisse bien comprendre, et qui, malgré toutes les belles protestations dont je vous sais le plus grand gré, m'a démontré que nos rapports étaient désormais changés. De nous deux, c'est évidemment moi qui en éprouverai la plus vive affliction ; mais mon caractère se prête à toutes les grandeurs, même à la résignation. Je comptais vous demander un nouveau service (*les Poèmes nocturnes*[1]) qui seront faits après *les Curiosités*, voilà donc un projet au panier.

—————

1. Sous ce titre, quelques poèmes en prose parurent dans *le Présent*, du 24 août 1857. Ils ont été réimprimés dans les *OEuvres complètes.*

La feuille que vous me réclamez, vous l'avez. A ce sujet, je vous prierai (évidemment il est encore temps) de substituer, dans un des derniers *Spleen*, un vers avant un endroit chargé de corrections nouvelles, à

> L'ennui, *fils* de la morne incuriosité,
> L'ennui, *fruit* de la morne incuriosité.

Cette correction, puérile en apparence, a une valeur pour moi.

Vos placards seront mis à la poste demain. Mais vous savez que la poste ne fonctionne pas le dimanche comme les autres jours. Il serait donc fort possible que vous ne les receviez que *lundi soir* ou *mardi matin*. Vous voudrez bien être indulgent pour ce retard de douze heures. Les trois morceaux-lacunes du volume *Curiosités* vont être faits (*Moniteur*, *Revue française*, *Artiste*). Si vous voulez que je commence par remanier le commencement du volume, je le ferai.

Théophile Gautier me croit actuellement à Alençon. En effet, j'ai voulu aller vous retrouver, aussitôt le dernier feuilleton paru. Je voulais faire chez vous comme au *Moniteur*, m'installer soit à l'hôtel, soit à votre imprimerie, et, décidé à ne m'occuper que d'une chose à la fois, travailler au jour le jour jusqu'à ce que tout fût fini. Différentes raisons combinées m'ont empêché de partir.

Il y a quelque temps, Théophile m'a demandé si vous seriez disposé à imprimer le *Roman de la momie*. Je ne vous ai rien écrit à ce sujet, parce que j'ai cru que j'allais partir pour Alençon. Il attache une grande importance à ce livre, et m'avait chargé de vous dire que les amourettes de grisette, toute la folâtrerie niaise de l'ouvrage seraient enlevées, et tout le ton du livre ramené à la solennité archaïque du commencement. Au dernier moment, je lui ai demandé comment il comptait traiter avec vous. Il m'a répondu que ce qui l'avait engagé à s'adresser à vous, c'était l'espérance de voir une pureté et un zèle typographiques (*sic*) adaptés à un ouvrage choyé par lui; que, quant au prix, il réclamait de vous l'exécution des clauses de la maison Hachette : 1,200 fr. pour 4,000 exemplaires, même 4,500, même au delà.

J'ai répondu que le seul embarras était l'exiguïté de vos tirages. — A cela il a objecté que vous pouviez, si bon vous semblait, opérer vos tirages en quatre fois, clicher, recomposer à votre gré, mais qu'il tenait à ce chiffre de 4,000 exemplaires, au moins. La somme en question, répartie sur 4,000 exemplaires, équivaut à votre prix réparti sur 1,000 ou 1,200 exemplaires. Il n'y a donc pour vous qu'un embarras, c'est de savoir si vous pouvez opérer à coup sûr un pareil tirage.

J'espère que vous comprendrez que, vu mes relations avec Théophile et les services que je lui dois, il me serait douloureux de lui présenter moi-même un refus. Vous pouvez lui écrire, et croyez qu'il a assez d'esprit pour, tout bien prendre. Ce qui m'a encouragé à me charger de cette négociation, c'est l'éloge que vous m'aviez fait de son ouvrage.

Bien à vous.

Lundi, 27 avril 1857.

Mon cher ami, je vous remercie profondément de
la lettre de ce matin ; mais, en vérité, c'est trop beau ;
et, comme je ne vous donnerai plus d'occasions de
colère, vous n'aurez plus d'occasions d'en effacer les
traces.

Maintenant voilà la question :

Je vous mets ce soir vos placards (*tous vos placards*)
à la poste, remaniés avec tant de soin que la lecture
des épreuves sera une besogne très minime.

Je puis donc dès après-demain me mettre aux
Curiosités. La vraie besogne des *Curiosités* consiste
dans le remaniement du premier morceau (Salon de 45),
le remaniement de l'article *Caricaturistes* (à placer à la
Revue française) et la confection de deux morceaux
nouveaux *(Peintres raisonneurs, Excitations artificielles)*,
qui, par bonheur, seront à la fin.

Rien, en somme, ne m'empêche de vous expédier
au jour le jour tout ce que je ferai ; mais si vous désirez
savoir l'étendue réelle du livre, je serai obligé de vous
faire d'abord un *calcul de lettres*.

La question d'Alençon :

Le dernier feuilleton fait, j'ai passé cinq jours à me
soulager, pendant lesquels j'ai mangé tout mon argent.
Il faut non seulement que j'aille à Alençon, mais aussi
à Lyon ; la question d'argent est minime, parce que je
puis avoir le parcours gratuit sur toutes les lignes ;
mais je souffrirais de laisser derrière moi des inquié-

tudes, et je veux avant tout que ce manuscrit soit complet.

Donc j'irai à Alençon, mais plus tard, dans quinze jours peut-être; et pendant que j'irais à Lyon, vous composeriez les premières feuilles. Mais remarquez que, bien que je croie le manuscrit non finissable avant quinze jours, cela ne m'empêchera pas de vous en envoyer les premiers morceaux avant le 15, si vous le voulez.

L'affaire du *Roman de la momie* m'inquiète, et voici pourquoi : je crains que vous n'y mettiez un zèle de vanité. Il est vrai que l'affaire est bonne, et que le prix se rapproche tellement du vôtre que c'est presque le même; mais Théophile est accoutumé à compter sur ses libraires, qui répondent d'une vente forcée de 4,000 exemplaires. Vous savez que le tirage pourra être un peu plus fort.

Adieu, je vais me mettre à *la Révolte*, au *Vin* et à *la Mort*[1].

J'ai parcouru les bonnes feuilles des *Cariatides*[2]. Il y a des fautes cruelles. Vous devriez vraiment y prendre garde.

Je n'ai pas le sol pour affranchir ma lettre, et c'est la raison pour laquelle j'attends à ce soir pour l'envoi de la fin de *Spleen et Idéal*, à laquelle je joindrai évidemment le reste.

Soignez bien ma dernière feuille.

1. Pièces des *Fleurs du mal*, que Baudelaire voulait revoir encore, avant de donner le bon à tirer.

2. Poésies de M. Théodore de Banville qui se réimprimaient chez Poulet-Malassis et parurent au mois de septembre suivant.

Paris, le 6 mai 1857.

Mais, mon cher ami, ce n'était pas là ce qui m'intéressait le plus; je vous avais écrit un mot, au crayon rouge, derrière *Lesbos*, pour savoir si ma septième feuille, trop chargée, viendrait à bien, et s'il fallait que je la relusse. Une étourderie de ma part, un vers faux, que sais-je? ou bien encore une transposition de correction peuvent amener un malheur ridicule. Après que les corrections sont exécutées, les vérifiez-vous, et relisez-vous?

Je viens de voir Th. Gautier, qui me mettra un fragment à *l'Artiste*. Il m'a paru fort enchanté de vous; il veut tellement exagérer ce qu'il appelle le côté *embêtant* de *la Momie*, que la question de publication, chez n'importe qui, est renvoyée à six mois. Mais vous lui avez probablement fait quelque offre vague et gracieuse, car il est fort gracieusement revenu à la charge, comme un enfant terrible, et il m'a parlé d'*Émaux et Camées* comme d'une chose *libre*, dont il refuserait la réimpression à n'importe qui, jusqu'à ce que vous soyez venu à Paris.

Il y veut ajouter dix morceaux inédits et dans le même rythme. La question d'argent serait plus que facile à régler; mais il galope toujours sur son dada de beauté typographique.

Votre ami L... est vraiment gentil. Ces jours-ci, j'ai été la victime d'une demi-douzaine de petits journaux, à propos de quelques fragments publiés dans la *Revue française*. J'aurais présumé qu'à cause de vous,

M. L. n'aurait pas apporté son contingent à ce *haro*.
J'espère que la *Revue française* ne commettra plus de
pareilles erreurs.

Bien à vous.

Samedi, 6 juin 1857.

Décidément, mon cher ami, pourquoi ne m'écrivez-
vous pas? Est-ce que vous avez juré d'introduire ou de
laisser beaucoup de fautes dans la dixième feuille,
dans le carton complémentaire et surtout dans la table
des matières? Qu'est-ce qui vous empêche de me communiquer de bonnes épreuves, après corrections faites,
et avant le tirage? Mais il est impossible de jamais
obtenir de vous quoi que ce soit de régulier.

Bien à vous.

L'avez-vous reçue seulement, cette table des matières corrigée?

Ici, la correspondance s'interrompt pendant plus d'un mois.
Le livre a paru; et, dans les premiers jours de juillet, Poulet-
Malassis est venu à Paris pour diriger lui-même la vente de
l'ouvrage le plus important qu'il eût encore publié. La correspondance ne reprend que pendant une absence de Poulet-Malassis rappelé à Alençon par les nouvelles publications qu'il avait
à préparer.

Le recueil intitulé *Souvenirs, Correspondances, Bibliographie*, etc. Paris, Pincebourde, 1872, contient, entre autres lettres
de Baudelaire à Poulet-Malassis, celle où il lui donne la nouvelle
de la saisie des *Fleurs du mal*.

Ici, nous avons à relever des suppressions curieuses. Après
cette ligne du texte imprimé : « Voilà ce que c'est que d'envoyer
des exemplaires au *Figaro* », on lit, dans le manuscrit autographe:

« Voilà ce que c'est que de ne pas vouloir *lancer* sérieusement un livre. Au moins, nous aurions la consolation, si vous aviez fait tout ce qu'il fallait faire, d'avoir vendu l'édition en trois semaines, et nous n'aurions plus que la gloire d'un procès, duquel d'ailleurs il est facile de se tirer. »

La raison de cette suppression est évidente. L'auteur anonyme du recueil, lequel n'était autre que Poulet-Malassis, ne se souciait pas de publier les reproches que Baudelaire lui avait adressés en cette occasion.

Le paragraphe qui suit est fidèlement reproduit par le texte imprimé ; mais, aussitôt après, nouvelle suppression :

« Je suis persuadé que cette mésaventure n'arrive que par suite de l'article du *Figaro* et de bavardages absurdes. La peur a fait le mal.

« Ne bavardez pas ; n'effrayez pas M\ème votre mère, non plus que de Broise, et venez vite pour nous entendre.

« Je vais vous écrire une lettre *officielle,* antidatée, dont vous déchirerez l'enveloppe. »

Puis vient, dans le classement établi par Poulet-Malassis et observé par le livre des *Souvenirs et Correspondances,* une lettre non datée, mais en tête de laquelle se trouve cette note autographe de Poulet-Malassis : *Écrite à propos d'une des dernières feuilles du volume.*

Cette lettre n'a pas été reproduite intégralement ; on va comprendre pourquoi.

Après le premier alinéa, commençant par ces mots : *Mais, mon cher ami, puisque je vous rends si malheureux,* on lit dans le manuscrit :

« Quant à ce que vous m'avez écrit hier, en me renvoyant un bout de placard, c'est inintelligible. Il faut que vous ayez un metteur en pages bien entêté ou bien étourdi. Mes chiffres romains sont toujours exacts. Il faut suivre l'ordre nouveau qui est indiqué par ces chiffres. D'ailleurs, à la fin d'une de mes lettres, je vous avais écrit la fin de la table des matières, avec les numéros d'ordre. Vous pouvez donc en référer à cette lettre, si votre metteur en pages s'est obstiné à conserver l'ordre primitif. »

A la fin de la lettre, entre les mots : Bien à vous, et la signature, on lit dans le manuscrit :

« Vous avez pris pour une blague ce que je vous ai écrit sur la santé de mon cerveau. »

Et après la signature, on lit :

« Vous ne voulez donc pas me montrer la couverture ?

« Vous aurez l'obligeance de me renvoyer toute la copie de la dernière feuille, et si vous êtes à Paris, M. de Broise voudra bien y penser. »

La lettre, en date du 20 juillet 1857, est fidèlement reproduite, d'après le texte autographe, jusqu'à l'avant-dernière ligne; mais après ces mots : « Vous pourriez me contrecarrer », l'éditeur a retranché deux lignes qui précèdent la signature : « Je vous en veux beaucoup. Toute l'édition devrait être vendue. *Gardez tout cela pour vous.* »

Ici se place, dans l'ordre chronologique, le procès en police correctionnelle intenté aux éditeurs comme à l'auteur des *Fleurs du mal,* procès qui força Poulet-Malassis à venir à Paris.

La correspondance reprend, après le procès, par ce billet iné-dit[1], adressé à Poulet-Malassis qui était alors à Paris :

Cher ami, je vais voir M. Pinard et M. Vaïsse, à six heures[2] ; comme j'ai beaucoup à faire dans les quatre derniers jours, j'eusse été heureux de régler dès ce soir, avec vous, la marche que nous allons suivre, si je ne fais pas appel.

« Si je consens à me soumettre tout de suite, il y aura remise des amendes. »

---

9 octobre 1857.

Je tardais, mon cher ami, à vous envoyer ce billet, parce que je voulais en même temps vous écrire une longue lettre sur tous mes griefs contre vous. Vous l'aurez, cette lettre, aussitôt que j'aurai deux heures à moi. *Mon intérêt et le vôtre!* Vous vous moquez de moi, mon cher ami. Vous usez surtout contre vos intimes de votre déplorable faculté d'impertinence.

Si vous pouviez comprendre quel tort vous vous êtes fait avec votre ridicule opération chirurgicale[3] ! Les plaintes ont tardé quelque temps. Enfin, elles ont fait explosion. Naturellement, comme j'en avais le droit, j'ai tout rejeté sur Malassis.

---

1. La date manque, mais le jugement ayant été rendu le 21 août 1857, le billet est évidemment de la fin du même mois ou des premiers jours du suivant.

2. Magistrats du parquet de Paris.

3. C'est-à-dire le retranchement des pièces condamnées, dans quelques exemplaires, pour donner une satisfaction apparente au tribunal. (Note marginale de la main de Poulet-Malassis.)

Tout ce que je vous demande, *pour le moment*, mais avec insistance, une espèce de prière (car quelle formule employer avec un tempérament aussi léger que le vôtre?), c'est de ne pas faire de nouveaux cartons, avant de nous être entendus tous les deux sur la manière de les faire. Il sera peut-être nécessaire *d'indemniser* avec un exemplaire raisonnable quelques-uns des cent imbéciles qui sont tombés dans le piège.

Bien à vous.

Mes respects à votre mère et mes amitiés à nos amis.

---

30 décembre 1857.

Mon cher ami, je viens de recevoir tout à l'heure votre lettre par Asselineau.

Si, après m'avoir lu, vous croyez devoir insister, renvoyez-moi de nouveau ce billet, que je vous expédie *endossé*.

Un imbécile maudit qui m'a fait un billet de 500 francs, passé par moi chez T..., ne l'a pas payé. Je désirais que T... ne poursuivît pas, et je suis allé le voir, lui offrant de rembourser pourvu qu'il ne me tracassât pas. Mais comme je lui demandais pour cela un peu trop de temps, il me dit : *J'accepterais volontiers, en échange, un billet de M. Malassis, dont la signature est bonne et pour qui vous travaillez sans doute.* Naturellement, j'ai refusé, ajoutant avec une franchise déplorable que je ne pouvais pas demander de complaisances à M. Malassis envers qui je n'avais pas encore tenu mes engagements. Il y a donc (selon moi) *double* danger à lui livrer ce billet : 1° parce que je suis responsable d'un effet non payé ; 2° parce que j'ai dit que j'étais encore votre débiteur.

Présentez donc ce billet à votre banquier, comme si c'était moi qui le priasse de l'escompter, et ne me le renvoyez que si vous ne pouvez pas faire autrement.

Non, pas trop de navette. J'ai hâte de m'acquitter envers vous. En janvier, les articles complémentaires seront finis, et en février, vous m'enverrez des épreuves chez ma mère. Car je vais m'y réfugier dans six semaines, au plus tard. Je suis dévoré par une de ces misanthropies qui vous ont tant amusé.

Il faudra, quand nous nous verrons, que nous parlions de nos comptes. C'est 850 ou 750 francs que j'ai reçus de vous (je ne me rappelle pas bien) et je ne vous ai livré qu'une édition des *Fleurs du mal.*

Mais cela n'est pas pressé.....

Vous savez d'ailleurs que j'ai résolu de me soumettre complètement au jugement, et de refaire six poèmes nouveaux, beaucoup plus beaux que ceux supprimés. Mais quand la disposition poétique me reviendra-t-elle ? Mes respects à votre mère, et mes amitiés à de Broise.

Réponse tout de suite.

1858

Vendredi, 19 février 1858.

Mon cher ami, je suis désolé d'avoir échoué dans ma négociation auprès de Delacroix[1]. La première de ses raisons pour se défendre est qu'il n'attache pas une importance excessive à ses articles, mais que, s'il se décidait à les publier, il faudrait faire de très considérables remaniements. Or il n'en a pas le courage maintenant. La seconde raison est étrange : il paraît que Silvestre[2] fait de nombreux efforts pour le décider à cette publication. Or ce qu'il a refusé à Silvestre, il ne peut pas me l'accorder. « Ma liaison avec Silvestre rendrait, dit-il, cette concession plus amère à celui-ci. » Asselineau, à qui j'ai conté tout cela, dit qu'il n'y a pas grand mal, et que, si j'avais réussi, il n'en serait pas résulté un grand bien pour vous. Vous en penserez ce que vous voudrez.

Je feuillette ce de Brosses[3]. La folichonnerie de ce magistrat me déplaît souverainement. Je suis cependant étonné de voir qu'il a souvent l'esprit pittoresque. Mais, en somme, c'est très inférieur aux livres de

1. Poulet-Malassis avait désiré rassembler en un volume les divers articles publiés par Eugène Delacroix dans la *Revue des Deux Mondes*, et sachant que Baudelaire était en excellentes relations avec l'illustre maître, il l'avait chargé des premiers pourparlers.

2. Théophile Silvestre, l'auteur de l'*Histoire des peintres modernes*.

3. Hippolyte Babou venait de publier, chez Malassis, une nouvelle édition du *Voyage du président de Brosses en Italie.*

Gautier sur l'Espagne, l'Italie et Constantinople. — Écrivez-moi donc ce que c'est qu'un *Foligof (sic)*.

Relativement à la *deuxième première édition* pour la Belgique (que Pincebourde[1] a l'air, comme je vous l'ai dit, de désirer), j'ai réfléchi à votre objection, à savoir que cette édition nuirait, en Belgique, à la vente d'un certain nombre d'exemplaires de votre seconde édition française. Je suis toujours en proie à de tels besoins d'argent que j'incline beaucoup à ne pas voir ce danger, mais je vous donne ma parole d'honneur que je ne prendrai pas seul cette détermination. Je consulterai quelqu'un, je vous consulterai vous-même encore, et enfin, si, au dernier moment, il vous plaît de vous y opposer, je me résignerai à ne pas conclure.

Relativement à la *grosse* question, à la *cruelle*, à l'*urgente,* dont nous avons parlé, *ne vous obstinez pas à attendre votre argent, si vous ne l'avez pas encore touché...*

Il faut, mon cher ami, que je vous démontre l'urgence de tout ceci :

Par les ruses d'un avoué et par du contre-papier timbré, je suis parvenu à allonger les délais relatifs à une affaire assez grave, mais les derniers délais possibles sont expirés *aujourd'hui*, et si vous ne me venez pas en aide, selon votre gracieuse promesse, je vais être en proie à un drame, un de ceux qui retardent tout travail.

De plus, je tiens à partir au plus vite pour aller m'installer là-bas, et je suis obligé de faire feu de

---

1. Le premier commis de Poulet-Malassis, qui, plus tard, lui succéda.

toutes pièces, et flèche de tout bois. Je dois vous dire (ne vous en offensez pas) que votre facilité et votre obligeance m'ont causé un fort agréable étonnement. Puisque l'étonnement rapporte de la gloire à celui qui le crée, comme de la jouissance à celui qui le subit, (quoi qu'en dise Asselineau), glorifiez-vous donc.....

Bien à vous.

---

21 février 1858.

`... Mon cher ami, vous avez cru devoir me dédommager en me donnant toute liberté pour l'édition belge, mais je n'accepte pas cela. *Parce que je suis sans le sol, ce n'est pas une raison pour faire une sottise.*

Je ne vois qu'une seule clause qui pourrait concilier votre intérêt avec le mien, ce serait que l'éditeur belge s'engageât à écouler son édition en quatre ou cinq mois. Or cette hypothèse ne vous paraît-elle pas absurde?.....

Pardon de ne pas affranchir ma lettre.

Ce de Brosses a un genre d'esprit bien hideux.

Mardi, 13 avril 1858.

Mon cher ami, je suis revenu à Paris il y a une semaine. Je me suis remis à mes *Confessions du mangeur*[1], tout de suite... J'ai reçu à Corbeil votre lettre. Je n'ai trouvé aucune gravure à Paris; c'est un paquet égaré dans une gare. Quant aux autographes, je me

---

1. *Les Confessions d'un mangeur d'opium,* qui forment la seconde partie des *Paradis artificiels.*

propose depuis longtemps de mettre tous mes papiers en ordre, et alors je vous donnerai tout ce que vous voudrez.

Avez-vous été gratifié d'une diminution d'amende?...

J'ai eu hier à *l'Intérieur* une conversation relative aux 270 exemplaires. Ça se présente mal. Je vous raconterai cela.

Vendredi, 14 mai 1858.

Mon cher ami, l'affaire de *l'Opium* [1] traîne et traînera encore un peu ; vous savez mon observation relativement au *Moniteur* et l'indécision du *Moniteur* relativement à *l'Opium*.

J'attendais avec impatience Mérimée, qui m'est indispensable pour cette affaire. Enfin, il est revenu hier. Si, malgré toutes mes ruses, *le Moniteur* persiste dans sa timidité, il me restera la *Revue française,* où, malheureusement, je ne trouverai que 600 francs au plus, au lieu de 1,000.

Donc pas de délégation, et c'est moi qui vous prie de vouloir bien appuyer ma signature de la vôtre.

A l'époque où ce billet écherra, je serai chez ma mère, car j'y serai dès le 10 juin. Vous comprenez que jamais je ne permettrai qu'il arrive là le scandale d'un protêt. Soyez donc bien tranquille.

Honfleur est une adresse suffisante. La maison n'est pas dans une rue ; elle est dans une situation isolée. Ajoutez cependant, si vous voulez : *chez M*^me *Au-*

---

1. Le livre, qui eut pour titre définitif *les Paradis artificiels.*

pick, au-dessous de la dernière ligne ; mais est-ce nécessaire ?

Je sais que ces demandes de services vous répugnent ; nous en avons causé. Mais j'ai adopté cette méthode, d'abord sous la *pression d'une nécessité très urgente,* et ensuite parce que, sur un billet de vous, M. T*** m'aurait rogné 100 ou 200 francs pour payer les sottises de M. M***.

Ainsi, mon cher ami, je vous avouerai sans phrases que j'ai compté sur votre amitié.

J'ai d'ailleurs peu de choses à vous dire, si ce n'est que je suis, depuis longtemps, presque malade ; je suis dans une crise de froid, de tristesse et de coliques.

Je n'ai pas encore eu le courage de classer mes paperasses en désordre depuis deux ans, et de chercher *vos* autographes[1]. Seulement, je sais à peu près ce que je pourrai vous offrir : du Delacroix, du Sainte-Beuve, du Custine *(Fleurs du mal)* et un George Sand, cruellement annoté par moi[1]. Mais encore faut-il les chercher.....

Daignez donc m'informer de ce que vous faites et de ce que le parquet fait relativement aux 270 exemplaires...

Tout à vous.

———

Mercredi, 19 mai 1858.

Mon cher ami, je vous remercie de votre promesse et *j'en profiterai....*

---

1. Voir à l'appendice, page 290.

J'étais autrefois très lié avec un doreur qui, quand je lui reprochais son sans-gêne et son sans-façon avec moi, me répondait : « Pourquoi me gênerais-je, puisque vous êtes mon ami? » Il me semblait, à moi, que c'était justement parce que j'étais son ami qu'il me devait plus d'honneurs et plus d'égards qu'aux pratiques vulgaires. Je ne vous compare certainement pas à un doreur; mais quelquefois votre amitié pour moi vous pousse à *me traiter un peu mal,* comme dans le cas présent, où je *subis un paquet de reproches qui ne me concernent pas....*

Encore une fois, que vous a-t-on dit au parquet, et que résolvez-vous, les feuilles à imprimer chez vous, ou à Paris? A qui diable voulez-vous que je m'adresse pour savoir cela, si ce n'est à vous?

L'Opium sera fini à la fin du mois, et *les Curiosités,* le 15[1].

Tout à vous, mes respects à votre mère.

———

3 novembre 1858.

Mon cher ami, j'ai vu l'oncle Beuve[2], hier soir. Il a en vain cherché le traité Charpentier pour se bien

---

1. *L'Opium* ne parut qu'en 1860, sous un autre titre : *les Paradis artificiels;* mais la première partie du livre, *de l'Idéal artificiel,* fut publiée d'abord dans la *Revue contemporaine* (septembre 1858). *Les Curiosités esthétiques* n'ont paru, réunies, que dans l'édition définitive des Œuvres complètes, en 1869.

2. Baudelaire, qui avait pour Sainte-Beuve une affection profonde et un vrai dévouement, comme le prouve la correspondance qu'on trouvera plus loin, aimait à lui donner cette appellation familiale.

rendre compte de l'étendue de son droit[1]. Vous aurez
donc à causer avec lui, à votre prochain voyage. Quand
je vous verrai, je vous rendrai compte de cette fort
longue conversation. Trois choses seulement : il a été
très frappé de votre idée de portraits. — Comme Charpentier a négligé sa vente, et comme il gardera le
droit de continuer son édition dans son format,
Sainte-Beuve veut contre-balancer votre infériorité (concurrence à prix élevé) en faisant pour ainsi dire une
tout à fait nouvelle édition : il remaniera beaucoup,
et il ajoutera des types nouveaux, ainsi Louise Labé.
Enfin il m'a demandé si, dans votre imprimerie, on
pouvait travailler soigneusement et largement ses
épreuves. Vous voyez que je ne suis pas le seul fou
qui ait cette marotte.

Mon cher, l'ouverture est donc sérieusement faite.
Maintenant, comme je suis votre ami autant que l'ami
de Sainte-Beuve, je vous dirai que j'ai un peu peur
pour vous. Avez-vous pensé qu'en supposant votre
livre rajeuni par l'écrivain et parfaitement fabriqué, vous
seriez obligé de vendre trois fois plus cher que Charpentier, et que l'écoulement ne pouvait avoir lieu que
chez les personnes qui n'avaient pas encore ce livre
dans leur bibliothèque ? Quand je dis : *trois fois plus
cher*, j'exagère peut-être, mais *plus cher* est inévitable.

Je vous croyais fâché parce que j'avais glissé

1. Il s'agit ici du traité par lequel Sainte-Beuve avait vendu ses poésies
au libraire Charpentier. Poulet-Malassis, qui désirait en faire une nouvelle
édition, avait chargé Baudelaire des premiers pourparlers.

parmi les autographes[1] deux lettres de vous où vous me menaciez de me poursuivre. Le fait est que j'ai trouvé plaisant de vous les faire lire. Mais, après que le paquet fut porté à la poste, je réfléchis que vous alliez peut-être prendre pour vous ce que je vous disais de certaines lettres. Enfin pour réparer cette impertinence involontaire, je vous envoie un Gérard de Nerval; il n'est pas beau, mais ils sont rares....

C'est une mauvaise action que de donner des lettres. J'espère bien que vous ne me compromettrez pas, et que vous n'irez pas dire aux gens : « M. Baudelaire m'a donné une lettre ridicule que vous lui aviez écrite dans telle circonstance. »

Ne perdez pas le projet du dessin[2]. Nous ne sommes pas pressés du tout. Car vous savez qu'il y aura une troisième préface, et elle n'est pas faite.....

Parmi les noms que vous m'avez cités, celui qui me va le mieux, c'est M. Penguilly. J'avais pensé à Nanteuil.

J'oubliais quelque chose. J'ai dit à Sainte-Beuve : « Mais quand Charpentier verra votre ouvrage s'améliorer pour Malassis, il vous sommera de le faire profiter aussi, lui, de ces améliorations? » — Il m'a répondu que Charpentier, comme marchand, n'avait pas le droit de demander plus que ce qu'il a, et qu'il répondrait, lui, Sainte-Beuve : « La question de goût s'est déplacée.

---

1. Les autographes dont il est question dans la lettre en date du 14 mai précédent.

2. Ce dessin était une esquisse du frontispice de la seconde édition des *Fleurs du mal*, qui ne parut qu'en avril 1861, mais que Baudelaire croyait pouvoir donner à la gravure beaucoup plus tôt.

Pour moi, elle se traite maintenant chez un autre
libraire. » En effet, c'est fort net.

Je prépare toujours ma double installation nouvelle, car alors je réparerai seize ans de fainéantise.
La rue Beautreillis, et Honfleur. Je suis allé voir le
local[1]. Il est perché au-dessus de la mer, et le jardin
lui-même est un petit décor. Tout cela est fait pour
l'étonnement des yeux. C'est ce qu'il me faut. En attendant, pendant huit jours encore, quai Voltaire.

Tout à vous.

Jeudi, 11 novembre 1858.

Mon cher ami, j'ai reçu vos remerciements, et ils
m'ont étonné. Je voulais absolument vous être agréable
en vous envoyant un morceau inédit, que je pouvais
ajouter simplement aux pièces que j'accumule pour un
journal quelconque, et je ne croyais pas que ce misérable sonnet[2] pût ajouter quelque chose à toutes les
humiliations que *les Fleurs du mal* vous ont fait subir.
Je voulais vous être agréable, rien de plus, et je ne
peux pas comprendre en quoi j'ai mérité tant d'injures,
à ce point que vous me compariez au Béranger secret,
comme a fait Veuillot[3]....

En somme, tout cela est bien léger. La seule chose

1. La maison que Mme Aupick avait achetée à Honfleur.
2. Le sonnet qui a pour titre *le Possédé,* comme on le voit par deux
phrases de cette lettre, que nous supprimons à cause de l'extrême crudité
de certains mots. Poulet-Malassis avait attribué, bien à tort, un sens obscène à un vers du sonnet.
3. Ici nous sommes forcé de supprimer une gaillardise trop vive.

grave, qui y est contenue, est cette *faculté mystérieuse* qui vous pousse à injurier vos amis, avec d'autant plus d'audace qu'ils sont plus intimes et plus anciens. Aussi, quand je vous vois faire une connaissance nouvelle, je suppute en moi-même dans combien d'années elle sera digne d'être insultée par vous. X... a aussi une propension singulière de ce genre, mais au moins a-t-il le mérite d'être bête. Il y a encore de Broise disant à Banville : « Le préfet d'Alençon nous a demandé pourquoi nous publiions des bêtises comme les *Odes*. »

Un autre que vous, un esprit raisonnable, aurait écrit : *Je vous sais gré de votre cadeau, mais votre talent est compromettant pour un journal de province.* Seulement, si vous aviez écrit cela, vous n'auriez pas suffisamment brillé à vos propres yeux. Il fallait assaisonner votre lettre d'une masse d'impertinences pour un de vos vieux amis qui ne peut pas avoir de querelles avec vous.

Croyez que, si je me moque un peu de vous, c'est pour votre bien. Un de ces jours, il vous arrivera un malheur, pas par moi, bien entendu. Je vous assure que j'ai bien souffert souvent de cette tournure maladive de votre esprit, et je connais bien d'autres individus, qui, ne sachant pas ce qu'il y a de louable en vous, vous ont pris simplement pour ce que vous n'êtes pas, pour un homme mal élevé. Maintenant cherchez-moi querelle si vous voulez.

Ouf! j'ai fini, et j'ai accompli mon devoir.

Tout à vous.....

_____

Samedi 13 novembre 1858.

Je vous remercie de tout mon cœur, même de cette protestation d'amitié dont je n'avais aucun besoin, puisque je n'ai jamais douté d'elle.

Mais je reviens à mes moutons : Qu'est-ce donc que *l'esprit* qui dit le contraire de ce qu'il veut dire?

Tout à vous.

Si vous n'avez jamais lu *l'Ensorcelée*, profitez de la réimpression Bourdilliat (*Librairie nouvelle*). Je viens de relire ce livre, qui m'a paru encore plus chef-d'œuvre que la première fois.

———

7 décembre 1858, 9 heures du soir.

Mon cher ami, vous m'avez rendu *bien heureux* et maintenant vous me rendez *très malheureux*. Tout ce que contient votre lettre est très juste et vraiment irréfutable, sauf la fin (*l'expédient*) qui est absurde.

Cependant je réponds à votre lettre, parce qu'elle n'est, en somme, que la répétition d'objections que vous et moi nous avions également prévues et que j'espérais pouvoir lever ou vous faire trouver légères.

Avant tout, deux choses : d'abord, si j'avais accompli toute la besogne qui représente *toute* la somme désirée, je n'aurais pas besoin d'*implorer votre aide*. Ensuite, remarquez que je ne m'étais pas dissimulé que c'était là un service exceptionnel; mais, en même temps, vous aviez compris que c'était pour moi une question de *sécurité*, de *jouissance immédiate*, et conséquemment de *travail plus actif*. Ceci n'avait-il pas une valeur, une valeur morale au moins? Quand vous me demanderez quelque chose de difficile à accomplir ou qui implique même un risque, je ferai mes efforts pour le faire.

Maintenant, votre lettre. Je vous ai dit, pour résumer brièvement : « J'ai un traité à accomplir ; il me donne un délai de six mois ; je vous délègue le revenu impliqué dans le traité, et, pour répondre au cas de paresse ou de mort, je vous laisse un reçu de vos billets, avec la possibilité d'être remboursé sur un revenu d'une autre nature. »

Dans aucun des deux cas, je l'avoue, la *concordance* entre vos échéances et les miennes n'est *absolument* garantie. (Il n'est question, dans votre lettre, que de cette terrible concordance.) Quand, dans notre conversation, vous avez soulevé cette objection, assez grave en effet pour vous, je vous ai répondu que je ne pouvais la résoudre que par le *zèle* et par la promesse que m'a faite de C...[1] d'imprimer *toujours et au fur et à mesure* que je lui enverrais de la matière.

Encore quelques mots : rien de ce que je vous ai dit n'est absurde; vous ne doutez de rien de ce que je vous ai dit. Tâchez donc de trouver dans votre cœur un nouveau moyen pour me donner le repos que je cherche si ardemment.

---

1. M. de Calonne, directeur de la *Revue contemporaine*.

Par exemple : billets de moi, payables chez ma mère (petite garantie ajoutée, c'est-à-dire l'horreur d'un protêt chez ma mère) et comme, après tout, Malassis resterait responsable comme endosseur, je lui ferais également les deux délégations en question, quelque absurde que cela puisse paraître.

Ai-je besoin de vous dire que vous pouvez tirer sur moi, comme vous en aviez l'intention (je viens de penser à cette niaiserie,) et que je vous prie simplement *d'être exact ?*

Comme vous avez l'esprit bizarre, il faut que je vous supplie de ne voir ici ni une épigramme ni une câlinerie.

Vous avez eu tort de couronner l'explication de vos craintes par des récriminations contre les indiscrets. Pourquoi voulez-vous que je porte des fautes qui ne sont pas les miennes ?

Tout à vous. Répondez-moi 22, rue Beautreillis, et *tout de suite.* Vous devinez sans doute dans quel état je suis....

———

10 décembre 1858.

Je vous remercie, mon cher ami, car positivement j'étais malade de tristesse et d'inquiétude. Penser qu'un charmant logement m'attend chez moi et que ce Chanaan m'est interdit à cause de quelques misérables dettes !.....

Mon cher Malassis, faisons de notre mieux. Je ferai tout pour donner des sécurités suffisantes..... C'est demain le 11. Le 12, vous aurez le traité; le 13, vous aurez le compte.

————

1859.

[Honfleur], 16 février 1859.

Comme je suis dans une pauvreté absolue, craignant quelque imprudence de ma part, je viens de remettre vos 1,035 francs à ma mère, en lui disant que c'était un dépôt.

Permettez-moi un reproche. Comment pouvez-vous faire une traite sans inscrire la date? C'est vraiment fou.

Si, au commencement de mars, je n'ai pas entre les mains une somme assez forte pour vous expédier vos 80 francs, je vous enverrai un petit billet, payable ici, que vous escompterez très facilement.

Tout le monde m'oublie, mon cher. Les impertinences me poussent à la fureur, et je crois vraiment que je serai obligé d'aller à Paris arracher *en personne* 300 francs ici, là 250, là 150, etc. Il n'y a rien de plus irritant que le silence des gens dont le devoir est de répondre...

Les jugements, dont vous me parlez, sont bien étranges. Ici serait nécessaire Voltaire le maudit. Il me semble que, quand le mari ne se plaint pas, le cocuage est une institution, à la manière du duel.

J'ai reçu une épreuve de *Danse macabre*, soit quinze strophes à 3 francs, pour le sieur Malassis.....

Si vous êtes satisfait de la notice sur Théophile, ne pourrions-nous pas en faire une jolie brochure? Il est évident que le Gautier et le Poe ne peuvent pas entrer dans *les Curiosités*. Cela d'ailleurs (ne fût-ce que de 100 francs ou même de 50 francs) pourrait diminuer un peu mon effroyable dette vis-à-vis de vous. D'un autre côté, l'influence de Gautier et de Pelletier pourrait conseiller à Turgan de la reproduire dans *le Moniteur*. Houssaye pourrait vous prêter le portrait.

Je suis bien noir, mon cher, et je n'ai pas apporté d'opium, et je n'ai pas d'argent pour payer mon pharmacien à Paris.

24 février [1859].

(Date à jamais mémorable et qui doit être chère à un vieux faubourien comme vous[1].)

... Voici un poème dont vous ne parlerez pas à Du Camp. Je vais le lui expédier[2].....

1. En marge du premier feuillet de cette lettre et sur le second feuillet, on lit le commentaire suivant, de la main de Poulet-Malassis :

« Ce qui fait que Baudelaire m'appelle *vieux faubourien* dans ce billet, c'est que j'ai publié en 1848 un journal populaire sous le titre de *l'Aimable Faubourien*, avec le sous-titre : *Journal de la Canaille*. Il était semi-politique et semi-satirique. Mes collaborateurs principaux étaient Watripon (Antonio), mort en 1864, et Alfred Delvau. (5 numéros et un pamphlet intitulé : *la République à Vincennes*.) Ce journal, qui n'existait plus en juin 1848, a été mis pourtant sur la liste de ceux que Cavaignac supprimait, parce que son titre avait terrifié innocemment les bourgeois.

2. « Baudelaire avait fait imprimer à Honfleur, en placards, *le Voyage*, poème dédié à Maxime Du Camp, et qui termine la seconde édition des *Fleurs du mal*. J'ai malheureusement perdu l'exemplaire qu'il m'envoyait avec ce billet.

« Il me souvient que le placard se composait non seulement du *Voyage*, mais encore de la pièce *l'Albatros* (page 11 de la 2e édition des *Fleurs du mal*). Il doit y avoir des variantes dans l'une et l'autre pièce.

« Babou, littérateur non suspect d'enthousiasme, m'a répété souvent, quand nous parlions des *Fleurs du mal* : « Le Voyage est une pièce dont aucun poète, connaissant celle de Baudelaire, ne serait tenté de reprendre l'idée. C'est complet. »

Vous voyez que l'air de la mer me profite.

Tout à vous.

_____

Vendredi, 29 avril 1859[1].

Vous recevrez cette lettre et ce billet, samedi 30. Il faut que je verse, le 3 mai, 120 francs à la Maison de santé, plus 30 francs à la garde-malade[2]. Je ne puis pas aller à Paris. Profitez du samedi (demain) pour escompter ce papier, payable ici, chez ma mère (où aucun protêt n'aura jamais lieu) et, dès dimanche, envoyez 150 francs (un billet et un mandat) à M. le directeur de la Maison municipale de santé, 200, Faubourg Saint-Denis. Vous direz dans votre lettre que vous envoyez cela, de la part de M. Baudelaire, pour la pension de Mlle Jeanne Duval, qu'il y a 120 francs pour la pension, et que les 30 francs doivent être remis à la malade elle-même, pour sa garde. Le reçu sera remis à Mlle Duval. Quand même tout cela vous ennuierait beaucoup, je compte sur votre amitié. Je ne veux pas qu'on mette ma paralytique à la porte. Elle, peut-être, en serait contente ; mais moi, je veux qu'on la garde jusqu'à épuisement de tous les moyens de guérison.

1. Cette lettre ayant été déjà imprimée dans le recueil des *Souvenirs, correspondances*, etc., nous renvoyons le lecteur à ce recueil, et nous n'en donnons qu'un passage, resté inédit, qui a son importance pour la biographie du poète.

2. Baudelaire avait fait entrer sa maîtresse, Jeanne Duval, dans la Maison municipale de santé, Faubourg Saint-Denis. Elle y fut admise le 5 avril et en sortit le 19 mai.

_____

1ᵉʳ mai 1859.

Je vous remercie tout d'abord, de tout mon cœur, pour votre ponctualité et votre complaisance.

Le Gautier. Je ne veux pas renoncer au portrait. Ou de Broise fera tirer tout de suite les frontispices dont il aura besoin plus tard, ou le frontispice de ma brochure sera semblable à celui d'*Émaux et Camées*.

Cependant, comment fait-on pour tirer des épreuves d'estampes à plusieurs teintes? Ne peut-on pas couvrir, avec une matière étrangère (qu'on retire plus tard), les parties qu'on ne veut pas reproduire? Il est évident qu'il y a un moyen, et que ce moyen n'est pas de ma compétence. Postérieurement, nous ferons tirer le titre en lettres bizarres. En somme, deux tirages, comme pour les ornements rouges et noirs.

Le portrait est une garantie de vente.

Les deux épigraphes se font antithèse, et il est évident pour moi que le vertueux et pédant Laprade avait lu *l'Artiste....* Quand recevrai-je l'épreuve? Il y a des fautes dans *l'Artiste*.

Opium et Haschisch. — Un joli petit livre. Je compte là-dessus pour rentrer un peu en circulation. Vous serez satisfait de *l'Opium* ; ce sera brillant et dramatique.

...Vous me dites que vous avez relu mes vers. Vous auriez bien mieux fait de relire la méthode de la composition d'Edgar Poe (*Revue française*).

Votre lettre m'a fait beaucoup de peine. Je vois que votre esprit versatile subit toutes les températures. Si je pouvais courir à Alençon, j'y courrais tout de suite, non pas seulement pour m'amuser un peu, mais pour vous secouer. Vous voilà tout aux brochures politiques, et vous oubliez qu'il est dans la nature humaine de toujours dépenser cinq francs pour acheter un roman ou une stalle au spectacle. Je ne vous remercie donc pas du tout de l'honneur que vous voulez bien faire exceptionnellement pour mes livres. *Mes Fleurs du mal resteront ;* mes articles critiques se vendront, moins rapidement peut-être qu'en un meilleur temps, mais ils se vendront.

Quand même la guerre voyagerait de l'Italie sur le Rhin, les hommes voudront lire les disputes littéraires et les romans; et c'est surtout quand tout le monde perd la tête, qu'il y a bénéfice, et gros bénéfice, à ne pas la perdre. Bien au contraire de vous, *j'ai peur, pour vous, de cette négligence relativement aux choses littéraires.*

... Vous me parlez sans cesse de vos dettes. Je suis convaincu qu'avec un peu d'ingéniosité, vous pourriez résoudre la question. Mais je ne connais pas assez vos affaires pour vous donner un conseil.

Écrivez-moi moins tristement si vous pouvez, et soyez toujours aimable. Mes compliments à votre famille.

M. Mistral, auteur de *Mireio,* est un poète patoisant, cornaqué par Adolphe Dumas. *Le mauvais sujet* [1] a regretté qu'il ne fût pas tout à fait sauvage. Il a vu avec douleur que M. Mistral, par ses commentaires, avait

---

1. Dans l'intimité, Baudelaire donnait ce sobriquet à M. Barbey d'Aurevilly.

prouvé qu'il savait le français. D'ailleurs ce chara-
biaïsant est l'étoile du moment.

J'attends un mot de vous. Blanchissez vigoureuse-
ment le texte.

Honfleur, mercredi 4 mai 1859.

Je vous en prie, mon cher ami, écrivez immédiatement vous-même au directeur de la Maison municipale
de santé, 200, Faubourg Saint-Denis, pour lui affirmer
que vous lui avez envoyé 150 francs par le chemin de
fer d'Alençon, frais d'envoi payés (pour Mlle Duval).

Écrivez de plus au directeur du chemin de fer pour
vous plaindre.

Hier 3, rien n'était arrivé.

J'espère que votre lettre aura pour résultat de faire
patienter le directeur de la Maison *pendant quelques
heures*, et l'argent se retrouvera.

Cet accident est d'autant plus déplorable que les
médecins viennent de décider que la malade n'était pas
en état de sortir.

Si j'avais eu de l'argent, je me serais servi du télégraphe électrique.

J'attribue cela à quelque étourderie, une fausse
adresse, par exemple.

Mais je réfléchis que le directeur du chemin de
fer et le directeur de la Maison du Faubourg Saint-
Denis n'auront vos lettres que le 6, au matin. C'était
le 3 qu'on attendait l'argent.

Pour faire tout pour le mieux, comme vous avez

sans doute un reçu du chemin de fer, ne pourriez-vous pas l'enfermer dans la lettre que vous adresserez au directeur de la Maison du Faubourg Saint-Denis, 200 ?

Je vous cause bien de l'ennui, mais jugez de mon inquiétude ! — Donc, pour le Gautier, attendons. Sans doute, il faut des lettres élégantes et contournées ; mais par qui ? J'y songerai.

Tout à vous, mon cher ami.

Il est évident que, sans télégraphe électrique, l'administration du chemin de fer à Alençon doit pouvoir, dans la journée de demain, 5, vous donner toutes les explications désirables. Aviez-vous écrit une lettre explicative au directeur, en expédiant cet argent ?

Dimanche, 8 mai 1859.

Mon cher, je vous fais de profondes excuses pour ma stupide réclamation. J'ai été abusé par une lettre de cette terrible femme (pas écrite par elle-même, puisqu'elle ne le pourrait pas), qui me disait qu'on n'avait rien reçu. Dans son malheureux cerveau abêti par la maladie, elle avait trouvé ce moyen ingénieux de se procurer deux fois l'argent, sans penser à la facilité de la vérification. Ma mère, à qui j'avais voulu, le 4, emprunter tout de suite 150 francs, en attendant que votre argent se retrouvât, m'a fait une scène abominable, à laquelle j'ai riposté. Ma mère en est malade. Et moi même, depuis le 4, je suis au lit, avec l'estomac et les intestins barrés, et une névralgie qui voyage selon les changements de vent, et dont les lancinations sont si vives que je ne peux pas dormir.

Tels sont les résultats de la colère et de l'inquiétude. Il faut que cet état finisse, car travail et argent et temps, c'est tout un.

Pardon de nouveau, et saisissez les occasions de m'écrire. Vos lettres me sont évidemment une distraction...

N'oubliez pas vos frontispices d'*Émaux et Camées*. Tout à vous.

.... Si vous trouvez, dans un carton ou dans vos armoires, quelque gravure à légende dont les lettres soient ornées de *fions* (généralement des lettres majuscules italiques hollandaises), servez-vous-en comme d'une indication ou d'un conseil.....

---

13 juin 1859.

Vous avez bien tort de ne jamais m'écrire, car ici je n'entends pas une parole humaine.....

Vous me direz ce que vous pensez de mon *Salon*[1]. Et mon *Gautier?*

Dans peu de temps, je vais pouvoir vous livrer votre *Opium et Haschisch*, et, peu de temps après, *les Curiosités* complètes, qui seront suivies des *Nouvelles Fleurs*....

Pour moi, je n'aurai d'argent qu'à la fin du mois,

---

1. Le Salon de 1859, que Baudelaire publiait dans la *Revue française.*

juste pour le billet de 160. C'est bien 160, n'est-ce pas,
et c'est bien fin juin? — Je me recommande bien à vous.
Vous vous brouilleriez avec de Broise si vous aviez
un protêt; et, si j'en avais un ici, ma mère me flanque-
rait à la porte. Or je veux utiliser, jusqu'à la fin de
l'année, la bonne disposition de travail où je suis.

Mille amitiés chez vous. Je ne quitte pas Honfleur
avant votre réponse.

Quelle belle époque que celle où il n'y aura plus de
navette !

Croirez-vous que, malgré votre promesse, je suis
un peu inquiet? Car mon impuissance à payer serait
absolue.

Tout à vous: *Longue* réponse.

19 septembre 1859.

.... Pas encore de conclusion de la part d'Hostein.
Cela va venir. Je suis sûr également que la lettre d'Hugo
va arriver .

Quant à Eugène Delacroix, je l'ai vu hier et avant-
hier. Il ne vous donnera pas de dessin. Il veut vous
donner une *peinture,* et, cette peinture, il la fera
exprès pour vous. Il m'a dit : « Puisque vous voulez être
agréable à un de vos amis, à votre éditeur, je dois
faire pour le mieux. Je n'ai, dans mon atelier, que des
choses qui me servent de notes pour des travaux en

---

1. Poulet-Malassis avait suspendu l'impression de l'Étude de Baudelaire sur Théophile Gautier, parce qu'il attendait, pour la placer en tête
du livre, une lettre de Victor Hugo à Baudelaire.

train. Je n'oublierai pas cela et je vous le livrerai le
plus tôt possible, quand l'inspiration me viendra. » Je
vous avouerai que j'étais presque honteux ; cependant,
très discrètement, je tâcherai de le lui prendre avant
mon départ de Paris (10 octobre).

Tout à vous.

———

1er octobre 1859.

Voilà tout ce que je puis vous dire : Victor Hugo,
je le sais, fait sa correspondance le dimanche. Ce que
je lui ai demandé est un vrai travail. Il ne peut pas,
je crois, me le refuser. Je lui dédie les deux *Fantômes
parisiens* [1], et la vérité est que, dans le deuxième morceau, j'ai essayé d'imiter sa manière.

De plus, je lui ai écrit une longue lettre, minutieusement explicative, en lui avouant que sa première lettre
était perdue. Or j'ignore comment et quels jours se
fait le service de la *voie par Londres pour Guernesey*,
mais en mettant les choses au pire, et en supposant
qu'il n'ait eu mon paquet que lundi, il va me répondre
demain. Vous comprenez que cette lettre, si elle est
importante, peut faciliter la vente de la brochure. —
Maintenant pensez à ces deux choses : interlignez d'un
point et préparez le portrait. — Je crois me rappeler
que vous avez laissé la phrase qui avait trait au portrait de Bracquemond et qui désormais doit s'appliquer à un autre portrait.

---

1. Voir *le Cygne*, dans la deuxième édition des *Fleurs du mal.* Le
titre de la pièce fut changé, mais la dédicace maintenue.

¹ Je ne connais pas ces messieurs, excepté Ph. de Chennevières et très vaguement M. Lacombe. Je ne crois pas que Chennevières puisse remplacer, dans toute sa grâce romanesque et conjugale, Mᵐᵉ d'Holbach, non plus que M. Lacombe puisse représenter l'étonnant père Hoop. Comme je sais que vous aspirez à être Galiani, je suis inquiet de savoir qui a pu jouer le rôle de Diderot.

— Je crois avoir vu encore quelques fautes dans l'épreuve Gautier, que vous m'avez transmise et qui est maintenant à Guernesey. Puisque nous avons quelques moments de calme, j'en profite pour vous faire remarquer que votre système de fautes d'impression continue d'une manière déplorable. Le *Balzac* de Gautier en est criblé, et je regardais hier une affiche imprimée chez vous, où j'ai trouvé, en belles capitales, le mot : ACCTUELLES.

... Pour Delacroix, nous irons ensemble chez lui, un dimanche, à deux heures; nous tâcherons de lui faire dire quand l'inspiration lui viendra pour votre tableau et de le faire causer littérature... *La Légende des siècles* a décidément un meilleur air de livre que *les Contemplations*, sauf encore quelques petites folies modernes.

Tout à vous.

———

1ᵉʳ novembre 1859.

... Toutes les fois que j'ai eu quelques torts vis-à-

1. L'alinéa qui suit répond à un passage d'une lettre de Poulet-Malassis à Baudelaire, en date du 26 septembre 1859.

vis de vous, soit inexactitude, soit retard, dans des affaires d'argent ou de littérature, vous m'avez traité Dieu sait comment, et, comme je ne suis pas aussi gros que l'homme de Cyrano, il ne vous a pas fallu un jour entier pour me battre, mais une minute.

Et vous, maintenant, trouvez-vous qu'il soit bien raisonnable de prendre huit jours pour mettre en pages une petite feuille composée depuis longtemps? Je suis intéressé, pour plusieurs raisons, à publier ceci le plus vite possible.

La fin de l'année, la fin de ce mois peut-être, amènera pour moi la possibilité de vous livrer quatre volumes : *Fleurs, Curiosités, Excitants, Notices littéraires*, sans compter une brochure (*Corbeau* et *Genèse d'un poème*). Or, si vous allez de ce train, il vous faudra quatre ans pour publier mes quatre volumes, au lieu qu'avec un bon texte, il doit suffire de quatre mois (une feuille tous les trois jours, en supposant les volumes composés de 10 feuilles)... Un mot, s'il vous plaît.

_____

15 novembre 1859.

Mon cher ami, votre dernière lettre est très raisonnable et j'accepte tout, sauf une clause bizarre : c'est la réimpression dans deux ans. Mais si chaque livre est épuisé avant deux ans? Donc 300 francs, tirage 1,100 : traité renouvelable. Les quatre manuscrits livrés à la fin de l'année. Or, comme de Broise paye moitié avant l'impression, c'est donc une somme de 600 francs qui rentrera dans votre poche pour diminuer ma dette...

Excepté *Espagnols* [1], *Allemands et Guys* [2], *Curiosités* est fait.

Opium et Haschisch est fait.

Excepté quatre ou cinq pièces, *les Fleurs* sont complètes.

Les *Notices* sont toutes faites et même remaniées.

Elles sont là, sur ma table; mais ce sera peut-être votre quatrième volume, dans l'ordre, parce qu'il faut les laisser paraître ailleurs.

Tout à vous.

———

15 décembre 1859.

Vous ne vous donnez même pas la satisfaction banale des reproches. Vous êtes un ami parfaitement généreux, et, d'une manière absolue, en toute circonstance, si désagréable qu'elle soit, vous pouvez compter sur mon dévouement...

———

1860

Dimanche soir, 8 janvier 1860.

Ce que je vous écris ce soir vaut la peine d'être écrit.

---

1. Les *Peintres espagnols* figurent seuls dans le volume des *Curiosités esthétiques* (édition des OEuvres complètes).

2. M. Guys, aquarelliste anglais, trop peu connu, qui a décrit les principales scènes de la vie des grandes villes, depuis la prostitution la plus abjecte jusqu'aux élégances de la haute vie, dans de merveilleux dessins qui inspiraient à Baudelaire un véritable enthousiasme. Aucun peintre des mœurs modernes n'eut avec notre poète de plus grandes affinités dans le choix de ses sujets et dans la façon de les comprendre.

M. Méryon[1] m'a envoyé sa carte et nous nous sommes vus. Il m'a dit : « Vous habitez un hôtel dont le nom a dû vous attirer, à cause du rapport qu'il a, je présume, avec vos goûts. » — Alors, j'ai regardé l'enveloppe de sa lettre. Il y avait : hôtel de *Thèbes*[2], et cependant sa lettre m'était arrivée.

Dans une de ses grandes planches, il a substitué à un petit ballon une nuée d'oiseaux de proie, et comme je lui faisais remarquer qu'il était invraisemblable de mettre tant d'aigles dans un ciel parisien, il m'a répondu que cela n'était pas dénué de fondement, puisque *ces gens-là* (le gouvernement de l'empereur) avaient souvent lâché des aigles pour étudier les présages suivant le rite, — et que cela avait été imprimé dans les journaux, même dans *le Moniteur*.

Je dois dire qu'il ne se cache en aucune façon de son respect pour toutes les superstitions; mais il les explique mal, et il voit de la cabale partout.

Il m'a fait remarquer, dans une autre de ses planches, que l'ombre portée par une des maçonneries du *Pont-Neuf* sur la muraille latérale du quai représentait exactement le profil d'un sphinx, — que cela avait été, de sa part, tout à fait involontaire, et qu'il n'avait remarqué cette singularité que plus tard, en se rappelant que ce dessin avait été fait peu de temps avant le Coup d'État. Or le prince est l'être actuel qui, par ses actes et son visage, ressemble le plus à un *sphinx*.

---

1. L'admirable graveur, dont Baudelaire avait magnifiquement loué, dans son Salon de 1859, l'œuvre jusqu'alors méconnue du public, avait tenu à remercier l'ami inconnu qui lui donnait cette joie inespérée.

2. Baudelaire habitait alors hôtel de Dieppe, rue d'Amsterdam.

Il m'a demandé si j'avais lu les nouvelles d'un certain Edgar Poe. Je lui ai répondu que je les connaissais mieux que personne, et pour cause. Il m'a demandé alors, d'un ton très accentué, si je croyais à la réalité de cet Edgar Poe. Moi, je lui ai demandé naturellement à qui il attribuait toutes ses nouvelles. Il m'a répondu : *A une Société de littérateurs très habiles, très puissants et au courant de tout.* Et voici une de ses raisons : « *La Rue* Morgue[1]. J'ai fait un dessin de la *Morgue.* Un *Orang-outang.* On m'a souvent comparé à un singe. Ce singe assassine *deux femmes, la mère et sa fille.* Et moi aussi, j'ai assassiné moralement *deux femmes, la mère et sa fille.* J'ai toujours pris le roman pour une allusion à mes malheurs. Vous me feriez bien plaisir si vous pouviez retrouver la date où Edgar Poe (en supposant qu'il n'ait été aidé par personne) a composé ce conte, pour voir si cette date coïncide avec mes aventures. »

Il m'a parlé avec admiration du livre de Michelet sur Jeanne d'Arc ; mais il est convaincu que ce livre n'est pas de Michelet.

Une de ses grandes préoccupations, c'est la science cabalistique ; mais il l'interprète d'une façon étrange, à faire rire un cabaliste.

Ne riez pas de tout ceci avec de méchants bougres. Pour rien au monde, je ne voudrais nuire à un homme de talent...

Après qu'il m'a quitté, je me suis demandé com-

---

1. Voir cette nouvelle, au tome Ier des *Histoires extraordinaires.*

ment il se faisait que moi, qui ai toujours eu, dans l'esprit et dans les nerfs, tout ce qu'il fallait pour devenir fou, je ne le fusse pas devenu. Sérieusement, j'ai adressé au ciel les remerciements du pharisien.

Guys et moi, nous sommes pleinement réconciliés. C'est un homme charmant, plein d'esprit ; et il n'est pas ignorant, comme tous les littérateurs.

4 février 1860.

Comment ! mon cher, *les Paradis artificiels* ne sont pas en main ! Et vous avez la prétention d'avoir fini *les Fleurs* pour une exposition provinciale, en mai[1] ! Remarquez bien que, pour finir trois morceaux commencés des *Fleurs*, pour finir la préface et enfin pour remanier les *Salons* de 1845 et de 1846, il faut que j'aille passer un mois à Honfleur, où sont tous mes papiers.

Paradis artificiels (fini), 300 francs. Morceaux de critique littéraire (fini) ; je vais vous envoyer le manuscrit avec la note des morceaux déjà imprimés, 300 francs. Donc, 600 francs plus 30 francs que je n'aurais pas osé demander, mais j'accepte : 630. Je dois 250 francs. Donc de Broise doit venir à notre secours pour 380 francs.

---

1. Dès le 13 janvier, dans un billet que nous supprimons, parce qu'il renferme des confidences trop intimes pour être publiées, Baudelaire avait écrit à son éditeur : « Je vous recommande bien ma préface. Rappelez-vous que je n'en ai pas le double, et que ce serait un supplice pour moi de recommencer. »

... J'ai profité d'une invitation de *la Presse* pour lui livrer *Monsieur G..., peintre de mœurs*[1], *l'Art enseignant* et *le Dandysme littéraire, ou la Grandeur sans convictions*[1] (de celui-là je ne vous avais pas parlé). Quand sera-ce imprimé? Quand toucherai-je l'argent? Je n'en sais rien.....

Quant aux *Fleurs*, il ne manque que trois pièces commencées et une préface commencée aussi, le tout resté là-bas.

Tout à vous.

—————

16 février 1860.

... Entre parenthèses, je vous dirai qu'il m'eût été agréable que vous me disiez votre sentiment sur la physionomie générale du livre et en particulier sur *l'Opium*. De Quincey est un auteur affreusement conversationniste et digressionniste, et ce n'était pas une petite affaire que de donner à ce résumé une forme dramatique et d'y introduire l'ordre. De plus, il s'agissait de fondre mes sensations personnelles avec les opinions de l'auteur original et d'en faire un amalgame dont les parties fussent indiscernables. Ai-je réussi? Ma question ne vient pas d'une vanité enfantine; elle résulte de la solitude où je vis, puisque j'en suis venu à ce point de sensibilité que la conversation de presque tous m'est insupportable. Et, d'un autre côté, j'avoue

---

1. Le premier de ces opuscules fait partie du tome III des *OEuvres complètes*, sous ce titre : *le Peintre de la vie moderne*. Les deux derniers n'ont jamais paru.

que je suis toujours inquiet de savoir si ces travaux,
qui marchent si lentement, tantôt par ma faute, tantôt
par les circonstances, sont d'une nature assez solide
pour être offerts au public.

... Que d'ennuis ! je suis sans le sol, et en froid
avec ma mère. L'indiscrétion des gens qui me doivent,
ou qui me font de belles promesses sans les tenir, a
amené la nécessité de faire rembourser par ma mère
des billets payables à Honfleur. Je rougis de cela. Je
dois à ma mère 10,000 francs empruntés dans le temps
de sa richesse, et il n'est pas convenable que je la
tourmente, maintenant qu'elle est pauvre. J'aurai peut-
être recours à vous pour terminer l'affaire de R. Quand
on se brouille avec les gens, on les paye. Or je ne
suis pas payé ; il m'est dû encore 400 francs que
je voudrais bien expédier à Mme Aupick. Et notez
bien que j'ai été *insulté, insulté* par ces drôles qui
ne savent même pas l'orthographe. Si je n'étais pas
criblé d'affaires, j'aurais souffleté ce cuistre dans
son cabinet... De plus, horreur ! ils ont perdu des
feuillets du manuscrit, et je suis obligé de les recommencer !

Un tas d'affaires désagréables !....

Et puis Méryon ! Oh ! ça, c'est intolérable. De-
lâtre[1] me prie de faire un texte pour l'album. Bon ! voilà
une occasion d'écrire des rêveries de dix lignes, de
vingt ou trente lignes sur de belles gravures, les rêveries philosophiques d'un flâneur parisien. Mais M. Mé-

---

1. L'imprimeur en eaux-fortes qui s'était chargé du tirage des planches
de Méryon.

ryon intervient, qui n'entend pas les choses ainsi. Il faut dire : à droite, on voit ceci ; à gauche, on voit cela. Il faut chercher des notes dans les vieux bouquins. Il faut dire : ici, il y avait primitivement douze fenêtres, réduites à six par l'artiste ; et enfin, il faut aller à l'Hôtel de Ville s'enquérir de l'époque exacte des démolitions. M. Méryon parle, les yeux au plafond, et sans écouter aucune observation...

Je n'ose plus parler de Wagner ; on s'est trop f.... de moi. Ç'a été, cette musique, une des grandes jouissances de ma vie ; il y a bien quinze ans que je n'ai senti pareil enlèvement...

Tout à vous.

Il a encore été question des *Fleurs* dans *le Salut public*[1], à propos des *Sonnets humoristiques*[2]. Je n'ai pas vu l'article. Vous avez manqué une belle vente de gravures imprimées en couleur. Il y avait là un grand La Fayette, de Debucourt, beau comme un Reynolds.

———

29 février 1860.

... Ainsi, nous commençons *les Paradis* avec le commencement de mars. Sérieusement et de bonne foi, pouvons-nous composer cela en un mois ? Et *les Fleurs*, en un mois ? Si, à la fin de mars, je n'ai pas fait les

---

1. L'article dont parle Baudelaire était signé d'Armand Fraisse, le critique littéraire du *Salut public*, journal de Lyon. Baudelaire le remercia de ses éloges et de ses sympathies par des lettres très intéressantes, que nous donnons à l'Appendice (p. 301 et 302).

2. Les poèmes de M. Joséphin Soulary, dont Baudelaire était l'admirateur et l'ami. Voir, à l'Appendice, leur correspondance.

trois dernières pièces restées à Honfleur et la préface, je les sacrifie. J'ai maintenant vingt-six pièces inédites, en comprenant les cinq derniers sonnets que je vous ai envoyés.....

———

Les trois lettres suivantes du manuscrit autographe, que nous possédons, ayant été imprimées, quoique avec des suppressions, comme toujours, dans le recueil intitulé : *Souvenirs, correspondances,* etc. (numéros VIII, IX, X), nous croyons devoir les omettre.

———

[Avril 1860.]

Je suis très embarrassé, mon cher, pour vous répondre relativement à l'affaire Méryon. Je n'ai aucun droit là dedans, aucun ; M. Méryon a repoussé avec une espèce d'horreur l'idée d'un texte fait de douze petits poèmes ou sonnets ; il a refusé l'idée de méditations poétiques en prose. Pour ne pas l'affliger, je lui ai promis de lui faire, moyennant trois exemplaires en bonnes épreuves, un texte en style de guide ou de manuel, non signé. — C'est donc avec lui seul que vous aurez à traiter. Il demeure 20, rue Duperré.

... La chose s'est présentée dans mon esprit bien simplement. D'un côté, un fou infortuné qui ne sait pas conduire ses affaires, et qui a fait un bel ouvrage ; de l'autre, vous, chez qui je désire voir le plus de bons livres possible. Comme disent les journalistes, j'ai considéré pour vous le plaisir double d'une bonne affaire et d'une bonne action.

Et, à ce sujet, pensez à Daumier ! à Daumier, libre
et f.... à la porte du *Charivari*, au milieu d'un mois,
et n'ayant été payé que d'un demi-mois ! Daumier est
libre et sans autre occupation que la peinture. Pensez
à *la Pharsale* et à *Aristophane*. Il faut le remonter comme
une pendule. Ces deux idées datent d'il y a quinze ans.
Voilà une *grande* et *bonne* affaire.

Je m'engage solennellement à la plus stricte exactitude pour les épreuves des *Paradis* et des *Fleurs*.
Mais vous ne serez pas prêt. *Vous ne pourrez pas l'être.*
Six semaines ne sont pas assez; et vous savez que, pour
rien au monde, je ne veux d'*éditions ratées*, soit au
point de vue de l'élégance, soit à celui de la correction.

— Voilà tout, pour aujourd'hui.

Il faudra évidemment que je retourne à Honfleur,
à la fin de ce mois, pour retrouver tous mes manuscrits; mais jamais je ne changerai de lieu sans vous
avertir.

------

22 avril 1860.

... Je voulais, depuis quelques jours, vous parler
du pharmacien. Vous me dites qu'il faut qu'il prenne
tout de suite, en *échange de son nom imprimé* dans
une note d'un tour scientifique, deux cents exemplaires... Trouvez-vous qu'il soit bien digne de vous
et de votre maison de vous conduire ainsi? Un pharmacien, avec qui j'ai de vieux et longs rapports, me
dit : « Si vous avez conservé la note qui nous concerne,
nous vendrons des exemplaires de votre livre. » —
Cette note, sottement et impudemment placée au bas

d'une page, je l'ai effacée ; et si nous en mettons une,
ce sera à la fin, et elle aura un caractère sérieux où
la réclame sera dissimulée. Je donnerai votre adresse
au successeur de D***, après avoir rédigé la note, que
vous n'imprimerez (du moins avec son nom) qu'après
vous être entendu avec lui sur la remise, et je vous
engage, pour votre honneur et pour le salut des belles
manières, à lui permettre de s'approvisionner d'exemplaires au fur et mesure.

Un mot de mes épreuves. J'en reçois encore souvent qui n'ont pas été corrigées en première. Quand
mon esprit n'est pas fatigué, il n'y a pas grand mal.
Je crois qu'alors les choses importantes ne m'échap-
pent pas. Mais hier, par exemple (il s'agit de la feuille
que vous avez reçue ce matin), j'ai relu mon épreuve
deux fois, et, avant de la mettre à la poste, j'ai trouvé
des énormités que je n'avais pas vues le matin.
A Alençon, que se passe-t-il, au reçu de mon épreuve ?
Votre ouvrier exécute-t-il d'abord mes corrections, et
votre travail a-t-il lieu sur une épreuve tout à fait net-
toyée, avec l'épreuve corrigée par moi, à côté de vous ?
Ou bien, mêlez-vous vos corrections définitives avec
les miennes sur cette épreuve déjà noircie par moi, et
finalement donnez-vous le tout à l'ouvrier, sans plus
vous en occuper avant le tirage ? Vous me trouvez bien
fatigant, n'est-ce pas ? Et cependant ce n'est que grâce
à cet esprit minutieusement méthodique qu'on peut
arriver à des résultats qui ne soient pas trop dégoû-
tants. — Il suffira que nous soyons tous deux très
exacts pour aller vite (je parle des autres volumes). Il

est inutile et même très dangereux d'économiser le temps aux dépens du soin...

Histoire plus sérieuse que celle du pharmacien : vous savez qu'en Angleterre on s'est toujours beaucoup occupé de l'opium et *récemment du haschisch*. De plus, la moitié de mon volume est consacrée à un auteur anglais. Il faut faire une liste soignée des journaux et Revues de Londres et d'Édinburg (*sic*) qui rendent compte du mouvement de la librairie française. D'une manière absolue, je désire qu'aucun moyen régulier ne soit négligé pour la vente de mes quatre volumes : annonces, réclames, affiches, etc.

Tout à vous. Ne m'en veuillez pas de mon esprit d'ordre.

Je ne vous envoie pas aujourd'hui le Ferrari, parce que je n'ai pas de quoi affranchir.

Si je n'affranchis pas cette lettre, c'est exprès, par prudence, à cause du billet.

————

3 mai 1860.

... Maintenant je ne blague pas. Une terreur me prend, relativement à la note pharmaceutique de la fin. Réfléchissez-y bien. Il suffit de la malveillance d'un méchant bougre, dans quelque sale journal, pour nous créer un embarras [1].

————

1. Comme le billet, qui suit celui-ci, l'explique clairement, Baudelaire craignait de voir dénoncer sa note comme dangereuse pour la santé publique, parce qu'elle donnait une recette qui permettait de fabriquer soi-même le haschisch, drogue dont la vente est interdite. Du reste, la note fut supprimée.

Je pense à la tireuse de cartes, qui m'avait prédit que j'allais rencontrer une fille très grande, très mince, très brune, âgée de.... Or je l'ai rencontrée.

Vous connaissez son autre prédiction.

Il est encore temps. La dédicace, c'est J. G. F.

[Mai 1860.]

... Ne vous moquez pas de moi à cause de mes histoires de tireuse de cartes. Qu'y aurait-il d'étonnant dans ce fait qu'un agent trop zélé trouvât immoral qu'à la suite d'un livre sur l'opium et le haschisch, on indiquât les différentes préparations des substances et les différents avantages ou incommodités attachés à chacune d'elles?

Faites bien attention à toutes mes notes marginales, et, pendant que vous ferez le tirage des deux avant-dernières feuilles, envoyez-moi une épreuve de la dernière, quand même nous supprimerions l'affaire D***.

Tout à vous.

Ouf! nous allons maintenant piquer une tête dans *les Fleurs*.....

Soignez bien la note de Quincey, et dites-moi si elle vous déplaît.

---

18 mai 1860 [1].

... Pour que je puisse acheter des exemplaires sur fil, il faut qu'il y en ait. Où sont-ils?

---

1. *Les Paradis artificiels* avaient paru dans la seconde quinzaine de mai 1860.

...Il faudra désormais, mon cher ami, que vous fassiez comme tous les éditeurs : 1,000 veut dire 1,100, — 1,500 veut dire 1,650. — Il ne faut pas perdre d'argent par les cadeaux forcés. Et le surplus, autorisé par tous les usages, doit être entièrement consacré aux obligations inévitables. Cependant, quand le tirage est de 6,000 (6,600), je n'ai pas la prétention de donner 600 exemplaires.

Selon moi, vous auriez dû prévoir le cas, et, en faisant comme tout le monde, vous auriez évité de m'imposer une économie embarrassante.

Je vous remercie de tout mon cœur pour le *chine* ; mais cela implique-t-il que je n'aurai pas de *hollande ?* Je tâcherai de le garder.

Je me résigne au malheur de Saint-Victor, de Gaiffe et de Du Camp. Mais Janin, et surtout Grandguillot[1] ! A bientôt.

Tout à vous.

[Juillet 1860[2].]

Je n'ai pas le double de cette préface. Selon votre avis, je la perfectionnerai ou je la supprimerai[3].

... Dans quelques jours, il n'y aura plus d'hôtel garni dans ma vie. J'ai loué un petit appartement où

---

1. Rédacteur en chef du *Constitutionnel*. Baudelaire avait demandé pour les écrivains, qu'il nomme ici, des exemplaires de son livre, sur papier de Hollande, et Poulet-Malassis les lui avait refusés.

2. Sans date, mais on lit en tête du billet ces mots de la main de Poulet-Malassis : *Antérieure au 11 juillet* 1860.

3. Elle fut supprimée, comme les deux autres préfaces que Baudelaire avait ébauchées, pour la seconde édition des *Fleurs du mal*.

j'ai fait transporter mes *débris*, et je serai tantôt là,
tantôt chez ma mère.....

Tout à vous.

———

12 juillet 1860.

Mon cher ami,

Il y a eu un nouvel article dans je ne sais quel journal
de librairie appartenant à Hachette. Je ne l'ai pas lu.
Autre article dans la *Revue européenne*, curieux. On y
lit que, *malgré toutes les belles protestations de morale,
il est douteux que la santé intellectuelle de M. Baudelaire
se soit améliorée*. Ce matin, a paru dans les *Débats* le
troisième article de D***. Toujours la même chose, des
coups de ciseaux et pas de guillemets, c'est commode.
— Je suis parvenu à acheter quelques exemplaires de
mon bouquin à la Librairie Nouvelle, mais figurez-vous,
mon cher, qu'il n'y en avait pas. Il y a quelques jours,
un journal ayant besoin d'un exemplaire l'envoya chercher à la Librairie Nouvelle; il n'y en avait pas. En
réalité, ce livre n'a été exposé nulle part et déposé que
dans trois ou quatre endroits peut-être. Je vous demande bien pardon de vous répéter toujours la même
chose. Mais si vous saviez la peine que vous me faites !
Je pense non seulement à mes intérêts, mais aussi à
votre fortune. Il y a deux jours, L***, voulant l'acheter,
alla chez Castel[1]; il n'y en avait pas .. Je reviens à mes
affaires. Le miracle du 20 n'est pas accompli. Il s'agit
de théâtre; mais je suis convaincu qu'il aura lieu. Je

———

1. Libraire du passage de l'Opéra.

vous jure que c'est la dernière fois que je profite de votre indulgence, et que je laisse arriver l'échéance de cette insupportable dette sans vous alléger.

Je pars le 16 ou le 17, ayant fait beaucoup de choses, ayant arrangé mes affaires avec *le Constitutionnel* qui s'est vraiment fort bien conduit ; j'ai livré passablement de matières, et j'ai reçu 1,000 francs. Je recevrai encore quelque chose, au moment de mon départ, et je travaillerai au *Wagner* et à mon drame[1], chez ma mère. Je vais faire une série de petits séjours en province : chez mon *frère*[2] (qui vient d'être frappé de paralysie ; la Providence aurait mieux fait de guérir une autre personne qui m'intéresse davantage) ; chez Flaubert[3], qui m'appelle à grands cris ; chez ma mère, et chez vous, puis retour à Honfleur. Il est évident que si je peux être à temps chez vous, c'est-à-dire deux ou trois jours avant votre départ, je vous montrerai toutes les pièces que vous ne connaissez pas et la préface (vingt lignes d'un majestueux dédain[4]).

... Maintenant, adieu. Je désire bien vivement passer quelques heures avec vous. Le genre humain n'aime plus la conversation. Que je réussisse ou que je ne réussisse pas à vous voir avant votre fuite[5], sans faute

---

1. Sans doute *le Marquis du 1er houzards*.

2. M. Baudelaire, juge à Fontainebleau, frère aîné du poète, mort avant lui. Il était issu d'un premier mariage de leur père.

3. Gustave Flaubert habitait presque toute l'année, à Croisset, près Rouen.

4. La première des préfaces ébauchées pour la seconde édition des *Fleurs du mal*.

5. Poulet-Malassis l'avait prévenu qu'il serait peut-être obligé de quitter Alençon sans attendre son arrivée.

n'est-ce pas ? nous commencerons *les Fleurs,* le 15 août, et nous ferons tout en six semaines.

_____

18 août 1860.

.... On peut bien dire que *les Paradis* ont marché tout seuls, car il n'y a pas eu un article vraiment fort. L'Intérieur a refusé l'estampille à cause de la *grande folie de la morale,* terme appliqué au sieur Pont-martin.

Avant de partir, je vais essayer, par mes relations, de faire revenir les gens sur cette mesure....

J'ai rencontré hier D........., qui m'a dit que, dans ses feuilletons sur *les Excitants,* il avait glissé une page sur *les Fleurs du mal,* mais que M. de Sacy l'avait biffée tout entière, en disant: « Comment un journal comme les *Débats* pourrait-il parler d'un livre flétri par les tribunaux ! »

Tels sont les amis de notre ami Asselineau.

Tout à vous, à bientôt.

_____

[Août 1860.]

...Je m'attendais à votre hypothèse finale, à propos de la *Philosophie de l'histoire.* Je connais votre esprit comme s'il était mon fils. Je crois que c'est, en vous, un vieux reste des philosophies de 1848. D'abord, ne saisissez-vous pas, par l'imagination, que, quelles que soient les transformations des races humaines, quelque rapide que soit la destruction, la nécessité de l'antagonisme doit subsister, et que les rapports, avec des couleurs ou des formes différentes, restent les mêmes? C'est, si vous consentez à accepter cette formule, l'harmonie éternelle par la lutte éternelle.

Ensuite, je crois (à cause de l'unité absolue dans la cause créatrice) qu'il faudrait consulter sur votre hypothèse un philosophe naturaliste, comme mon cousin, par exemple. Vous figurez-vous qu'une race quelconque d'animaux puisse absorber les autres races? Et même, dans votre idée d'absorption de tous les peuples par un seul, ne voyez-vous pas que l'homme, animal suprême, devrait même absorber tous les animaux? Enfin, s'il est vrai que beaucoup de races (d'animaux) ont disparu, il est vrai aussi que d'autres sont nées, destinées à manger leurs voisines ou à être mangées par elles; et il est vrai aussi que si des races d'hommes (en Amérique, par exemple) ont disparu, d'autres races d'hommes sont nées, destinées à continuer la lutte et l'antagonisme, suivant une loi éternelle de nombres et de forces proportionnels. Vous connaissez le mot de saint Augustin adopté maintenant par les docteurs de la création spontanée des animalcules: *Dieu crée, à chaque seconde de la durée.* Il en faut conclure que la lutte continue, à chaque seconde de la durée.

Vous me contraignez ainsi à faire le philosophe et à me jeter dans des questions que je n'ai pas étudiées.

J'ai rencontré Ferrari, qui avait profité d'un congé

pour quitter le parlement et venir ici. Il m'a semblé
qu'il s'intéressait plus vivement à la vente de ses
livres[1] qu'à l'unification italienne. Il m'a semblé aussi
qu'il était prêt à toute combinaison, et à entrer, à
volonté, dans un ministère Cavour, dans un ministère Garibaldi, dans un ministère Mazzini. Moi, je lui ai
donné le conseil de se faire ministre de l'empereur du
Maroc. Il a beaucoup ri ; mais croyez qu'il n'en serait
pas éloigné.

Bons mots récents de la stupidité parisienne :
« C'est Garibaldi qui est orthodoxe et c'est le pape
qui est hérétique. » (Louis Jourdan[2].)

« En voilà [un] qui est bougrement fort et qui va
vous balayer tout ça proprement. Avant deux mois,
je fais le pari qu'il sera à Vienne ! » (Matthieu[3].)

A propos des abeilles : « Ces chères petites répu-
blicaines... ! » (Léon Plée[4].)

.... Tout à vous.

———

27 septembre 1860.

.... Le billet de 920, que je joins ici, imprévu pour
vous, a pour but de me débarrasser de l'hôtel, dès

---

1. Giuseppe Ferrari, l'auteur de l'*Histoire de la raison d'État*, qui avait
récemment paru chez Michel Lévy. Baudelaire fait le plus grand éloge de ce
livre, dans une lettre antérieure que nous omettons, parce qu'elle a été
déjà donnée dans le recueil intitulé : *Souvenirs, correspondances, bibliographie*.

2. Rédacteur du *Siècle*.

3. Gustave Matthieu, le chansonnier.

4. Rédacteur du *Siècle*.

les premiers jours d'octobre, et d'aller habiter dans le logement où j'ai fait transporter *mon* mobilier, il y a deux mois. La personne, qui y est et m'attend [1], ne peut plus faire de billets et le loyer est à mon nom. Donc ce billet sera payé. Deux avantages à faire ainsi : d'abord, il faut, *à tout prix*, satisfaire Hostein, qui commence à s'impatienter (en voici la preuve [2]) ; il faut le satisfaire vite. Et comment faire si une querelle à l'hôtel m'enlève mon repos, ou s'il faut prendre, en quelques jours, pour 900 fr. de copie, et négliger Hostein ? — Enfin, cela me décharge d'un grand ennui et me permettra de transporter plus d'argent de votre côté.

.... Un petit *post-scriptum*, dont vous ne vous fâcherez pas. — N'allez donc pas choisir un enfant comme D., qui n'a pas connu notre vie, encore moins la mienne que la vôtre, pour lui exposer vos craintes sur mon avenir, sur mon imprévoyance, sur le désordre de mes affaires. Quand vous aurez trouvé un homme qui, libre à dix-sept ans, avec un goût excessif de plaisirs, toujours sans famille, entre dans la vie littéraire avec 30,000 fr. de dettes, et, au bout de près de vingt ans, ne les a augmentées que de 10,000, et, de plus, est fort loin de se sentir abruti, vous me le présenterez et je saluerai en lui mon égal. Je sais bien ce que vous

---

1. Jeanne Duval.
2. Baudelaire envoyait sans doute à Poulet-Malassis une lettre d'Hostein, pressant le poëte de se mettre au travail. Hostein avait déjà refusé, selon toute apparence, le scenario du *Marquis du 1er houzards* ; mais il avait paru disposé, trois ans plus tôt, à accepter le canevas de *l'Ivrogne* ; par malheur, la pièce ne fut jamais écrite. (Voy. *Souvenirs et Corresp.*)

allez me dire: *C'est de l'amitié.* Je le sais; mais que
votre amitié ne prenne pas d'autre confident que celui
qui en est l'objet.

Tout à vous.

———

5 décembre 1860.

Mon cher ami, je lis votre lettre en un clin d'œil
et je pense (jusqu'à plus ample débrouillement) qu'elle
contient un *rêve* plein d'imprudences [1].

Mon cher, réfléchissons bien. Pour rien au monde,
je ne refuserai de suivre une marche utile pour vous.

1. Une lettre-postérieure, sans date, explique la pensée de Baudelaire,
et répond évidemment à une proposition, que Poulet-Malassis lui avait faite,
de vendre ses œuvres à quelque confrère.

Mon cher Malassis,

1° Vous n'avez aucune certitude que la propriété des *Fleurs* et des *Paradis* vaille cinq mille francs.

Elle ne vaut peut-être pas cela *actuellement;* et elle peut valoir plus
tard *beaucoup plus.*

Il serait possible aussi que les *Fleurs* suffissent, vendues en toute propriété, à payer ma dette vis-à-vis de vous.

2° J'ai fait mes réflexions et je consentirai à cet arrangement si nous
agrandissons le système, ce qui me permettrait enfin de me mettre l'année prochaine à faire beaucoup de nouveau (n'existant encore qu'en
ébauches), et *peut-être même d'abandonner à tout jamais le système de
fragmentation dans les journaux, qui me fait tant souffrir.* (Insister là-
dessus.)

MATIÈRE VENDABLE (5 volumes).

Réflexions sur mes contemporains.	2 volumes.
Fleurs du mal.	1 —
Paradis artificiels (Opium et Haschisch) . . .	1 —
Poèmes en prose.	1 —

Ou vendre à chacun, le plus cher possible, pour une édition ou pour *un
temps bref,* un ou deux des volumes mentionnés, ou (système préférable)
vendre à un *seul* éditeur la *propriété de tout,* pour *toujours,* ou pour *un
temps très long.*

Mais sérieusement, en sommes-nous là? Et, puis con-
sidérez qu'il m'en coûtera de me séparer de vous.
Entre nous, il y a autre chose que des services d'argent (qui cependant sont beaucoup) pour me lier à
vous. Il y a un charme, qui, pour moi, ne sera pas
ailleurs. Je ne m'amuse pas à vous faire la cour ; vous
savez que vous vendez plus lentement que d'autres
éditeurs. Donc vous ne pouvez pas suspecter le sens
d'amitié qui dicte ce que je vous écris.

En tout cas, et très malheureusement, je crois que si
H. a envie de quelque chose de moi, c'est de tout autre
chose que de mes œuvres critiques, dont il ne peut
pas deviner la valeur....

Tout à vous.

Aujourd'hui encore, journée terrible, passée dans
les rues; billets protestés, et le musicien [1] parti brusquement pour Londres, sans dire adieu.

Par bonheur, je reçois une lettre de lui.

[Décembre 1860.]

Mon cher ami, je n'avais pas besoin de votre lettre,
car, depuis plusieurs jours, je retourne tout cela dans
ma tête, et la visite à H..... était faite. J'allais donc
vous écrire.

Je suis désolé de vous affliger; mais, malgré le
terrible mot, répété si souvent : *Nous sombrerions*, je
suis contraint de vous demander peut-être l'impossible,

----

1. Robert Stœpel, pour qui Baudelaire avait écrit les paroles de la pièce
des *Fleurs du mal,* intitulée : *le Calumet de paix.*

enfin un grand acte de dévouement, en réservant toutefois de faire, après payement, la grande expédition
des courses et de boucher quelques jours après, en
partie ou en totalité, le trou fait à vos affaires personnelles. Je vous fais juge :

25 mars, 1,000 T. (impossible).

25 mars, 500 S. (impossible).

25 mars, 350 G. (impossible).

1er avril, 500 L. (impossible).

10 avril, 1,100 H.

La navette est donc impossible, puisque tous les
escompteurs figurent, cette fois, au grand complet.
Vous pourriez peut-être, chez L. et chez G., faire passer
du papier par un autre que par moi ; car il faut que
vous sachiez que, pour comble de malheur, je suis
poursuivi actuellement pour 1,900 fr. de billets protestés (dont 600 seulement me concernent *directement*). Or S. et G. sont mêlés à cela. Vous devinez le
danger.

. Maintenant, H. Le banquier d'H. a suspendu ses
payements. Il se sert maintenant (une fois par mois) du
Comptoir d'escompte, — une fois par mois, c'est-à-dire
du 25 au 30. J'ai causé avec lui. Il prendra volontiers
vos billets ; mais je sais que, la première fois, le Comptoir national les lui avait refusés, et que c'est son banquier qui, finalement, les avait pris. Il m'a offert d'escompter en Belgique ; mais je crois que la maison à
laquelle il s'adressera là-bas vient de péricliter, par
suite de l'affaire Mirès.

De plus, il m'a dit que, dans quelques mois, il se

chargerait volontiers, avec votre agrément, des *Ré-flexions sur quelques-uns de mes contemporains*. Quant aux *Curiosités*, il nous engage vivement à changer le titre, qui, dit-il, contient un *bouillon*, la matière fût-elle très amusante.

Je veux ajouter quelques mots, de ces mots que je ne peux dire qu'à vous. Depuis assez longtemps, je suis au bord du suicide, et ce qui me retient, c'est une raison étrangère à la lâcheté et même au regret. C'est l'orgueil qui m'empêche de laisser des affaires embrouillées. *Je laisserais de quoi payer;* mais encore faudrait-il des notes soignées (*sic*) pour la personne chargée de régler tout. Je ne suis, comme vous savez, ni pleurnicheur, ni menteur. Depuis deux mois surtout, je suis tombé dans une atonie et une désespérance alarmantes. Je me suis senti attaqué d'une espèce de maladie à la Gérard, à savoir la peur de ne plus pouvoir penser, ni écrire une ligne. Depuis quatre ou cinq jours seulement, je suis parvenu à vérifier que je n'étais pas mort de ce côté-là. C'est un grand point.

Edgar Poe en belle édition, le théâtre probablement, ma dette, quoique toujours et trop rapidement grossissante, sera payée par là... Mais j'en reviens toujours à mon idée fixe : la laisser dormir moyennant le payement d'intérêts réguliers. Savez-vous que tous les deux mois, deux mois et demi, il y a pour moi un torrent de courses, une dilapidation forcée de temps et d'argent, et une palpitation de toute la volonté, une vraie angoisse en tournant chaque bouton de porte? De plus, cette dette, commise dans le principe pour

m'installer à Honfleur, devient maintenant un empêche-
ment; car il faut que je sois à Paris, et toujours attentif.

J'ai le plus grand désir de vous voir ici. Il ne s'agit
pas de voluptés de camaraderie, il s'agit de vous, de
vos intérêts... Tout le monde, non pas des gens hos-
tiles, mais de ceux qui vous sont attachés, disent de
vous : « Ces messieurs n'entendent absolument rien à
la publicité. » Sainte-Beuve me dit avant-hier : « Où
est Malassis? — A Alençon. — *Mais il est fou!* —
C'est pour finir le livre Hatin[1]. — A quoi donc sert un
prote? » a-t-il finalement ajouté.

Insensé que vous êtes, vous me demandez où en est
mon livre! Est-ce que je m'en occupe?... Je sais que
Buloz et Montégut ont promis un gros travail, mais pour
quand? Montégut prétend être en arrière pour plusieurs
mois. Sainte-Beuve a promis, mais pour quand?...

Tout à vous:

1861

16 janvier 1861.

Mon cher ami, je suis assez dur pour moi-même, et
pourtant toutes mes aventures m'avaient rendu malade. Dans mes ahurissements, j'avais chargé de B.
de vous rendre compte de mes actes, n'ayant pas la
tête disposée à vous écrire.

------

1. L'*Histoire politique et littéraire de la presse en France.*

Je lui ai remis l'argent de tous les billets et je lui dois encore 230 francs. Si j'avais eu la libre disposition de mon temps, j'aurais déjà touché de l'argent deux fois (par moi-même). Je m'en occupe maintenant, et avant *très peu de jours*, je vais les lui remettre. Je voudrais faire mieux encore, et la lettre désolée que j'ai reçue de vous hier matin me prouve que c'est urgent. Je reviendrai tout à l'heure là-dessus.

.... Avant tout, je veux me soulager et vous dire ce que je n'ai dit à personne. Vous jugerez ce que j'ai enduré et ce que j'endure encore. Je me suis sauvé de Neuilly, par dignité, ne voulant pas rester dans une situation honteuse et ridicule. Pendant vingt-cinq jours, je me suis trouvé en face d'un homme qui passait toutes ses journées dans la chambre de sa sœur, depuis huit heures du matin jusqu'à onze heures du soir, m'empêchant ainsi de prendre mon seul plaisir, c'est-à-dire de causer avec une femme vieille et infirme. Quand j'ai voulu lui faire entendre, par la voix de sa sœur, que mon extrême gêne ou un accident quelconque pouvaient nécessiter de sa part un effort pour soulager sa sœur et m'aider moi-même dans cette tâche, il m'a fait répondre que *non*, non pour maintenant et pour l'avenir. Plus tard il est revenu là-dessus, offrant de faire quelque chose, si, de mon côté, je faisais une délégation sur ce qui pouvait me rester de fortune personnelle. Peut-on concevoir un monsieur qui revient du bout du monde, qui tombe de la lune, qui ne s'est jamais inquiété de sa sœur, qui en est à faire ses premières preuves de dévouement, et qui *ose* demander des garanties à celui qui a fait dix-neuf ans ce que le devoir ne lui commandait pas? Oh! ce n'est pas fini! A travers beaucoup de pleurs, j'ai obtenu de la créature l'aveu que, depuis un an, son frère *vivait chez elle,* mais qu'il lui avait PRÊTÉ 200 francs!!... Mille pardons, mon cher Malassis, de vous entretenir de ces hontes. — Il m'a fallu vivre entre un drôle et une malheureuse femme dont le cerveau est affaibli. J'ai fui; j'en suis encore malade d'indignation; j'ai le cerveau tout affadi, et croiriez-vous que j'ai du mal à écrire une heure de suite?

Il y a quelques jours, vous m'avez ravi en m'écrivant qu'avec de la *résistance, de la patience et de la dissimulation,* tout serait sauvé. Hier, vous m'écrivez le contraire, et vous prévoyez un désastre. Ne se pourrait-il pas que ces variations dans votre idée vinssent d'alternatives d'espoir et de découragement ou d'un manque de hardiesse de votre famille? Il y a, au bout de votre tentative, de la gloire et peut-être de l'argent; persévérez. Dans le cas de désastre, pensez aux *Fleurs* et aux *Paradis,* auxquels j'attache de l'importance.

Quant à ma dette, je ne vois qu'une issue, c'est de vous donner sans cesse de petites sommes. Je cherche dans mes papiers, et je vois que j'ai su, en dix-huit mois, donner à l'hôtel de Dieppe une somme *énorme.* J'en ferai bien autant pour vous. Sincèrement, je le veux.....

Je vais sans doute, demain matin, recevoir de vous une lettre impatientée. Je ne l'ouvrirai qu'avec crainte. Une lettre, un coup de sonnette, un rien me fait sauter en l'air. Ma volonté est dans un état piteux, et si je ne pique pas, *par hygiène, et malgré tout,* une tête dans le travail, je suis perdu...

Tout à vous.

Février 1861.

Nous plaçons ici, à sa date probable, une pièce curieuse, à plus d'un titre, et qui se rattache évidemment à la mise en vente de la seconde édition des *Fleurs du mal,* qui parut dans la première semaine de février 1861. Cette liste est de la main de Baudelaire; les annotations, que nous plaçons au bas de la page, sont de celle de Poulet-Malassis.

Baudelaire, vingt exemplaires. Combien sur *chine* ou fil [1]?

Revue des Deux Mondes. — Buloz (avec une lettre de moi).

Revue contemporaine. — De Calonne.

Revue britannique. — Qui?

Revue européenne. — Lacaussade, Gustave Rouland (avec une lettre de moi).

Correspondant. — Qui?

Illustration. — De Wailly?

Monde illustré. — Gozlan (avec une lettre).

Moniteur. — Sainte-Beuve (avec une lettre).

Débats. — Deschanel (avec une lettre).
    Cuvillier-Fleury [2].

Presse. — Saint-Victor.
    Arsène Houssaye, directeur de *la Presse* (très important) [3].

Constitutionnel.. — Grandguillot (Vitu fera une note).

---

1. Vingt exemplaires sur papier ordinaire. Il n'y en a, sur fil et chine, que quelques exemplaires tirés à mes frais, dont je me réserve la disposition. Baudelaire en a fait tirer, à ses frais, quelques plus beaux exemplaires chez Raçon. Il ne tenait qu'à lui d'en demander davantage.

2. Cuvillier-Fleury, inutile.

3. Avec *l'Artiste,* cela ferait un double. En tout cas, un exemplaire seulement.

Siècle. — Taxile Delord [1].

Pays. — D'Aurevilly (avec une lettre).

Patrie. — Édouard Fournier [2].

Opinion nationale. — Levallois.

Salut public (de Lyon). — Armand Fraisse (avec une lettre).

Nord. — Jules Janin (avec une lettre).

Indépendance belge. — Qui [3]?

      Idem.   — De Ronsard (ministère de l'intérieur très important, pour 200 journaux) (avec une lettre).

Union. — Pontmartin.

Gazette de France. — Guttinguer (promis un article, annoncé même, il y a huit jours).

Revue anecdotique. — Larcher.

Revue de Genève. — Qui?

Figaro. — Monselet [4].

Journal amusant. — Nadar.

Times, Thackeray's Cornhill Magazine (avec une lettre). *Examiner, Spectator, Athenæum, Literary Gazette, Press, Frazer's Magazine, Blackwood's Magazine, Westminster Review, Edinburg Review, Quarterly Review* [5].

Russes et Allemands, je n'y entends rien.

Vitu fera une note au *Constitutionnel,* La Fizelière à *l'Artiste.*

Je voudrais bien me décharger sur vous de Banville, de Gautier et de Leconte de Lisle [6].

---

1. Inutile.

2. Inutile.

3. Ulbach (Mané).

4. Inutile.

5. Nous savons par expérience qu'on n'obtient rien gratuitement des journaux anglais, et aussi que la vente des livres français est presque nulle, puisque tous nos correspondants de Londres nous ont quittés successivement. Si ces exemplaires sont envoyés, en tout cas, l'envoi ne peut être à notre charge.

6. Pas possible. Nous ne pouvons pas entrer dans les considérations d'amitié. Et les vingt exemplaires d'auteur, pour qui seraient-ils? Y compris les vingt exemplaires d'auteur, et en retranchant ceux que j'ai rayés, restent cinquante exemplaires de distribués ou donnés. C'est tout ce qu'on peut faire pour un tirage de quinze cents. Sans compter ceux à qui on n'a pas pensé, qui viendront réclamer, une dizaine au moins, soit soixante.

Plusieurs exemplaires doivent être accompagnés d'une lettre de moi. Je verrai de Broise tous les jours. Évitez les doubles exemplaires jetés dans les journaux, sans sûreté et sans garantie. J'ai quelqu'un qui s'occupera de l'affaire des journaux de Londres et qui peut-être ira lui-même dans les bureaux.

Si vous faites une note (35 pièces nouvelles, toutes les anciennes remaniées, portrait) communiquez-la-moi, je la ferai passer dans une centaine, au moins, de journaux de départements.

En fait de grands journaux de province, je ne connais que *le Salut public*. Je ne garde pas le double de cette note.

———

[Mai 1861[1].]

Mon cher ami,

Si je n'avais pas été *très sérieusement malade*, depuis trois jours, vous m'auriez vu.

Venez me voir dans un délai de trois jours ; je suis obligé, si mal que je sois, de poursuivre vivement une besogne arriérée, et je pourrai en même temps satisfaire, je le présume du moins, votre impatience à l'égard des 800 francs.

.... L'affaire S... a tourné horriblement mal. Si je n'avais pas été malade, je serais allé invoquer votre témoignage contre ce misérable. Je crois que la Société des gens de lettres fera un effort pour en avoir raison.

Vous devinez sans doute que ma lettre cache un état d'esprit assez alarmant.

---

1. Date écrite au crayon, de la main de Poulet-Malassis.

———

1862

.... Quant à la dernière phrase de votre lettre, vous savez parfaitement que le travail fini et livré à *l'Illustration* a une valeur d'au moins 400 francs et finalement sera publié[2] et que, sur l'argent du ministère d'État[3], je dois vous livrer 600 francs et que si cette somme ne montait pas à ce chiffre, je me ferais un devoir de tout vous livrer. Donc vos reproches relativement à mes *illusions* ne peuvent pas s'appliquer à ma façon de compter, mais au manque de concordance entre l'arrivée de l'argent et l'échéance. Que je sois désolé de ceci, vous n'en doutez pas.

Vous vous trompez encore dans les motifs supposés pour le refus[4] ; quand j'aurai le plaisir de vous voir, je pourrai mieux vous expliquer cela. Aussi bien, en deux mots, voici : 1° un commis a affirmé que vous ne payiez pas vos effets juste au jour convenu. 2° un autre commis (qui évidemment était allé à la Banque) a dit que la maison avait beaucoup plus de valeur du temps de de B., et que la retraite de de B. expliquait la retraite d'une maison de banque d'Alen-

1. Date indiquée, au crayon, de la main de Poulet-Malassis : *1861 ou 1862.*

2. Baudelaire n'a jamais rien publié dans *l'Illustration.*

3. Tout renseignement nous manque sur cette ressource de Baudelaire ; c'était peut-être quelque subvention.

4. Sans doute, le refus d'un des escompteurs auxquels Poulet-Malassis avait l'habitude de recourir et qui ne voulait plus accepter d'effets souscrits par lui. Poulet-Malassis accusait sans doute Baudelaire d'avoir nui à son crédit par quelque indiscrétion.

çon. Vous comprenez bien que ce n'est pas moi qui
invente cela.

Vous essayez, dans votre lettre, de me faire sentir le
plus vivement possible votre mauvaise humeur, mauvaise humeur fort légitime d'ailleurs. C'était inutile.
Je souffre suffisamment de ce qui est arrivé, et j'ai reçu
de vous trop de services pour garder souvenir d'autre
chose.

Tout à vous.

_____

13 décembre 1862 [1].

En effet, mon cher ami, celui qui vous a fait enfermer m'a joué un cruel tour ; car je comptais bien sur
vous pour diriger mes affaires. Je suis si maladroit !

H... m'a fait une fort belle proposition pour *deux*
ouvrages se faisant pendant réciproquement. Il voulait
les *lancer* avec soin, mais c'était pour une édition seulement ; mais cela ne remplissait pas mon but.

.... Pourquoi diable m'offrez-vous quelqu'un pour
me diriger ? Il faut que j'apprenne à faire une affaire
tout seul.

Mais que vous êtes injuste envers moi ! Que faire
pour vous être agréable ? Vous me demandiez un journal littéraire. Comme tous les prisonniers, vous croyez
qu'il se passe quelque chose dehors. Il n'y a pas de
nouvelles, à moins que vous ne fassiez allusion au *Fils
de Giboyer*. Mais vous savez bien que je ne m'occupe
pas de ces turpitudes-là.

_____

1. Poulet-Malassis, tombé en faillite, était alors détenu à la maison d'arrêt des Madelonnettes.

Quant à *Salammbô*, grand, grand succès. Une édition de deux mille enlevée en deux jours. *Positif*. Beau livre, plein de défauts, et qui met en fureur tous les taquins, particulièrement Babou. *Il y en a qui reprochent à Flaubert les imitations des auteurs anciens.* Ce que Flaubert a fait, lui seul pouvait le faire. Beaucoup trop de bric-à-brac, mais beaucoup de grandeurs, épiques, historiques, politiques, animales même. Quelque chose d'étonnant dans la gesticulation de tous les êtres....

Champfleury et La Fizelière m'ont dit qu'on ne pouvait pas encore vous voir. Alors mes remords n'avaient pas de raison d'être, car j'avais positivement des remords de n'avoir pas encore couru là-bas pour vous voir.

Mais quand cela finira-t-il? Et quand pourra-t-on vous rendre visite? J'ai hâte de le savoir... Pour moi, je me porte fort mal, et toutes mes infirmités, physiques et morales, augmentent d'une manière alarmante.

J'aurais besoin d'un médecin comme Mesmer, Cagliostro ou le tombeau de Pâris. Je ne plaisante pas.

Tout à vous.

J'oubliais quelque chose d'important et que je pourrais vous donner à deviner fort inutilement. J'ai vu Mme X*** à propos de Legros[1], qui a fait un beau portrait de Hugo. Elle m'a demandé de vos nouvelles, m'a accablé de questions avec une émotion surprenante (comme je questionne aussi tout le monde à propos

---

1. Dessinateur et peintre, qui se rattache à l'école de Courbet. Baudelaire possédait quelques dessins très curieux de ce maître.

de vous); et puis j'ai vu ses yeux se gonfler, ainsi que son cou, et je crois vraiment qu'elle aurait pleuré si on n'avait pas annoncé une visite.

Vraiment je serais bien fier d'exciter tant d'intérêt même à (sic) *une femme à cheveux blancs...*

A partir de la fin de 1862, les lettres de Baudelaire à Poulet-Malassis deviennent beaucoup moins fréquentes et traitent surtout de questions d'affaires. Nous donnons celles qui offrent un intérêt littéraire.

1864 [1]

[Février ou mars 1864.]

Mon cher ami, P. me dit que vous partez pour Bruxelles aujourd'hui, 15. Est-ce vrai? Quand vous partirez, je vous chargerai d'une note pour M. Vervoort, président de la Chambre des députés et président du Cercle artistique, *contenant les titres des lectures* que je veux faire. Je veux un *traité*, 200 francs par lecture, et je ne partirai, fin octobre, que quand j'aurai le traité [2]...

J'ai causé avec Michel. Il demande huit jours pour réfléchir à ce qu'il peut m'offrir, après avoir vérifié nos comptes.

Or dois-je, assassiné par tant de besoins, tâcher de conclure avec lui deux nouveaux traités (*Paradis, Con-*

---

1. Cette lettre ne porte ni millésime ni suscription; mais à cette date, évidemment, Poulet-Malassis, sorti de prison, se préparait à partir pour la Belgique, où il résida jusqu'en 1870.

2. Contrairement à la résolution qu'il annonce ici, Baudelaire alla s'installer à Bruxelles, au printemps de 1864.

temporains, 3 volumes), ou dois-je patienter jusqu'à novembre, dans l'espérance que les lectures en question pourront exciter un désir chez MM.-Lacroix et Verboekoven?

Je crois d'ailleurs que Michel n'aime pas entendre parler de trente-six choses à la fois, et qu'il ne faut pas laisser voir ma gêne.

En tout cas, chez n'importe qui, je ne veux traiter que pour cinq ans, soit pour une série de payements au fur et à mesure des tirages, soit pour une seule somme représentant la totalité possible des tirages. Réponse, s'il vous plaît.

Tout à vous.

---

30 octobre 1864, minuit[1].

Mon cher, je suis si malheureux de cette vie de dissipation sans plaisir, que j'accepte, comme moyen de me contraindre à rester chez moi et de me soulager d'autres besognes, le bizarre travail que vous m'avez proposé. Faites coller des bandes le long des marges de votre traduction, et fournissez-moi une édition latine et deux glossaires. Quant au salaire, il sera *ce que* vous voudrez; payé, comme vous voudrez, en argent ou en billets, ou bien compté comme diminution de ma dette.

J'ajoute cependant ceci, — c'est que j'espère que ce sera pour vous un encouragement à me confier le

---

1. Cette lettre fut envoyée de Bruxelles, où Baudelaire habitait depuis le mois d'avril de cette n.ême année. Il vivait dans la société de Poulet-Malassis, et, par suite, ne lui écrivait que rarement.

Satyricon[1], un ouvrage sur lequel je serais fier de coller mon nom, et un travail critique sur Laclos.

Tout à vous.

Avez-vous deux éditions latines? Il serait bon que celle que vous me prêterez n'eût pas de valeur et pût être souillée par le crayon. Marges larges, un feuillet de papier à lettre.

1865

Dimanche, 1er octobre 1865.

Mon cher ami,

Vous seriez bien gentil si vous m'envoyiez une note me disant quel est le prix d'un exemplaire de la *Justine*, et où cela peut se trouver tout de suite; me disant aussi le prix des *Aphrodites*, de *Diable au corps*[2], et quelles sont, selon vous, les *caractéristiques morales ou littéraires* d'autres saloperies, telles que celles produites par le Mirabeau et le Rétif.

Que diable le sieur Baudelaire veut-il faire de ce paquet d'ordures? Le sieur Baudelaire a assez de génie pour étudier le crime dans son propre cœur. Cette

1. La demande de Baudelaire fut accueillie. Le travail si complet et si exact qui a pour titre : *Bibliographie raisonnée et anecdotique des livres édités par Auguste Poulet-Malassis* (1853-1862) mentionne, parmi les livres en préparation qui figurent sur la couverture du dernier volume de la collection : « *le Banquet de Trimalcion*, de Pétrone, traduit par Charles Baudelaire. »

2. Deux ouvrages licencieux d'Andréa de Nerciat, qui font partie de la *Bibliothèque curieuse,* que Poulet-Malassis éditait en Belgique.

note est destinée à un grand homme qui croit ne pouvoir l'étudier que chez les autres.

J'ai reçu de Paris une lettre singulière. Il paraît que j'ai fait les *frères ennemis* dans la maison G. C'est-à-dire qu'Auguste est contre moi et Hippolyte pour moi.

En attendant, je manque de tout, et on me fait ici une vilaine mine.

Un agent de police est venu ce matin me dire que j'étais depuis bien longtemps à Bruxelles, et qu'il me priait de faire venir de France un extrait de mon acte de naissance.

Est-ce un signe de malveillance, ou simplement un fait résultant de quelque règlement?

Grâce aux lenteurs de L...[1], quand l'affaire sera conclue, tout sera mangé d'avance.

Tout à vous.

———

1866

Vendredi, 16 février 1866.

Mon cher, j'ai reçu ce matin une lettre de Sainte-Beuve[2]. Il est tout à fait tiré d'affaire. Il s'agissait d'un engorgement au prépuce[3]. On voulait le dissuader de se faire opérer, et on lui disait de vivre avec

1. Un homme d'affaires, de Paris, qui était en correspondance avec Baudelaire et s'occupait de lui trouver un éditeur pour ses œuvres complètes.
2. Voyez tome II de la *Correspondance de Sainte-Beuve*, p. 56.
3. Baudelaire, trompé lui-même par les termes vagues d'une phrase de la lettre de Sainte-Beuve, commet ici une singulière méprise. Le mal auquel son ami devait succomber, trois ans plus tard, s'annonçait par des symptômes d'une toute autre gravité.

ça; mais « on ne doit pas garder ces choses-là »,
comme il dit, et il a tant tourmenté les gens qu'on l'a
opéré. Un homme fort habile, à ce qu'il paraît, s'est
chargé de cela; mais il est survenu des complications
(sans doute des fièvres), et il m'écrit qu'il a beaucoup
souffert. La fin de la lettre vous concerne :

« Je serais désolé que le petit mot que Troubat a
écrit à Malassis, et dans lequel il lui faisait en mon
nom de petites recommandations de prudence, eût
chiffonné ce galant homme et cet excellent ami. Il y a
répondu, d'ailleurs, de la manière la plus gracieuse, en
nous envoyant une drôlerie de Voisenon qui a charmé
l'un de mes intervalles de souffrance et qui nous a
déridés quelques instants[1]. — Je vais maintenant tout
tout à fait bien... »

1. Poulet-Malassis, professant une grande admiration pour Sainte-Beuve,
s'ingéniait à la lui prouver, de toutes les façons, même en lui envoyant
un exemplaire de quelques-uns des livres érotiques qu'il publiait en Belgique, sous le couvert de l'anonyme. Nous voyons Sainte-Beuve, dans sa
correspondance, le remercier de l'envoi d'un conte, plus que grivois, de
Voisenon. Ces livres que la douane française avait ordre de confisquer,
arrivaient, par la voie du ministère de l'intérieur, à Sainte-Beuve qui les
réclamait au nom des intérêts supérieurs de la critique.

Mais Poulet-Malassis, ayant eu la malheureuse idée de joindre aux livres
érotiques quelques-uns des pamphlets politiques dirigés contre l'Empire,
qui paraissaient à Bruxelles, et qui, prohibés plus sévèrement encore que tout
le reste, étaient recherchés alors avec la convoitise particulière qu'excite
le fruit défendu, Sainte-Beuve s'alarma d'une imprudence qui pouvait le
compromettre auprès des personnages officiels qu'il fréquentait, et, par son
ordre, son secrétaire, M. Troubat, dut adresser à son trop obligeant correspondant d'amicales remontrances. Le passage de la lettre de Sainte-Beuve,
que Baudelaire cite, se rapporte au début de cette lettre, encore inédite,
de M. Troubat à Poulet-Malassis :

« Ce 11 janvier 1866.

« Mon cher ami, tout d'abord M. Sainte-Beuve, en vous remerciant
beaucoup, vous supplie de ne plus user de la voie du ministère. Le dernier
envoi n'a été délivré que sur déclaration exacte du contenu et après ou-

verture. La seule voie sûre, pour ne pas être ouvert, est celle des ambassades... Dans tous les cas, il vous prie expressément de n'envoyer rien de Rogeard [1] et de ne mêler absolument rien de politique : c'est déjà bien assez des grivoiseries de Voisenon. —·Il m'explique à merveille comment ce qu'il a droit de réclamer de la complaisance du ministère, à titre de bibliophile, n'a plus aucun lieu ni aucune justification dès qu'il s'agit de livres politiques auxquels l'entrée du pays est interdite. Tête toute poétique et tout artiste, imprimez·vous bien cela dans l'esprit. »

1. Poulet-Malassis avait sans doute compris, dans l'envoi fait à Sainte-Beuve, le pamphlet de Rogeard, *les Propos de Labiénus.*

LETTRES A SAINTE-BEUVE

De tous les correspondants de Baudelaire, en y comprenant même Poulet-Malassis, Sainte-Beuve est celui à qui le poète écrivait avec la plus expansive affection.

C'est que leur intimité avait un caractère exceptionnel. Fervent adepte de l'école romantique, qu'il se faisait gloire de continuer, Baudelaire voyait dans l'auteur de *Volupté* son ancêtre littéraire. Aussi lui avait-il voué une révérence et une tendresse presque filiales; dans l'intimité, il l'appelait « l'oncle Beuve ». De son côté, l'illustre écrivain lui témoignait une indulgence paternelle et l'appelait : « Mon cher enfant ».

Baudelaire lui signala, le premier, les profondes affinités morales et les ressemblances, dans la façon d'imaginer et de sentir, qu'il est aisé de constater entre *Joseph Delorme* et *les Fleurs du mal;* Sainte-Beuve en convint sans peine et répondit très sincèrement : « Vous dites vrai, ma poésie se rattache à la vôtre. J'avais goûté du même fruit amer, plein de cendres, au fond. »

En 1844, Baudelaire engage les relations en adressant à celui qu'il reconnaît pour son maître une très curieuse épître en vers, une de ces déclarations d'enthousiaste admiration qui, entre littérateurs ou entre artistes, préludent le plus souvent à l'intimité prochaine.

C'est toujours Baudelaire qui écrit le premier ; d'habitude, son illustre ami lui répond brièvement (sauf vers la fin de leur correspondance), mais avec un empressement et une cordialité tout à fait singuliers [1].

1. Voyez l'autre moitié de cette correspondance, les réponses de Sainte-Beuve, à la plupart de ces lettres, dans l'édition donnée par M. Troubat, son secrétaire (3 vol. in-12, Calmann Lévy, 1877-1880).

Au début de sa carrière, en 1855, Baudelaire demande à son puissant ami quelques mots de recommandation auprès d'un directeur de journal, ou quelques éloges pour sa traduction d'Edgar Poe. Mais c'est surtout d'un appui moral, d'un encouragement, d'un conseil, qu'il éprouve le besoin. « Je remets en vos mains mon âme toujours troublée », lui écrit-il, faisant allusion sans doute à ces conversations fortifiantes qu'il sollicitait, sans les obtenir aussi souvent qu'il l'eût voulu.

Il arrive que l'illustre critique s'excuse de n'avoir pas écrit l'article promis, alléguant les nombreuses et urgentes besognes dont il est surchargé. Et Baudelaire ne s'offense jamais de ce manque de parole. Il se reprocherait de suspecter la sincérité de son ami.

Quand *les Fleurs du mal* sont déférées par le parquet à la police correctionnelle comme attentatoires aux mœurs publiques, c'est à Sainte-Beuve que le poète s'adresse pour le prier d'intervenir[1], de le défendre, de son témoignage, auprès du public et de la justice.

Quelques années plus tard, le poète a la fantaisie de poser sa candidature à un fauteuil vacant de l'Académie française. C'est encore l'illustre critique qu'il consulte, et dès qu'il reçoit de lui le salutaire avis de se désister, il y défère avec docilité.

Enfin, exilé volontairement en Belgique, Baudelaire reste en correspondance suivie avec son cher protecteur. Ces dernières lettres surtout sont du plus haut intérêt, sous un double rapport, biographique et littéraire.

Pendant ce séjour de deux années à l'étranger, le poète est réduit à un isolement presque absolu; tout le blesse et l'irrite, dans un pays dont les mœurs lui répugnent; une seule consolation lui reste, son commerce épistolaire avec celui qui représente à ses yeux l'esprit parisien dans ce qu'il a de plus aimable et de plus intelligent. Enfin, lorsqu'il essaye, pour s'arracher à sa tristesse croissante, de se plonger dans le travail, c'est encore aux œuvres de Sainte-Beuve que son imagination en détresse va demander de nouvelles sources d'inspiration. Il relit avec

---

1. Voir à l'Appendice, dans un extrait du *Baudelaire* d'Asselineau, le passage relatif au procès des *Fleurs du mal*.

amour *Joseph Delorme,* et comme il en goûte et sent plus profondément que jamais les beautés, il se donne la joie d'écrire à l'auteur tout ce que cette lecture a réveillé en lui de souvenirs et d'émotions. Ainsi leur correspondance se clôt, de son côté, comme elle s'est ouverte, par une déclaration d'admiration ardente et tendre. Il y a, dans toutes ces dernières lettres, une sensibilité qui étonne chez un homme à qui son dandysme interdisait d'en laisser rien paraître. Mais comme toutes ses théories se démentent, quand il apprend que la santé de son ami est en danger! Il écrit alors à M. Troubat, le secrétaire de Sainte-Beuve, pour lui demander des nouvelles, et dès qu'il en a reçu de favorables, avec quel empressement il les transmet à leur ami commun, Poulet-Malassis!

Baudelaire était de ceux qui mettent dans leur vie littéraire le meilleur de leur cœur. « Les affections me viennent beaucoup par l'esprit », écrivait-il lui-même. Ses lettres à Sainte-Beuve prouvent la justesse de sa réflexion. Nous aurions le droit de placer cette phrase caractéristique, à titre d'épigraphe, en tête des pages qui suivent.

———

[1844 [1]]

Monsieur,

Stendhal a dit quelque part ceci, ou à peu près :
J'écris pour une dizaine d'âmes que je ne verrai peut-être jamais, mais que j'adore sans les avoir vues.

---

1. Cette lettre ne porte pas de date. En l'absence de l'enveloppe, qui eût donné celle du timbre postal, il est impossible d'en préciser même le millésime. Mais la gaucherie, l'obscurité, l'imperfection de certains vers, qui décèlent un écrivain à ses débuts, encore peu maître de son style, et surtout la signature *Baudelaire-Dufays,* à laquelle le poète renonça très vite, limitent nos conjectures aux deux années 1843 ou 1844. Si cette lettre était postérieure, Baudelaire, qui, en mai 1845, avait publié son premier Salon, s'y fût sans doute réclamé de ce titre auprès de l'illustre critique.

Ces paroles, monsieur, ne sont-elles pas une excellente excuse pour les importuns, et n'est-il pas clair que tout écrivain est responsable des sympathies qu'il éveille?

Ces vers ont été faits pour vous, et si naïvement que, lorsqu'ils furent achevés, je me suis demandé s'ils ne ressemblaient pas à une impertinence, et si la *personne louée* n'avait pas le droit de s'offenser de l'éloge. — J'attends que vous daigniez m'en dire votre avis.

Tous imberbes alors, sur les vieux bancs de chêne,
Plus polis et luisants que des anneaux de chaîne,
Que, jour à jour, la peau des hommes a fourbis,
Nous traînions tristement nos ennuis, accroupis
Et voûtés sous le ciel carré des solitudes,
Où l'enfant boit, dix ans, l'âpre lait des études.
C'était dans ce vieux temps, mémorable et marquant,
Où, forcés d'élargir le classique carcan,
Les professeurs, encor rebelles à vos rimes,
Succombaient sous l'effort de nos folles escrimes
Et laissaient l'écolier, triomphant et mutin,
Faire à l'aise hurler Triboulet en latin. —
Qui de nous, en ces temps d'adolescentes pâles,
N'a connu la torpeur des fatigues claustrales,
— L'œil perdu dans l'azur morne d'un ciel d'été,
Ou l'éblouissement de la neige, — guetté,
L'oreille avide et droite, — et bu, comme une meute,
L'écho lointain d'un livre, ou le cri d'une émeute?

C'était surtout l'été, quand les plombs se fondaient,
Que ces grands murs noircis en tristesse abondaient,
Lorsque la canicule ou le fumeux automne

Irradiait les cieux de son feu monotone,
Et faisait sommeiller, dans les sveltes donjons,
Les tiercelets criards, effroi des blancs pigeons ;
Saison de rêverie, où la Muse s'accroche
Pendant un jour entier au battant d'une cloche ;
Où la Mélancolie, à midi, quand tout dort,
Le menton dans la main, au fond du corridor, —
L'œil plus noir et plus bleu que la Religieuse
Dont chacun sait l'histoire obscène et douloureuse,
— Traîne un pied alourdi de précoces ennuis,
Et son front moite encor des longueurs de ses nuits.

— Et puis venaient les soirs malsains, les nuits fiévreuses,
Qui rendent de leur corps les filles amoureuses,
Et les font, aux miroirs, — stérile volupté, —
Contempler les fruits mûrs de leur nubilité [1], —
Les soirs italiens, de molle insouciance,
— Qui des plaisirs menteurs révèlent la science,
— Quand la sombre Vénus, du haut des balcons noirs,
Verse des flots de musc de ses frais encensoirs. —

. . . .

Ce fut dans ce conflit de molles circonstances,
Mûri par vos sonnets, préparé par vos stances,
Qu'un soir, ayant flairé le livre et son esprit,
J'emportai sur mon cœur l'histoire d'Amaury.
Tout abîme mystique est à deux pas du doute. —
Le breuvage infiltré lentement, goutte à goutte,
En moi qui, dès quinze ans, vers le gouffre entraîné,
Déchiffrais couramment les soupirs de René,
Et que de l'inconnu la soif bizarre alterre (sic),
— A travaillé le fond de la plus mince artère. —
J'en ai tout absorbé, les miasmes, les parfums,
Le doux chuchotement des souvenirs défunts,

1. Ce vers a été introduit, avec une légère variante, dans les Fleurs du mal.

Les longs enlacements des phrases symboliques,
— Chapelets murmurants de madrigaux mystiques ;
— Livre voluptueux, si jamais il en fut.—
Et depuis, soit au fond d'un asile touffu,
Soit que, sous les soleils des zones différentes,
L'éternel bercement des houles enivrantes,
Et l'aspect renaissant des horizons sans fin
Ramenassent ce cœur vers le songe divin, —
Soit dans les lourds loisirs d'un jour caniculaire,
Ou dans l'oisiveté frileuse de frimaire, —
Sous les flots du tabac qui masque le plafond,
J'ai partout feuilleté le mystère profond
De ce livre si cher aux âmes engourdies
Que leur destin marqua des mêmes maladies,
Et, devant le miroir, j'ai perfectionné
L'art cruel qu'un démon, en naissant, m'a donné,
— De la douleur pour faire une volupté vraie, —
D'ensanglanter son mal et de gratter sa plaie.

Poète, est-ce une injure ou bien un compliment?
Car je suis vis-à-vis de vous comme un amant
En face du fantôme, au geste plein d'amorces,
Dont la main et dont l'œil ont, pour pomper les forces,
Des charmes inconnus. — Tous les êtres aimés
Sont des vases de fiel qu'on boit, les yeux fermés,
Et le cœur transpercé, que la douleur allèche,
Expire chaque jour en bénissant sa flèche.

BAUDELAIRE-DUFAYS.

17, quai d'Anjou [1].

1. L'hôtel Pimodan, célèbre dans l'histoire de l'école romantique.
Roger de Beauvoir y habita. Théophile Gautier en a parlé dans une des
études qu'il a consacrées à Baudelaire. Il y a placé aussi la scène de sa
nouvelle, le Club des haschischins.

19 mars 1856 [1].

Voici, mon cher protecteur, un genre de littérature qui peut-être ne vous inspirera pas autant d'enthousiasme qu'à moi, mais qui vous intéressera, à coup sûr. *Il faut*, c'est-à-dire je désire qu'*Edgar Poe*, qui n'est pas grand'chose en Amérique, devienne un grand homme pour la France; je sais combien vous êtes brave et amateur de la nouveauté, j'ai donc hardiment promis votre concours à Michel Lévy.

Pouvez-vous m'écrire un petit mot où vous me direz si vous ferez quelque chose dans l'*Athenæum* ou ailleurs? Parce que, dans ce cas, j'écrirais à M. Lalanne de ne pas charger de cela une autre personne, — votre plume ayant une autorité *particulière* dont j'ai besoin.

Vous verrez, à la fin de la Notice (laquelle contredit toutes les opinions à la mode sur les *États-Unis*), que j'annonce de nouvelles études. Je parlerai plus tard des opinions de cet homme singulier, en matière de sciences, de philosophie et de littérature.

1. De la première lettre à celle-ci, pour un espace de douze années environ, nous ne trouvons d'autre trace de cette correspondance que deux courts billets de Sainte-Beuve. Dans le premier, en date du 1er novembre 1852, il rend compte à son jeune ami d'une conversation où il avait recommandé chaudement à Véron, le directeur du *Constitutionnel*, un manuscrit du traducteur d'Edgar Poe. Ce billet se termine par ces lignes : « Croyez bien que je désirerais sincèrement vous voir arrivé là où votre distinction d'esprit doit vous placer. Ne perdez pas courage; je crois que ce régime, en durant, permettra à la littérature d'être plus remarquée. » Dans le second billet, en date du 20 mars 1854, Sainte-Beuve décline, au contraire, par des raisons de convenance personnelle, la prière, que Baudelaire lui avait adressée, d'intervenir auprès de MM. Turgan et Dalloz, pour obtenir l'insertion au *Moniteur* de la seconde série des *Histoires extraordinaires*. (*Correspondance*, Calmann Lévy, 1877, t. Ier, p. 178 et 190.)

Je remets donc entre vos mains mon âme toujours troublée.

18, rue d'Angoulême-du-Temple.

S'il est besoin d'un autre exemplaire pour le directeur du journal, qu'il le fasse prendre à la librairie.

———————

Mercredi, 26 mars 1856.

Vous saviez bien que cette bonne petite nouvelle [1] m'enchanterait. Lalanne a été prévenu par Asselineau, et l'on devait donner le livre à une autre personne, dans le cas seulement où vous n'auriez pas pu faire d'article. Lalanne a reçu un volume.

Je puis, relativement au reste de votre lettre, vous donner quelques détails qui peut-être vous intéresseront.

Il y aura un second volume et une seconde préface. Le premier volume est fait pour amorcer le public : *Jongleries, conjecturisme, canards*, etc. *Ligeia* est le seul morceau important qui se rattache moralement au second volume.

Le second volume est d'un fantastique plus relevé : *Hallucinations, maladies mentales, grotesque pur, surnaturalisme*, etc.

La deuxième préface contiendra l'analyse des ou-

———

1. En réponse à la lettre qui précède, Sainte-Beuve, par une lettre datée du surlendemain (24 mars 1856), avait promis d'écrire, pour l'*Athenæum*, un article sur la première série des *Histoires extraordinaires* d'Edgar Poe. (Voyez sa *Correspondance*, t. Ier, p. 210.)

vrages que je ne traduirai pas, et surtout l'exposé des opinions *scientifiques* et *littéraires* de l'auteur. Il faut même que j'écrive, à ce sujet, à M. de Humboldt, pour lui demander son opinion relativement à un petit livre qui lui est dédié; c'est *Eureka*.

La première préface, que vous avez vue et dans laquelle j'ai essayé d'enfermer une vive protestation contre l'américanisme, est à peu près complète, au point de vue biographique. On fera semblant de ne vouloir considérer Poe que comme *jongleur*, mais je reviendrai à outrance sur le caractère surnaturel de sa poésie et de ses contes. Il n'est Américain qu'en tant que *jongleur*. Quant au reste, c'est presque une pensée *antiaméricaine*. D'ailleurs, il s'est moqué de ses compatriotes le plus qu'il a pu.

Donc, le morceau auquel vous faites allusion fait partie du second volume. C'est un dialogue entre deux âmes, après la destruction du globe. Il y a *trois dialogues de ce genre* que je serai heureux de vous prêter, à la fin du mois, avant de livrer mon deuxième volume à l'imprimeur.

Maintenant, je vous remercie de tout mon cœur; mais vous êtes si aimable que vous courez avec moi de grands dangers. Après le *Poe*, viendront deux volumes de moi, un d'articles critiques, et l'autre de poésies. Ainsi je vous fais mes excuses par avance, et d'ailleurs je crains que lorsque je ne parlerai plus par la voix d'un grand poète, je ne sois pour vous un être bien criard et bien désagréable.

Tout à vous.

A la fin du second volume de Poe, je mettrai quelques échantillons de poésie.

Je suis persuadé qu'un homme aussi soigneux que vous ne m'en voudra pas si je le prie de bien observer l'orthographe du nom (Edgar Poe). Pas de *d*, pas de tréma, pas d'accent.

———

9 mars 1857.

Mon cher ami, vous êtes trop indulgent pour vous être formalisé de l'impertinent point d'interrogation que j'ai mis après le mot *souvenir*, sur l'exemplaire des *Nouvelles Histoires extraordinaires*, que j'ai déposé hier pour vous, au *Moniteur*. Si vous pouvez m'être agréable, je le trouverai bien naturel : vous m'avez gâté. — Si vous ne le pouvez pas, je le trouverai aussi très naturel.

Ce second volume est d'une nature plus élevée et plus poétique que les deux tiers du premier. — Le troisième volume (en train de publication au *Moniteur*) sera précédé d'une troisième notice.

L'histoire de la fin du monde s'appelle *Conversation d'Eiros avec Charmion*.

Il vient d'être fait un nouveau tirage du premier volume, où les principales fautes sont effacées. Michel sait qu'il doit vous en réserver un exemplaire. Si je n'ai pas le temps de vous le porter, je vous le ferai envoyer [1].

Votre bien affectionné.

———

1. A cette lettre Sainte-Beuve répondit, le surlendemain, par un billet où il demandait un délai pour écrire l'article promis sur la seconde série des *Histoires extraordinaires*. L'article n'a jamais paru.

Mercredi, 18 août 1857.

Ah! cher ami, j'ai quelque chose de bien grave, de bien lourd à vous demander. Je voulais vous l'écrire, et puis, j'aime mieux le dire. Il y a quinze jours que je change, à chaque instant, d'idée à ce sujet; mais mon avocat (Chaix d'Est-Ange fils) exige que je vous en parle; et je serais vraiment bien heureux que vous pussiez m'accorder aujourd'hui un petit entretien de trois minutes où vous voudrez, chez vous ou ailleurs. Je n'ai pas voulu tomber chez vous à l'improviste. Il me semble toujours, quand je m'achemine vers la rue Montparnasse, que je vais visiter ce sage merveilleux, assis dans une tulipe d'or, et dont la voix parlait aux importuns avec le retentissement d'une trompette.

J'attends, ce matin, des exemplaires de ma brochure[1]; je vous en remettrai un en même temps.

Votre bien affectionné.

<hr>

Sainte-Beuve, à qui Baudelaire avait offert son livre, lui avait adressé, dès le 20 juin 1857, une lettre de félicitations tempérées

1. La brochure, tirée à très petit nombre, et intitulée *Articles justifi-catifs pour Charles Baudelaire, auteur des Fleurs du mal*. Elle débute par cette note : « Les quatre articles suivants, qui représentent la pensée de quatre esprits délicats et sévères, n'ont pas été composés en vue de servir de plaidoirie. Personne, non plus que moi, ne pouvait supposer qu'un livre empreint d'une spiritualité aussi ardente, aussi éclatante que les *Fleurs du mal*, dût être l'objet d'une poursuite, ou plutôt l'occasion d'un malentendu.

« Deux de ces morceaux ont été imprimés; les deux derniers *n'ont pas pu* paraître. Je laisse maintenant parler pour moi MM. Édouard Thierry, Frédéric Dulamon, J.-B. d'Aurevilly et Charles Asselineau.

« C. B. »

par des réserves et des conseils. Quand il apprit les poursuites, il eût voulu défendre publiquement son ami ; mais les exigences de ses relations avec le monde officiel paralysaient sa bonne volonté.

Dans un très curieux passage de son recueil d'anecdotes sur Baudelaire, Asselineau a raconté quelles raisons majeures interdisaient au puissant critique de prendre sous sa protection un livre poursuivi par ordre du ministre de la justice [1].

Cependant l'avocat du poète, Me Chaix d'Est-Ange fils, avait donné à son client le sage avis de s'adresser à Sainte-Beuve pour obtenir sa secrète assistance. Ce fut alors que le poète écrivit la demande d'audience que l'on vient de lire.

Heureux de pouvoir servir son ami sans se compromettre, Sainte-Beuve la lui accorda et, séance tenante, probablement, écrivit un canevas de plaidoiric [2].

Par une singulière coïncidence, Flaubert, à qui les poursuites dirigées contre *les Fleurs du mal* rappelaient celles dont *Madame Bovary* ne s'était tirée, quelques mois plus tôt, que par un acquittement inespéré, voulut, de son côté, rendre au poète menacé un semblable service, et lui envoya pour sa défense des arguments analogues à ceux que proposait Sainte-Beuve. Aussi serait-on tenté d'établir entre ces deux plans un rapport de cause à effet, si les dates ne s'opposaient à cette conjecture. Sainte-Beuve a évidemment rédigé ses *Petits moyens de défense* à la veille de l'audience du 21 août 1857, où les plaidoiries et le jugement furent prononcés, tandis que la lettre de Flaubert est datée du surlendemain, circonstance étrange qui ne s'explique que par l'ignorance où Flaubert, confiné dans son travail, vivait de tout ce qui se passait à Paris, comme il le dit lui-même [3].

Il est très naturel que Sainte-Beuve et Flaubert, qui avaient, dans leurs opinions littéraires, bien des points communs, se soient accordés, sans s'être concertés, pour proposer à leur ami les mêmes arguments dans des termes presque identiques.

1. Voir à l'Appendice.
2. *Idem.*
3. *Idem.*

Mardi, 18 mai 185?.

Je crois que je tombe aussi mal que possible, n'est-ce pas? Vous avez aujourd'hui des fonctions; — mais, en venant vous voir après quatre heures, je pourrai peut-être vous trouver. En tout cas, que je me trompe ou que je ne me trompe pas, si vous êtes occupé ce soir de vos affaires, mettez-moi à la porte comme un vrai ami.

Tout à vous.

———

14 juin 1858.

Cher ami, je viens de lire votre travail sur *Fanny* [1]. Ai-je besoin de vous dire combien c'est charmant, et comme il est étonnant de voir un esprit, à la fois si plein de santé, d'une santé herculéenne et en même [temps] le plus fin, le plus subtil, le plus femmelin? (A propos de *femmelin*, j'ai voulu vous obéir et lire l'œuvre du stoïcien [2]. Malgré le respect que je dois avoir pour votre autorité, je ne veux pas décidément qu'on supprime la galanterie, la chevalerie, la mysticité, l'héroïsme, en somme le trop-plein et l'excès, qui sont ce qu'il y a de plus charmant, même dans l'honnêteté.)

Avec vous, il faut être cynique; car vous êtes trop fin pour que la ruse ne soit pas dangereuse. Eh bien,

1. Le roman d'Ernest Feydeau.
2. Il s'agit peut-être, ici, de Proudhon et de son livre intitulé : *De la Justice dans la Révolution et dans l'Église*, qui venait de paraître.

cet article m'a inspiré une épouvantable jalousie. — On a tant parlé de Loëve-Weimars et du service qu'il avait rendu à la littérature française! Ne trouverai-je donc pas un brave qui en dira autant de moi?

Par quelles câlineries, ami si puissant, obtiendrai-je cela de vous? Cependant ce que je vous demande n'est pas une injustice. Ne me l'avez-vous pas un peu offert, au commencement? Les *Aventures de Pym* ne sont-elles pas un excellent prétexte pour un aperçu *général?* Vous ¡qui aimez à vous jouer dans toutes les profondeurs, ne ferez-vous pas une excursion dans les profondeurs d'Edgar Poe? Vous devinez que la demande de ce service est liée, dans mon esprit, à la visite que je devais faire à M. Pelletier[1]. Quand on a un peu d'argent et qu'on va dîner avec une vieille maîtresse, on oublie tout; mais il y a des jours où les injures de tous les sots vous montent au cerveau, et alors on implore son vieil ami Sainte-Beuve.

Or, justement, ces jours derniers, j'ai été littéralement traîné dans la boue, et (plaignez-moi, c'est la première fois que je manque de dignité) j'ai eu la faiblesse de répondre[2].

Je sais combien vous êtes occupé, et plein d'application pour vos leçons, pour toutes vos fonctions et pour tous vos devoirs, etc. Mais si on ne mettait pas parfois *un peu d'excès* dans la bienveillance, dans la

---

1. Chef de division au ministère d'État.
2. Allusion à un article du *Figaro*, signé Jean Rousseau (n° du 10 juin 1858), et à la réponse du poète, laquelle ne parut dans *le Figaro* que le lendemain de cette lettre à Sainte-Beuve.

bonté, où serait le héros de la bienveillance? Et si on ne disait pas trop de bien des braves gens, comment les consolerait-on des injures de ceux qui ne veulent dire d'eux que trop de mal?

Enfin, je vous dirai, comme d'habitude, que tout ce qui sera votre volonté sera bien.

Tout à vous. Je vous aime plus encore que je n'aime vos livres.

---

14 août 1858.

Est-il permis de venir se réchauffer et se fortifier un peu à votre contact? Vous savez ce que je pense des hommes atonifiants et des hommes toniques. Si donc je vous dérange, il faut vous en prendre à votre qualité, encore plus qu'à mon infirmité. J'ai besoin de vous comme d'une douche.

Dans la note explicative qui accompagne la lettre du 18 août 1857, nous avons dit quelles raisons avaient empêché le puissant, mais prudent critique de prendre, devant le public, parti pour son ami, lors du procès intenté aux *Fleurs du mal*.

Avec son inaltérable déférence, Baudelaire avait admis la sincérité et la validité de l'excuse qu'on lui donnait; mais ses amis avaient été plus réfractaires à la persuasion. Un d'eux surtout, Hippolyte Babou, ne pardonnait pas à son illustre confrère cette abstention dans une circonstance où le devoir commandait, selon lui, de prendre hautement la défense des lettres persécutées. Un article, qu'il publia en février 1859, dans la *Revue française*, sous ce titre : *de l'Amitié littéraire,* lui fournit l'occasion d'exprimer le grief qui lui tenait fort au cœur.

Après avoir désigné, sans le nommer toutefois, Sainte-Beuve

par une allusion très transparente, il l'accusait de se borner au
rôle « d'observateur météorologique » occupé à rédiger « l'almanach des quatre saisons littéraires ». Il ajoutait avec une ironie
insultante : « Se risquer sottement dans un acte de conscience
et de vertu, ce serait, à son avis, une fantaisie de dupe, ou un
trait de folie. Il glorifiera *Fanny*, l'honnête homme, et gardera
le silence sur *les Fleurs du mal*. »

En lisant cet article, Baudelaire, un des principaux collaborateurs de la *Revue française*, comprit aussitôt dans quelle fausse
situation il allait se trouver vis-à-vis de Sainte-Beuve, qui, le
sachant en très bons rapports avec Babou, aurait quelque droit
de le soupçonner d'avoir inspiré cette calomnieuse attaque. Il se
hâta donc d'écrire à son « cher protecteur » pour désavouer le
dangereux ami qui l'avait si gravement compromis.

21 février 1859.

Mon cher ami, j'ignore si vous recevez la *Revue
française*. Mais, dans la crainte que vous ne la lisiez, je
proteste contre une certaine ligne (à propos des *Fleurs
du mal*) page 181, où l'auteur, qui cependant a beaucoup d'esprit, commet quelques injustices à votre
égard.

Une fois, dans un journal, j'ai été accusé d'ingratitude envers les chefs de l'ancien romantisme, *à qui je
dois tout,* disait, d'ailleurs, judicieusement cet infâme
torche-cul.

Cette fois, en lisant cette malheureuse ligne, je me
suis dit : Mon Dieu! Sainte-Beuve, qui connaît ma fidélité, mais qui sait que je suis lié avec l'auteur, va peut-
être croire que j'ai été capable de souffler ce passage.
C'est juste le contraire; je me suis mainte fois querellé
avec Babou pour lui persuader que vous faisiez toujours tout ce que vous deviez et pouviez faire.

Il y a peu de temps, je parlais à Malassis de cette grande amitié qui me fait honneur, et à laquelle je dois tant de bons conseils. Le monstre ne m'a pas laissé tranquille que je ne lui aie fait cadeau de la longue lettre que vous m'adressiez lors de mon procès, et qui servira peut-être de plan pour la confection d'une préface.

Nouvelles *fleurs* faites, et passablement singulières. Ici, dans le repos, la faconde m'est revenue. Il y en a une (*Danse macabre*) qui a dû paraître le 15, à la *Revue contemporaine*.....

Je n'ai pas oublié votre *Coleridge*, mais je suis resté un mois sans recevoir mes livres, et parcourir les 2,400 pages de Poe est un petit travail.

Bien à vous, et écrivez-moi, *si vous en avez le temps.*

Honfleur, Calvados (cette adresse suffit).
Qu'est-ce que devient le *vieux mauvais sujet* (d'Aurevilly)?

––––––––

Dans sa réponse, Sainte-Beuve, en remerciant Baudelaire de son bon procédé, laisse éclater sa colère contre Babou. Il se plaint, s'indigne d'avoir été « bassement insulté ». Il ajoute : « Si vous étiez à Paris, je vous dirais de faire imprimer, dans le journal même qui *nous* a fait injure, la lettre que je vous ai adressée, à propos de *ces fleurs au savant poison*. Mais il sera temps quand vous serez revenu[1]... »

1. Voir *Nouvelle Correspondance de Sainte-Beuve*, p. 153. Paris, Calmann Lévy, 1880.

Mais Sainte-Beuve brûle de se justifier de l'accusation qui l'indigne, et le même jour, la lettre à peine partie, il écrit à Poulet-Malassis : « Je sais par Baudelaire, qui m'écrit un mot, que la lettre que je lui avais écrite sur ces *Fleurs* est entre vos mains. Seriez-vous assez aimable pour me la confier quelques heures, afin d'en prendre copie, ou vous-même pour m'en envoyer une copie exacte et collationnée ? »

De son côté, Baudelaire, tout ému de la lettre de Sainte-Beuve, répond, trois jours plus tard, à Poulet-Malassis, qui, dans une lettre que nous n'avons pas, avait communiqué à son ami ses prévisions au sujet de l'article de la *Revue française* : « Ah ! vous aviez deviné l'affaire Sainte-Beuve-Babou. J'ai reçu, il y a quelques jours, une lettre épouvantable de Sainte-Beuve. Il paraît que le coup l'avait frappé vivement. Je dois lui rendre cette justice qu'il n'a pas cru que j'eusse jamais insinué une pareille chose à Babou. Je lui ai dit que les compliments et les conseils qu'il m'avait adressés lors de mon procès étaient chez vous et que nous avions eu l'idée d'en faire la matière (à développer) d'une préface pour la seconde édition.

« Ou Babou a voulu m'être utile (ce qui implique un certain degré de stupidité), ou il a voulu me faire une niche ; ou il a voulu, sans s'inquiéter de mes intérêts, poursuivre une rancune mystérieuse. J'ai fait part de mon mécontentement à Asselineau, qui m'a répondu que je n'avais pas à me plaindre, puisque cela m'avait valu une longue lettre de l'oncle Beuve[1]... Voyez donc comme cette affaire Babou peut m'être désagréable, surtout si

---

1. Dès qu'il avait reçu la lettre de Sainte-Beuve, Baudelaire avait, en effet, écrit, pour se plaindre du « cruel tour » qu'on venait de lui jouer, à un correspondant, dont il est impossible d'affirmer le nom (la suscription de la lettre manque), mais qui n'était autre sans doute qu'Asselineau, son intime confident. Citons seulement les lignes les plus remarquables de ce billet : « Même quand on croit posséder la vérité, il faut la cacher si l'on prévoit qu'elle peut faire de la peine à un camarade. Babou sait bien que je suis très lié avec l'oncle Beuve, que je tiens vivement à son amitié, et que je me donne, moi, la peine de cacher mon opinion quand elle est contraire à la sienne.... Pas un mot de tout cela à Babou. Il rirait trop, sa niche a réussi. » C'est à cette communication qu'Asselineau, avec un optimisme de collectionneur, avait fait la réponse que Baudelaire mande à Malassis.

on la rapproche de cet ignoble article du *Figaro*, où il était dit *que je passais ma vie à me moquer des chefs du romantisme*, à qui je devais tant d'ailleurs.

« ... Vous ne pouvez pas vous faire une idée de ce que c'est que la lettre Sainte-Beuve. Il paraît que, depuis douze ans, il notait tous les signes de malveillance de Babou. Décidément, voilà un vieillard passionné avec qui il ne fait pas bon se brouiller.

« Ce qu'il y avait de dangereux pour moi là dedans, c'est que Babou avait l'air de me défendre contre quelqu'un qui m'a rendu une foule de services. Quel rôle il me faisait, puisqu'on sait que je suis bien avec la *Revue française!*... »

Baudelaire ne laissait pas, en effet, d'être inquiet des suites que cette incartade d'un imprudent camarade pouvait avoir pour ses relations avec Sainte-Beuve. Aussi écrivait-il de nouveau à son cher protecteur, trois jours plus tard, pour mieux accentuer sa protestation « contre cette sottise de la *Revue française* ».

28 février 1859.

Mon cher ami, j'apprends que vous avez demandé à Malassis de vous communiquer ce que vous m'écriviez à propos des *Fleurs*. Malassis est un peu étourdi ; de plus, il est malade. Il y avait deux lettres ; *l'une*, une lettre d'amitié et de compliments ; *l'autre*, un plan de la plaidoirie, que vous m'avez fait communiquer la veille de mon procès[1]. Comme, un jour, je classais des papiers avec Malassis, il me supplia de lui donner cela, et quand je lui dis que j'avais l'intention de m'en servir (non pas en copiant, mais en paraphrasant et en développant), il me dit : *Raison de*

1. La première de ces deux lettres, en date du 20 juillet 1857, a été publiée dans l'Appendice des *Fleurs du mal* (édition des *Œuvres complètes*).

plus. Vous retrouverez toujours cela chez moi. Chez votre imprimeur, cela ne peut pas se perdre.

Je crois me rappeler même avoir dit à Malassis : « Si j'avais plaidé moi-même ma cause, et si j'avais su développer cette thèse, qu'un avocat ne pouvait pas comprendre, j'eusse été sans doute acquitté. »

Je ne comprends absolument rien à cette sottise de la *Revue française.* Le directeur a cependant l'air d'un jeune homme fort bien élevé. Tout le monde sait que vous avez rendu de nombreux services à des gens plus jeunes que vous. Comment M. M*** a-t-il imprimé cela, sans faire des représentations à Babou et sans deviner quel préjudice il me portait?

Malassis, à qui je n'avais rien conté, a parfaitement vu le passage, et sa lettre est encore plus sévère que la vôtre.

Je vais à Paris, le 4 ou le 5. Vous seriez bien aimable d'écrire un mot à Mme Duval, 22, rue Beau-treillis, pour me faire dire si et quand vous désirez me voir. Je descendrai chez elle.

Bien à vous.

Nous n'avons pas la réponse que Sainte-Beuve fit à cette lettre, mais nous pouvons en deviner le sens amical par le ton de la lettre que, trois ou quatre jours après, Baudelaire lui adresse pour essayer de clore l'incident.

———

[3 ou 4 mars 1859.]

Mille remerciements de votre excellente lettre. Elle m'a rassuré, mais je vous trouve trop sensible. Si

jamais je parviens à une situation aussi belle que la
vôtre, je serai un homme de pierre. Je viens de lire
un article fort drôle du *mauvais sujet* sur Chateaubriand et M. de Marcellus, son éplucheur. Il n'a pas
raté la pointe trop facile : *Tu Marcellus eris!*

En repensant à Babou (l'important pour moi était
de m'assurer que vous ne me croyiez pas capable
d'une petitesse), je trouve que vous lui attribuez trop
d'importance. Il me fait l'effet de ces hommes qui
croient que la plume est faite pour faire des niches.
Gamineries, polissonneries de collège.

Bien à vous.

Mais la colère de Sainte-Beuve était déjà en voie d'apaisement.
Le 5 mars, il répondait à son ami par ce billet resté, jusqu'à ce
jour, inédit :

« ... Ne vous inquiétez plus du Babou. Je ne sais si je répon-
drai jamais à ce qui n'est pas une espièglerie, mais une petite
infamie, car il a mis l'honnêteté en jeu. Dans tous les cas, j'ai la
Némésis très lente et très boiteuse. »

La querelle paraissait donc assoupie, quand, un an plus tard,
presque jour pour jour, dans un article du *Moniteur,* en date
du 20 février 1860, Sainte-Beuve protesta violemment contre
l'outrage que Babou lui avait fait. C'était jouer de malheur, car,
dans le même temps, son agresseur s'apprêtait à réparer indirectement son tort. Lors de la correction des épreuves d'un livre
en cours d'impression, *les Lettres satiriques et critiques,* il
avait, par complaisance pour Poulet-Malassis, son éditeur, retranché la phrase la plus injurieuse de l'article de la *Revue
française.* A peine eut-il connaissance de l'article du *Moniteur,*
qu'il s'empressa de riposter par ce *post-scriptum,* à la fin de
son livre : « Comme M. Sainte-Beuve (article du *Moniteur,*
20 février) a pris occasion de cette phrase, qui lui a déplu, pour
m'adresser quelques invectives de professeur, je rétablis ici, pure-

ment et simplement, les mots oubliés, sans autres représailles. Paris, 16 mars 1860. »

Toutes les haines s'apaisent, même les haines littéraires. Un jour vint où Sainte-Beuve, cédant à sa conscience de critique, éprouva le besoin de donner un public témoignage d'estime à l'un des esprits les plus fins et les plus judicieux de son temps. Un article publié, dans *le Constitutionnel*, sur le recueil *les Poètes français*, où Babou avait écrit un certain nombre de très remarquables notices, lui fournit l'occasion de décerner à son ancien ennemi des louanges méritées. Babou reconnut sans doute ces flatteuses avances par une visite ou par une lettre pleine de spirituels et aimables compliments, comme il savait en trouver, quand cela était nécessaire. Et la querelle se termina par une de ces réconciliations, tôt ou tard infaillibles, entre gens qui s'estiment, et qui, en dépit de divisions éphémères, restent unis, dans une région supérieure, par d'inaltérables sympathies.

[1860.]

Cher ami,

Par précaution, je vous écris d'avance, tant j'ai le pressentiment que je n'aurai pas le plaisir de vous trouver.

J'écris récemment à M. Dalloz une lettre ainsi conçue, à peu près :

« Rendez donc compte des *Paradis artificiels!* je connais au *Moniteur* MM. un tel, un tel, etc. »

Réponse de Dalloz :

« Le livre est digne de Sainte-Beuve. (Ce n'est pas moi qui parle.) Faites une visite à M. Sainte-Beuve, à ce sujet. »

Je n'aurais pas osé y penser. De nombreuses raisons, dont je devine une partie, vous en éloignent peut-être; et peut-être aussi le livre ne vous plaît pas.

Cependant, j'ai, plus que jamais, besoin d'être soutenu, et je devais vous rendre compte de mon embarras.

Tout ce qui a été dit sur cet essai n'a pas, absolument pas, le sens commun.

P. S. — Il y a peu de jours, mais alors par pur besoin de vous voir, comme Antée avait besoin de la Terre, je suis allé rue Montparnasse. En route, je passai devant une boutique de pains d'épices, et l'idée fixe me prit que vous deviez aimer le pain d'épices. Notez que rien n'est meilleur dans le vin, au dessert ; et je sentais que j'allais tomber chez vous, au moment du dîner.

J'espère bien que vous n'aurez pas pris le morceau de pain d'épices, incrusté d'angélique, pour une plaisanterie de polisson, et que vous l'aurez mangé avec simplicité.

Si vous partagez mon goût, je vous recommande, quand vous en trouverez, le pain d'épices anglais très épais, très noir, tellement serré qu'il n'a pas de trous ni de pores, très chargé d'anis et de gingembre. On le coupe en tranches aussi minces que le roastbeef, et on peut étaler dessus du beurre ou des confitures. — Tout à vous. Aimez-moi bien... Je suis dans une grande crise.[1]

Rue d'Amsterdam, 22.

---

[1] En réponse à ce pressant appel, Sainte-Beuve écrivit à son ami, le 3 juillet suivant, une lettre où il s'excuse de son silence sur ses multiples devoirs de critique, et principalement sur des engagements pris qu'il lui

Au mois de décembre 1861, Baudelaire se porta candidat à l'un des deux fauteuils de l'Académie française, qui se trouvaient vacants alors.

On peut conjecturer avec vraisemblance que sa résolution lui fut principalement suggérée par ce désir d'étonner les autres et lui-même, qu'Asselineau, dans les *ana* auxquels nous avons fait de discrets emprunts, reconnaît avoir été sans cesse le motif des œuvres et des actions de son ami. Mais nul doute qu'il n'y vit aussi un moyen d'affirmer publiquement l'opinion légitime qu'il avait de son talent.

A peine annoncée, cette résolution fit grand tapage. Ceux de ses confrères qui se piquaient de respectabilité s'étonnèrent qu'un auteur « flétri par les tribunaux », selon le mot de l'un d'eux, osât briguer l'honneur d'être admis dans l'honorable compagnie. D'autre part, la petite presse railla fort le camarade qui, désertant le camp des irréguliers, passait si effrontément à l'ennemi[1].

Avant de poser sa candidature, Baudelaire avait voulu consulter Sainte-Beuve, comme il faisait dans toutes les circon-

faudra tenir, sur quatre ou cinq articles qui vont l'occuper tout un mois. Il ajoute : « Si vous êtes alors à Paris, j'aimerai à causer avec vous une bonne fois, comme autrefois : je vous parlerai de ce livre très spirituel, très ingénieux, très raffiné. Je vous dirai aussi que si, dans une autre circonstance, je vous ai nommé trop brièvement, trop incomplètement, je réparerai cela dans une note, à la réimpression..... » L'article promis ne fut jamais écrit. (Voyez *Correspondance*, t. Ier, p. 255.)

1. Ces attaques furent relevées dans la *Revue anecdotique*, qui défendait la candidature du plus célèbre de ses rédacteurs. On lit, dans le numéro de février 1862, cette boutade anonyme, mais où se reconnaît le ton gouailleur de Poulet-Malassis : « La petite presse ne se montre, pas plus que M. Villemain, sympathique à l'auteur des *Fleurs du mal ;* mais son opposition prend son point de départ dans un ordre d'observations étrangères à la littérature.

« Il appert de faits non contestés que M. Baudelaire, comparé couramment au mancenillier, inspire aux marchands de vin l'idée du suicide, jette des sorts dans les compagnies où il fréquente, et fait pour les Revues où il passe, comme la cavale d'Attila faisait sécher l'herbe.

« Non seulement tout cela est vrai, mais encore (les auteurs de ces articles n'ont qu'à se bien tenir) M. Baudelaire est de première force dans la pratique de l'envoûtage... et noue supérieurement l'aiguillette. »

stances graves de sa vie littéraire, et son ami avait cherché à le dissuader d'une tentative qui ne pouvait aboutir qu'à un échec. Mais le poète s'obstina. En homme qui avouait tirer un de ses plus grands plaisirs de la sottise d'autrui, il se divertit fort de l'acharnement de ses détracteurs et de l'hostilité que sa candidature soulevait déjà parmi ceux dont il allait solliciter les voix.

Il écrivit à un ami ce billet, dont la date est inconnue comme le nom du destinataire : « Le bruit m'est revenu que ma candidature étant un outrage à l'Académie, plusieurs de ces messieurs ont décidé qu'ils ne seraient pas visibles pour moi. Mais c'est trop fantastique pour être possible [1]. »

Asselineau a raconté l'accueil que reçut Baudelaire dans sa tournée de visites obligées.

« Il alla voir M. de Lamartine, qui l'accueillit très bien ; M. de Sacy, toujours bienveillant ; M. Villemain, qui le reçut avec hauteur ; M. Viennet et quelques autres. Il nous rapportait de quelques-unes de ces audiences des récits, des mots à mourir de rire, telle, par exemple, cette définition devenue fameuse, que lui avait formulée M. Viennet : « Il n'y a que cinq genres, mon-« sieur : la tragédie, la comédie, la poésie épique, la satire .. et « la poésie fugitive qui comprend la fable, *où j'excelle.* »

La *Revue anecdotique,* de son côté, donna de piquants détails sur les dispositions fort diverses que montrèrent au téméraire candidat ceux dont il ambitionnait de devenir le collègue :

« M. Baudelaire a fait la plupart de ses visites, mais il ne raconte guère que sa visite à M. Villemain. Ce n'a pas été, à proprement parler, une visite, mais plutôt une rencontre, et une rencontre assez vive.

« On n'a jamais dit que M. Villemain fût tout aimable ; mais la mauvaise grâce se complique encore, chez le secrétaire perpétuel, de l'appréhension que le candidat au siège vacant n'entre avec l'arrière-désir de voir prochainement vaquer le sien propre. Ce doute est partagé par M. Viennet, qui, tout en se jurant *in petto* un *Sedet æternumque sedebit,* n'oublie jamais de reconduire le visiteur avec cette phrase sacramentelle : « Vous n'at-

---

1. Billet cité dans l'Annuaire de la *Société des Amis des livres,* 1883.

tendrez pas longtemps mon fauteuil, monsieur, vous ne l'attendrez pas longtemps. »

« Deux attaques de M. Villemain, avec les ripostes de M. Baudelaire, donneront aux curieux le ton du dialogue de ces messieurs :

« M. VILLEMAIN. — Vous vous présentez à l'Académie, monsieur; combien avez-vous de voix?

« M. BAUDELAIRE. — M. le secrétaire perpétuel n'ignore pas, non plus que moi, que le règlement interdit à MM. les académiciens de promettre leurs voix. Je n'aurai donc aucune voix jusqu'au jour où, sans doute, on ne m'en donnera pas une.

« M. VILLEMAIN, *avec insistance.* Je n'ai jamais eu d'originalité, moi, monsieur.

« M. BAUDELAIRE, *avec insinuation.* Monsieur, qu'en savezvous? »

Cependant Sainte-Beuve saisit l'occasion, qui s'offrait, de rendre un public témoignage de haute estime à son ami méconnu et injurié. Dans une Causerie du lundi intitulée : *Des prochaines élections de l'Académie*[1], il exposa un très judicieux plan de réforme, au sujet de la façon dont se faisaient les choix de la compagnie, dictés par des considérations politiques bien plus que par des motifs littéraires.

Puis, passant à l'examen des titres des divers candidats et arrivant à l'auteur des *Fleurs du mal,* il rendit justice à l'originalité de son talent (louange précieuse entre toutes pour Baudelaire), sans quitter toutefois le ton d'apologie dont il croyait ne pouvoir se dispenser en parlant des *Fleurs du mal* au public. On sait la métaphore restée célèbre qu'il trouva pour le livre tant attaqué :

« Ce singulier kiosque, fait en marqueterie d'une originalité concertée et composite, qui, depuis quelque temps, attire les regards à la pointe extrême du Kamtschatka romantique, j'appelle cela la *folie Baudelaire.* »

De plus, Sainte-Beuve prit soin de défendre la personne même du poète, en protestant contre l'absurde légende qui calomniait ses manières et son savoir-vivre :

---

1. Voir *le Constitutionnel* du 20 janvier 1862.

« Ce qui est certain, c'est que M. Baudelaire gagne à être vu ; que là où l'on s'attendait à voir entrer un homme étrange, excentrique, on se trouve en présence d'un candidat poli, respectueux, exemplaire, d'un gentil garçon, fin de langage et tout à fait classique dans les formes. » Toute la page serait à citer.

Ravi de l'assistance que lui prêtait son puissant ami, Baudelaire s'empressa de lui écrire avec une véritable effusion de reconnaissance :

[Fin de janvier 1862.]

Encore un service que je vous dois! Quand cela finira-t-il? Et comment vous remercier?

L'article m'avait échappé. Cela vous explique le retard que j'ai mis à vous écrire.

Quelques mots, mon cher ami, pour vous peindre le genre particulier de plaisir que vous m'avez procuré. — J'étais très blessé (mais je n'en disais rien) de m'entendre, depuis plusieurs années, traiter de loup-garou, d'homme impossible et rébarbatif. Une fois, dans un journal méchant, j'avais lu quelques lignes sur ma répulsive laideur, bien faite pour éloigner toute sympathie (c'était dur pour un homme qui a tant aimé le parfum de la femme). Un jour, une femme me dit : « C'est singulier, vous êtes fort convenable; je croyais que vous étiez toujours ivre et que vous sentiez mauvais. » Elle parlait d'après la légende.

Enfin, mon cher ami, vous avez mis bon ordre à tout cela, et je vous en sais bien du gré, — moi qui ai toujours dit qu'il ne suffisait pas d'être savant, mais qu'il fallait surtout être aimable.

Quant à ce que vous appelez mon Kamtchatka, si je recevais souvent des encouragements aussi vigoureux que celui-ci, je crois que j'aurais la force d'en faire une immense *Sibérie*, mais une chaude et peuplée. Quand je vois votre activité, votre vitalité, je suis tout honteux ; heureusement, j'ai des soubresauts et des crises dans le caractère qui remplacent, quoique très insuffisamment, l'action d'une volonté continue.

Faut-il maintenant que moi, l'amoureux incorrigible des *Rayons jaunes* et de *Volupté*, du Sainte-Beuve poète et romancier, je complimente le journaliste? Comment faites-vous pour arriver à cette certitude de plume qui vous permet de tout dire et de vous faire un jeu de toute difficulté? Cet article n'est pas un pamphlet, puisque c'est une justice. Une chose m'a frappé, c'est que j'ai retrouvé là toute votre éloquence de conversation, avec son bon sens et ses pétulances.

(Vraiment, j'aurais voulu y collaborer un peu — pardonnez cet orgueil — ; j'aurais pu vous faire don de deux ou trois énormités que vous avez omises par ignorance. Dans une bonne causerie, je vous conterai cela.)

Ah! et votre utopie! le grand moyen de chasser des élections le *vague, si cher aux grands seigneurs!* Votre utopie m'a donné un nouvel orgueil. Moi aussi, je l'avais faite, l'utopie, la réforme ; — est-ce un vieux fond d'esprit révolutionnaire qui m'y poussait, comme aussi, il y a longtemps, à faire des projets de constitution? Il y a cette grande différence que la vôtre est tout à fait viable, et que peut-être le jour n'est pas loin où elle sera adoptée.

Poulet-Malassis brûle de faire une brochure avec votre admirable article...

Promettez-moi, je vous prie, de trouver quelques minutes pour répondre à ce qui suit :

Un grand chagrin, la nécessité de travailler, des douleurs physiques, ont interrompu mes opérations.

J'ai enfin quinze exemplaires de mes principaux bouquins. Ma liste de distribution, très restreinte, est faite.

Je crois de bonne politique d'opter pour le fauteuil Lacordaire. Là, il n'y a pas de littérateurs. C'était primitivement mon dessein, et, si je ne l'ai pas fait, c'était *pour ne pas vous désobéir* et pour ne pas paraître trop excentrique. Si vous croyez mon idée bonne, j'écrirai, avant mercredi prochain, une lettre à M. Villemain, où je dirai brièvement qu'il me semble que l'option d'un candidat ne doit pas être seulement dirigée par le désir du succès, mais aussi doit être un hommage sympathique à la mémoire du défunt. Aussi bien Lacordaire est un prêtre *romantique*, et je l'aime. Peut-être glisserai-je, dans la lettre, le mot *romantisme*, mais non sans vous consulter.

Il faudra bien que ce terrible rhéteur, cet homme si grave et si peu aimable, lise ma lettre ; cet homme qui prêche en causant, avec la physionomie et la solennité (mais non pas avec la bonne foi) de Mlle Lenormand. J'ai vu cette demoiselle en robe de professeur, ramassée dans son fauteuil, comme un Quasimodo, et elle avait sur M. Villemain l'avantage d'une voix très sympathique.

Si, par hasard, M. Villemain vous est cher, je retire immédiatement tout ce que je viens de dire; et, pour l'amour de vous, je m'appliquerai à le trouver aimable.

Cependant, je ne puis pas m'empêcher de penser que, comme papiste, je vaux mieux que lui..., et cependant je suis un catholique bien suspect.

Je veux, malgré ma tonsure et mes cheveux blancs, vous parler en petit garçon. Ma mère, qui s'ennuie beaucoup, me demande sans cesse les *nouveautés*. Je lui ai envoyé votre article. Je sais quel plaisir maternel elle en tirera. Merci pour moi et pour elle.

Votre bien dévoué.

En répondant à son ami pour le remercier de son remerciement, Sainte-Beuve lui conseilla fort de ne pas donner suite à l'intention, qu'il lui annonçait, d'opter, en posant sa candidature, pour le fauteuil du grand orateur chrétien : « Ce choix exprès du P. Lacordaire, le *catholique-romantique,* paraîtrait excessif et . choquant, ce que votre bon goût de candidat ne veut pas faire[1]. »

Non content de sa lettre, Baudelaire s'était ingénié à témoigner encore sa reconnaissance à son protecteur en lui rendant publiquement ses éloges. La *Revue anecdotique* (n° du 15 janvier 1862) avait publié sur l'article, *Des prochaines élections de l'Académie,* ces lignes sans signature :

« Tout l'article est un chef-d'œuvre plein de bonne humeur, de gaieté, de sagesse, de bon sens et d'ironie. Ceux qui ont l'honneur de connaître intimement l'auteur de *Joseph Delorme* et de *Volupté* savent apprécier en lui une faculté dont le public n'a pas la jouissance. Nous voulons dire une conversation dont l'éloquence capricieuse, ardente, subtile, mais toujours raisonnable, n'a pas d'analogie, même chez les plus renommés causeurs. Eh

----

1. *Correspondance,* t. Ier, lettre du 26 janvier 1862 (p. 282).

bien, toute cette éloquence familière est contenue ici. Rien n'y manque, ni l'appréciation ironique des fausses célébrités, ni l'accent profond, convaincu, d'un écrivain qui voudrait relever l'honneur de la compagnie, à laquelle il appartient. Tout y est, même l'*utopie*. M. Sainte-Beuve, pour chasser des élections « le vague si naturellement cher aux grands seigneurs [1] », désire que l'Académie française, assimilée aux autres académies, soit divisée en sections correspondant aux divers mérites littéraires : langue, théâtre, poésie, histoire, éloquence, roman, « ce genre si moderne, si varié, auquel l'Académie a jusqu'ici accordé si peu de place ». Ainsi, dit-il, il sera possible de discuter, de vérifier les titres et de faire comprendre au public la légitimité d'un choix.

« Hélas! dans la très raisonnable utopie de M. Sainte-Beuve, il y a une vaste lacune : c'est la fameuse section du vague, et il est fort à craindre que ce volontaire oubli rende à tout jamais la réforme impraticable. »

Dans ces louanges qui ne pouvaient lui venir que d'un homme admis à jouir de son intimité, Sainte-Beuve reconnut sans doute le tour d'esprit de Baudelaire. Mais l'article n'étant pas signé, ce fut le directeur de la *Revue anecdotique*, Poulet-Malassis, qu'il crut devoir remercier par ce billet olographe encore inédit : « Ce 3 février. — Je suis bien touché et reconnaissant de la manière dont l'auteur de la *Revue anecdotique* a bien voulu parler de l'article sur l'Académie et de l'appui qu'il vient me donner dans cette question.

« Il n'y a eu, à la séance qui a suivi, rien de particulier, aucune interpellation [2], et les choses se sont passées comme à l'ordinaire.

« Je salue et respecte le bienveillant anonyme. »

Cette lettre se croisa sans doute avec une nouvelle lettre de Baudelaire, où il s'avouait l'auteur de l'article de la *Revue*

---

1. Cette phrase désignait clairement le groupe des partisans du prince de Broglie, compétiteur de Baudelaire pour l'un des fauteuils vacants.

2. Sainte-Beuve, qui savait quel émoi ses projets de réforme avaient dû jeter dans l'illustre compagnie, s'attendait à être pris à partie et interpellé par quelqu'un de ses collègues.

anecdotique et rendait compte à son ami des nouvelles visites qu'il avait faites à quelques membres de l'Académie :

Lundi soir, 3 février 1862.

Mon cher ami, je m'applique bien à deviner les heures qui sont pour vous des heures de vacances, et je n'y puis réussir. Je n'ai pas écrit un mot, suivant votre conseil; mais je continue patiemment mes visites, pour bien faire comprendre que je désire, à propos de l'élection en remplacement du Père Lacordaire, ramasser quelques voix d'*hommes de lettres*. Je crois que Jules Sandeau vous parlera de moi; il m'a dit fort gracieusement : *Vous me surprenez trop tard, mais je vais m'informer s'il y a quelque chose à faire pour vous.*

J'ai vu deux fois Alfred de Vigny, qui m'a gardé chaque fois trois heures. C'est un homme admirable et délicieux, mais peu propre à l'action, et dissuadant même de l'action. Cependant il m'a témoigné la plus chaleureuse sympathie.

Vous ignorez que le mois de janvier a été pour moi un mois de chagrins, de névralgies... Je dis cela pour expliquer l'interruption dans mes démarches.

J'ai vu Lamartine, Patin, Viennet, Legouvé, de Vigny, Villemain (horreur!), Sandeau. Ma foi, je ne me souviens plus des autres. Je n'ai pu trouver ni Ponsard, ni M. Saint-Marc Girardin, ni de Sacy.

J'ai enfin envoyé quelques exemplaires de quelques livres à *dix* de ceux dont je connais les ouvrages. Cette semaine, je verrai quelques-uns de ces messieurs.

J'ai fait dans la *Revue anecdotique* (sans signer ; mais ma conduite est infâme, n'est-ce pas ?) une analyse telle quelle de votre excellent article[1]. Quant à l'article lui-même, je l'ai envoyé à M. de Vigny, qui ne le connaissait pas, et qui m'a témoigné l'envie de le lire.

Quant aux politiqueurs, chez qui je ne puis trouver aucune volupté, j'en ferai le tour en voiture. Ils n'auront que ma carte et non pas mon visage.

J'ai lu ce soir votre *Pontmartin*. Pardonnez-moi de vous dire : « Que de talent perdu ! » Il y a, dans votre prodigalité, quelque chose qui parfois me scandalise. Il me semble que moi, après avoir dit : « Les plus nobles causes sont quelquefois soutenues par des Jocrisses », j'aurais considéré mon travail comme fini. Mais vous avez des talents particuliers pour suggérer et pour faire deviner. — Même envers les bêtes les plus coupables, vous êtes délicieusement poli. Ce monsieur Pontmartin est un grand haïsseur de littérature...

Je vous ai envoyé un petit paquet de sonnets. Je vous enverrai prochainement plusieurs paquets de rêvasseries en prose, sans compter un énorme travail sur les *Peintres de mœurs* (crayon, aquarelle, lithographie, gravure).

Je ne vous demande pas si vous vous portez bien. Cela se voit suffisamment.

Je vous embrasse et vous serre les mains. — Je sors de chez vous.

1. L'article intitulé : *Des prochaines élections de l'Académie.*

Six jours plus tard, Sainte-Beuve lui répondait : « Je vous ai dit raisonnablement qu'il n'y avait rien à faire, selon moi...... Laissez l'Académie pour ce qu'elle est, plus surprise que choquée, et ne la choquez pas en revenant à la charge au sujet d'un mort comme Lacordaire. Vous êtes un homme de mesure, et vous devez sentir cela[1]... »

Baudelaire le sentit, et, comprenant qu'il était sage de renoncer à une candidature condamnée à l'insuccès, écrivit la lettre de désistement qu'il faut, en pareil cas, adresser au secrétaire perpétuel de l'Académie française.

Nous n'avons pas cette lettre; mais le sens nous en est donné par cet entrefilet de la *Revue anecdotique,* où l'on voit de quels plausibles prétextes le poète couvrit sa retraite :

« M. Charles Baudelaire s'est désisté de sa candidature au fauteuil du P. Lacordaire, un peu parce qu'il ne s'était présenté que pour prendre rang, beaucoup parce que les opposants protesteront peut-être, par un vote en blanc, contre la candidature imposée du prince de Broglie. La nomination de ce dernier n'en est pas moins certaine. »

Et parlant de la candidature tardive de Gautier, qui venait de se produire, l'auteur anonyme de l'entrefilet ajoute :

« A voir l'ardeur du pourchas qu'excite chaque vacance, et à considérer les illusions des candidats, il semble peu probable que personne se retire devant ce grand nom littéraire, si l'on excepte toutefois M. Baudelaire, qui certainement ne mettra pas le sien en balance avec celui du cher et vénéré maître auquel il a dédié les *Fleurs du mal.* »

Un dernier billet de Sainte-Beuve nous apprend l'impression que produisit sur l'Académie la lettre du poète : « ... Quand on a lu votre dernière phrase de remerciement, conçue en termes si modestes et si polis, on a dit tout haut : Très bien! Ainsi, vous avez laissé de vous une bonne impression. N'est-ce donc rien[2] ? »

En somme, Baudelaire sortait de la lutte sans attendre une défaite inévitable. L'honneur était sauf.

1. Voyez *Correspondance,* t. Ier, *Lettre du 9 février* 1862 (p. 282).
2. *Correspondance,* t. Ier, *Lettre du 15 février* 1862 (p. 286).

Cette correspondance présente ici une lacune de trois années. Quand elle reprend, le poète habite Bruxelles, où il est venu résider depuis la fin d'avril 1864.

———

15 mars 1865.

Cher ami, je profite des *Histoires grotesques et sérieuses* pour me rappeler à votre souvenir. — Quelquefois, le matin, je cause de vous avec M. Muller, de Liège, à côté de qui je déjeune, — et le soir, après le dîner, je relis *Joseph Delorme* avec Malassis. Décidément, vous aviez raison; *Joseph Delorme*, c'est les *Fleurs du mal* de la veille. La comparaison est glorieuse pour moi. Vous aurez la bonté de ne pas la trouver offensante pour vous.

Et la préface de la *Vie de César?* Est-ce assez *prédestinatien?*

Tout à vous.

Bruxelles, rue de la Montagne, 28.

———

Jeudi, 30 mars 1865 [1].

Mon cher ami,

Je vous remercie de votre excellente lettre[2]; pouvez-vous en écrire d'autres que d'excellentes? Quand vous

———

1. Cette lettre était incluse dans la suivante ; nous la donnons la première pour garder l'ordre chronologique.

2. Lire, t. Ier (p. 358) de la *Correspondance de Sainte-Beuve*, cette lettre dont voici le début : « Mon cher ami, mon cher enfant, je vous remercie de votre souvenir : j'ai pensé plus d'une fois à vous, et j'ai parlé avec mon ami Troubat de ce que vous faisiez là-bas. J'y ai vécu, je vous suis dans vos promenades au Parc. Les coteaux de Montmartre vous réclament. Mais vous êtes là avec Poulet-Malassis, et tous deux vous broyez ensemble de l'ennui, des rêves, de la poésie..... » (27 mars 1865.)

m'appelez : *Mon cher enfant*, vous m'attendrissez et vous me faites rire en même temps. Malgré mes grands cheveux blancs qui me donnent l'air d'un académicien (à l'étranger), j'ai grand besoin de quelqu'un qui m'aime assez pour m'appeler son enfant; mais je ne puis m'empêcher de penser à ce burgrave de cent vingt ans qui, parlant à un burgrave de quatre-vingts, lui dit : *Jeune homme, taisez-vous!* (Entre parenthèses, et ceci soit dit entre nous, si j'écrivais une tragédie, je craindrais de lâcher des traits *de cette force*, et de toucher *un autre but* que *celui* auquel j'aurais visé.)

Seulement, j'observe que, dans votre lettre, il n'y a aucune allusion à l'exemplaire d'*Histoires grotesques et sérieuses* que j'ai prié Michel Lévy de vous transmettre... Je vous jure, d'ailleurs, que je n'ai nullement l'intention de vous soutirer la moindre *réclame* pour ce livre. Mon seul but était, sachant comme vous savez bien distribuer votre temps, de vous fournir l'occasion de jouir, encore une fois, d'une étonnante subtilité de logique et de sentiments. Il y a des gens qui trouveront que le cinquième volume est inférieur aux précédents; mais cela m'est bien indifférent.

Nous ne broyons pas tant d'ennui que vous croyez, Malassis et moi: Nous avons appris à *nous passer de tout*, dans un pays *où il n'y a rien*, et nous avons compris que certains plaisirs (ceux de la conversation, par exemple) augmentent à mesure que certains besoins diminuent.

A propos de Malassis, je vous dirai que je suis émerveillé de son courage, de son activité et de son

incorrigible gaieté. Il est arrivé à une érudition fort
étonnante en fait de livres et de gravures. Tout
l'amuse et tout l'instruit. — Un de nos grands amuse-
ments, c'est quand il s'applique à faire l'athée, et
quand je m'ingénie à faire le jésuite. Vous savez que
je peux devenir dévot par contradiction (surtout ici),
de même que, pour me rendre impie, il suffirait de me
mettre en contact avec un curé *souillon* (souillon de
corps et d'âme). — Quant à la publication de quelques
livres *badins*, qu'il s'est amusé à corriger avec la même
religion qu'il aurait mise au service de Bossuet ou de
Loyola, j'en ai même tiré un petit, petit bénéfice inat-
tendu, *c'est une intelligence plus nette de la Révolution
française.* Quand les gens s'amusent de certaine façon,
c'est un bon diagnostic de révolution.

Alexandre Dumas vient de nous quitter. Ce brave
homme est venu s'exhiber avec sa candeur ordinaire.
Tout en faisant la queue autour de lui, pour attraper
une poignée de main, les Belges se sont moqués de
lui. Cela est ignoble. Un homme peut être respectable
pour sa *vitalité*. Vitalité de nègre, c'est vrai. Mais je
crois que bien d'autres que moi, amoureux du sérieux,
ont été entraînés par *la Dame de Montsoreau* et par
Balsamo.

Comme je suis fort impatient de revenir en France,
j'ai écrit à J. L. pour le charger de mes petites
affaires. Je voudrais rassembler en trois ou quatre
volumes les meilleurs de mes articles sur les *Excitants*, sur les *Peintres* et sur les *Poètes*, en y ajoutant une
série de *Considérations sur la Belgique.* Si, dans une de

vos rares flâneries, vous passez sur le boulevard de
Gand, fouettez un peu sa bonne volonté, et exagérez
ce que vous pensez de moi.

Je dois avouer qu'il manque trois fragments importants, un sur la *Peinture didactique* (Cornélius, Kaul-
bach, Chenavard, Alfred Réthel), un autre, *Biographie
des Fleurs du mal*, et enfin un dernier : *Chateaubriand
et sa Famille*. Vous savez que ma passion pour ce vieux
dandy est incorrigible. En somme, peu de travail ; dix
jours peut-être. Je suis riche de notes.

Pardonnez-moi si je me mêle d'une question délicate ; mon excuse est dans mon désir de vous voir
content (en supposant que certaines choses vous con-
tenteraient), et de voir tout le monde vous rendre
justice. J'entends beaucoup de gens qui disent :
« Tiens, Sainte-Beuve n'est pas encore sénateur ? » Il
y a bien des années, je disais à E. Delacroix, avec qui
j'avais tout mon franc parler, que beaucoup de jeunes
gens préféreraient le voir restant à l'état de paria et
de révolté. (Je faisais allusion à son obstination à se
présenter à l'Institut.) Il me répondit : « Mon cher
monsieur, si mon bras droit était frappé de paralysie,
ma qualité de membre de l'Institut me donnerait droit
à l'enseignement, et, en supposant que je me porte
toujours bien, l'Institut peut servir à payer mon café
et mes cigares. » En deux mots, je crois qu'il se forme,
relativement à vous, dans bien d'autres esprits que le
mien, une certaine accusation d'ingratitude contre
le gouvernement de Napoléon. Vous me pardonnez,
n'est-ce pas ? de violer les limites de la discrétion ;

vous savez combien je vous aime; et puis je bavarde
comme quelqu'un qui a rarement l'occasion de causer.

Je viens de lire le long discours d'Émile Ollivier.
C'est bien singulier. Il parle, ce semble, avec l'autorité
d'un homme qui a un gros secret dans sa poche.

Avez-vous lu l'abominable feuilleton de Janin contre les poètes mélancoliques et railleurs (à propos de
Henri Heine)? Et Viennet, cité parmi les *grands poètes*
de la France! Et quinze jours après, feuilleton *en
faveur de Cicéron!* Est-ce qu'il prend Cicéron pour un
orléaniste ou pour un académicien? M. de Sacy dit :
« Cicéron, c'est notre César, à nous! » Oh! non,
n'est-ce pas[1]?

Votre bien affectionné.

Sans aucune transition, je vous dirai que je viens
de trouver une admirable ode mélancolique de Shelley,
composée au bord du golfe de Naples, et qui se termine par ces mots :

« Je sais que je suis de ceux que les hommes
n'aiment pas; mais je suis de ceux dont ils se sou-
viennent! » A la bonne heure! voilà de la poésie[2].

Jeudi, 4 mai 1865.

Mon cher Sainte-Beuve, comme je prenais la plume
pour vous écrire quelques mots de félicitation au sujet

---

1. Rapprocher cet alinéa d'un passage analogue de la lettre à Jules
Janin. Voyez plus haut, p. 64.

2. Ce poème, qui est, en effet, un des chefs-d'œuvre de la littérature
anglaise, a pour titre : *Stanzas written in dejection, near Naples.*

de votre nomination[1], je retrouve une lettre que je vous écrivais le 30 mars, et qui n'est pas partie, probablement par une étourderie de ma part ou de la part des gens de l'hôtel.

Je la relis ; je la trouve gamine, enfantine. Mais je vous l'envoie tout de même. Si elle vous fait rire, je ne dirai pas : tant pis, mais : tant mieux. Je ne crains pas du tout, connaissant votre indulgence, de me montrer nu devant vous.

Au passage qui a trait à J. L..., j'ajouterai que j'ai fini les fragments en question (excepté le livre sur *la Belgique*, que je n'ai pas le courage de finir ici), et que, obligé d'aller à Honfleur pour chercher tous les autres morceaux composant les livres annoncés à L..., je passerai sans doute à Paris, le 15, pour le tourmenter un peu. Si, par hasard, vous le voyez, vous pouvez le lui annoncer.

Quant à Malassis, sa terrible affaire arrive le 12[2]. Il se croit sûr d'être condamné à cinq ans. Ce qu'il y a de grave, c'est que ça lui ferme la France pour cinq ans. Que ça lui coupe momentanément les vivres, je n'y vois pas un si grand mal. Il sera contraint de faire autre chose. C'est trop compter sur l'esprit universel que de braver la pudeur publique obligatoire. Pour moi, qui ne suis pas une bégueule, je n'ai jamais pos-

---

1. Sainte-Beuve venait d'être nommé sénateur.

2. Poulet-Malassis était à la veille de comparaître devant le tribunal correctionnel de la Seine, pour avoir, avec l'assistance de quelques complices, introduit en France un certain nombre de livres plus que grivois. Il fit défaut, à l'audience, mais fut condamné, le 3 juin 1865, à une année d'emprisonnement et à cinq cents francs d'amende.

sédé un de ces livres imbéciles, même imprimé en
beaux caractères et avec de belles gravures.

Hélas! lès *Poèmes en prose*, auxquels vous avez
encore décoché un encouragement récent, sont bien
attardés. Je me mets toujours sur les bras des besognes
difficiles. Faire *cent* bagatelles laborieuses qui exigent
une bonne humeur constante (bonne humeur nécessaire même pour traiter des sujets tristes), une excitation bizarre qui a besoin de spectacles, de foules, de
musique, de réverbères même, voilà ce que j'ai voulu
faire! Je n'en suis qu'à *soixante*, et je ne peux plus
aller. J'ai besoin de ce fameux *bain de multitude*, dont
l'incorrection vous avait justement choqué.

M*** est venu ici. J'ai lu votre article. J'ai admiré
votre souplesse et votre aptitude à entrer dans l'âme
de tous les talents. Mais à ce talent-là il manque quelque
chose que je ne saurais définir. M*** est allé à Anvers,
où il y a des choses magnifiques, surtout des échantillons de ce monstrueux style jésuitique qui me plaît
si fort, et que je ne connaissais guère que par la chapelle du collège de Lyon, qui est faite avec des marbres
de diverses couleurs. Anvers a un musée d'une nature
très spéciale, plein de choses inattendues, même pour
ceux qui savent remettre l'école flamande à sa vraie
place. Enfin, cette ville a un grand air solennel de
vieille capitale, augmenté par un grand fleuve. Je crois
que ce brave garçon n'a rien vu de tout cela. Il n'a
vu qu'une grosse friture qu'il est allé manger de l'autre
côté de l'Escaut. C'est d'ailleurs un homme charmant.

Décidément, je vous félicite de tout mon cœur. Vous

voilà maintenant l'égal (officiellement) de beaucoup de
gens médiocres. Peu m'importe. Vous en aviez envie,
n'est-ce pas? besoin peut-être? Vous êtes content, donc
je suis heureux.

Tout à vous.

----

11 juillet [1865].

Très cher ami, je ne pouvais pas traverser Paris
sans venir vous serrer la main. — A bientôt, dans un
mois probablement.

J'ai vu J. L***, il y a trois jours, quand je me dirigeais
sur Honfleur. — L*** prétendait alors qu'il allait enta-
mer pour moi une affaire importante avec MM. G***.
— Si vous pouviez intervenir en ma faveur, avec deux
ou trois paroles autoritaires, vous me rendriez heureux. — Vous ne m'en voulez pas, n'est-ce pas, de mes
bizarres compliments, à propos du Sénat?

Votre très dévoué ami.

Je repars pour l'enfer, *demain soir*. Jusque-là, je
suis à *l'hôtel du chemin de fer du Nord. Place du Nord.*

----

3 septembre 1865.

Mon cher ami, que vous seriez bon et aimable si
vous pouviez prendre cinq minutes sur vos occupations
journalières pour m'écrire quelques lignes!

Je suis revenu ici (à Bruxelles) le 15 juillet. *Rien de
neuf de l'affaire L.-G.* depuis le 9 août, jour où j'ai

reçu une lettre de J. L... me disant qu'il avait vu trois fois H. G... et qu'il espérait conclure avant le 12, G... devant se mettre en voyage de nouveau, le 12. — Depuis lors, silence absolu. L... est un disciple trop zélé de Pythagore. Et puis, il ne sait pas ce que sont les nerfs des gens exilés, sans nouvelles et sans communications.

(L'affaire est-elle manquée, ou bien a-t-elle été remise jusqu'au retour de M. G..., et celui-ci est-il toujours absent? Impossible de rien deviner de cela.)

Mais ce qui m'avancerait beaucoup dans mon travail de conjectures, ce serait de savoir *si vous avez été consulté*. Dites-le-moi, je vous en prie, je ne vous demande que cela. Si vous avez été consulté, ce sera pour moi une preuve que la question a marché. Cependant, si, me connaissant aussi bien que je me connais, vous voulez me dire quelques injures sur ma faiblesse, mon découragement, dites, dites. Des injures de vous me feront plaisir, et cela me prouvera au moins que vous êtes en bonne santé.

Si je pouvais remplir dix pages avec les impressions que j'ai ressenties par le dernier volume que vous m'avez donné, je suis sûr que je vous amuserais. Je l'ai lu lentement, car la lecture en chemin de fer me blesse les yeux, et dans ce vilain climat, je suis rongé de névralgies. — Je connais maintenant ce M. Deleyre; mais vous me l'avez si bien fait comprendre qu'il me semble que j'ai connu d'autres Deleyre. Ce n'est plus un individu; c'est un genre.

Votre dénombrement de l'armée des cafards et des

ultras, sous la Restauration, m'a fait rire comme un fou (et je ne ris guère ici). Mais, en général, ce qui m'a le plus frappé dans votre livre, c'est un ton de justice, d'équité ; c'est une espèce de bonne humeur philosophique qui vous permet de voir ce qui est bien, là même où n'est pas votre amour. Jamais je ne pourrai attraper cette qualité.

A propos de Rodin, et des livres qui expriment la haine populaire contre la congrégation, vous avez oublié *le Monde tel qu'il est*, par de Custine, qui a précédé les livres d'E. Sue de bien des années. C'est un livre qui m'a paru bien surprenant, je vous assure ; un livre que Balzac trouvait trop misanthropique, et auquel il reprochait ce qu'on a reproché plus tard à la *Comédie humaine*. Je fais allusion à un article inédit de Balzac, retrouvé par Dutacq.

Votre travail sur Lacordaire est lumineux. Il y a, dans vos études, une foule de petites choses *très grosses*, je veux dire très suggestives, qui font plaisir à se faire comprendre. Je connais bien les côtés faibles du P. Lacordaire ; mais j'aime encore les grands rhéteurs, comme j'aime la peinture et la musique. Soyez tranquille de ce côté-là ; chez moi, comme chez tous les hommes, la sensualité diminuera avec le temps.

J'ai relu l'article Salammbô et la réplique[1]. Notre excellent ami a décidément raison de défendre gravement son rêve. Vous aviez raison de lui faire sentir,

---

[1]. Voir dans l'édition définitive de *Salammbô* (Charpentier, 1880) la critique de Sainte-Beuve et la réponse de Flaubert.

en riant, qu'il est quelquefois peu adroit d'être trop
grave; mais peut-être, en certains endroits, avez-vous
ri un peu fort.

Voyez comme je m'ennuie, puisque je bavarde à
ce point que je vous parle, à vous, de vos livres[1]!

Pardonnez-moi et aimez-moi.

Mardi, 2 janvier 1866.
Bruxelles.

Mon bon ami,

Je viens de voir que, pour la première fois de votre
vie, vous avez livré votre personne physique au public. Je
fais allusion à un portrait de vous, publié par l'*Illustration.* C'est bien vous, ma foi ! l'air familier, railleur, et un
peu concentré, et la petite calotte elle-même ne s'est
pas cachée. Vous dirai-je que je m'ennuie tellement,
que cette simple image m'a fait du bien? La phrase a
l'air impertinent. Elle veut dire simplement que, dans
l'abandon où me laissent quelques vieux amis de Paris
(en particulier J. L.), votre image a suffi pour me
divertir de mon ennui. Que ne donnerais-je pas pour
aller, en cinq minutes, rue du Mont-Parnasse, pour
causer une heure avec vous de vos articles sur
Proudhon; avec vous qui savez écouter même les gens
plus jeunes que vous !

---

1. Sainte-Beuve répondit le lendemain : « ... Il n'est jamais si désagréable
à un auteur qu'on lui parle de lui et de ses livres. Aussi êtes-vous tout
pardonné pour votre digression à mon sujet. » (*Correspondance*, t. II,
p. 23.)

Ce n'est pas, croyez-le bien, que je trouve la réaction, en sa faveur, illégitime. Je l'ai beaucoup lu, et un peu connu. La plume à la main, c'était un *bon bougre;* mais il n'a pas été et n'eût jamais été, même sur le papier, un *dandy.* C'est ce que je ne lui pardonnerai jamais. Et c'est ce que j'exprimerai, dussé-je exciter la mauvaise humeur de toutes les grosses bêtes, bien pensantes, de l'*Univers.*

De votre travail, je ne vous dis rien. Vous avez, plus que jamais, l'air d'un confesseur et d'un accoucheur d'âmes. On disait, je crois, la même chose de Socrate ; mais les sieurs Baillarger et Lélut ont déclaré, *sur leur conscience*, qu'il était fou.

Voici le commencement d'une année qui sera sans doute aussi ennuyeuse, aussi bête, aussi criminelle que toutes les précédentes. Que puis-je vous souhaiter de bon? Vous êtes vertueux et aimable, et (chose extraordinaire!) on commence à vous rendre justice!...

Je bavarde beaucoup trop, comme un homme nerveux qui s'ennuie. — Ne me répondez pas, si vous n'avez pas cinq minutes de loisir.

Votre bien affectionné.

———

15 janvier 1866.

Mon cher ami, je ne saurais trop vous remercier de vos bonnes lettres. C'est vraiment d'autant plus beau de votre part que je vous sais très occupé. Si je tarde quelquefois longtemps à répondre, c'est que je suis dans un état de santé qui me casse la volonté et me jette même quelquefois au lit pour plusieurs jours.

Je suivrai votre conseil; j'irai à Paris et je verrai les G... moi-même. Alors, peut-être, commettrai-je l'indiscrétion de vous demander un nouveau coup d'épaule. Mais quand? Depuis six semaines, je suis plongé dans la pharmacie. Qu'il faille supprimer la bière, je ne demande pas mieux. Le thé et le café, c'est plus grave; mais passe encore. Le vin? diable! c'est cruel. Mais voici un animal encore plus dur, qui dit qu'il ne faut ni lire ni étudier. Drôle de médecine que celle qui supprime la fonction principale! Un autre me dit, pour toute consolation, que je suis *hystérique*. Admirez-vous, comme moi, l'usage élastique de ces grands mots bien choisis pour voiler notre ignorance de toutes choses?

J'ai tâché de me replonger dans le *Spleen de Paris* (poèmes en prose), car ce n'était pas fini. Enfin, j'ai l'espoir de pouvoir montrer, un de ces jours, un nouveau Joseph Delorme accrochant sa pensée rapsodique à chaque accident de sa flânerie et tirant de chaque objet une morale désagréable. Mais que les bagatelles, quand on veut les exprimer d'une manière à la fois pénétrante et légère, sont donc difficiles à faire!

Joseph Delorme est venu là tout naturellement. J'ai repris la lecture de vos poésies *ab ovo*. J'ai vu avec plaisir qu'à chaque tournant de page, je reconnaissais des vers qui étaient d'anciens amis. Il paraît que, quand j'étais un gamin, je n'avais pas si mauvais goût. (La même chose, en décembre, m'est arrivée pour Lucain. La *Pharsale*, toujours étincelante, mé-

lancolique, déchirante, stoïcienne, a consolé mes névralgies. Et ce plaisir m'a induit à penser qu'en réalité, nous changions fort peu. C'est-à-dire qu'il y a en
nous quelque chose d'invariable.)

Puisque vous avouez qu'il ne vous déplaît pas d'entendre parler de vos ouvrages, j'aurais bien la tentation de vous faire à ce sujet trente pages de confidences ; mais je crois que je ferai mieux de les écrire
d'abord en bon français pour moi-même, et puis de
les communiquer à un journal, s'il existe encore un
journal où l'on puisse causer poésie.

Cependant, voici quelques suggestions du livre qui
me viennent, au hasard :

J'ai beaucoup mieux compris qu'autrefois les *Consolations* et les *Pensées d'août*.

J'ai noté, comme plus éclatants, les morceaux suivants : *Sonnet à Mad. G...*, p. 225 [1].

(Vous avez donc connu Mme Grimblot, cette grande
et élégante rousse, pour qui a été fait le mot
désinvolture, et qui avait cette voix rauque ou plutôt
profonde et sympathique de quelques comédiennes
parisiennes? — J'ai souvent eu le plaisir d'entendre
Mme de Mirbel lui faire de la morale, et *c'était fort
drôle*. — Après tout, je me trompe peut-être ; c'est
peut-être une autre Mme G... Ces recueils de poésie
sont non seulement de la poésie et de la psychologie,
mais sont aussi des annales.) *Tu te révoltes...* p. 192.

---

1. Cette indication et les suivantes sont prises dans le tome II de l'édition des *Poésies complètes* de Sainte-Beuve. (Paris, Michel Lévy, 1863.)

Dans ce cabriolet... p. 193. *En revenant du convoi...*
p. 227. *La voilà...* p. 199.

Page 235, j'ai été un peu choqué de vous voir désirant
l'approbation de MM. Thiers, Berryer, Thierry, Villemain. Est-ce que vraiment ces messieurs sentent le
foudroiement ou l'*enchantement* d'un objet d'art? Et
puis, vous aviez donc bien peur de n'être pas apprécié, pour avoir accumulé tant de documents justifica-
tifs? Ai-je besoin, pour vous admirer, de la permission de M. de Béranger?

Sacrebleu! j'allais oublier le *Joueur d'orgue*, p. 242.
J'ai beaucoup mieux saisi qu'autrefois le but et
l'art des récits tels que *Doudun, Marèze, Ramon,
M. Jean,* etc. — Le mot *élégie analytique* s'applique à
vous bien mieux qu'à André Chénier.

Il y a encore une pièce que je trouve merveilleuse,
c'est le récit d'une veillée funèbre, près d'un cadavre
inconnu, adressée à Victor Hugo, au moment de la
naissance d'un de ses fils.

Ce que j'appelle le décor (paysage ou mobilier) est
toujours parfait.

En de certaines places de *Joseph Delorme,* je
trouve un peu trop de *luths*, de *lyres*, de *harpes* et de
Jehovahs. Cela fait tache dans des poèmes parisiens.
D'ailleurs, vous étiez venu pour détruire tout cela.

En vérité, pardon! JE M'ÉGARE! Je n'ai jamais osé
vous en dire si long.

J'ai retrouvé des pièces que je savais par cœur.
(Pourquoi relit-on avec plaisir, dans des caractères
d'imprimerie, ce que la mémoire pourrait réciter?)

Dans l'île Saint-Louis (*Consolations*).

Le creux de la vallée, p. 113. Voilà bien du Delorme !

Et *Rose* (charmant), p. 127.

Stances de Kirke White, p. 139.

La Plaine (beau paysage d'octobre), p. 138.

Ma foi ! je m'arrête. J'ai l'air de vous faire des compliments et je n'en ai pas le droit. C'est impertinent.

---

5 février.

Mon cher ami, la lettre est restée longtemps interrompue. J'ai été repris par les vertiges et les culbutes.

Ensuite, j'ai appris que vous étiez vous-même malade, ou que vous l'aviez été. Ceci m'inquiète et a inquiété Malassis. Il a été, à ce qu'il paraît, question d'une opération. Qu'est-ce que c'est que cela ? Où en êtes-vous ?

Pas de politesses d'écriture avec moi. Mais, je vous en prie, chargez votre *fidus Troubatès* de m'écrire *quelques lignes sur votre santé*. Dites-lui aussi, si vous pouvez penser à ces bagatelles, qu'il serait bien aimable de me trouver ce numéro d'un journal nouveau, *l'Art*[1], et de me renseigner sur une autre publi-

---

1. Dans une lettre antérieure (5 janvier 1866), Sainte-Beuve avait écrit à son ami : « Vous avez été très bien traité, dans un journal nouvellement fondé, *l'Art* », et il ajoutait, sur le groupe des jeunes rédacteurs, quelques détails bien faits pour piquer la curiosité du poète. Cette lettre de Sainte-Beuve est des plus intéressantes ; il faut la lire tout entière. (*Correspondance*, t. II, p. 47-49.)

cation périodique, en vers : *le Parnasse* (avec un adjectif à la suite) [1].

Malassis n'a rien trouvé de plus sur *Voisenon*. — Je crois qu'il a été un peu étourdi d'un petit sermon que vous lui avez adressé [2]. Il avait eu, en effet, une drôle d'idée (sans s'en douter). Moi qui sais que vous ne grondez jamais longtemps les gens qui vous aiment, j'en ai bien ri.

A propos d'amitié et d'ami renié, savez-vous que le magnifique vers :

Est comme un enfant mort, dans nos flancs, avant l'heure,

vers 12, p. 195, IIe volume, se trouve traduit en prose, et très bien, ma foi! dans une nouvelle de Paul de Molènes, *la Pâtissière*, je crois, histoire de l'amour d'un *parfait officier de cavalerie légère* (style Molènes) pour une pâtissière? L'image est transférée de l'amitié à l'amour. Peut-être ignorait-il qu'il vous copiait.

Mais vous êtes malade, et il se peut que je vous fatigue.

Bien à vous.

Deux mois plus tard, le 31 mars, Baudelaire était atteint des premiers symptômes d'une hémiplégie du côté droit. Cette lettre est la dernière qu'il ait écrite à Sainte-Beuve.

1. *Le Parnasse contemporain*, publié par l'éditeur Lemerre. Baudelaire donna à ce recueil quelques poésies, qui, pour la plupart, avaient été déjà imprimées ailleurs.
2. Allusion à la remontrance que Sainte-Beuve avait adressée à Poulet-Malassis, par la plume de son secrétaire, sur un envoi de pamphlets politiques, mêlés à des réimpressions de livres galants du xviiie siècle. Voir plus haut, p. 229.

APPENDICE

« ... En racontant le procès des *Fleurs du mal,* j'ai supprimé, comme je l'ai fait partout dans mon travail, les anecdotes. C'est ici le lieu de les rétablir. C'est environ un mois après la publication que commencèrent à circuler les bruits de poursuites judiciaires. Baudelaire reçut divers avis émanant des ministères de l'intérieur et de l'instruction publique, et commença à s'en inquiéter, moins pour lui que pour son éditeur. Les articles critiques n'avaient pas encore eu le temps de paraître; quelques journaux hésitaient, entre autres la *Revue française* où devait paraître mon article, devant les avertissements ministériels. Parmi les cautions sur lesquelles Baudelaire pouvait compter, la plus décisive était celle de Sainte-Beuve, son ami depuis longtemps et très disposé à le servir. Malheureusement, un précédent fâcheux l'empêchait d'agir. M. Billaut, alors ministre de l'inté-

rieur, avait, peu de temps auparavant, déféré *Madame Bovary*
aux tribunaux, qui l'avaient acquittée. Sainte-Beuve, le jugement
rendu, avait parlé du livre dans le *Moniteur,* avec éloge. Cet article avait fait du bruit jusque dans le conseil des ministres :
« Comment! avait dit M. Billaut, un livre que j'ai fait poursuivre,
« le louer dans le journal du gouvernement! etc. » Sainte-Beuve
n'eut pas de peine à faire comprendre à Baudelaire que la réci-
dive était difficile.

« Restait Édouard Thierry, chargé du feuilleton des livres, et
qui pouvait très bien donner son opinion avant le jugement.
« Laissez, dit Sainte-Beuve, M. Thierry faire son article. Il est
« poète, et sera très bien pour vous. Puis, l'émotion passée, je
« reviendrai à vous dans un article général. » L'article de Thierry
devint donc pour Baudelaire la planche de salut. Un matin, il
vint m'apprendre que l'article de Thierry était fait, qu'il l'avait
lu et qu'il était très bien pour lui ; restait à voir si le journal le
prendrait. Le jour du feuilleton de Thierry, nous le passâmes,
Baudelaire et moi, sur le trottoir du quai Voltaire. Baudelaire
entrait d'heure en heure au journal, et m'en rapportait des bulletins. Premier bulletin : l'article était composé et Thierry avait corrigé l'épreuve. Deuxième : Turgan l'avait vu en seconde épreuve.
Une formalité décisive était le visa du ministre d'État, qu'on allait
demander chaque soir, avant le tirage. A onze heures, nous
vîmes Turgan monter en fiacre et s'en aller chez M. Fould, avec
les épreuves. Il revint au bout d'une heure, et bientôt après,
nous eûmes la satisfaction d'apprendre que le tirage était commencé. Baudelaire respira, car il lui paraissait impossible que cet
article ne fût pas un bâton jeté dans les roues du parquet. L'article parut donc et fit son effet. M. Billaut jeta feu et flammes et
il chercha aussitôt un moyen de réparer ce qu'il appelait la
bévue du *Journal officiel.* Il fallait faire attaquer *les Fleurs du
mal* par un autre journal du gouvernement. Malheureusement
pour lui, le nombre en était très limité. Au *Constitutionnel,*
Paulin Limayrac, alors chargé du compte rendu des livres, avait
fait un article vitupératif ; mais, en apprenant les poursuites, il
l'avait retiré. Il l'apprit lui-même à Baudelaire, dans un couloir
du ministère de l'intérieur, en lui montrant la *copie* qu'il venait
de reprendre. Il n'y avait pas à compter sur le *Pays,* où Barbey

d'Aurevilly, ami de Baudelaire, avait apporté un article favorable qui ne fut pas inséré. C'est alors que parut au *Figaro* un entrefilet insidieux où, après un blâme général, étaient citées les pièces qui furent supprimées par le jugement. Baudelaire a toujours été convaincu que cet entrefilet accusateur, signé par G. Bourdin, était parti du ministère de l'intérieur.... Et il faut avouer que le soupçon de Baudelaire, peut-être exagéré, ne manquait pas de vraisemblance, car le *Figaro* passait généralement pour être protégé par le ministre.... »

II

PETITS MOYENS DE DÉFENSE TELS QUE JE LES CONÇOIS

PAR SAINTE-BEUVE[1]

Tout était pris dans le domaine de la poésie.

Lamartine avait pris les *cieux*, Victor Hugo avait pris la *terre* et plus que la *terre*. Laprade avait pris les *forêts*. Musset avait pris la *passion et l'orgie éblouissante*. D'autres avaient pris le *foyer, la vie rurale*, etc.

Théophile Gautier avait pris l'Espagne et ses hautes couleurs. Que restait-il?

Ce que Baudelaire a pris.

Il y a été comme forcé.

Loin de moi de diminuer rien à la gloire d'un illustre poète,
D'un poète national, cher à tous,

---

1. Voir plus haut, p. 242, comment Sainte-Beuve fut amené à écrire, à l'occasion du procès des *Fleurs du mal*, ce canevas de plaidoirie dont l'avocat de Baudelaire ne se servit pas, au grand regret de son client.

Que l'empereur a jugé digne de publiques funérailles, etc.

Loin de moi de vouloir rien ôter au respect et à l'amour qui environnent sa mémoire. Mais, malgré moi, une réflexion se présente, elle s'impose. — Je me souviens, certains refrains chantent en moi; si je les disais, ils auraient mille échos, et parmi ces refrains, il en est qui pourraient être dénoncés comme *cent fois* plus dangereux que ce que vous produisez. Mais non, ils ne sont pas dangereux. — Il y a une certaine gaieté qui ôte et dissipe le danger.

Un autre nom se présente à ma mémoire, le nom d'un poète bien plus jeune, non moins grand poète, enlevé tout récemment. Loin de moi, pour lui comme pour l'autre, de vouloir rien ôter à sa renommée, au regret légitime que sa perte inspire. Alfred de Musset est un poète souverainement regrettable... Et pourtant, j'ouvre ses œuvres, je récite ses vers que plusieurs générations ont sus par cœur, et j'y trouve... ce que je n'oserais me permettre de lire ici, devant vous... Et cependant ces vers, ils ont couru; on les a laissés faire leur chemin parmi la jeunesse, on les a pardonnés à l'auteur, — que dis-je? ils ont servi, avec ses autres vers, à le porter à l'Académie.

N'ayons pas deux poids et deux mesures, etc.

III

NOTES ET DOCUMENTS POUR MON AVOCAT [1]

PAR CH. BAUDELAIRE

Le livre doit être jugé dans son ensemble, et alors il en ressort une terrible moralité.

1. Ces précieuses pages ont fait partie d'un dossier qui, selon une note autographe de Baudelaire, se composait des pièces suivantes : Lettres. — Notes et documents pour mon avocat. Plan de plaidoirie (peut-être *les Petits moyens de défense, tels que je les conçois*, de Sainte-Beuve). — Pièces incriminées. — Sommaire de mon interrogatoire et ma justification devant

Donc, je n'ai pas à me louer de cette singulière indulgence qui n'incrimine que treize morceaux sur cent. Cette indulgence m'est très funeste ; c'est en pensant à ce *parfait ensemble* de mon livre, que je disais à M. le juge d'instruction :

« Mon unique tort a été de compter sur l'intelligence universelle et de ne pas faire de préface, où j'aurais posé mes principes littéraires et dégagé la question si importante de la morale. » (Voir, à propos de la morale dans les œuvres d'art, les remarquables lettres d'Honoré de Balzac à M. Hippolyte Castille, dans le journal *la Semaine*.)

Le volume est, relativement à l'abaissement général des prix en librairie, d'un prix élevé. C'est déjà une garantie importante. Je ne m'adresse donc pas à la foule.

———

Il y a prescription pour deux des morceaux incriminés : *Lesbos* et le *Reniement de saint Pierre*, parus depuis longtemps et non poursuivis[1].

Mais je prétends, au cas même où on me contraindrait de me reconnaître quelques torts, qu'il y a une sorte de prescription générale. Je pourrais faire une bibliothèque de livres modernes non poursuivis, et *qui ne respirent pas, comme le mien, l'horreur du mal*. Depuis près de trente ans, la littérature est d'une liberté qu'on veut brusquement punir en moi. Est-ce juste ?

———

Il y a plusieurs morales. Il y a la morale positive et pratique à laquelle tout le monde doit obéir.

Mais il y a la morale des arts. Celle-ci est tout autre, et, depuis le commencement du monde, les arts l'ont bien prouvé.

———

le juge d'instruction. (Cette dernière pièce, si importante, a disparu.) Ces *Notes et Documents* nous ont été très obligeamment communiqués par un bibliophile des plus distingués, M. Parran, ingénieur en chef des mines.

1. *Lesbos* avait, en effet, paru dans *les Poètes de l'amour*, anthologie publiée par Julien Lemer (Paris, Garnier, 1850), et *le Reniement de saint Pierre* dans *la Revue de Paris* (octobre 1852).

Il y a aussi plusieurs sortes de libertés. Il y a la liberté pour le génie et il y a une liberté très restreinte pour les *polissons*.

M. Charles Baudelaire n'aurait-il pas le droit d'arguer des licences permises de Béranger (œuvres complètes autorisées)? Tel sujet reproché à M. Ch. Baudelaire a été traité par Béranger ; lequel préférez-vous : le poète triste ou le poète gai et effronté, l'horreur dans le mal ou la folâtrerie, le remords ou l'impudence? (Il ne serait peut-être pas sain d'user, outre mesure, de cet argument.)

Je répète qu'un livre doit être jugé dans son ensemble. A un blasphème j'opposerai des élancements vers le ciel, à une obscénité des fleurs platoniques.

Depuis le commencement de la poésie, tous les volumes de poésie sont ainsi faits. Mais il était impossible de faire autrement un livre destiné à représenter l'*agitation de l'esprit dans le mal*.

M. le ministre de l'intérieur, furieux d'avoir lu un éloge flatteur de mon livre dans *le Moniteur*, a pris ses précautions pour que cette mésaventure ne se reproduisît pas.

M. d'Aurevilly (un écrivain absolument catholique, autoritaire et non suspect) portait au *Pays*, auquel il est attaché, un article sur *les Fleurs du mal*, et il lui a été répondu qu'une consigne récente défendait de parler de M. Ch. Baudelaire dans *le Pays*.

Or, il y a quelques jours, j'exprimais à M. le juge d'instruction la crainte que le bruit de la saisie ne glaçât la bonne volonté des personnes qui trouveraient quelque chose de louable dans mon livre. Et M. le juge (Charles Camusat Busserolles) me répondit : *Monsieur, tout le monde a parfaitement le droit de vous défendre dans tous les journaux, sans exception.*

MM. les directeurs de la *Revue française* n'ont pas osé publier l'article de M. Charles Asselineau, le plus sage et le plus modéré des écrivains. Ces messieurs se sont renseignés au minis-

tère de l'intérieur (!), et il leur a été répondu qu'il y aurait pour
eux danger à publier cet article.

Ainsi, abus de pouvoir et entraves apportées à la défense.

Le nouveau régime napoléonien, après les illustrations de la
guerre, doit rechercher les illustrations des lettres et des arts. •

Qu'est-ce que c'est que cette morale prude, bégueule, taquine,
et qui ne tend à rien moins qu'à créer des conspirateurs, même
dans l'ordre si tranquille des rêveurs?

Cette morale-là irait jusqu'à dire : DÉSORMAIS ON NE FERA QUE
DES LIVRES CONSOLANTS ET SERVANT A DÉMONTRER QUE L'HOMME EST
NÉ BON ET QUE TOUS LES HOMMES SONT HEUREUX. Abominable hypo-
crisie.

(Voir le résumé de mon interrogatoire et la liste des morceaux incriminés.)

CORRESPONDANCES

LETTRE DE GEORGE SAND A BAUDELAIRE[1]

« Monsieur, c'était une chose convenue. J'ignorais qu'elle fût rompue et j'ignore encore pourquoi. Je regretterais beaucoup Mlle Daubrun, et si je puis faire qu'on revienne à elle, je le ferai certainement. Je vais écrire de suite. Agréez l'expression de mes sentiments distingués.

« GEORGE SAND.

« Nohant, 16 août 1855. »

Au bas de ce billet, Baudelaire a mis ces annotations :
Remarquez la faute de français : *de suite*, pour *tout de suite*.

La devise marquée sur la cire était : *Vitam impendere vero*. Mme Sand m'a trompé et n'a pas tenu sa promesse. Voir, dans l'*Essai sur le principe générateur des Révolutions*, ce que de Maistre pense des écrivains qui adoptent cette devise[2].

C. D.

1. Dans cette lettre qui répond à une lettre de Baudelaire que nous n'avons pas, il s'agit d'un rôle d'une pièce de George Sand, rôle qu'un directeur de théâtre, celui de la Porte-Saint-Martin sans doute, avait donné, puis retiré à Mlle Daubrun, artiste remarquable par son talent et surtout par sa beauté. Baudelaire, qui était de ses amis, avait tenté de faire intervenir l'auteur de la pièce en faveur de sa protégée.

2. Voir plus haut ce que dit encore Baudelaire de George Sand dans son journal intime : *Mon cœur mis à nu* (p. 101). Ce serait d'ailleurs faire injure à Baudelaire que d'attribuer à une rancune mesquine cette diatribe. Rien de plus sincère et de plus désintéressé chez lui que l'horreur des idées anticatholiques et démocratiques professées par l'auteur de *Lélia* et de *Mademoiselle de La Quintinie*. Puis, le talent de George Sand lui était profondément antipathique. Ne détestait-il pas la prolixité, même dans Byron?

CORRESPONDANCE DE CHARLES BAUDELAIRE

ET DE GUSTAVE FLAUBERT

Entre Baudelaire et Flaubert, les raisons de sympathie étaient multiples et puissantes. Leur célébrité avait été tout à fait simultanée, puisque la *Revue de Paris* avait publié, en 1856, *Madame Bovary* et qu'en juillet 1857, les *Fleurs du mal* avaient paru chez Poulet-Malassis : et la même curiosité, le même succès avaient accueilli leurs débuts. Flaubert avait pris, parmi les romanciers nouveaux, le même rang que Baudelaire parmi les poètes de la jeune génération. Par la sincérité de l'accent, par la vigueur du style, par la nouveauté de leurs conceptions, par la passion littéraire, ils étaient hors de pair entre tous leurs rivaux.

Baudelaire adressa le premier son livre à Flaubert. Le recueil des *Souvenirs et Correspondances* a publié l'intéressante et très cordiale lettre par laquelle Flaubert répondit, le 13 juillet 1857, à ce cadeau si digne de lui plaire. En quelques lignes, le grand prosateur apprécie, avec la sagacité d'un critique de profession, les principaux caractères du talent du poète : « Vous avez trouvé le moyen de rajeunir le romantisme. Vous ne ressemblez à personne (ce qui est la première de toutes les qualités). L'originalité du style découle de la conception. La phrase est toute bourrée par l'idée, à en craquer. » Puis il cite les pièces qu'il admire le plus : *la Beauté*, *l'Idéal*, *la Géante*, *une Charogne*, *le Chat*, *le Beau navire*, *A une dame créole*, *le Spleen*, et, à propos de ce dernier poème, il loue chaleureusement l'inspiration commune dont procèdent tous ces poèmes : « En résumé, ce qui me plaît avant tout dans votre volume, c'est que l'art y prédomine. Et puis, vous chantez la chair sans l'aimer, d'une façon triste et détachée, qui m'est sympathique... »

Aussi, quand le bruit que *les Fleurs du mal* étaient poursuivies en police correctionnelle, comme attentatoires aux bonnes mœurs, parvient dans sa retraite, l'auteur de *Madame Bovary* se souvient de tout ce que la même épreuve lui a fait souffrir, quelques mois plus tôt, et il s'empresse d'écrire à Baudelaire une lettre où s'exprime la plus franche sympathie :

« Vendredi, 14 août (1857).

« Je viens d'apprendre que vous êtes poursuivi à cause de
votre volume ; la chose est déjà un peu ancienne, me dit-on. Je
ne sais rien du tout, car je vis ici comme à cent lieues de Paris[1].

« Pourquoi? Contre qui avez-vous attenté encore? Est-ce à la
religion? Sont-ce les mœurs? Avez-vous passé en justice? Quand
sera-ce? etc.

« Ceci est du nouveau : poursuivre un volume de vers! Jusqu'à
présent, la magistrature laissait la poésie fort tranquille.

« Je suis grandement indigné. Donnez-moi des détails sur
votre affaire si ça ne vous embête pas trop, et recevez mille poignées de mains des plus cordiales.

« A vous

« G^{vo} FLAUBERT. »

———

Flaubert ne se contente pas de cette lettre chaleureuse. Dans
sa sollicitude pour son ami, il cherche le moyen de lui venir
en aide et il lui donne des conseils, des arguments pour sa défense devant le tribunal qui va le juger :

« Mon cher ami,

« J'ai reçu les articles sur votre volume. Celui d'Asselineau m'a
fait grand plaisir. Il est, par parenthèse, bien aimable pour moi.
Dites-lui de ma part un petit mot de remerciement. Tenez-moi
au courant de votre affaire, si ça ne vous ennuie pas trop. Je
m'y intéresse comme si elle me regardait personnellement. Cette
poursuite n'a aucun sens. Elle me révolte.

« Et on vient de rendre des honneurs *nationaux* à Béranger!
à ce sale bourgeois qui a chanté les amours faciles et les habits
râpés!

---

1. Pour admettre toute l'exactitude de cette assertion, il faut avoir vu,
comme je l'ai vu moi-même, quelle réclusion sévère Flaubert s'imposait,
durant les sept ou huit mois qu'il passait, chaque année, dans sa maison
de campagne, à Croisset, près Rouen, pour se livrer tout entier au travail.

« J'imagine que, dans l'effervescence d'enthousiasme où l'on est
à l'encontre de cette glorieuse binette, quelques fragments de ses
chansons (qui ne sont pas des chansons, mais des odes de Prudhomme), lus à l'audience, seraient d'un bel effet. Je vous recommande *ma Jeanneton, la Bacchante, la Grand'mère,* etc. Tout
cela est aussi riche de poésie que de morale. Et puisqu'on
vous accuse, sans doute, d'outrage aux mœurs et à la religion, je
crois qu'un parallèle entre vous deux ne serait pas maladroit.
Communiquez cette idée (pour ce qu'elle vaut?) à votre avocat.

« Voilà tout ce que j'avais à vous dire, — et je vous serre les
mains

« A vous.

« 23 août 1857[1]. »

_____

A ces deux lettres, Baudelaire répondit tardivement par le
billet suivant[2] :

« Mardi, 25 août 1857.

« Cher ami, je vous écris à la hâte un petit mot avant cinq
heures, uniquement pour vous prouver mon repentir de n'avoir
pas répondu à vos affectueux sentiments. Mais si vous saviez
dans quel abime d'occupations puériles j'ai été plongé! Et l'article sur *Madame Bovary* recule encore de quelques jours[2]!
Quelle interruption dans la vie qu'une aventure ridicule!

« La comédie s'est jouée jeudi, cela a duré longtemps!

« Enfin, 300 francs d'amende, 200 francs pour les éditeurs,
suppression des numéros 20, 30, 39, 80, 81 et 87. Je vous écrirai
longuement cette nuit.

« Tout à vous, vous le savez. »

Baudelaire tint-il sa promesse? S'il écrivit cette lettre où il
voulait sans doute faire le récit de toutes les émotions, de

1. Voir, sur cette date, une explication plausible (p 242).

2. Nous devons la communication des lettres de Baudelaire, qui suivent,
à l'obligeance des héritiers de Flaubert et de M. Charpentier, son éditeur.
M. Ancelle, à qui j'ai tant d'autres obligations, a bien voulu me laisser
prendre copie des lettres de Flaubert.

tous les tracas, par lesquels ce maudit procès l'avait fait passer, rien ne serait plus regrettable, au point de vue de sa biographie, que la perte d'un si précieux document.

La correspondance reprend, trois mois plus tard, par un billet sans date où Flaubert remercie son ami de l'étude sur *Madame Bovary* qu'il venait de publier dans l'*Artiste* (n° du 18 octobre 1857).

« Je vous remercie bien, mon cher ami. Votre article m'a fait le plus *grand* plaisir. Vous êtes entré dans les arcanes de l'œuvre, comme si ma cervelle était la vôtre. Cela est compris et senti *à fond.*

« Si vous trouvez mon livre suggestif, ce que vous avez écrit dessus ne l'est pas moins et nous causerons de tout cela dans six semaines, quand je vous reverrai.

« En attendant, mille bonnes poignées de mains, encore une fois.

« Tout à vous.

« G^{ve} FLAUBERT.

« Mercredi soir, Croisset. »

Pendant les années qui suivirent, les relations continuèrent entre le poète et le romancier ; elles devinrent même de plus en plus intimes, à en juger par ce billet de Baudelaire qui répond à une lettre de Flaubert, que nous n'avons pas :

« 26 juin 1860.

« Mon cher Flaubert, je vous remercie bien vivement de votre excellente lettre. J'ai été frappé de votre observation, et étant descendu très sévèrement dans le souvenir de mes rêveries, je me suis aperçu que, de tout temps, j'ai été obsédé par l'impossibilité de me rendre compte de certaines actions ou pensées soudaines de l'homme, sans l'hypothèse de l'intervention d'une force méchante, extérieure à lui. Voilà un gros aveu dont tout le xixe siècle conjuré ne me fera pas rougir. Remarquez bien que je ne renonce pas au plaisir de changer d'idée ou de me contredire.

« Un de ces jours, si vous le permettez, en allant à Honfleur, je m'arrêterai à Rouen ; mais comme je présume que vous êtes semblable à moi et que vous haïssez les surprises, je vous préviendrai quelque temps d'avance.

« Vous me dites que je travaille beaucoup. Est-ce une cruelle moquerie ? Bien des gens, sans me compter, trouvent que je ne fais pas grand'chose.

« Travailler, c'est travailler sans cesse : c'est n'avoir plus de sens, plus de rêverie ; et c'est être une pure volonté toujours en mouvement. J'y arriverai peut-être.

« Tout à vous. Votre ami bien dévoué.

« J'ai toujours rêvé de lire (en entier) la *Tentation*[1] et un autre livre singulier, dont vous n'avez publié aucun fragment (*Novembre*[2]). Et comment va *Carthage*[3] ? »

Flaubert s'empressa de répondre :

« Croisset, 3 juillet (1860).

« Avec bien du plaisir, mon cher ami, je recevrai votre visite. Je compte dessus. Ce serait un grand hasard si vous ne me trouviez pas ; mais, par excès de prudence, prévenez-moi la veille, cependant.

« Je vous lirai du *Novembre*, si cela peut vous divertir. Quant

1. *La Tentation de saint Antoine,* dont un fragment avait paru dans *l'Artiste,* en 1857.
2. Le volume des Œuvres posthumes de Flaubert intitulé : *Par les champs et par les grèves,* contient un fragment de cette œuvre de jeunesse du romancier.
3. Le roman de *Salammbô,* que Flaubert garda six ans sur le métier et ne publia qu'en 1863.

au *saint Antoine*[1], comme j'y reviendrai dans quelque temps, il faudra que vous attendiez.

« J'ai bien des choses à vous dire.

« Mille cordialités. Tout à vous. »

La correspondance s'interrompit pendant un an et demi. Quand Baudelaire posa brusquement sa candidature à l'Académie française, il dut demander à ses amis une démarche auprès des académiciens qui étaient avec eux en relations plus ou moins intimes, et il écrivit à Flaubert :

« [Fin de janvier 1862.]

« Mon cher Flaubert, j'ai fait un coup de tête, une folie, que je transforme en acte de sagesse par ma persistance. Si j'avais le temps suffisant (ce serait fort long), je vous divertirais beaucoup en vous racontant mes visites académiques.

« On me dit que vous êtes fort lié avec Sandeau (qui disait, il y a quelque [temps], à un de mes amis : M. Baudelaire écrit donc en prose?). Je vous serais infiniment obligé si vous lui écriviez ce que vous pensez de moi. J'irai le voir et je lui expliquerai le sens de cette candidature, qui a tant surpris quelques-uns de ces messieurs.

« Il y a bien longtemps que je désire vous envoyer une brochure sur Wagner, et puis, je ne sais plus quoi. Mais, ce qui est bien ridicule pour un candidat, je n'ai pas un livre de moi chez moi.

« Sainte-Beuve a fait lundi dernier[2], dans *le Constitutionnel*, à propos des candidats, un article chef-d'œuvre, un pamphlet à mourir de rire.

« Tout à vous. Votre bien dévoué. »

Flaubert s'empressa d'obéir au désir de son ami et de lui donner avis qu'il avait écrit à Sandeau pour le recommander chaudement. Mais il était trop sincère pour ne pas témoigner son étonnement d'une résolution si contraire aux antécé-

---

1. Le livre ne devait paraître que quinze ans plus tard, en 1874.

2. L'article de Sainte-Beuve avait paru dans *le Constitutionnel* du 20 janvier 1862.

dents littéraires et au caractère indépendant du poète. Celui-ci
répondit, courrier par courrier :

« Mon cher Flaubert,

« Vous êtes un vrai guerrier. Vous méritez d'être du Bataillon
Sacré. Vous avez la foi aveugle de l'amitié, qui implique la
vraie politique *(sic)*.

« Mais, parfait solitaire, vous n'avez donc pas lu le fameux article de Sainte-Beuve sur l'Académie et les candidatures. Ça a
fait la conversation d'une semaine et ça a dû retentir d'une façon
violente dans l'Académie.

« Maxime Du Camp m'a dit que j'étais déshonoré, mais je persiste à faire mes visites, bien que certains académiciens aient
déclaré (mais est-ce bien vrai?) qu'ils ne me recevraient même
pas chez eux. J'ai fait un coup de tête, dont je ne me repens
pas. Quand même je n'obtiendrais pas une seule voix, je ne
m'en repentirai pas. Une élection a lieu le 6 février, mais c'est à
propos de la dernière (Lacordaire, le 20 février[1]) que je tâcherai
d'arracher deux ou trois voix. Je me trouverai seul (à moins
qu'il ne surgisse une candidature raisonnable) en face du ridicule petit prince de Broglie, fils du duc, académicien vivant. Ces
gens-là finiront par faire l'élection de leurs concierges, et ces
concierges sont orléanistes.

« A bientôt, nous nous verrons sans doute. Je rêve toujours la
solitude, et si je partais avant votre retour, je vous ferais une
visite de quelques heures là-bas.

« Comment n'avez-vous pas deviné que Baudelaire, ça voulait
dire : Auguste Barbier, Théophile Gautier, Banville, Flaubert,
Leconte de Lisle, c'est-à-dire littérature pure? Ç'a été bien compris tout de suite par quelques amis et ça m'a valu quelques
sympathies.

« Merci et tout à vous.

« Avez-vous observé qu'écrire avec une plume de fer, c'est

---

1. A la date de cette lettre, Sainte-Beuve n'avait pas encore dissuadé
Baudelaire de se présenter pour le fauteuil de Lacordaire.

comme si on marchait avec des sabots sur des pierres bran-
lantes?

« Paris, 31 janvier 1862. »

Quelques jours après, dès que la réponse de Sandeau lui fut
parvenue, Flaubert s'empressa de la communiquer à celui qu'elle
intéressait :

« Dimanche.

« Je vous envoie la lettre que j'ai reçue de Sandeau hier
matin; je vous prie de ne pas la perdre et de me la rendre,
quand vous l'aurez lue, mon cher Baudelaire.

« Et vous me remerciez trop pour un petit service qui ne m'a
coûté rien du tout.

« Comment voulez-vous que je connaisse l'article de Sainte-
Beuve? Qui m'en aurait parlé, puisque je ne vois personne?

« Je compte me livrer avec vous à un fier dialogue dans une
quinzaine de jours.

« Mille poignées de mains.

« A vous. »

Baudelaire alla voir Sandeau et fut reçu à merveille, comme
le prouve le billet suivant :

« Mon cher ami,

« M. Sandeau a été charmant, sa femme a été charmante, et je
crois bien que j'ai été aussi charmant qu'eux, puisque nous avons
fait à nous tous un concert d'éloges en votre honneur, si harmo-
nieux que cela ressemblait à un véritable trio exécuté par des
artistes consommés.

« Pour mon affaire, Sandeau m'a reproché de le prendre à l'improviste. J'aurais dû le voir plus tôt. Cependant il parlera pour
moi à quelques-uns de ses amis de l'Académie « et *peut-être,
peut-être* pourrai-je, dit-il, arracher quelques voix de protestants dans le vote pour le fauteuil Lacordaire[1] ». C'est tout ce que
je désire.

---

1. Ce passage concorde avec cette phrase analogue de la lettre écrite, à
la même date, par Baudelaire à Sainte-Beuve : « Je crois que Jules San-

« Sérieusement, l'enthousiasme de Mme Sandeau pour vous est grand, et vous avez en elle un avocat, un panégyriste plus que zélé. Cela m'a mis en grande rage de rivalité, et je suis parvenu à trouver quelques motifs d'éloges qu'elle avait oubliés.

« Voici la lettre de Sandeau. Voici un petit journal qui vous amusera peut-être[1].

« Tout à vous. A bientôt.

« Paris, 3 février 1862. »

Baudelaire retira, comme on l'a vu, sa candidature avant le vote de l'Académie.

Voilà tout ce qui nous reste d'une correspondance intéressante à plus d'un titre. Elle n'a jamais dû être très active. En dehors des lettres déjà citées, — qui ont trait, presque toutes, à des incidents littéraires, à la publication des *Fleurs du mal,* aux poursuites judiciaires qu'elles valurent à l'auteur, et à sa candidature à l'Académie, — les deux amis avaient peu d'occasions de s'écrire. Ils se voyaient d'ailleurs à Paris, chez Flaubert, qui recevait ses amis le dimanche, quand il venait y résider quelques mois, chaque hiver.

C'est ce qui explique qu'on n'ait trouvé dans les papiers de romancier aucune lettre du poète en remerciement de l'envoi de *Madame Bovary* ni de *Salammbô;* nous ne connaissons son opinion sur le premier de ces deux ouvrages que par l'Étude intitulée *Gustave Flaubert,* et sur le second, que par un passage d'une lettre à Poulet-Malassis. (Voir plus haut, p. 224.)

A partir du moment où Baudelaire alla résider en Belgique, il est fort probable que les relations épistolaires cessèrent; mais l'amitié subsista inaltérable. Une de ses dernières lettres à Sainte-Beuve nous montre Baudelaire prenant parti bravement, pour son ami, dans la discussion qui s'engagea entre le critique et le romancier, au sujet de *Salammbô.* (Voir plus haut, p 274.)

---

deau vous parlera de moi; il m'a dit fort gracieusement : « Vous me sur- « prenez trop tard, mais je vais m'informer s'il y a quelque chose à faire « pour vous. » (Voir plus haut, p. 262.)

1. Sans doute, un numéro de *la Revue anecdotique,* laquelle a raconté, avec une verve très humoristique, tous les incidents de la campagne académique du poète. (Voir plus haut, p. 255 et suivantes.)

CORRESPONDANCE DE CH. BAUDELAIRE

ET DE J. SOULARY

Si l'on en excepte celle qu'il eut avec Sainte-Beuve, aucune des correspondances de notre poète ne présente un caractère aussi franchement, aussi exclusivement littéraire que celle-ci.

Comme Soulary l'explique lui-même dans sa lettre du 6 juin 1860, les deux poètes étaient attirés l'un vers l'autre par de grandes et profondes affinités d'imagination et de talent. Mais ils ont suivi des voies parallèles, il ne serait pas vrai de dire qu'aucun des deux ait imité l'autre.

Toutefois M. Soulary a eu l'honneur de précéder son ami dans la carrière et de ressusciter le sonnet. La première édition de ses œuvres poétiques date de 1847, époque où Baudelaire n'avait encore livré à l'impression que les trois poèmes intitulés : *A une Créole, A une Indienne* et *l'Impénitent*. Plusieurs des plus célèbres pièces des *Fleurs du mal* étaient composées, mais encore inédites. Du reste, toute question de date à part, l'originalité des deux rivaux s'atteste par de profondes différences dans la pensée et dans la forme.

J'ai eu, dès le début de ce travail, la chance heureuse de rencontrer dans l'exemplaire précieux du recueil des *Souvenirs et Correspondances,* qu'Asselineau s'était composé, le manuscrit autographe de la très belle lettre inédite de M. Soulary (en date du 5 juin 1860) que l'on va lire. Quand je m'adressai à l'auteur pour lui demander la permission de la comprendre dans ce volume et pour solliciter de lui la communication des lettres de Baudelaire qu'il pouvait posséder, il me fit l'honneur de me répondre :

« ... Je voudrais vous aider dans votre travail d'investigation ; mais la mesure de mon concours sera malheureusement bien modeste... Je vous envoie ci-joint, faute de mieux, copie de deux documents que je retrouve dans mes papiers, et que vous pourrez utiliser... »

Un de ces documents est la très intéressante lettre, entièrement inédite, de Baudelaire, en date du 23 février 1860.

Nous plaçons en tête de cette correspondance deux fragments très intéressants, à divers titres, de lettres adressées par Baudelaire à Armand Fraisse, ami intime de Soulary et rédacteur du journal de Lyon, *le Salut public*. Ce critique, doué d'un sens littéraire exquis, avait été un des premiers à saluer du nom de grand poète l'auteur des *Fleurs du mal,* qui l'en remercia. Le fragment qui suit est sans doute tiré de cette première lettre.

LETTRES A ARMAND FRAISSE

(Fragments).

I

« Vous sentez la poésie en véritable *dilettantiste*. C'est comme cela qu'il faut sentir.

« Par le mot que je souligne, vous pouvez deviner que j'ai éprouvé quelque surprise à voir votre admiration pour de Musset.

« Excepté à l'âge de la première communion, c'est-à-dire à l'âge où tout ce qui a trait aux filles publiques et aux échelles de soie fait l'effet d'une religion, je n'ai jamais pu souffrir ce *maître des gandins,* son impudence d'enfant gâté qui invoque le ciel et l'enfer pour des aventures de table d'hôte, son torrent bourbeux de fautes de grammaire et de prosodie, enfin son impuissance totale à comprendre le travail par lequel une rêverie devient un objet d'art. Vous arriverez un jour à ne raffoler que de la perfection, et vous mépriserez toutes ces effusions de l'ignorance.

« Je vous demande pardon de parler de certaines choses si vivement; le décousu, la banalité et la négligence m'ont toujours causé des irritations peut-être trop vives... »

(Paris, depuis Paris-Journal, n° du 26 août 1869.)

II

« .... Parce que la forme est contraignante, l'idée jaillit plus intense. Tout va bien au sonnet. : la bouffonnerie, la galanterie, la passion, la rêverie, la méditation philosophique. Il y a là la beauté du métal et du minéral bien travaillés. Avez-vous observé qu'un morceau de ciel, aperçu par un soupirail ou entre deux cheminées, deux rochers, ou par une arcade, donnait une idée plus profonde de l'infini que le grand panorama vu du haut d'une montagne?

« Quant aux longs poèmes, nous savons ce qu'il en faut penser; c'est la ressource de ceux qui sont incapables d'en faire de courts. Tout ce qui dépasse la longueur de l'attention, que l'être humain peut prêter à la forme poétique, n'est pas un poème. » (*Revue du monde latin,* 25 janvier 1884.)

Très touché de l'hommage rendu aux *Sonnets humoristiques,* Soulary lui écrivit une lettre datée de Lyon [22 février 1860], et qui se trouve citée dans le recueil *Charles Baudelaire, Souvenirs et Correspondances,* etc. (p. 95-96), auquel nous renvoyons, en lui empruntant quelques lignes indispensables pour la pleine intelligence du reste de cette correspondance :

« En plaçant mon nom à côté du vôtre, dans un récent compte rendu, M. Fraisse m'a fait un honneur d'autant plus insigne que je vous tiens (je l'ai dit en maintes circonstances) pour le premier poëte de notre époque. Vous auriez pu, sans y mettre trop d'amour-propre, décliner une association où tout est profit pour moi. Loin de là, vous voulez bien me reconnaître un air de famille avec vous, et vous me tendez la main comme à un frère. Merci, cher maître!... »

Baudelaire s'empressa de répondre :

A M. Soulary.

« Le 23 février 1860.

« Monsieur et ami (vous permettrez ce titre que je sollicitais de votre part), je n'aurais certes pas attendu une lettre de vous pour vous remercier de votre volume, si j'avais su où vous adresser mes remerciements. Je l'ai relu pour la troisième fois, car je n'ai pas besoin de vous dire que vous êtes pour moi une vieille connaissance, et que, dès que votre ouvrage parut, j'en sus goûter la saveur toute particulière, toute la vinosité.

« J'ai trouvé, avec la plus grande jouissance, dans cette nouvelle édition, des morceaux qui m'étaient inconnus, entre autres le sonnet adressé à un correcteur d'épreuves, que je juge une merveille[1]. Mais, à ce sujet, permettez-moi (puisque vous voulez être l'ami d'un pédant, le malheur viendra de vous) de vous présenter quelques observations.

« Vous donnez le pressentimen t et le goût de la perfection : vous êtes un de ces hommes très privilégiés, faits pour sentir l'*art* dans son extrême recherche; donc, vous n'avez pas le droit de troubler notre plaisir par des heurts et des cahots. — Or, à la fin de ce sonnet, il y a cette phrase (que je traduis en prose) : *Il faut que, dans un autre monde, tu aies commis un bien grand péché d'orgueil pour que Dieu te condamne ici à,* etc. Le *pour* est esquivé dans la traduction poétique. Il est possible que ce ne soit pas une faute de français, rigoureusement parlant ; mais c'est d'un français que M. Soulary, qui ne peut pas être gêné par la mesure, ne doit pas se permettre.

« Parce que je lis si soigneusement, vous ne m'en voulez pas, n'est-ce pas? J'aurais d'ailleurs tant de choses flatteuses à vous dire. Vous savez imiter les élans de l'âme, la musique de la méditation; vous *aimez l'ordre;* vous dramatisez le sonnet et vous lui donnez un dénouement; vous connaissez la puissance de la réticence, etc. Toutes ces belles facultés vous feront estimer de tous ceux qui *savent méditer* ou *rêver;* mais puisque vous semblez désirer que j'use avec vous d'une franchise absolue, je vous dirai que vous devez (comme moi) *faire votre deuil* de la popularité. Mauvaise expression, puisqu'on ne peut être veuf que de ce qu'on a possédé. Il est vrai que, pour nous consoler, nous pouvons dire avec certitude que *tous les grands hommes sont bêtes;* tous les hommes représentatifs, ou représen-

---

1. Le sonnet qui a pour titre *A un prote.* (Voir *Œuvres poétiques* de J. Soulary, Première partie, p. 82, Lemerre, 1880.)

tants de multitudes. C'est une punition que Dieu leur inflige. Nous ne sommes, ni vous ni moi, assez *bêtes* pour mériter le suffrage universel. Il y a deux autres hommes, admirablement doués, qui sont dans ce cas : M. Théophile Gautier et M. Leconte de Lisle. On peut dire aussi que nous aurons des jouissances très énergiques et très subtiles, qui resteront inconnues à la foule.

« Croyez, cher monsieur, que je suis, de tout mon cœur, votre bien dévoué. »

Trois mois plus tard, la correspondance reprend par cette lettre de Soulary :

« 5 juin 1860.

« J'en ai pris une forte dose
Dans une tasse de moka.
Pour qui veut de la couleur rose,
Le haschisch en vend au houka.

« Fermons la porte, et que personne
Ne vienne ici me déranger ;
Écrivons dessus : « A Dodone
« Le maître est allé voyager. »

« Pour mieux surveiller l'œuvre intime
Qui, dans mon être, s'accomplit,
Comme un poète en mal de rime,
Étendons-nous sur notre lit.
. . . .
« Voici le Dieu ! De fibre en fibre,
Au cerveau je le sens monter,
Et sous ses assauts mon front vibre,
Comme s'il allait éclater.

« Il fait rage et dit à mon âme :
« Alerte ! en voyage, ma sœur ! »
Et la folle, en riant, se pâme
Sous l'étreinte du ravisseur.

« Mais par où fuir inaperçue ? »
Fait la pauvrette avec effroi.
« La vie, ici, garde l'issue,
« Et l'os dur se voûte en paroi. »

« Attends ! dit le Dieu, je sais comme
On peut sans bruit forer la chair,
En éveillant au cœur de l'homme
Le fantôme d'un rêve cher. »

« Et tout à coup, dans ma poitrine,
Il souffle un amour si profond,
Une tristesse si divine,
Que mon cœur en sanglots se fond.

« Et vite ! dit le Dieu, c'est l'heure ! .
L'amour a tiré les verrous ;
N'est pas méchant geôlier qui pleure ;
Sur cette larme, esquivons-nous.

« Ceci, monsieur et cher ami, est un brin de prologue d'un petit poème intitulé : *le Rêve du chanvre,* dont je m'occupais dans le même temps où vous livriez à l'impression votre étrange livre des *Paradis artificiels,* que je trouve, à mon retour d'un petit voyage dans le Bugey. Je suppose avoir pris du haschisch, et le Dieu-chanvre m'ouvre successivement tous les arcanes de ses transformations, jusqu'à la corde de pendu inclusivement. Néanmoins, au moment de me pendre, je me laisse aller à la pitié pour une jeune fille qui se noie ; je lui tends ma corde, et je sauve la Poésie qui m'enseigne la résignation et l'amour universel.

« Vous voyez d'ici les divers cadres d'impressions que le sujet comporte. C'est la vie humaine avec tous ses actes ; — c'est la chemise, la voile, le papier, la charpie, le linceul, etc. N'est-il pas bizarre, dites-moi, qu'à distance, votre goût et le mien suivent des voies aussi parallèles ? En lisant vos malheurs d'un mangeur d'opium, vos tableaux me prenaient à la gorge, comme des retours de sensations déjà éprouvées. Cette faculté, que je possède à haut degré, de m'assimiler des impressions particulières à certaines natures nerveuses, maladives ou même folles, me fait parfois penser que j'éprouve des réminiscences d'existences antérieures vécues dans des sociétés bizarres, sur des globes étranges, et dans des milieux extravagants.

« Vous êtes, mon cher ami, un terrible pionnier de ces domaines imaginaires, où je me réfugie aussi de temps à autre,

dans les heures ennuyées du terre à terre. Avouez qu'au retour
de ces excursions dans le fantastique, il reste en vous une assez
piètre estime de la vie réelle et de l'animal positif qui en pratique
les voies bêtes. J'aimerais à vous voir dans l'intimité; je crois
que nous nous comprendrions à demi-mot. On me dit que vous
êtes d'un caractère triste et concentré; on dit de moi que je
suis un ours; on prétend que votre humeur est noire, on affirme
que j'ai des accès d'hypocondrie; je vous aime pour votre caractère et votre humeur; aimez-moi pour la sympathie très vive et
très franche que je vous porte.

                                        « J. SOULARY[1].

« Lyon, le 5 juin 1860. »

———————

Nous n'avons plus de cette correspondance, qu'un court billet de Baudelaire :

                                   « 12 juillet 1860.

« Mon cher Soulary, j'ai bien des torts vis-à-vis de vous, mais
tous les grands poètes sont de bons enfants, et je suis sûr qu'en
vous-même vous m'avez excusé. La vie est si pleine de contre-
temps! J'ai lu vos charmants vers, et j'ai admiré, dans le plan de
votre poème, votre esprit d'ordre (indispensable au vrai poète) et
votre sentiment profond de l'allégorie.

« Permettez-moi de vous traiter en vieil ami et de vous donner
deux commissions :

« 1° Présentez mes profondes amitiés à M. Armand Fraisse, et
tourmentez-le un peu pour qu'il me fasse l'honneur d'un
compte rendu des *Paradis*.

---

1. La lettre de M. Soulary, à moi adressée, dont j'ai cité plus haut
quelques lignes, contient, au sujet de celle-ci, cet intéressant passage :
« ... Vous·êtes libre... de publier les lettres dont vous me donnez l'indication par ordre de date. Je ne.me rappelle pas très nettement leur objet ; je me souviens seulement que, dans l'une d'elles, j'entretenais Baudelaire d'un projet de poème sur le chanvre, dont je m'occupais alors (son
titre était *le Rêve du chanvre*). Il devait former, avec *le Rêve de l'escar-
polette* et d'autres poèmes de même nature, la matière d'un petit volume
fantastique assez piquant, qui m'eût donné l'occasion de rompre avec la
forme agaçante du sonnet. »

« 2° Informez-vous combien M. Perrin[1] fait payer sa feuille (grand in-octavo) et combien il lui faudrait de temps pour imprimer huit cents pages. On me dit qu'il me fera souffrir le martyre, si je me mets entre ses mains.

« Votre bien affectionné.

« J'ai oublié votre adresse. »

(Extrait des *Trouvailles d'un chiffonnier littéraire*. Lyon, A. Rousset, 1880. 1 vol. in-8°.)

LETTRES A M. N. *Nadar*

14 mai 1859.

... Si tu étais un ange, tu irais faire ta cour à un nommé Moreau, marchand de tableaux, rue Laffitte, hôtel Laffitte (je compte bien lui faire la mienne, à propos d'une étude générale que je prépare sur la peinture espagnole), et tu obtiendrais de cet homme la permission de faire une double épreuve photographique d'après la *Duchesse d'Albe* de Goya (archi-Goya, archi-authentique). Les doubles (grandeur naturelle) sont en Espagne, où Gautier les a vus. Dans l'un des cadres, la duchesse est en costume national; dans le pendant, elle est nue et dans la même posture, couchée à plat sur le dos. La trivialité même de la pose augmente le charme des tableaux. Si je consentais jamais à me servir de ton argot, je dirais que la duchesse est une bizarre f..., l'air méchant, des cheveux comme Silvestre[3] et la gorge, qui masque l'aisselle, atteinte d'un strabisme *sursùm* et divergent à la fois. Si tu étais un ange très riche, je te conseillerais de les acheter; c'est une occasion qui ne se représentera pas. Figure-toi du Bonnington ou du Dévéria galant et féroce. L'homme

---

1. Le fameux imprimeur de Lyon, qui a publié les *Sonnets humoristiques* de Soulary et tant d'autres œuvres remarquables.

2. Ces lettres sont adressées à un ami intime de Baudelaire, qui désire n'être pas nommé.

3. Théophile Silvestre, l'auteur de l'*Histoire des artistes vivants*.

qui les a en demande 2,400 francs. C'est peu de chose, sans doute, pour un amateur enragé de peinture espagnole, mais c'est énorme aussi, comparé à ce qu'il a dû les payer. Car il m'a avoué qu'il les avait achetés au fils de Goya, qui se trouvait dans une gêne extraordinaire. Si tu dis à cet homme que tu veux faire plusieurs épreuves, il craindra de te le permettre, justement à cause de la notoriété de ton nom. Si tu t'y résous, prends garde de les faire trop petites. Cela enlèverait une partie du caractère.

... Qu'est-ce donc qu'un certain artiste allemand, ayant fait une certaine Chasse miraculeuse ou fantastique, qui se vend chez Goupil? Tout le monde me conseille de m'adresser à lui. Je ne veux pas de l'éternel ami de Malassis, de D..., pour les frontispices qu'il me faut pour mes articles sur Poe (un portrait enguirlandé d'emblèmes), mon *Opium et Haschisch,* mes *Nouvelles Fleurs* et mes *Curiosités.*

Tu me rendrais parfaitement heureux si, parmi tes nombreuses relations, tu pouvais trouver des renseignements biographiques sur Alfred Réthel, l'auteur de la *Danse des morts en* 1848 et de la *Bonne mort,* faisant pendant à la *Première invasion du choléra à l'Opéra.* Connais-tu Knauss? Il doit savoir quelque chose là-dessus.

Je suis vraiment fort en peine; avant de publier mes *Curiosités,* je fais encore quelques articles sur la peinture (les derniers) et j'écris maintenant un Salon, sans l'avoir vu. Mais *j'ai un livret.* Sauf la fatigue de deviner les tableaux, c'est une excellente méthode que je te recommande. On craint de trop louer et de trop blâmer; on arrive ainsi à l'impartialité...

———

AU MÊME.

Honfleur, 16 mai 1859.

Mon cher ami, puisque tu n'es pas de ceux qui se moquent des longues lettres, tu en auras pour ton argent, car j'ai deux heures de loisir devant moi. Avant tout, je te remercie pour une phrase *excellente et charmante* de ta lettre. Voilà une brave et

solide déclaration d'amitié. Je suis peu accoutumé aux tendresses.

Quant aux compliments que tu me fais, ma vanité en profite
pour te faire lire quelques morceaux que, sans doute, tu n'as pas
lus, et qui, avec quelques autres inédits, ont rajeuni, je l'espère,
mon livre flétri. Tu pourras constater que j'écoute peu la critique et que je m'enfonce opiniâtrément dans mon indécrotta-
bilité.

Maintenant, je reprends ta lettre.

Oui, je désire pour moi que tu réussisses dans l'affaire
Moreau[1], mais je suis convaincu aussi qu'il te sera également
agréable d'avoir de bonnes épreuves d'après ces peintures singulières.

Tu ne connais donc pas ces gravures sur bois d'après Réthel?
La *Danse des morts en* 1848 se vend maintenant un franc (six
planches). La *Bonne mort* et l'*Invasion du choléra* se vendent, je
crois, sept francs. Tout cela chez un libraire allemand qui vend
aussi des gravures allemandes, rue de Rivoli, près du Palais-
Royal.

Quelques personnes m'ont dit que Réthel avait décoré une
église (à Cologne peut-être), d'autres m'ont dit qu'il était mort;
d'autres qu'il était enfermé dans une maison de fous. J'ai les
œuvres citées ci-dessus, et je voudrais savoir, outre les renseignements biographiques, s'il y a d'autres œuvres gravées.

L'artiste allemand, dont je ne sais pas le nom, m'a été indiqué par Ricard, qui prétend qu'il a un talent tout à fait propre
aux illustrations et aux frontispices. Il faudrait voir cette
Chasse[2]. Certainement oui, j'avais pensé à Doré, et je ne me rappelle pas si c'est moi qui, toute réflexion faite, l'ai rejeté à cause
de l'enfantillage qui se fait jour si souvent à travers son génie,
ou à cause de l'antipathie qu'il inspire à Malassis. Encore, je ne
suis pas sûr de cette dernière affirmation.

Les différents livres ou brochures que j'aurai prochainement
à publier sont : l'ensemble des articles critiques sur Poe (ici, un
portrait). Je me charge de fournir les éléments nécessaires pour

1. Voir la lettre précédente, p. 307.
2. Voir la lettre précédente, p. 308.

ce portrait encadré dans des figures allégoriques, représentant ses principales conceptions, à peu près comme la tête de Jésus-Christ au centre des instruments de la Passion), le tout d'un romantique forcené, s'il est possible;

Opium et Haschisch. Frontispice allégorique exprimant les principales jouissances et souffrances que j'ai racontées. L'ensemble de mes articles critiques sur les Beaux-Arts et la littérature. Je crois que Malassis ne veut pas de frontispice;

La deuxième édition des *Fleurs.* Ici, un squelette arborescent, les jambes et les côtes formant le tronc, les bras étendus en croix s'épanouissant en feuilles et bourgeons, et protégeant plusieurs rangées de plantes vénéneuses dans de petits pots échelonnés comme dans une serre de jardinier. — Cette idée m'est venue en feuilletant l'*Histoire des Danses macabres* d'Hyacinthe Langlois.

Je reviens à Doré. Il a un talent extraordinaire pour donner aux nuages, aux paysages et aux maisons un caractère positivement surnaturel : ceci ferait bien mon affaire. Mais les figures! Il y a toujours quelque chose de puéril, même dans ses meilleurs dessins. Quant à la *Divine comédie*[1], tu m'étonnes fortement. Comment a-t-il pu choisir le poète le plus sérieux et le plus triste? D'ailleurs, tu vois que je veux en revenir au système du frontispice antique, mais traité d'une manière ultra-romantique.

Enfin, pour tout dire, parmi les noms que j'avais passés en revue, je m'étais surtout arrêté sur ceux de Penguilly et de Nanteuil, mais j'ignore si Penguilly consentirait, et quant à Nanteuil, je crains qu'il n'ait mis beaucoup d'eau dans son vin, et qu'il ne sache pas retrouver le caractère (d'esclave[2]?) qu'il avait mis autrefois au service de Victor Hugo. Cependant ces deux noms avaient pour moi le grand avantage d'offrir une signification romantique en parfait accord avec mes goûts et répondant par

1. M. N..., en proposant Doré à Baudelaire comme le dessinateur qui pouvait le mieux interpréter sa pensée pour les frontispices projetés, lui avait sans doute écrit que Doré travaillait alors à l'illustration du *Dante*, qui parut en effet, édité par la maison Hachette, quelques mois plus tard.

2. Mot illisible.

une certaine forfanterie à l'ingratitude et à la négligence de ce
siècle.

Mais, par-dessus toutes choses, il ne me convient pas de faire
une visite à un artiste distingué et de l'engager dans un petit
travail, pour lequel je serai difficile, avant d'avoir la certitude
qu'il sera *honorablement* payé.

Ces réserves faites, si tu peux me renseigner sans m'engager,
je t'exprime d'avance ma gratitude.

Quant au Salon, hélas! je t'ai un peu menti, mais si peu!
J'ai fait une visite, une seule, consacrée à chercher les nouveautés; mais j'en ai trouvé bien peu, et pour tous les vieux noms, ou
les noms simplement connus, je me confie à ma vieille mémoire,
excitée par le livret. Cette méthode, je le répète, n'est pas mauvaise, à la condition qu'on possède bien son personnel.

Entre autreschoses vraiment distinguées qu'on ne remarquera
pas, remarque, dans une grande salle carrée, au fond, à gauche,
où l'on a entassé des paquets de choses religieuses impayables,
deux petits tableaux, l'un (n° 1215) les *Sœurs de charité,* par
Amand Gautier, l'autre (n° 1894) l'*Angelus,* par Alphonse Legros.
Ce n'est pas d'un style extrêmement élevé, mais c'est très péné-
trant.

Dans la sculpture, j'ai trouvé aussi (dans une des allées du
jardin, pas très loin d'une issue) quelque chose que l'on pourrait appeler de la sculpture vignette-romantique, et qui est fort
joli : une jeune fille et un squelette s'enlevant comme une
Assomption. Le squelette embrasse la fille. Il est vrai que le
squelette est esquivé en partie et comme enveloppé d'un suaire
sous lequel il se fait sentir. Croirais-tu que, trois fois déjà, j'ai
lu, ligne par ligne, tout le catalogue de la sculpture, et qu'il
m'est impossible de trouver quoi que ce soit qui ait rapport à
cela? Il faut vraiment que l'animal qui a fait ce joli morceau l'ait
intitulé: *Amour et Gibelotte,* ou tout autre titre à la Conte Calix,
pour qu'il me soit impossible de le trouver dans le livre. Tâche,
je t'en prie, de savoir cela: le sujet et le nom de l'auteur.

Pour la duchesse d'Albe, je te répéterais, si tu n'étais pas

---

1. Voir la lettre précédente, p. 307.

dans de grandes gênes, qu'il serait bon de les arracher à un prix
modéré.

Puisque tu as jugé à propos de jeter, à la fin de ta lettre, un
peu de politique, j'en ferai autant. Je me suis vingt fois persuadé
que je ne m'intéressais plus à la politique, et, à chaque question
grave, je me suis repris de curiosité et de passion. Il y a bien
longtemps que je la surveillais et que je l'attendais, cette question italienne, bien longtemps avant l'aventure d'Orsini. Et, à ce
sujet, il serait injuste de dire que Napoléon exécute le testament
d'Orsini. Celui-ci était un honnête homme, trop pressé. Mais
l'Empereur pensait à la chose depuis longtemps, et il avait fait
nombre de promesses à tous les Italiens qui venaient à Paris.
J'admire avec quelle docilité il obéit à la fatalité; mais cette fatalité le sauve. Qui, aujourd'hui, pense à Morny, au Grand-Cen-
tral, au Baumont-Vassy et aux quarante mille saletés qui nous
occupaient, il y a peu de temps? Voilà l'Empereur lavé. Tu ver-
ras, mon cher, qu'on oubliera les horreurs commises en
décembre. En somme, il vole à la République l'honneur d'une
grande guerre. — As-tu lu l'admirable discours de Jules Favre,
au Corps législatif, dans les derniers jours du mois dernier, ou
dans les premiers jours de mai? Il a posé nettement la nécessité,
la fatalité révolutionnaires. Le Président et les ministres ne
l'ont pas interrompu. Il avait l'air de parler au nom de l'Empereur. Et quand, à propos de Garibaldi, un vicomte de La
Tour, Breton bigot et niais, a dit que la France espérait bien ne
pas se souiller par de pareilles alliances, le président (Schneider)
l'a arrêté, lui disant qu'un député n'avait pas le droit de diffa-
mer les alliés de la France, d'où qu'ils lui vinssent.

La politique, mon cher ami, est une science sans cœur. C'est
ce que tu ne veux pas reconnaître. Si tu étais jésuite et révolutionnaire, comme tout vrai politique doit l'être ou l'est fatalement, tu n'aurais pas tant de regrets pour les amis jetés de côté.
Je sais que je te fais horreur; mais dis-moi, as-tu seulement
remarqué avec quel à-propos sont venues les lettres diploma-
tiques de Joseph de Maistre publiées par M. de Cavour, lettres où,
pour le dire en passant, le pape est traité de polichinelle? Quel
réquisitoire contre l'Autriche! Le Piémont avait gardé ces lettres
en réserve et les a publiées au bon moment.

Je crois seulement qu'en mettant les choses au mieux, l'Empereur couvert de gloire et béni de tout le monde, l'embarras sera dans l'usage de la victoire.

Pour tous tes chagrins personnels, mon ami, résignation, résignation.

Quand j'irai chez toi, je te parlerai des miens qui s'accumulent et je te ferai pitié. Je crois sincèrement qu'excepté pour un petit nombre de jeunes gens intelligents (riches et sans famille!) qui ne savent pas user de leur bonheur, la vie doit être une perpétuelle douleur.

Tout à toi.

Maintenant, si tu veux rire, lis, comme moi, Limayrac et Granier de Cassagnac. Il paraît que nous allons en Italie pour étouffer l'hydre révolutionnaire. Voilà, pour parler sérieusement, de l'hypocrisie inutile.

————

LETTRES DE MADAME AUPICK

A CHARLES ASSELINEAU

Nous avons raconté dans l'Introduction quelles avaient été, pendant la maladie et après la mort de Baudelaire, les relations d'Asselineau avec Mme Aupick, qui, lorsqu'il écrivit la vie de son fils, fut heureuse de lui fournir de très intéressants renseignements par les lettres qu'on va lire. Dans sa discrétion peut-être excessive, Asselineau n'en fit qu'un usage fort restreint. Ces lettres restèrent entièrement inédites et passèrent, à sa mort, entre les mains de M. Gardet, son plus intime ami et son exécuteur testamentaire, qui a mis la plus gracieuse obligeance à me les communiquer.

————

I

[1868].

Mon cher monsieur Asselineau,

Pour répondre à ce que vous me demandez au sujet du voyage de Charles, voici :

D'abord, il faut que vous sachiez que mon mari, le général Aupick, adorait Charles. Quand il était enfant, il s'était beaucoup occupé lui-même de son éducation. Il était tombé sur une si belle intelligence, un esprit si curieux, si studieux, qui l'étonnait au dernier point, qu'il s'y attachait de jour en jour davantage.

Quand sont arrivés les succès de collège, à Louis-le-Grand, et les études terminées, il a fait pour Charles des rêves dorés d'un brillant avenir : il voulait le voir arriver à une haute position sociale, ce qui n'était pas irréalisable, étant l'ami du duc d'Orléans. Mais quelle stupéfaction pour nous, quand Charles s'est refusé à tout ce qu'on voulait faire pour lui, a voulu voler de ses propres ailes, et être auteur! Quel désenchantement dans notre vie d'intérieur si heureuse jusque-là! Quel chagrin ! Nous avons eu alors la pensée, pour donner un autre cours à ses idées, et surtout pour rompre quelques relations mauvaises, de le faire voyager.

Le général, qui était d'un port de mer, qui aimait la mer de passion, qui, à l'âge où était Charles, aurait été enchanté de naviguer, a pensé qu'un voyage par mer était préférable à un voyage par terre. Il a pu se tromper, mais il était pénétré des meilleures intentions pour mon fils. Celui-ci aurait préféré rester sans nul doute; mais, sans témoigner de répugnance, il s'est laissé faire. C'est ainsi que, par l'entremise d'un ami, que nous avions à Bordeaux, Charles a été confié aux soins du capitaine Saliz, homme honorable, gai et de beaucoup d'esprit, qui devait plaire à Charles et qui, effectivement, lui a plu. Ce capitaine partait pour Calcutta, il devait aller plus loin; le voyage devait durer dix-huit mois. Ils se sont embarqués fin de mai 1841, Charles avait vingt ans. Au bout de très peu de temps, Charles est tombé dans des tristesses qui inquiétaient le capitaine, qui faisait tous ses efforts pour le distraire, sans pouvoir y parvenir; il vivait dans un isolement complet, ne frayant pas avec les passagers, commerçants pour la plupart et officiers. S'il parlait, ce n'était que pour émettre le désir de retourner en France.

Un événement terrible de mer, tel que le capitaine Saliz m'a écrit n'en avoir jamais vu dans sa longue carrière de marin, où ils purent presque toucher la mort du doigt, sans que Charles en fût démoralisé, cependant, vint ajouter peut-être à son dégoût pour un voyage qui, dans ses idées, était sans but. Arrivé à Maurice, sa tristesse ne fit qu'augmenter. Là, où tout était nouveau pour lui, il n'a rien vu, rien qui éveillât la faculté d'observation qu'il possédait; il voulait à tout prix partir pour retourner à Paris, et que, s'il n'y avait pas moyen, il préférait rester à Maurice, plutôt que de continuer ce voyage. Le capitaine, craignant qu'il ne fût atteint de cette maladie cruelle la *nostalgie,* dont les effets parfois sont si funestes, l'a vivement engagé à l'accompagner à Saint-Denis (Bourbon) et que, s'il persistait là à vouloir rentrer en France, il lui donnait sa parole qu'il lui en faciliterait les moyens. A Bourbon, il a déclaré, comme à Maurice, qu'il voulait partir; de sorte que M. Saliz s'est entendu avec un capitaine du choix de Charles, qui s'embarquait pour Bordeaux, de l'emmener avec lui (*sic*). Voilà comme Charles nous est revenu au mois de février 1842.

Voilà tout ce que je sais de ce voyage. Les détails que je viens de vous donner, je les tiens du capitaine Saliz qui me les a écrits, au retour de mon fils. Quand j'interrogeais celui-ci sur son voyage, je m'apercevais qu'il n'aimait pas à en parler. N'était-il pas de même avec les autres, avec ses amis? Je ne sais, mais je m'abstenais. M. Saliz m'a écrit aussi que Charles, qui se tenait loin des passagers, avait avec lui les manières les plus douces et les plus charmantes. Aussi le capitaine s'y était attaché.

Si Charles s'était laissé guider par son beau-père, sa carrière eût été bien différente [1]. Il n'aurait pas laissé un nom dans

---

1. Pour être transcripteurs fidèles jusqu'au scrupule, mentionnons ce commencement de phrase inachevée qui se lit sous une rature : *Ceux que nous avons emmenés comme attachés d'ambassade....*

la littérature, il est vrai, mais nous aurions été tous trois plus heureux.

Vous êtes bien gentil d'avoir remarqué que j'ai été longtemps sans vous écrire. C'est parce que je craignais de vous importuner, sachant que ceux qui vous écrivent vous importunent, par la raison qu'il faut leur répondre. Ma santé n'est pas mauvaise, à l'exception des pauvres jambes. Mes tristesses sont toujours les mêmes, comme vous pensez. Mais je me roidis contre le découragement. Remerciez Mme Meurice de son souvenir. Ce doit être une aimable femme. M. Malassis, dans sa dernière lestre, se plaignait de sa santé. Adieu, ami.

C. Vte Aupick.

II

Ce 24 mars [1868] [1].

Mon cher fils, quelqu'un (M. Ancelle sans doute) a eu l'attention de m'envoyer le deuxième numéro de Théophile Gautier. Cette belle notice, si savamment écrite et empreinte en même temps de tant de sensibilité et de tendres regrets, renferme malheureusement quelques erreurs. D'abord le nom de Dufays n'est pas celui de M. Baudelaire, mais le mien, que Charles a eu l'idée quelquefois de joindre au sien, en signant ses ouvrages; il lui est arrivé aussi d'y joindre celui d'Archimbaut, qui est également le mien; mon nom de baptême est Caroline Archimbaut-Dufays.

Charles n'a pas été, il est vrai, dans son enfance, un prodige; mais il a toujours eu des succès et des prix dans les collèges où il a été. D'abord dans celui de Lyon, durant les quatre années

---

1. Le millésime est donné par celui des articles de Th. Gautier qui parurent dans l'*Univers illustré* (numéros des 7, 14, 21, 28 mars, 4, 11, 18 avril 1868). Il avait déjà publié une première étude sur son ami, dans le quatrième tome de mon recueil *les Poètes français* (1863). La seconde étude, complètement distincte de la première, a été réimprimée en tête du premier tome des OEuvres complètes de Baudelaire.

que nous y avons séjourné, lorsque M. Aupick y était chef d'état-
major, puis à Paris, à Louis-le-Grand. A notre retour à Paris,
quand mon mari l'a conduit à ce collège Louis-le-Grand, comme
il était très enthousiaste de la capacité de Charles et de ses succès, il dit au proviseur : *Voici un cadeau que je vais vous faire,
voici un élève qui fera honneur à votre collège.*

Effectivement, il a été couronné au grand concours de 1837,
en vers latins[1]. Il a pu être faible dans ses examens de bachelier
ès lettres, je ne sais ; mais ce qui est bien positif, c'est qu'il a laissé
dans l'esprit de ses camarades et de ses professeurs le souvenir
d'une grande capacité. C'est peut-être Charles lui-même qui aura
dit qu'il n'avait pas été un bon écolier, car je ne l'ai jamais vu
tirer vanité de ses succès de collège auxquels il n'attachait avec
raison aucune importance ; ces succès, dans le fait, souvent ne
présagent rien pour l'avenir.

Peut-être feriez-vous bien de ne rien dire à Théophile Gautier de ce que je vous écris là ; il pourrait être contrarié. Les
erreurs ne sont peut-être pas d'une grande importance ; il me serait pénible de mécontenter cet ami dévoué de Charles.[2] J'aurais
dû peut-être donner à l'avance quelques notes sur mon fils.

M. Baudelaire n'a pas été secrétaire de Condorcet, mais son
ami. Mais cela importe peu ; j'aime mieux cela que s'il avait été dit
qu'il a débuté, en quittant le collège, par faire l'éducation des fils
de Praslin. Ce malheureux nom de Praslin aurait fait tache dans
cette belle notice. On aurait pu croire qu'il a été l'instituteur de
l'assassin[3], tandis que c'est le père de l'assassin qui a été son élève.

---

1. Baudelaire obtint au Concours général de 1837, classe de seconde,
le deuxième prix de vers latins et le sixième accessit de version latine.

2. Asselineau se conforma sans doute au désir de Mme Aupick ; c'est
ce qui explique comment les erreurs et inexactitudes signalées ci-dessus et
plus loin n'ont pas été corrigées par Gautier, quand ses articles furent
réimprimés en tête des œuvres complètes de Baudelaire.

3. Le duc de Choiseul-Praslin, pair de France, assassin de sa femme,
qui fut traduit pour ce crime devant la Chambre des pairs, et se suicida
dans sa prison, pour échapper à l'échafaud, le 24 août 1847.

L'élève de François Baudelaire, Charles-Raynard-Laure-Félix, duc de
Choiseul-Praslin, né en 1778, sortit en 1799 de l'École polytechnique, devint chambellan de Napoléon en 1805, fut créé pair de France en 1814 et
se prononça en faveur de la monarchie de juillet. Il mourut en 1841.

Puisque me voilà en train de vous parler de M. Baudelaire, dont
j'ai conservé un très doux souvenir, malgré la vie dorée que
m'a apportée, après lui, le général, avec une affection bien vive
qui ne s'est jamais démentie durant les trente années que nous
avons passées ensemble, je ne puis résister au désir de vous
donner quelques détails qui vous intéresseront peut-être sur le
père de votre ami.

M. Baudelaire était un homme très distingué, sous tous les
rapports, avec des manières exquises, tout à fait aristocratiques.
Est-ce étonnant, ayant vécu dans l'intimité des Choiseul, des
Condorcet, des Cabanis, des Mme Helvétius? Il avait connu tout
ce monde d'élite, chez le duc de Praslin, quand il était précepteur de ses enfants. Dans ce temps-là, un précepteur, chez un
grand seigneur, n'était pas dans une position quasi servile,
comme le sont les précepteurs de nos jours, ainsi que les pauvres
institutrices. Les enfants de Praslin ne demeuraient pas chez
leurs parents, comme c'était l'usage alors dans les grandes familles. Ils avaient leur maison avec leurs précepteurs, leurs domestiques, leurs voitures. M. Baudelaire jouissait là d'une
grande liberté, recevait du monde, donnait des dîners et souvent
au duc et à la duchesse de Praslin.

Quand la Révolution a éclaté, M. Baudelaire a déployé un
bien beau caractère; il a été héroïque. Cela m'a été confirmé
par de vieux amis à lui, ses contemporains. Il a risqué vingt fois
sa vie pour le duc et la duchesse qui, dans ces malheureux temps
de proscription, ont dû se sauver en laissant leurs enfants à
M. Baudelaire. Je ne sais s'ils étaient condamnés à mort; mais
leurs biens étaient confisqués, ainsi que ceux de Condorcet;
celui-ci était en prison.

M. Baudelaire ayant retrouvé quelques amis de collège dans
le parti révolutionnaire, et qui y étaient influents, de ces vieilles
amitiés qui survivent au temps, aux événements, aux opinions,
il s'est servi d'eux dans l'intérêt de ses amis, tout en leur disant
de dures vérités sur la voie où ils étaient entrés, sur leurs excès,
sur le but vers lequel ils marchaient, et tout cela avec une éloquence qui les subjuguait. Ils admiraient sans doute ce courage et cette audace qui semblaient courir au-devant de la mort
qu'il méprisait pour lui-même, pourvu qu'il pût sauver ses amis.

Il était infatigable dans ses démarches; il courait, jour et nuit, les prisons, les tribunaux. Malgré tous ses efforts, il n'a pu sauver Condorcet de la mort, mais seulement de l'échafaud [1] (*sic*), comme vous savez. Après lui avoir dit adieu dans sa prison et l'avoir embrassé, il s'est occupé vaillamment de la veuve; et par son zèle et des efforts continus, il est parvenu, à la longue, à la faire rentrer dans ses biens. Il en a fait de même, et avec le même succès, pour les Praslin; ceux-ci, pénétrés de reconnaissance, comme ils devaient l'être, pour tant de dévouement, après que les choses ont été pacifiées et sont rentrées dans l'ordre, ils (*sic)* ont fait avoir une place à M. Baudelaire qui a été nommé secrétaire à la Chambre des pairs [2]. Ce n'était pas alors comme le secrétaire maintenant (*sic*) du Sénat, qui est un haut personnage, sénateur lui-même avec 40,000 francs de traitement. N'importe, la place était bonne pour M. Baudelaire qui n'avait rien que sa pension viagère, comme il avait été stipulé par contrat, dont il devait jouir après l'éducation terminée. Quelles étaient les fonctions alors (*sic*) du Secrétaire? Je ne sais. Je sais seulement qu'il avait deux secrétaires sous ses ordres. Puis, il avait en outre d'autres fonctions : il était *Conservateur* du Palais et des jardins, *Vérificateur, Contrôleur,* ayant une grande comptabilité à tenir. C'était lui qui commandait à des artistes de son choix les tableaux et statues pour l'ornement du Palais. Voilà une vie fort occupée, n'est-ce pas? Mais il était content, étant estimé et considéré, et dans d'excellents rapports avec le

---

1. On sait que Condorcet s'empoisonna. Cette phrase ne peut signifier qu'une chose, c'est que son ami lui procura le poison qui fut l'instrument de son suicide. Le récit de Mme Aupick est ici en contradiction avec d'autres récits qui ont un caractère d'authenticité. Suivant la dernière édition de *la Biographie universelle* et *l'Éloge de Condorcet,* par Aragô, ce fut Cabanis, le médecin et le beau-frère de l'illustre proscrit, qui lui procura le poison libérateur. Les détails, que Mme Aupick donne plus loin sur la carrière administrative de son mari, sont trop inexacts pour qu'il ne soit pas difficile d'admettre sa version au sujet de l'empoisonnement de Condorcet, à l'exclusion de celle qui paraît provenir d'une source plus sûre.

2. C'est-à-dire du Sénat conservateur. Nous avons prouvé, dans l'Introduction, que Mme Aupick avait commis d'autres erreurs dans tout ce qu'elle écrit ici de la situation administrative de son mari.

maréchal Lannes[1] et le duc de Clément de Ris, qui étaient à la Chambre des pairs ce que le président Troplong et le général d'Hautpoul sont aujourd'hui au Sénat. Il avait un traitement de 12,000 francs, avec le logement. Ce logement était une charmante maison avec jardin, à l'angle d'une des grilles du Luxembourg et de la rue de Vaugirard. Étant petite fille, j'ai dîné là souvent, avec la famille Pérignon[2], et c'était un grand plaisir de courir dans le jardin du Luxembourg, quand il n'y avait plus personne, après que la retraite était sonnée. Il a vécu là heureux pendant dix-huit ans[3], dans cette position, marié à une femme intelligente, à sa portée, qui lui avait apporté de la fortune[4].

Lorsque les Bourbons sont revenus, ils ont amené avec eux le gaspillage dans toutes les administrations. M. Baudelaire, d'une probité si sévère, si ménager de l'argent de l'État, ne voulait pas se prêter aux exigences de toutes les nouvelles créatures dont il était entouré. Tout le personnel avait été renouvelé, lui seul était resté. Chacun tirait à soi : qui voulait être chauffé; qui voulait être éclairé pour rien. M. de S....., lui-même, donnait l'exemple. M. Baudelaire le gênait. Il lui a fait souffler dans l'oreille qu'il n'était pas bien vu, qu'il était soupçonné de regretter l'ancien ordre de choses, et enfin qu'il était bonapartiste, et que ce qu'il aurait de mieux à faire, ce serait de prendre sa retraite qui, certainement, serait belle. Il a cru devoir agir ainsi, et effectivement il a eu une belle retraite.

Lorsque j'ai connu M. Baudelaire, c'était chez M. Pérignon, mon tuteur, chez qui j'ai été élevée, par sa femme, avec ses filles. Il avait aussi des fils. C'était une famille nombreuse, très riche, une maison princière par le luxe et la dépense. M. Pérignon et M. Baudelaire étaient d'anciens camarades de Sainte-Barbe et étaient restés très liés. Il était l'ami de la maison; il y était choyé, fêté. J'entendais constamment faire son éloge.

1. Le maréchal Lefebvre (et non Lannes) et le comte Clément de Ris, ont été préteurs du Sénat de 1805 à 1813.

2. Voir l'Introduction sur ce tuteur de Mlle Archimbaut-Dufays.

3. François Baudelaire n'a été chef des bureaux du Sénat que pendant quatorze ans de 1800 à 1814.

4. Sur la première femme de François Baudelaire, Mlle Janin, voyez l'Étude biographique, p. XI.

Ce vieillard (il me paraissait vieux — j'étais si jeune! — avec ses cheveux gris frisés et ses sourcils noirs comme de l'ébène) me plaisait par son esprit si original. On répétait souvent dans la famille (je m'en souviens) : « Baudelaire, avec son esprit si bril-« lant, a aussi la naïveté et la bonhomie de La Fontaine. »

Je me rappelle que les jours de gala, lorsqu'il y avait beaucoup d'invités à dîner à Auteuil, campagne de M. Pérignon, et que je voyais M. Baudelaire descendre d'une voiture armoriée avec un laquais à cheveux blancs, l'air vénérable, galonné sur toutes les coutures, tout resplendissant d'or, et qui restait debout derrière lui, à dîner, pour le servir, comme c'était l'usage alors d'emmener avec soi un domestique pour vous servir à table, M. Baudelaire me faisait l'effet d'un grand seigneur. Quand, depuis, étant sa femme, je lui ai raconté cela, il me dit : « Mais, enfant, vous ne pensiez donc pas que cette voiture aux armes du Sénat et ce domestique étaient mis à ma disposition pour les convocations que j'avais à faire, et, lorsque je m'en servais pour mon compte, je ne manquais jamais de donner un louis au cocher, au retour, comme si j'avais pris une remise. »

Si le père Baudelaire avait vu grandir son fils, il ne se serait certes pas opposé à sa vocation d'homme de lettres, lui qui était passionné pour la littérature et qui avait le goût si pur! Il avait été répétiteur, en rhétorique, à Sainte-Barbe, pendant deux ans, tandis que le proviseur, qui l'aimait beaucoup, lui cherchait une éducation à faire. Il aurait été bien fier de le voir entrer dans cette carrière, malgré tous les déboires, toutes les tortures qui y sont attachés, et que Théo Gautier décrit si bien! Oh! que c'est vrai, tout ce qu'il dit là-dessus! Mon pauvre enfant n'a-t-il pas été le martyr de sa haute intelligence? Comme il devait souffrir, sentant sa propre valeur, lorsqu'il mendiait de l'ouvrage et qu'il était refusé durement par des éditeurs qui ne le valaient pas, sous prétexte que ce qu'il écrivait était trop excentrique! Lorsque je suis venue passer deux mois à Paris, entre nos deux ambassades, Constantinople et Madrid, dans quelle cruelle position je l'ai trouvé! Quel dénuement [1]! Et moi, sa mère, avec tant

---

1. En 1848, le général Aupick avait été nommé ambassadeur à Constantinople. En 1851, il fut envoyé, avec le même titre, d'abord à Londres, et presque aussitôt après, à Madrid.

d'amour dans le cœur, tant de bonne volonté pour lui, je n'ai pu le tirer de là !

Je n'ai pas à me reprocher (*sic*), comme quelques parents dont les enfants se fourvoient pour ne pas s'être laissé guider par eux [et qui], en voyant leurs souffrances, en face de leur malheur, ont la barbarie de leur dire : *Je l'avais prédit, il fallait m'écouter* [ou] autres sottises semblables, aussi dures qu'impies. Après avoir vivement lutté anciennement contre sa vocation, du moment qu'il a publié quelque chose, j'ai changé de langage, peut-être même, à mon insu, d'opinion ; je l'ai toujours stimulé, encouragé, tant que j'ai pu. Mais en avait-il besoin ?

A quelques rares défaillances près, je l'ai toujours trouvé fort ; je ne l'ai jamais vu se laisser abattre au milieu de ses plus grands malheurs, car votre ami a été bien malheureux, plus malheureux que vous ne pouvez croire ! La Vénus noire l'a torturé de toutes manières. Oh ! si vous saviez ! Et que d'argent elle lui a dévoré ! Dans ses lettres, j'en ai une masse, je ne vois jamais un mot d'amour. Si elle l'avait aimé, je lui pardonnerais, je l'aimerais peut-être ; mais ce sont des demandes incessantes d'argent. C'est toujours de l'argent qu'il lui faut, et *immédiatement*. Sa dernière, en avril 1866, lorsque je partais pour aller soigner mon pauvre fils à Bruxelles, lorsqu'il était sur son lit de douleur et paralysé, et qu'il était dans de si grands embarras d'argent (*sic*), elle lui écrit pour une somme qu'il faut qu'il lui envoie de suite. Comme il a dû souffrir à cette demande qu'il ne pouvait satisfaire ! Tous ces tiraillements ont pu aggraver son mal et pouvaient même en être la cause.

Je m'interromps pour lire le 3ᵉ numéro, qui m'arrive, de la notice. Pour le coup, tout y est exact : c'est vrai, parfaitement vrai, d'un bout à l'autre ! Et dans quel beau style ! Comme Charles avait bien choisi son maître ! Et comme il faisait bien de marcher sur ses traces !

Quelle longue lettre vous allez recevoir ! Je suis toute honteuse de m'être laissé aller à vous parler longuement ainsi de mon passé. Soyez indulgent. Je n'ai personne ici à qui parler de ce passé si accidenté ; dans ma solitude, je vis de souvenirs, et ces souvenirs, il m'a été bien doux de vous en faire part.

Revenons à la notice. Qu'allez-vous faire au sujet des erreurs que je vous ai signalées? Peut-être Théo Gautier, qui aurait de l'ennui de s'être trompé, doit-il les ignorer. Songez que je suis reconnaissante au dernier point de cette notice, qui est admirable, et que je serais désolée de le désobliger. Je m'en rapporte donc à vous, dans cette circonstance. Faites ce que vous croirez devoir faire pour votre ami, un frère. N'êtes-vous pas un peu son frère? Vous l'êtes du moins dans mon cœur.

Votre malheureuse vieille mère.

III

AU MÊME

Ce jeudi [novembre 1868 [1]].

Mon ami, si M. Théodore de Banville vous a communiqué une lettre que j'ai dû lui écrire en réponse d'une de lui, vous devez me trouver bien versatile. Je lui disais que je ne vous écrivais pas, connaissant votre répugnance pour les correspondances, et que je voulais vous laisser tranquille, et pourtant me voilà! Et non seulement je viens à vous, mais, en outre, je réclame une prompte réponse. Écoutez: après une longue nuit d'insomnie, où j'ai beaucoup pensé aux *Fleurs du mal,* où je les ai scrupuleusement ruminées, je viens vous demander de supprimer la pièce intitulée : *le Reniement de saint Pierre.* Comme chrétienne, je ne puis pas, je ne dois pas laisser réimprimer cela. Si mon fils vivait, certes, il n'écrirait pas cela maintenant, ayant eu, depuis quelques années, des sympathies religieuses. Si, de là-haut, il nous voit, s'il assiste à vos efforts, mes amis, à mon désir de perpétuer sa renommée, il ne pourra pas être mécontent de cette sup-

---

1. Cette date approximative nous est fournie par celle de la lettre suivante.

pression, puisqu'il savait combien je l'avais blâmé, dans le temps.
Je suis trop malheureuse, j'ai devant moi en perspective une
trop cruelle vie, pour ne pas chercher à échapper à un remords,
et j'en aurais un, nécessairement, si je laissais imprimer cette
pièce. Dans mon malheur, il me faut du moins le contentement
de moi-même.

Les deux pièces, qui suivent le *Reniement de saint Pierre,*
ne sont pas très chrétiennes non plus; mais je ne sais si je me fais
illusion, il me semble, à la rigueur, qu'elles peuvent passer pour
une débauche d'imagination, pour les divagations d'un poète
exaspéré et malheureux, tandis que le *Reniement* est carrément
impie, c'est une profession de foi. Mon indulgence pour les autres
pièces tient peut-être à l'admiration que m'inspirent les *Litanies
de Satan.* C'est une œuvre hors ligne, sous le rapport du talent,
de la forme, des vers si harmonieusement cadencés, comme une
musique, car on croit chanter en les lisant, peut-être à cause de
ce triste refrain, [de] cette complainte lamentable, à tous les
trois vers :

> O Satan, prends pitié de ma longue misère!

Il y a, au commencement de cette pièce, quelque chose qui
me plaît beaucoup :

> O toi qui de la Mort, ta vieille et forte amante,
> Engendras l'Espérance, une folle charmante !

Comme *folle charmante,* appliqué à l'espérance, est heureusement trouvé! Mais je ne veux pas vous tenir plus longtemps
sur ce désir que je viens de vous exprimer, auquel j'attache une
grande importance. Je vais vous quitter, mais non sans réparer
un oubli. Je veux vous demander si vous voulez que je vous envoie la liste de quelques livres, peu nombreux, malheureusement, que Charles avait ici, et qui pourront peut-être vous être
agréables si vous ne les avez pas, et que je serai bien aise de
mettre à votre disposition. Il y a, entre autres, un Rabelais en
neuf volumes...

Dites franchement. Je vous donne une bonne poignée de
main

I V

Lundi 28 novembre [1868].

Vous m'avez écrit une lettre bien dure, puisque j'y trouve le mot de *démission*. Cette menace foudroyante aurait été faite sans doute pour m'ébranler, si ces mots magiques : *Charles n'est pas là pour se défendre,* n'avaient pas produit instantanément un revirement dans mes idées, et c'est instantanément aussi qu'avec des larmes, j'ai fait, devant son image, le sacrifice de mes scrupules et la promesse que sa pensée resterait intacte et serait reproduite telle qu'il l'a exprimée. Et c'est encore sous cette impression solennelle que je viens vous prier de conserver la pièce.

Sans le moindre petit grain de rancune et avec beaucoup d'affection, au contraire,

Votre vieille amie et mère.

V

Ce samedi 26 [décembre 1868 1].

Le voilà donc arrivé, ce livre tant désiré, tant attendu et dont j'osais à peine vous parler, dans la crainte de me rendre importune ! Le voilà, je le tiens, le lis et le relis sans cesse, avec des larmes, comme vous devez bien penser ; mais ces larmes sont douces comme celles que je laissais parfois échapper, quand

1. La date de cette lettre est donnée par celle de la publication du livre d'Asselineau, la *Vie de Baudelaire,* que le *Journal de la Librairie* annonce comme ayant paru du 19 au 27 décembre 1868 (n° 52). L'exemplaire réservé à Mme Aupick lui fut sans doute envoyé la veille de la mise en vente.

nous causions ici tous deux de lui. Comme vous étiez patient, ami, pour mes longues redites, comme vous étiez charmant!

Mais revenons à votre livre que j'aime, que j'admire, et qui va m'être si précieux! O mon ami, quelle belle, quelle heureuse idée vous avez eue là, pour la mémoire de votre ami! Comme je vous en sais gré! Comme voilà ma dette de reconnaissance vis-à-vis de vous qui s'accumule sans cesse! Pourrai-je jamais m'acquitter?

Mais il y a une chose dont je suis très préoccupée et que je ne sais comment vous dire. Je crains d'être maladroite et de vous déplaire. Voilà : je n'entends rien du tout aux affaires de librairie et d'imprimerie; mais j'ai toujours entendu dire que l'impression d'un livre était une chose très coûteuse. Vous avez donc dû débourser beaucoup pour ce livre, dont je vais tant jouir! Car c'est bien moi, sans contredit, à qui il apportera le plus de joie. Je viens donc vous dire que si, par suite de cette impression, vous étiez par hasard dans un moment de gêne, vous me feriez un grand plaisir de me permettre de vous venir en aide, comme je le pourrais. Adressez-vous à moi, comme à votre mère, mon ami.

Et moi, qui suis dénuée de toute espèce de contentement ici-bas, songez que c'en sera pour moi un bien grand que de vous obliger[1].

Parlez donc. Si je me suis trompée, n'en parlons plus, et ne m'en voulez pas, moi qui vous aime tant!

Votre mère et amie.

Vous ne m'avez toujours pas dit si je dois écrire à Th. Gautier. Je lui ai écrit beaucoup pendant la publication de ses articles composant sa notice; mais depuis, *rien,* craignant de l'ennuyer. Je n'y tiens pas, mais je ne veux pas qu'il ait à se plaindre de moi, qui suis si touchée de tout ce qu'on fait pour la mémoire de mon enfant.

---

1. Tout porte à croire qu'Asselineau n'accepta pas cette offre; mais Mme Aupick, en témoignage de l'affection maternelle qu'elle lui garda jusqu'à sa mort, donna, par testament, à l'ami de son fils la somme de dix mille francs.

[6 ou 7 septembre 1867].

« Mon cher ami, j'avais voulu vous écrire dès le lendemain des obsèques. Mais j'étais tellement fatigué, étourdi par les courses, les conversations, et aussi, vous le pensez bien, par l'émotion, que j'ai ajourné jusqu'aujourd'hui.

« Nous aurions voulu, Banville et moi, un patronage illustre et nous avions pensé à Sainte-Beuve. Mais il est lui-même si gravement malade qu'il a fallu y renoncer. Quant à Gautier, il n'y a guère à compter sur lui, dans les cas funèbres. C'était d'ailleurs son jour de feuilleton. La tâche a donc incombé au pauvre Banville qui, quoique malade et très ému, a fait un discours superbe qui a paru *in extenso* dans l'*Étendard* du mercredi 4 septembre, suivi de quelques mots que j'ai ajoutés au nom des amis, Théodore ayant parlé particulièrement du poète. Le numéro précédent du même journal (3 septembre) contenait un entrefilet de Vitu, très convenable et très complet. C'est à peu près tout ce qu'il y a eu de bien dans la presse, en y joignant une note de vingt lignes de Veuillot dans l'*Univers* (mardi 2 septembre, paru lundi soir), où l'on sent, à travers les réserves du catholique militant, un attendrissement réel et une sincère amitié.

« Tout le reste n'est que sottise, du haut en bas. Le *Figaro*, toujours bien informé, fait mourir notre ami chez le docteur Blanche. L'*Avenir national*, par l'organe d'un lourdaud nommé X***, parle à peu près comme *le Tems* (*sic*). Le *Figaro*, si bien informé la veille, a été, le lendemain, plein de dédains. Tous, petits et gros, tiennent à dire au public qu'ils ont beaucoup connu Baudelaire et qu'ils savent pertinemment qu'il était fou. M. Pierre Véron, du *Charivari*, en donne même pour preuve qu'il a reçu les sacrements. Mais il paraît que la pomme est à un certain M. Vallès, de *la Situation*. Je n'ai pas lu l'article, mais je sais, par Monselet et par Wallon, qu'il est ignoble.

« Vous comprenez qu'il n'y aurait que duperie et danger à polémiquer avec tout ce monde-là. Il faut laisser s'abattre et crever cette nuée de sauterelles ou de crapauds. Sainte-Beuve

m'a paru disposé à faire dans quelque tems (*sic*) une étude sur
Baudelaire. Il s'y est même engagé dans une lettre à Mme Aupick,
excellente de ton et de sentiment. J'en ai pris copie, pour la
publier, s'il en est besoin[1]. Quant à moi, je prendrai certainement
mon tour ; mais pas avant un an, de peur d'avoir l'air de me mêler
à ce chœur ridicule ou de perdre ma sérénité en y pensant.
La *Revue libérale,* qui s'imprime à Bruxelles, doit publier mardi
un article de Duranty, qui, je l'espère, sera au moins révérencieux.
Il y a dans le dernier numéro du *Paris-Magazine* quelques mots
d'Ulbach, sans justesse, mais décents. Enfin le *Monde illustré* d'aujourd'hui a donné le portrait avec la notice de Vapereau.
J'attends lundi pour savoir si Gautier, Janin, Saint-Victor, etc.,
feront leur devoir.

« Baudelaire aura eu pour ses funérailles le même guignon
qu'Alfred de Musset et Henri Heine. Nous avons eu contre nous
la saison d'abord, qui absentait beaucoup de personnes de Paris,
et le jour qui nous a obligés à distribuer les billets dans la journée du dimanche, de sorte que nombre de gens ne les ont eus
que le lendemain, en revenant de la campagne. Il y avait environ
cent personnes à l'église et moins au cimetière. La chaleur a
empêché beaucoup de gens de suivre jusqu'au bout. Un coup de
tonnerre, qui a éclaté comme on entrait au cimetière, a failli
faire sauver le reste. La Société des gens de lettres a fait défaut,
quoique j'eusse écrit, dès le samedi, à Paul Féval, président, pour
lui dire que je comptais sur lui et sur son comité. Personne non
plus du ministère, ni Doucet, ni Dumesnil. Les discours ont été
lus devant soixante personnes. La lecture s'est ressentie de ce
désappointement. Théodore était très ému, moi encore plus et
en colère. Nous nous sommes précipités en gens pressés de finir.
J'ai remarqué comme présents : Houssaye et son fils, Nadar,
Champfleury, Monselet, Wallon, Vitu, Manet, Alfred Stevens,
Braquemond, Fantin, Pothey, Verlaine, Calmann Lévy, Alph.
Lemerre, éditeur, Ducessois, imprimeur, Silvestre, Veuillot, etc.

« Quant aux œuvres, il n'en est pas encore question. Michel
Lévy est à Bordeaux pour tout ce mois. J'ai communiqué votre
lettre à M. Ancelle. Il y sera fait droit.

« Mme Aupick est très bien. Elle parle beaucoup de vous.
Elle est tout étourdie et ravie des témoignages qui lui arrivent

---

1. Voir cette lettre dans la *Correspondance de Sainte-Beuve,* t. II, p. 209-
210.

de tous les côtés. La pauvre dame nous est arrivée encore imbue de préjugés que lui avaient donnés contre son fils un tas d'officiers d'artillerie, amis de son mari, parmi lesquels elle vivait à Honfleur. Mais son séjour à Paris l'a tout à fait changée et tournée. Elle en est actuellement à la période d'admiration et d'enthousiasme absolus. La lettre de Sainte-Beuve l'a enlevée. J'ai eu soin d'écrire à M. Hugo pour tâcher d'en obtenir une. Malheureusement j'apprends par les journaux qu'il est à Genève.

« La fin de votre lettre, mon ami, est mélancolique; je ne suis guère plus gai. Je trouve, comme vous, que notre petit monde se dépeuple. C'est irritant de voir cette génération, ce groupe, vous m'entendez, toujours frappé par la mort, par la maladie, ou arrêté par des obstacles imprévus, détourné, découragé. Cela est triste quand on pense à tout ce qu'il y avait, de ce côté-là, de talent, d'esprit et de bonne volonté.

« J'ai beaucoup vécu par l'amitié, vous le savez; encore deux coups comme cela, et je ne sais plus vraiment ce que je deviendrais, car je sens que ce n'est que par mes amis que je trouve encore le courage de travailler, si peu que ce soit, et de croire à quelque chose. Je suis d'ailleurs dans un état de crise. Ma vie, que je croyais avoir très sagement arrangée, se dérange et je ne sais pas trop comment je vais faire. J'ai été, cet été, au moment de demander une place de bibliothécaire en province. Il se peut que, pendant cet hiver, je m'en occupe sérieusement ; car, pour tout dire, je suis dégoûté de Paris, je m'y ennuie, je n'y trouve plus personne à qui parler, et peut-être mieux vaut la solitude dans le désert que dans la foule.

« Allons, mon bon ami, au revoir. Si, parmi les journaux que je vous ai notés, il en est que vous ne puissiez pas trouver à Bruxelles, mandez-le-moi, je vous les enverrai.

« Votre Ch. Asselineau. »

TABLE

DES MATIÈRES CONTENUES DANS CE VOLUME

A. Quantin imprimeur
J. S Benoît — 7 à Paris

www.ingramcontent.com/pod-product-compliance
Lightning Source LLC
Chambersburg PA
CBHW070758030726
47504CB00003B/600